KB160702

역사를 바라보는 실학자의 시선

역 사 를
바라보는
실학자의
시   선

박인호·김문식·조성을 외 지음

景仁文化社

실학박물관은 실학 관련 연구자·학술단체와 협업을 하고 있습니다. 학계의 실학 연구에 기여하고, 실학박물관의 전시·교육 활동에 도움을 얻고, 나아가 우리 사회에 실학정신을 고취시키기 위한 것입니다.

작년에 '한국사학사학회(회장 박인호)'와 함께 '실학박물관 개관 10주년 기념 학술심포지엄'을 한 결과를 '실학연구총서'로 엮어 내게 되었습니다. 심포지엄에서 발표한 5편의 논문에다 4편의 논문을 추가한 것입니다. 그리고 기조강연을 해주신 정구복 교수님의 글을 앞머리에 두었습니다.

역사를 바라보는 것은 과거에만 머물 수 없습니다. 현재의 역사를 살고 미래의 역사를 여는 것과 분리될 수 없습니다. 예로부터 우리나라는 세계질서에 비교적 잘 적응하여 발전을 도모해왔습니다. 다만 지나치게 종속적 경향이 나타나기도 한 점은 지금도 마찬가지로 경계할 일입니다. 한편 고대사에서 민족의 영광을 찾으려는 관점이 있습니다. 비현실의 과거에서 강함을 추구하는 사람들이 어느 날 갑자기 표변하여 현실의 강자에게 복속하게 되는 사례를 보았기에 우려되는 바가 없지 않습니다. 강자논리에 빠지지 않고, 스스로를 존중하고 타자를 배려하는 태도가 필요할 것입니다. 이와 관련하여 역사를 바라보는 실학자의 시선을 돌아보지 않을 수 없습니다.

실학자의 역사를 바라보는 시선의 특징은, 일단 대표적 실학자 성호 이익을 통해서 살펴볼 수 있겠습니다. 성호 이익의 관점은 당시의 도덕론적, 중국 중심적, 상고주의적 관점과 상당히 달랐습니다.

첫째, 현실주의적 관점입니다.

성호는 〈성호사설〉 '독사료성패讀史料成敗'라는 글에서 이렇게 말했습니다. "천하의 일은 시세時勢가 최상이고, 행·불행이 다음이요, 옳고·그름은 최하이다." 그는 역사의 주요한 결정요인으로 시세와 우연을 말하지만, 주목할 것은 오히려 도덕성의 결정력이 그다지 크지 않다는 지적이 아닌가 합니다.

성호가 보기에, 역사는 성패가 결정된 후에 만들어지므로 결과에 따라 꾸며지기 쉬웠습니다. 그래서 진실을 알 수 없게 된다는 것이죠. "당시에는 좋은 계책도 이뤄지지 않은 것이 있는가 하면, 졸렬한 계획도 우연히 들어맞게 된 것이 있으며, 선한 가운데도 악이 있고, 악한 가운데도 선이 있었을 것이다. 그런데 천 년 후에 어떻게 시비의 진상을 알 수 있겠는가?"

과거 역사를 읽는 사람에게는, 사료의 한계나 도덕론의 선입견을 넘어 실제 무슨 일이 있었던가를 볼 수 있어야 한다는 요구로 받아들일 수 있고, 오늘을 살며 역사를 만들어가는 사람에게는, 도덕성이나 명분만 강조하는 것이 자칫 결과에 대한 책임의식을 마비시켜 현실의 대응을 소홀히 해서는 안 된다는 경고로 받아들일 수 있겠습니다.

둘째, 객관적·주체적 관점입니다.

성호는 중국 중심주의에서 벗어났습니다. 그는 송·명의 정통론에 대해, 금·원의 문화에 대해서도 긍정적으로 평가하여 문화적 화이론을 탈피했으며, 일본의 존재를 소홀히 하지 않았습니다. 또한 제자에게 우리 역사의 연구를 권장했습니다.

"지금 중국이라는 것이 대지 가운데의 한 조각 땅에 불과하다."고 말했듯이 세계지리에 관한 성호의 지식도 작용했겠지만, 역사를 보는 현실주의적 관점이 작용하는 바가 컸습니다. 화이 분별의 명분론 내지 이념에 빠져 강약의 형세는 돌보지 않고, 내실을 꾀할 생각은 안하면서 대외강경론만 일삼는 무책임한 작태에 대해 성호는 비판했던 것입니다.

셋째, 변화에 적극적인 관점입니다.

성호는 기본적으로 유학자입니다. 그런데 그는 서양 과학기술을 높이 평가했으며, 기술은 점차 발전한다는 관점을 가졌습니다. 기술에 관한 이런 관점은 변화의 폭발성이 있는 것입니다. 사상적으로 개방성을 띠게 하고, 상고주의尙古主義를 벗어날 단초를 제공해줄 수 있기 때문입니다.

사실 상고주의적 언설 속에서도 실학자들은 미래지향적 내용을 담아냈습니다. 가령 유형원과 정약용은 개혁론을 위한 제도사적 고찰 속에서 '고법古法'·'고제古制'의 뜻을 말하는데, 그것은 제도의 보편적 가치를 재정립하고, 현실에서의 적용가능성을 고민하는 과정이었습니다. '고古'는 '박제된 고'가 아니라 원칙으로 기능하면서도 현실 속에서 끊임없이 재해석되는 '역동적 고'였습니다.

역사를 바라보는 성호의 관점은 지금도 유효하다고 생각합니다. 그런데 성호학파 내에서도 서학에 대해 스펙트럼이 다양했듯이, 실학자의 역사를 바라보는 시선도 획일적일 수 없습니다. 다양한 지점에서의 구체적 연구가 필요한 터에, 이번 연구 결과의 출간이 학계에 도움이 되길 기대합니다. 좋은 글을 내어주신 필자 여러분과 토론자 여러분께 감사합니다. 또한 책을 만드는 데 수고하신 여러분께 감사합니다.

2020. 10.

경기문화재단 실학박물관장

김 태 희

| 목 차 |

조선후기 성리학 이념과 실학의 제 문제

정 구 복[*]

---
[*] 한국학중앙연구원 명예교수

Ⅰ. 머리말

조선후기 실학연구는 현재까지 많은 연구 업적이 나오고 있는 분야이다. 실학자의 학문적 내용과 성격에 대하여 깊은 연구가 진행되어 왔다. 그럼에도 불구하고 실학의 개념과 성격 문제에 대하여는 극히 대립되는 견해가 있어 왔다. 실학연구는 현대사학사의 중요한 문제였다고 보고 그 연구사를 다룬 글이 여러 편 있다. 그 중에 문제를 정확히 지적한 글과 최근의 글을 참조했다.[1] 이들 '실학'에 대한 연구사에서는 연구자의 문제의식과 당시의 한국사학의 연구 성과와 시대조류가 반영된 것으로 이해하였다.

그러나 본고에서는 성리학 이념이 정착되는 역사적 과정과 성리학 이념의 특징, 그 속에서 배태된 실학의 성격을 중심으로 조명하면서 당시 시대조류였던 성리학의 이념화와 그 속에서 태어난 실학에 관련된 제 문제 즉, 개념, 실학의 분류, 실학의 성격 등을 사학사적 관점에서 살펴보고자 한다. 그리고 실학의 유형별 특징을 가설로 제기해 보겠다.

역사연구가 19세기에 역사학을 독립적인 학문으로 발전시킨 역사

---

1) 실학에 대한 사학사적인 연구로는 천관우의 업적을 최초로 들 수 있다. 천관우, 1969, 「실학 개념 성립에 관한 사학사적 고찰」, 『이홍직박사회갑기념 한국사학논총』 및 1970, 「한국실학사상사」, 『한국사상사대계』-종교·철학사, 고대민족문화연구소편.
   그 후 연구사를 다룬 주요 업적으로는 다음 두 논문을 참조했다.
   조성산, 2011, 「실학 개념논쟁과 그 귀결」 『한국사시민강좌』 48.
   정호훈, 2019, 「조선후기 실학연구의 추이와 성과-해방 후 한국에서의 실학연구 방법과 문제의식-」, 『한국사연구』 184, 참조. 이에 그간의 학설사적 연구업적이 상세히 소개되어 있으므로 본고에서는 이를 일일이 열거하지 않겠다.

주의의 역사학적 방법론에 따라 과거의 역사 사실을 밝힘에 소홀히 할 수 없다.[2] 한편 우리가 역사를 서술하고 이해하는 역사는 20세기 E. H. Carr가 주장한 대로 과거사의 복원이 아니라 우리가 필요한 것을 선택적으로 과거 역사에 묻고 이를 재해석하는 방법을 동시에 이용해야 한다.[3] 이처럼 서양에서 2~3세기 동안에 발전해 온 근·현대 사학사의 두 가지 방법론과 역사관을 함께 취해야 한다고 생각한다.

이처럼 서양에서 2세기의 시차가 있는 대립적인 두 역사학적인 역사관과 방법론이 21세기의 우리가 동시에 사용함은 그들의 역사학 이론이 동시에 수용되었기 때문이다. 이는 비단 역사학만의 문제만이 아니라 우리 현대사의 정치, 경제, 사회, 문화의 전반적 상황과도 같다. 예컨대 한국의 근대화와 민주화가 서양에서 수백 년 동안 발전시켜 온 것을 최근 100년 동안에 동시에 수용되어 실현함과 같다.

II. 조선후기 성리학 이념 사회의 성격

1. 성리학 이념의 수용과 조선전기 학문의 성격

성리학은 다 아는 바와 같이 13세기 말 원나라를 통해 안향(1243 ~1306), 백이정(1247~1323), 이제현(1287~1367)에 의해 수용되었다. 안향은 아버지가 향리 출신으로 의학을 공부하여 의과 시험을 통해 중앙 관료로 진출하여 재상이라는 최고위 관직까지 올랐다. 그는 세 차례 원나라에 사신으로 2~3개월씩 다녀왔으나 성리학의 학문적 위대함을 직감하여 그 저술을 필사해오고, 또한 공자와 주자의 화상을

---

2) 한국사학사학회 편, 2014, 『역사주의: 역사와 철학의 대화』, 경인문화사 참조.
3) 이한구, 2014, 『역사학의 철학』, 민음사 참조.

그려오고 주자를 숭모하여 자기의 호를 주자의 호를 따서 회헌(晦軒)이라고 하였다. 그의 학문정신은 후일 신흥사대부로서 조선 건국파인 윤소종, 정도전 등에게 계승되었다.

백이정은 1298년(충렬왕 32) 충선왕을 따라 원나라에 가서 10년간 머물면서 공부했다. 그는 성리학만이 아닌 다른 학문에도 깊은 이해를 가졌다. 그의 학문은 이제현, 이색, 정몽주로 이어져 성리학을 종래의 유학과 병행하여 이해하였다.

원나라 시대 고려는 국가의 자주성이 크게 손상되었지만 송·당 문화가 둑 터지듯이 통째로 들어오는 계기가 되었다. 이는 원나라에서 황실의 전적 6만여 권을 고려에 주었다는 점과,[4] 그리고 한 번에 수천 명이 왕래한 인적교류가 1년에 몇 번씩 이루어졌다는 점에서 확인된다. 당시『주자가례』가 전해졌으나 당시 상·장례는 불교식으로 3개월 상례였으나 부모의 상을 3년간 치르고 묘소에 가서 지키는 가례를 준수한 사람은 역사에 특별히 기록될 정도로 그 수가 적었다.

14세기의 신흥사대부들에게 정주학(성리학)은 사회 개혁 사상으로 활용되었다. 이는 불교 배척론으로 나타났다. 그러나 이들은 낮은 관직에 있었기 때문에 그들의 주장은 실현되기에 정치적 힘이 부족했다.

그래서 그들은 왜구격퇴에 큰 공을 세워 신흥무장 세력으로 급성장한 함경도 출신의 이성계와 결탁하였다. 이는 이성계가 1388년 요동정벌에서 회군함이 계기가 되어 고려왕조에서 선양이라는 형식으로 역성혁명을 달성하기에 이른다.[5]

고려왕조 멸망 후 조선왕조는 새로운 역사발전을 이룩하였다. 그

---

4) 정구복, 1977,「고려시대 편찬문화」,『한국사론』2, 국사편찬위원회.

5) 위화도 회군이 중요한 것은 태조 6년(1397)에 편찬된『경제육전』에서 법령의 시한을 1388년 이후로 잡은 점과 위화도 회군 공신은 조선 왕조 건국의 우익세력이 되었다는 점이다. 법전편찬에 대하여는 박병호, 2012,『한국법제사』, 민속원, 39쪽 참조.

러나 조선왕조의 건국으로 하층민인 농민의 지위가 대단히 상승한 것으로 보는 역사 이해는 문제가 있다. 역성혁명은 상부 집권층의 교체였기 때문이다. 조선건국에 농민이 적극적으로 참여 호응했다는 설은 인정하기 어렵다.

고려 말기는 현재의 『고려사』의 자료의 기록대로라면 정치, 사회, 경제적으로 엄청난 문제점을 가진 사회로 파괴되어야 할 상태인 것처럼 보이지만 이는 역사기록의 과장과 날조가 있었음을 간과하기 때문이다. 공민왕 이후의 실록이 조선 건국파의 주도하에 편찬되었고, 『고려사』의 기록은 개국 후 4개월 후에 개국의 주역이었던 정도전 등이 『고려국사』를 편찬하여 고려멸망의 당위성과 조선건국을 합리화하였다. 이를 기초로 60년에 걸쳐 4차례의 수정작업을 통해 정리된 것이 『고려사』이다. 『고려사』에는 우왕과 창왕을 반역 열전에 신우, 신창이라고 올린 것은 분명한 역사의 날조였다.

당시 조선 건국에 반대한 관료가 간신 전에 수록한 점 등이 지적되고 있을 뿐[6] 당시 역사 자료의 조작과 날조는 전혀 밝혀지고 있지 않고 있다. 물론 전혀 없는 사실을 날조했다고는 생각되지 않지만 정치적 사건에는 많은 날조와 과장이 있었다고 추정된다. 고려 말 모든 기사에 이성계를 태조로 기록하고, 그가 출전한 왜구 격퇴의 모든 사건에는 태조를 가장 앞세워 그가 주장(主將)인 것처럼 쓴 기사들 중에는 역사적 조작이 있었다고 할 수 있다.

조선왕조는 고려왕조로부터 정치제도, 경제제도, 기타 문화유산을 많이 물려받았다. 즉 유교 정치, 과거 제도, 문무양반 제도, 대간 제도, 경연 제도, 6조 체제의 행정제도 및 사관(史官)이 사초를 기록하고 이를 바탕으로 각 왕의 실록을 편찬해왔던 제도 등 일일이 열거할 수

---

6) 한영우, 1961, 『조선전기 사학사 연구』, 서울대출판부 및 한영우, 2002, 『역사학의 역사』, 지식산업사 참조.

없다.

고려조의 역사적 특성은 이전과 이후의 왕조에 비하여 개방성과 자유성, 자주성이 강하였던 다원화사회였다는 점이다.[7] 이를 구체적으로 설명할 여유가 없다. 신분제만 말한다면 향리 신분에서 최고의 재상까지 오를 수 있었고, 건장한 체력을 가진 자는 노비까지도 선군 과정을 통해 최고의 무반직까지 오를 수 있었다. 군제는 직업군인제 였으므로 평상시에는 일반 백성은 군역을 지지 않았다. 산업에서도 농업을 중시하면서도 상공업이 천시되지 않았고 해외무역이 국가에 의해 통제되지 않았다. 또한 외거노비가 주인에게 신공을 일정하게 바치는 제도가 없었다.[8] 그래서 여자 종인 비(婢)의 경제적 부담은 없었다.

고려시대는 인간의 삶이 자유롭고, 여성의 활동이 자유로웠다. 사상과 신앙이 자유로웠다. 외교적으로 책봉체제를 수용했지만, 국가의 자주성이 강하였다. 전 국민이 국가적인 축제인 팔관회와 연등회를 즐겼다. 천신과 지신, 바다와 산의 자연신, 인물 신을 자유롭게 신봉했다. 이 시대 전 국민의 행복지수는 전 시대인 고대보다도, 이후 시대인 조선조보다도 훨씬 높았다고 여겨진다.

세종 대에 정주학이 수용되었으나 아직 통치이념으로 정착하지 않았다. 세종은 선대 국왕의 화상이나 동상을 놓고 제사 지내는 관행을 폐기하고 신주를 모시는 제례를 실시했다.[9] 세종 대의 학문을 상세히

---

7) 채웅석, 2018, 「고려시대의 사회성격과 역사적 위상」, 『고려시대의 역사』, 혜안, 19~27쪽.

8) 홍승기, 1983, 『고려귀족사회와 노비』, 일조각, 105쪽.

9) 고려조에는 진전사찰에서는 국왕의 화상을 그려 모셨고, 국왕의 4조와 태조를 모신 경령전에서는 실물 크기의 태조의 동상을 모셔 제사 지냈다. 세종은 고려 왕조의 태조와 몇 왕을 제사 지내면서 고려 태조의 동상은 묘에 묻으라 하였다. 북한에서 고려 태조릉 주위를 발굴하여 그 동상을 수습했다. 그 실물이 2006년에 국립중앙박물관에서 전시되기도 했다. 노명호, 2012, 『고려 태조 왕건의 동상』,

서술할 여유가 없지만 세종대는 중국학에 대한 깊은 연구가 집현전 학사를 통해 이루어졌다. 이 시기의 학문은 관료학자들이 주도했다. 관료학자들의 학문은 경학과 사학이었다. 세종은 "경학은 '체(體)'이 고 역사는 '용(用)'"이라고 하여 역사연구에 크게 주력했다.[10) 여기서 역사는 물론 중국사였다. 비록 학문적 연구라고 할 수 없으나 기술학 을 또한 중시했다.

세종대에는 1428년『사서오경대전』을 간행하여 주자학의 주 경전 인『대학』과『중용』[11)을 널리 보급하여 읽혀지게 되었다.

그런 바탕 위에 우리나라의 전통문화를 버리지 않고 체계적으로 정립한 점을 주목할 필요가 있다. 이를 한국학의 제2단계 체계화 작 업이라고 할 수 있다.[12) 세종은 예악을 정비하여『국조오례의』를 편 찬하였다. 이에는 고제(古制)와 시왕지제(時王之制)[13)를 함께 참조하

지식산업사.

10) 세종은 집현전 학사로 하여금『사기』,『한서』등을 전문적으로 공부하게 하였고, 『자치통감』고이본(考異本)을 백방으로 수집했고, 이를 큰 활자로 찍어 많은 사 람들에게 읽게 하고『치평요람』을 편찬에 힘쓴 점 등을 들 수 있다. 정구복, 1984,「세종조의 역사의식」,『세종문화연구』1, 한국정신문화연구원 ; 1984,「조 선초기의 역사인식」,『한국정신문화 연구의 현황과 진로』, 한국정신문화연구원 ; 1995,「조선초기의 역사학」,『한국사』26, 국사편찬위원회 참조.

11)『대학』과『중용』은『예기』의 한 편명으로 전해지던 것을 주자가 별도로 떼어내 어 경전의 지위로 격상한 것이다. 이 두 책은 성리철학과 학문연구 방법론을 제 시한 성리학의 기본 자료로 활용되었다. 주자는 5경4서의 집주(集註)를 냈다.

12) 국문자의 제정, 중국 농법에 우리 농법을 수집하여 정리 편찬한『농사직설』, 종 래의 우리 의학과 처방전을 수집하여 편찬한『향약집성방』, 예악 정비에서『국 조오례의』, 역학(曆學)에서 음력과 태양력을 절충한『칠정산 내외편』, 전국 군현 의 상황을 제출하게 하여 정리한『세종실록지』, 금속활자로 찍은 각 왕의『실록』, 『동국통감』,『동국여지승람』,『동문선』의 편찬 등을 들 수 있다. 제3단계의 한국 학 자료의 체계적 정리와 연구는 실학시대인 영정조 시대라고 할 수 있다. 정구 복, 2008,「한국학의 발달과정에 관한 연구」,『동방사상과 문화』2, 동방사상문화 학회 참조.

13) 고제는 주대의 제도를 뜻하고 시왕지제는 한·당·송의 제도를 뜻한다.

였다. 고제는 예의 기본 정신을 얻기 위해 연구했고, 시왕지제는 당시까지의 예제를 참고하기 위함이었다.

조선전기에 성문법인 『경국대전』을 편찬하여 1894년까지 운용되었다. 이는 대부분 행정기구와 그 운용에 관한 행정법이며, 관청 또는 관리에 대한 직무명령 또는 준칙이었다. 세조 대에 착수하여 성종 대에 완성된 『경국대전』은 영세불변의 조종성헌으로서 유지되었다. 이는 법의 제정이 아니라 기존 법의 기록을 기초로 추상화한 것이었다.[14]

『경국대전』의 성격을 모두 언급할 여유가 없지만 이에는 왕실과 사대부[15]들이 합작하여 자신들의 권익을 지키려 한 점만을 지적하고자 한다. 『경국대전』에서는 문무양반 당사자만이 아니라 그 부인, 가족 등의 신분을 사족(士族)으로 표현했다.[16] 이는 사대부 본인만이 아니라 부인과 그 가족을 칭하는 용어로 사용되었다. 이에는 사족만이 아니라 왕족, 왕실의 외척, 공신 세력에 대한 우대 내지 특권이 규정화되었다.

조선전기는 아직 성리학이 정치적 이념화가 되지 못했다. 왕조의 제도를 정비하는 과정에서 한·당 유학이 크게 중시되었다. 경연에서 당 태종의 『정관정요』를 배척하고 성리학의 이론을 담은 『대학연의』나 『근사록』을 교재로 사용할 것을 주장했으나 학문의 큰 흐름은 성리학 중심의 송학보다는 문장학(사장詞章) 중심의 한·당·송 유학이라

---

14) 박병호, 앞의 책, 『한국법제사』, 40~42쪽, 69~70쪽 참조.
15) 사대부라는 말은 『경국대전』에서는 4품 이상을 대부라고 하고 5품 이하의 관료를 사(士)라고 했지만 사족의 경우 관료가 아닌 관료후보군인 생원, 진사는 물론 유학을 공부하는 사람을 총칭하였다.
16) 『경국대전』에 문무관(이전 외명부조 등), 官吏(호전 해유조) 등은 양반 당사자를 지칭하고, 士族之女(예전 혜휼조), 士族衣服(예전 잡령조), 士族婦女(형전 수금조) 등에서 사족은 양반 당사자가 아니라 부녀 족속을 칭하는 신분임을 확인할 수 있다. 그래서 양반사족이란 용어를 사용하기도 했다. 양반은 사회적 통칭으로서 이에는 과거시험을 준비하는 유학(幼學) 이상이 포함된 넓은 개념이다. 이에는 왕족(종친), 공신의 자손, 왕실의 외척 등도 포함되었다.

고 할 수 있다. 따라서 제자백가의 책이 자유롭게 읽혀졌다. 문장에서
는 고문체 형식의 글쓰기가 크게 유행하였다. 성리학 소양을 갖춘 젊
은 관료층이 불교 배척론을 강하게 강조했으나,[17] 조선 건국으로 불
교의 사찰이 축소 정비되었지만 불교신앙은 왕실에 의해 그리고 사대
부 가문의 여성에 의하여 명종 대까지 지속되었다.

훈척세력이 정치적 주도권을 잡고 있던 때에 성리학적인 소양을
가진 선비들이 수난을 당한 것을 사화라고 칭한다. 사화에서 정치적
으로 희생된 학자 관료들의 절의 정신은 후대 학자들에 의하여 추앙
되고 계승되었다.

조선전기에는 법제적 측면에서 『경국대전』 체제가 실현되었으나
사회적 측면에서는 양반층에서도 고려적인 습속이 행해졌다. 이는 혈
족 중심의 친족개념,[18] 제사를 자녀들이 돌려가며 지냄[제사윤행祭祀
輪行], 재산상속의 자녀균분제 등의 습속이 유지되었다. 양반층은 사
대부 관료와 왕족, 15회에 걸친 공신들이 포함되어 크게 확대되었고
이들의 자제는 형식상 군직에 편성되었으나 실질적으로는 군역을 면
제 받았다. 이처럼 확대된 양반신분제는 향리신분과 서얼신분의 관료
진출을 차단시키거나 크게 제한하였다.

문무반 9품 이상의 관료에게는 과전과 녹봉을 지급했으나 행정의
실무를 받은 향리와 중앙 관서의 서리는 전혀 경제적 보상을 하지
않았으므로 그들의 부정부패를 묵인한 것이라 할 수 있다. 그래서
조식이 향리망국론을 제기했다. 이런 향리층과 서리층의 법제적 처
지는 『경국대전』 체제가 소멸될 때까지 개선되지 않아 민중을 수탈하

---

17) 이는 『동국통감』의 사론을 쓴 최부가 고려말 기사에 불교 배척 사론을 많이 쓴
    것에서 확인된다.
18) 이는 『안동권씨 성화보』와 『문화유씨 가정보』을 통해 족보에서 동성 친족과 이
    성 친족이 다 같이 존중되었음을 확인할 수 있다. 즉 자녀의 출생 순에 따라 기
    록하고 외손 가닥을 족보 편찬 시까지 수록한 점에서 마치 만성보와 같은 성격
    을 확인할 수 있다.

는 세력이 되었다. 그들의 부정부패는 19세기 삼정의 문란을 가져온 것만이 아니라 시기적으로 약간의 차이는 있었지만 전 시대에 걸쳐 자행되었다.

조선전기는 노비의 신공제(身貢制)가 새로이 생겨 경제적 소득이 토지보다 노비 소유가 더 큰 비중을 차지했다.[19] 그래서 노비는 시기가 지남에 따라 기하급수적으로 증대하여 16세기 말에는 전 국민의 절반이 넘을 정도로 증가했다.[20] 조선조의 노비는 농노인가, 노예인가에 대한 성격 논의가 분분하지만 이를 조선조의 특색으로 해석해야 한다. 노비의 신공은 남자 종의 경우 군역에 해당하는 것을 주인에게 바쳤으며, 여자 종의 경우 천인이기 때문에 주인에게 부담해야 하는 경제적 부담이 컸다.[21]

이런 노비의 증가는 어떤 역사적 발전이론으로도 설명할 수 없는 한국적 고유 현상이었다. 조선후기의 양반, 사림의 어떤 활동도 노비 없이는 할 수 없었다. 주인과 노비관계는 『경국대전』에서 강상(綱常)의 윤리로 규정하여 4강(綱)으로 규정하였다. 성리학은 이런 신분제 유지를 교화라는 명목을 내세워 강조했다.[22] 조선후기의 양반사족의

---

19) 정구복, 1997, 「조선전기 부농의 재산형성」, 『김용섭교수 정년기념 한국 고대·중세의 지배체제와 농민』, 지식산업사 참조.

20) 유형원, 『반계수록』 권 26 속편 하에서는 '노예'라고 했고, "조선조에 이르러서는 법을 제정하여 또한 몰아넣어 천인에 들어가면 들어가는 길이 있을 뿐 나오는 길이 없어 천인은 점점 많아져 10에 8~9이고 양인은 점차 줄어 겨우 1~2할에 이르고 있다."고 했다. 원문 권 26 하 4쪽.

21) 노비는 매매, 증여의 재물로 취급되었고, 주인 대신 형벌을 받기도 했고, 주인과의 관계는 강상의 관계로 규정했다. 단 노비는 가정을 이루고, 외거노비(앙역노비)의 경우 자신의 재산을 가질 수 있다는 점이 서양 노예와 달랐다. 노비는 『경국대전』 형전에 실렸고, 매매 시 법정 노비가가 법전에 수록되었다. 법전으로 보면 노비는 국민이 아니고 범죄자로 규정되었다. 양반사족도 반역자의 경우 노비로 규정되지만 그들의 자손은 정국의 변동에 따라 복권되기가 쉬웠다.

22) 이수광은 노비가 임진왜란 시 공명첩을 받은 것을 명분의 신분제를 허무는 것이라고 비판했다. 이는 그런 예 중의 하나라고 할 수 있다.

가족 생활과 모든 활동, 그들의 학문도 노비제도의 기반 위에 이루어
졌음을 유의할 필요가 있다. 이는 어느 성리학자나 실학자도 마찬가
지였다.

2. 성리학 이념의 토착화와 확산

성리학이 조선후기 대학자는 물론 일반 학자들까지 전파됨에는 주
자가 쓴 『소학』의 보급이 큰 역할을 했다. 『소학』은 단순히 쇄소응대
의 실천적 행동규범을 제시한 책이 아니다. 이는 남녀가 40세까지 지
켜야 할 행동규범과 행해여야 할 덕목, 인생관을 제시하고 오륜의 실
천을 생활함에 기여한 책이다. 남녀가 7세 이후에는 자리를 함께하면
안 된다는 도덕적 규범이나 장유유서(長幼有序)라는 생활규범을 지키
도록 윤리의식을 주입시킨 책이었다. 어린이가 소학을 배우기 전에 널
리 읽힌 『동몽선습』23)도 성리학 이념을 주입함에 큰 기여를 했다.24)

성리학을 지방에 확산시킨 것은 서원의 건립이었다. 이황(1501
~1570)이 풍기군수로 재직할 때 그곳이 주자학을 수용한 안향의 고
향이었으므로 그를 추모하는 서원을 세우고, 국왕의 내린 현판을 받
음으로써 국가의 공인된 기구가 되어 경제적 특권을 누렸다. 이후 서

---

23) 『동몽선습』은 1543년에 평양부에서 민제인 저작의 본이 간행된 후 이는 양반가
　　와 세자교육, 부녀자교육에 언해본이 사용되었고, 임진왜란 때에 일본에 전해져
　　자기들의 역사를 뒤에 덧붙인 일본 판본까지 나왔는데 내용은 거의 유사하다.
　　이에는 오륜과 총론, 중국사와 우리나라 역사의 개요가 실려 있다. 오륜과 총론
　　부분에 성리학적인 내용이 간략하게 실려 있다. 이는 민간인에 의하여 편찬된 아
　　동 교재로 숙종 대에 국가에서 인정한 교재가 되어 구한 말까지 널리 유통되었
　　다. 이에 대하여는 옥영정, 2015, 「동몽선습의 서지적 검토」 ; 황의동, 2015, 「입
　　암 민제인의 도학적 삶과 정신」, 『동몽선습의 저자 민제인과 그 후예들』, 여흥민
　　씨학술대회 발표문 참조.
24) 주자가 편찬한 어린이 교재인 『동몽수지(童蒙須知)』가 있었으나 그 보급에 대하
　　여는 잘 밝혀지지 않았다.

원은 절의를 지키거나 유명한 학자들의 연고지에 사원을 세워 추앙했
다. 서원은 교육 기능도 일부 가졌지만 대부분 지방 유림들의 공동의
식과 유대관계를 다지는 기구였고, 향촌의 백성을 통제하는 양반층의
집단 장소가 되었다. 영조 때에 전국의 서원은 800여 개에 이르렀다.

　성리학 이념을 토착화함에 기여한 것은 『주자가례(朱子家禮)』의
보급을 들 수 있다. 이는 혼례나 관례보다 상례와 제례가 중심인데 이
는 사대부가에서 중시되었다. 성리학적 예제는 풍속의 교화라는 측면
에서 강조되었다. 이는 양반들의 전통적인 생활 습속을 바꾸는 데 기
여하였다. 결혼의 풍습에서 처가에서 아내를 자기 집으로 데려오는
친영제가 실시되었다. 『주자가례』는 가부장권이 강한 가족 윤리로 크
게 작용했다.

　성리학의 토착화에 기여한 것으로 향약을 들 수 있다. 향약은 이
황, 이이(1536~1584)에 의하여 시작되었다.[25] 향약은 송나라 여씨 형
제들이 만든 '여씨향약'의 4강목[26]을 주자가 증손(增損)한 주자향약
이 택해지고 세부항목을 새로이 구체화한 것이다. 이는 지방 양반의
공동체적 규약이지만 전통적으로 만들어진 우리의 동약, 계와 연계되
어 사림의 향촌 지배를 강화하는 기능을 가졌다.

3. 성리학 이념의 특질

　성리학자들이 정치적 주도권을 장악한 것은 16세기 중반 선조 조
부터이다. 이후를 사림의 시대라고 한다. 성리학이 철학적 이론을 깊이

---

25) 이황의 '예안향약', 이이의 '서원향약'·'해주향약' 등이다. 이이의 향약에는 양반,
　　상민, 천민까지 전 주민이 참여하는 것으로 되어 있으나 그렇게 실행되었는지는
　　확인되지 않는다. 이후 향약은 지방 양반들의 권익을 지키고 상부상조하는 향약
　　으로 확산된 것은 17세기 이후이다.

26) 덕업상권(德業相勸), 과실상규(過失相規), 예속상교(禮俗相交), 환난상휼(患難相
　　恤) 중 전 3자가 성리학적 이념이 반영된 것이다.

있게 연구한 것도 사림의 시대 전후이다. 군주를 성인(聖人)으로 만드는 성리학을 성학(聖學)이라고 칭한 것은 이황과 이이였다.[27] 성리학은 군주의 교육을 강조하여 성리학 이념에 충실하도록 노력하였다.

조선후기 사림학자들은 "도(道)는 군주보다 우선한다"는 뜻으로 '도고우군(道高于君)'(도는 군주보다 높다)이라는 논리를 펴서 군주의 정치행위를 규제하였다. 그러나 모든 정사가 군주의 결재를 받아야하기 때문에 사림은 군주를 통해서 정치력을 발휘할 수 있었다. 비유하자면 조선후기에 성리학은 바다라면 군주는 사림과 함께 탄 배의 선장에 불과했다. 그들이 말하는 도(道)는 선왕의 도이다. 선왕은 요·순과 주대의 문왕·무왕을 지칭하며 이 도는 5경에 실려 있다고 했다. 이는 군주의 덕행을 강조하였을 뿐 군주의 재능을 바꿀 수는 없었다. 세습 군주제였던 시대에 모든 군주가 재능이 뛰어난 것은 아니었다. 선장과 같은 군주는 사림의 당파 싸움에 휘둘렸다.

성리학의 철학이론인 이기론(理氣論)과 인심·도심설은 귀납법적으로 입증하는 이론이 아니라 연역적 방법으로 추리하는 관념론이므로 합리성을 찾을 수 없다. 주기론이든 주리론이든 간에 그들의 논리를 떠난다면, 현대적으로 이해하거나 설명할 수 없는 중세적 철학이론이었다. 즉 근·현대에 계승되지 못하고 버려져야 할 철학 논리였다. 이점에서 이기론 철학은 당시의 현실문제를 해결함에는 전혀 도움을 주지 못했다.

---

27) 이황은 선조에게 성리학설을 이해시키기 위해 『성학십도』를 만들어 선조에게 바쳤고, 이이는 『성학십도』를 편찬해 선조에게 바쳤다. 『성학집요』는 이이가 선조 8년(1575) 홍문관 제학에 있을 때 2년간 편찬했다. 그 요지는 수기(修己), 정가(正家), 치국(治國)의 대항목 아래 장절로 세목을 붙이고, 관련되는 내용을 경전에서 몇 개 인용하고, 이에 대한 자신의 상세한 설명을 붙인 점에서 성리학 이념을 요령 있게 설명한 성리학 개요서라고 할 수 있다. 수기편은 한형조의 현대적 해석을 가한 글이 있다. 한형조, 2010~2011, 『성학집요』, 〈중앙센데이〉 26회 연재.

성리학자들은 유교의 두 가지 본령인 수기(修己)와 치인(治人)에서 수기를 더 중시했다. 수기의 모든 점을 열거할 수는 없다. 그 중 몇 가지 예를 들면 남이 보지 않는 홀로 있을 때를 가장 조심하고, 거짓말을 하지 않으며, 관직에 나감과 물러남에 철저한 태도, 공자가 편찬한 5경을 신성시하는 태도를 취했다. 그런 예는 비록 성리학자가 아니라도 고위관료는 거의 공통적인 관행이었다. 또한 관직에 나가지 않고 학문연구에 일생을 보낸 사람도 많았다. 이들을 재야학자라고 할 수 있다.

또한 성리학에서는 오륜 중 효와 충을 가장 중시했다. 효는 충으로 옮길 수 있다고 했다. 군주에 대한 충의 개념은 없어졌지만 효는 오늘날까지 존속해온 가장 중요한 덕목이다. 이러한 사림의 도덕의식을 실행으로 옮긴 점에서 실천적 지성인 사회였다. 즉 지배층의 도덕사회는 정직하고 청렴했으며, 부모에게 효도하고 국가의 위기를 당해서는 생명을 바쳐 충성했다는 점과 일생동안 독서를 열심히 했다는 점에서 세계적으로 최고 수준에 이르렀다고 할 수 있다.

성리학자들은 독서 공부를 열심히 했을 뿐만 아니라 군주도 열심히 독서했다. 정조는 군주이면서 만백성의 스승이라는 군사론(君師論)을 폈다.[28] 조선조는 외국에 유학생을 파견하지 않고 책을 통해 중국문화를 소화해 냈다. 천주교의 신앙도 책을 통해서 습득했다.

사림의 독서는 문치를 중시했고, 무를 경시하였다. 사림이 남긴 문집에는 많은 시가 남아 있는데 이는 대부분 서정시이고 서사시는 극히 드물다. 서정시는 결론에서 자기의 마음으로 돌아간다. 서사시가 발전하지 못한 이유로는 성리학만의 탓으로만 돌릴 수 없겠지만 외국 사행을 간 일기에 붙여진 시도 거의 대부분 서정시이다. 외국의 풍물

---

28) 김문식, 2007, 『정조의 제왕학』, 태학사, 참조. 정조는 임금이면서 만백성의 스승이라는 '군사론(君師論)'을 표방했다. 조선 역대 왕 중 군사(君師)가 될 수 있는 군주는 세종, 영조, 정조뿐이라고 생각한다.

을 보면 서사시가 나올 법한데 서사시가 발전하지 못한 것에는 성리
학의 학문적 성격인 '심(心)' 중심의 철학적 풍조가 작용했다고 하지
않을 수 없다.

무(武)를 소홀히 한 것은 임진왜란 때에 일본의 침입에 적절한 대
응을 취하지 못한 점에서 확인된다. 조선후기의 군대는 국왕의 신변
보호와 왕도의 방어에 만족했고, 부국강병보다는 왕조의 현상 유지에
급급했다.

성리학은 명분과 의리를 존중했다. 이는 명·청 교체기에 일어난
대명의리론이 대표적인 것이다. 명분과 의리는 성리학의 예치론에도
나타난다. 지나친 예치주의는 자식들이나 형제 간에 새로운 이견을
내지 못하게 하였고, 여성의 활동을 가정 안에 가두어 크게 억제함으
로써 개인의 창의력의 발동을 억제했다. 자기 의견을 주장하는 토론
문화의 발전에 장애적인 요소로 작용했다.

성리학은 사·농·공·상이란 차별적인 직업의식을 강요했다. 백성은
나라의 근본이라고 하면서 이를 통치의 수단으로 생각했지 목적으로
생각하지 않았다. 교화라는 것은 성리학적 이념을 충실히 따르게 하
는 것이었다. 상공업은 이익을 창출한다고 여기지 않아 억제해야 한
다고 생각했다. 농업만이 가장 중요한 산업으로 알았다.

양반사족은 군역이나 요역의 부담을 지지 않고 국가에 세금을 내
지 않았다. 이는 조선후기의 모든 조세가 토지에 부과되었고 집 단위
의 세금이 실행되지 못했다.29) 호포제를 실시하여 집을 가진 양반에

---

29) 세조 대까지 세금을 집 단위로 내는 호세(戶稅)는 완전 폐지되었다. 부유함을 등
급 짓는 호등제는 조선후기에 들어와 폐지되었다. 군역과 요역은 양인과 천민에
게만 부과되었다. 모든 조세는 토지에 부과하는 제도로 합쳐졌다. 세금은 양안에
실린 경작자에게 부과되었기 때문에 양반이 자기 소유의 땅을 노비 이름으로 올
리는 경우 세금 부담을 회피할 수 있었다. 양안(특히 궁방 양안)에 기록된 기주
(起主)는 이전 양안에 기록된 시작(時作)임을 밝혀 기주가 실제 소유자가 아님
을 논증하고 양안은 조세 수취의 자료로 활용되었음이 밝혀졌다. 따라서 양반사

게도 세금을 분산시키자는 것은 양반들의 여론에 밀려 시행이 쉽지 않았다. 집 단위의 세금 부과는 조선전기까지 실시되어 오다가 폐지되었고 양반사족의 권익 때문에 실시되지 못했다.

일반 양반들에게 역사라고 하면 중국사였다. 국사를 공부할 수 있는 것은 천자문 다음에 읽는 『동몽선습』에 나오는 우리나라 왕조 이름과 왕족의 성씨 등을 언급한 간략한 내용이었다. 대부분의 양반들은 조선왕조를 탄생시킨 고려의 역사는 연구하거나 읽지를 않았다. 과거시험에서도 자국사에 대한 역사는 출제되지도 않았다. 시를 짓는 데도 중국의 고사는 인용되었으나 우리나라 역사적 사실은 이용되지 않는 것이 일반적 풍조였다. 당 왕조의 역사기록은 깊은 산에 있는 사고(史庫)에 꼭꼭 가두어 두었다. 실록 중 좋은 내용만이 정리된 국조보감이 편찬되었다.[30]

또한 성리학 이념은 신분제를 당연한 것으로 생각했다. 이는 상하(上下)의 위계질서가 강조되어 평등의 개념은 약했다. 상하의 위계질서는 중국과 조선과의 관계에도 적용되었다. 명청에 대한 사대외교를 당연시하였다. 양반 사족들은 차등적인 신분제 유지를 옹호했다.

성리학은 이외의 다른 학문을 이단시해서 배척했다. 이는 성리학 이념을 스스로 해결하는 능력을 차단시킨 문화적 쇄국주의였다고 할 수 있다. 조선후기는 사상적으로 꽉 닫힌 사회였다. 그러나 학자들이 개인적으로 양명학, 불경, 도가류 등을 읽는 것을 막을 수는 없었다.

영조, 정조 대에는 탕평책을 써서 당파 싸움을 종식시키려 하였다. 탕평정책에서 강조한 것은 '사(私)'보다 '공(公)'을 강조했다. 당파싸

족이 자작경영이 아닌 전호(佃戶; 소작인)에게 경작시킨 토지의 지주는 전세를 부담하지 않았다. 박노욱, 2016, 『조선후기 양안 연구에 대한 비판적 검토』, 경인문화사 참조.

30) 세조 대에 태조, 태종, 세종, 문종의 『국조보감』이 편찬되고, 숙종 대에 『선묘보감(宣廟寶鑑)』, 영조 대에 『숙묘보감(肅廟寶鑑)』이 편찬되고 정조 때에 모든 왕의 보감이 편찬되어 조선시대의 모든 왕의 역사가 『국조보감』으로 정리되었다.

움은 당파의 이익을 위한 점에서 '사(私)'적인 성격이 강했다. '공(公)'의 개념을 정치에서 백성을 위한 정치로 나타났다. 백성의 문제를 듣기 위한 노력을 능행을 통해 직접 했을 뿐만 아니라 군주의 자기반성을 중시했다. 영조가 세자에게 정치적 교훈을 주기 위해 쓴『어제자성편(御製自省編)』31)과 정조의『일성록(日省錄)』도 군주의 자기반성을 의미한다. 영조는 궁중의 경비를 절약해 씀으로써 백성의 경제적 부담을 줄여야 함을 강조했다. 정조는 영조의 정책과 유훈을 충실히 계승했다.

당시의 정치권력은 군주에게 집중되어 있었다. 그러나 그 권력행사는 사림의 공론을 무시할 수 없었다. 사림의 정치권력은 왕실과의 혼인, 인척관계를 맺은 서울 출신들의 관료집단이 장악했다. 이들은 정치의 요직과 경제력과 문화를 독점했으니 이들을 '경화사족(京華士族)'이라 칭한다. 탕평책은 표면적 당파 싸움은 견제할 수 있었지만 당파의 습성을 없애지는 못했다. 당파가 다른 경우 인적교류와 서적의 유통에도 작용했다. 당파는 지역적으로 극심한 차별을 낳았다. 당파의 유습은 현재까지도 일부 계승되고 있다.

새로운 정치개혁과 문화를 크게 진작시킨 영조와 정조도 성리학 이념을 통치이념으로 선언했다.32) 이는 정치 방향에 있어서 큰 실수였다. 이후의 천주교 박해 사건을 일으키는 사상적 배경이 된 것이었다.

요컨대 성리학은 횡적 네트워크보다 종적 네트워크를 중시했다. 이는 줄 세우기라고 할 수 있다. 역사에서의 정통론, 학문의 도통론, 왕위의 적통론, 사제 간의 학통론, 사가에서의 장자의 제사봉행권이

---

31) 영조의 성리학 이해는 세자를 위해 편찬한『어제자성편(御製自省編)』에서 확인된다. 이에서 강조한 것은 군주의 반성과 독서 그리고 실천이었고 군주의 마음 공부였다. 영조는 이이의『성학집요』를 10년간 경연에서 강독했다.

32) 김문식, 2007,『정조의 제왕학』, 태학사 참조.
김문식, 2007,「조선후기 유학텍스트 연구와 경세학적 경학」,『다시 실학이란 무엇인가』, 푸른역사 참조.

그것이다. 성리학의 차별적인 직업의식, 귀천의 신분의식, 오륜의 상존하억(上尊下抑) 의식은 평등개념의 출현에 장애가 되었다. 이런 종적 네트워크는 고려시대의 횡적 네트워크를 강조한 불교사회와 달리 경제적 부가 사회에 환원되지 않고 자식에게 전해지게 되었다. 고려시대에는 보시라는 행위를 통해 막대한 부가 사찰에 기부되는 현상이 조선후기에는 찾아볼 수 없었다. 양반 사족이 자기 재산을 서원에 기증했다는 기록을 찾기가 어렵다. 부모의 유산이 장자에 의해 세습되는 경향을 낳았다.

양반사족은 공공의 의식보다는 사사(私私)의 명예와 이익을 차리기에 우선했다. 족보문화의 발전은 이런 성향을 말해준다. 과거를 통한 영달은 효의 실현으로 이상화되었다. 조선후기의 문벌을 강조하는 족보문화, 보학(譜學)이란 새로운 학문이 생긴 것은 사회보다는 친족을 중시했음을 뜻한다. 이를 통해 씨족 중심, 본관 중심, 아들 중심의 의식이 강화되었다. 19세기 말 20세기에 들어와서 성리학 이념이 사회 지도이념의 기능을 상실했지만 이 중 일부는 현재까지 지속되고 있다. 그런 예로 문중 중심의 각종 선조 선양사업, 형해화한 제사 형태로 존속되고 있다.

조선후기 사회가 성리학 이념 사회인가에 의심을 가질 수도 있다. 관료 학자들과 양반 사족이 모두 비록 성리학자는 아니라 하더라도 그들의 생활윤리와 가정에서의 의식은 성리학의 이념에서 벗어나지 않는다. 그러므로 조선후기는 성리학이 이념화된 사회로 이해함에 큰 오류는 없을 것이다.

Ⅲ. 실학의 제 문제

1. 실학의 개념문제

한국 역사서에 최초로 '실학'이란 용어를 사용한 학자는 최남선이었다. 최남선은 친일학자라고 매도하지만 그의 역사학은 한국사학사에서 결코 버릴 만한 것이 아니다. 그럼에도 불구하고 그의 역사학이 한국 근대사학사에서 다루어지지 않고 배제한 것은 한국 근·현대 사학사를 민족주의 역사학자 중심으로 다루어졌기 때문이다.[33] 이는 현대판 '정통론'의 적용이라고 할 수 있다. 민족주의 역사가를 줄 세우기에서 그는 소외되었다.

최남선은 1931년에 출간된 『조선역사』에서 반계 유형원으로부터 시작된 새로운 학풍을 서술하면서 '실학'으로 표현했다.[34] 이는 실학

---

[33] 조동걸, 2010, 『한국근대사학사』, 역사공간 ; 2010, 『현대한국사학사』, 역사공간.
한영우, 2002, 『역사학의 역사』, 지식산업사.
박걸순, 2004, 『식민지 시기의 역사학과 역사인식』, 경인문화사 참조.

[34] 이를 처음으로 밝힌 것은 천관우였다. 앞의 글, 「실학사상사」 993쪽. 『조선역사』는 출판된 책명이고, '한빛'에 1930년에 연재된 명칭이 '조선역사강화(朝鮮歷史講話)'였다. 『조선역사강화』-최남선 한국학총서 16, 경인문화사, 2013, 해제 참조. 이 책은 오영섭이 현대문으로 옮겼다.
'실학'이란 용어는 장이나 절의 이름에는 나오지 않으나 제33장 문화의 진흥 중 97. 학풍의 변화에서 "반계 유형원은 성리학과 과거 문장이 전성기를 누리던 시기에 일평생 조선의 실상을 연구하여 … 조선**경제의 개선책**을 논하였다. 실로 새**로운 학풍**의 선봉이 된 것이다. 성호 이익이 더욱 **실증**과 **실용의 학문**을 앞장서서 부르짖었다. 이 학풍이 널리 퍼져 영조 이후에는 학자는 물론, 단순한 문사라도, 그 태도를 실용적 내면적으로 가져 **조선연구** 분위기가 크게 성장하였다 … 안정복, 신경준, 이만운, 유득공, 한치윤, 이중환, 이긍익, 정항령 등(국학저서를 열거함)이 … **실학**의 학풍이 다산 정약용이 나와서 넓은 학문과 정밀한 지식으로 경세유표 … 등 여유당전집 백 수십 권을 저술했다." 98. 조정의 편찬 사업. 99. 북학론 이에서 **북학파**가 언급되었다. (진한 글씨와 밑줄은 필자가 표시한 것이다)

을 역사적 용어로 사용한 것으로 판단된다.

'실학(實學)'이라는 용어가 의미하는 것이 무엇인가? 라는 논의는 그동안 많은 발전을 하여왔지만 하나의 결론을 낼 수가 없었다. '실학'이란 용어에 대한 개념을 무엇이라고 선험적으로 규정하는 순간 이는 오류를 가져온다. 예컨대 이를 '실(實)'이란 말의 뜻에 따라 '현실적 학문', '실용적 학문', '참된 학문' 등으로 규정한다면 이는 뜻풀이는 되겠지만 올바른 개념규정이라고 할 수 없다. 학문에서 개념규정의 중요성을 강조하면서 '실학'이란 용어를 개념화하려 한 새로운 학설35)은 앞으로 깊은 토론의 여지가 있지만, 역사학적 용어로 사용될 때 실학의 성격을 밝히는 것이 더 중요하다. 그 성격론은 시기에 따라 달라질 수 있을 뿐만 아니라, 연구의 진행에 따라 그리고 역사가의 시각에 따라 변할 수 있다. 그러므로 성격론도 고정적으로 파악할 수 없다.

실학이란 용어가 당 시대 사람들이 널리 사용한 것이 아니고,36) 역사가들이 조선후기에 일어난 새로운 학풍을 그렇게 지칭하여 사용한 점에서 개념 논쟁이 복잡하게 일어나고 있으며,37) 더구나 그 용어

35) 이헌창은 국제적 시각과 사회과학적 방법론으로 실학의 개념을 새롭게 규정하려는 연구를 진행해왔다. 그러나 개념규정의 중요성을 부정하는 것은 아니지만 역사학은 개념규정을 하면 그 개념 규정이 역사의 올바른 실상을 밝힘에 장애가 된다는 점을 밝혀둔다. 이헌창, 2016, 「실학개념들의 통합적 이해를 위한 시론」, 『한국실학연구』 32 및 2019, 「실학의 개념과 학술사적·현재적 의의」, 『신실학의 현재적 지평』, 학자원 참조.
36) 당시대인이 '실학'이란 용어를 사용한 사람은 박지원이다. 그가 쓴 『과농소초』 서문에 보이고 있다. 그러나 이 경우의 실학은 우리나라에서 농업, 상업, 공업이 발전하지 못함은 선비의 실학이 없기 때문이라고 했다. 『과농소초(課農小抄)』의 제가총론(諸家總論), '後世農工賈之失業 卽士無實學之過也' 염정섭, 2012, 「18세기 말 박지원의 '과농소초' 편찬과 농업개혁론」, 『농업사연구』 11권2호, 논문 참조. 이를 처음으로 밝힌 것은 김용섭이다. 1987년 연세대학교 20회 실학공개강좌 토론에서 김용섭 발언 참조.
37) 조성산, 앞의 논문, 「실학 개념논쟁과 그 귀결」 참조.

가 좋은 의미를 가진 추상명사이기 때문이다.[38]

'실학'이란 용어를 연구를 통해서 '역사적 용어'로 사용한 학자는 천관우(1925~1991)이고,[39] 이를 대중화한 것은 이기백(1924~2004)의 『한국사신론』이다.[40]

이 책에서 실학자들은 성리학 지상주의의 선배학자들을 비판하면서 당시의 현실문제를 개혁하기 위하여 실증적인 방법으로 새로운 개혁안을 제기한 것으로 서술했다. 이후 모든 개설서에서 실학은 역사적 용어로 사용되었고, 중·고등학교 교과서에도 실학이 강조되었다.

그래서 본인은 실학을 역사적 용어로서 '조선후기에 일어난 새로운 학문 내지 새로운 학풍'이라고 규정하고자 한다.[41] 한국사에서 역

---

38) 실효를 강조한 '실(實)'을 자주 사용한 학자는 이이와 이수광을 들 수 있다. 이이의 『성학집요』 안에 있는 그의 글 부분 참조. 이수광에 대하여는 한영우, 1994, 「이수광의 학문과 사상」, 『한국문화』 13 ; 2007, 「실학연구의 어제와 오늘」, 『다시, 실학이란 무엇인가』, 푸른역사 참조.

39) 천관우가 1949년에 쓴 서울대학교 학사 논문을 보완하여 실은 「반계유형원연구」, 『역사학보』 2, 3호, 1952~1953. 그도 이 논문에서는 '실'에 대한 의미를 천착한 바 있고, 그 후 개념논쟁을 통해 역사적 용어로 정착된다. 각주 1)의 글 참조.

40) 이 책은 1961년 『국사신론』으로 태성사에서 출판되어 1966년 『한국사신론』(일조각)으로 개정판으로 나왔고, 1990년 신수판 『한국사신론』으로, 1998년에는 한글판으로 출간되었다. 그는 이 책에서 학계의 연구 성과를 끊임없이 반영하였다. 실학은 초판부터 실학을 장절의 표제로 내 걸었다. 그는 고대와 고려시대를 전문적으로 연구한 학자이지만 개설서를 자신의 분신처럼 여겨 계속 수정 보완하였다. 그의 실학에 대한 서술의 변화는 별도로 다루어야 할 사학사적 과제이다. 그러나 실학에 대한 그의 사론에 대하여는 다음 글이 참고할 만하다.
노용필, 2015, 「『국사신론』·『한국사신론』 본문의 사론」, 『이기백 한국사학의 영향』, 한국사학 출판사, 141~149쪽 참조.
그의 역사학 연구에 대하여는 자신의 회고담인 2011, 「민족과 학문적 진리」, 『우리시대의 역사가』 1, 경인문화사 참조.

41) 이병도는 일찍이 '영 정조의 학풍'에서 새로운 학풍으로 오늘날 실학자들이라고 칭하는 새로운 학문과 서민문화의 발달, 여류학자의 출현 등을 상세하게 서술했다. 이병도, 『신수 국사대관』, 보문각, 단기 4288(1965), 449~451쪽 및 446~462쪽 참조. 『국사대관』은 1948년 동지사에서 『조선사대관』으로 출간된 후 1952년에 『국사대관』으로 백영사에서 개정 증보판, 1960년에 보문각에서 신수 『국사대

사용어로 쓴 일반 명사는 실학만이 아니라 대단히 많다.[42]

실학의 '개념' 문제가 많은 논란이 있는 것은 유학이라는 학문과 연계하여 생각하기 때문이다. 이를 두고 실학을 고유명사화했다고 하거나 실학이 허상이라는 표현은 역사학적인 관점이 아니므로 문제 삼을 필요가 없다. 또한 신실학론을 주장하는 견해도 제창되고 있으나[43] 이 견해 또한 역사적 관점에서 주장된 것은 아니다. 이는 한국 유학적 전통을 오늘날 되살려보려는 의지가 강하게 작용하고 있다.

실학을 조선후기의 학문 또는 학풍이라고 하면 이를 너무 부풀리거나 과장할 필요도 없다. 역사학적인 관점에서는 당시의 역사적 상황과 조건 속에서 이해되어야 할 것이다. 실학에 대한 올바른 이해는 당시의 학문적 실상을 정확히 파악하려는 노력과 함께 오늘날의 관점에서 실학이 그 시대에 어떤 기능과 역할을 하였는가, 그 영향은 당대 및 그 이후의 학문에 어떻게 영향을 미쳤는가를 중심으로 연구해야할 것이다.

한 개인의 실학자의 사상을 논할 때 그의 사상과 학문의 전체적 맥락을 파악함이 없이 그가 쓴 한두 줄의 내용을 인용하여 그의 사상

관』으로 개판 수정하고, 1983년 『한국사대관』으로 제5차 개판을 하여 동방도서 주식회사에서 출간하였다.
『두계 이병도전집』 1책, 2012, 『한국사대관』 참조. '영·정조의 학풍'은 위에 든 보문각본과 차이가 없다. 그러나 그의 저술 중에는 장절에 '실학'이란 표현은 없으나 본문 중 한두 군데 실학이란 용어를 사용하고 있을 뿐이다.

42) 그런 예로는 호족, 문벌귀족, 양반, 서학 등을 들 수 있다. 한국사 서술에서 누구나 쓰고 있는 천주교를 '서학(西學)'이라고 칭하는 용어도 고대에 인도나 중국에 불교를 배우러 가는 승려를 지칭하여 서학(西學)을 배우러 간다고 했다.

43) 윤사순은 신실학론을 주장하는 대표적인 철학자이다. 그의 신실학론은 1991년 공자학회에서 발표한 「유학의 신실학적 역할」, 1992년의 「현대한국사회와 신실학의 과제」, 『신실학의 탐구』, 열린책, 1993. 「신실학의 의미와 구성방법」, 『신실학의 현재적 지평』, 학자원, 2016. 이라는 글에서 주장하고 있다. 그는 '실학'의 '실(實)'이라는 의미를 중시했다. 이는 실학을 역사적 용어로 사용한 것과는 차원이 다르다. 그는 유학의 현재적 계승에 목적이 있음을 확인할 수 있다.

인 것처럼 서술함도 역사적 관점에서 올바른 이해라고 할 수 없다. 실학자의 외연론도 마찬가지 문제가 있다. 누가 실학자인가를 논하는 것은 의미가 없다고 생각한다. 새로운 학풍을 연 학자라면 그의 신분, 직업, 분야에 관계 없이 모두 연구되어야 할 것이다. 단지 우리가 손쉽게 이를 연구하지 못하는 것은 우리 자신이 그 분야에 대한 전문적 지식이 없기 때문이다. 당시의 역사적 상황을 해결하려고 노력한 모든 업적과 현실의식 내지 역사의식44)이 강하게 표출한 학자의 사상이나 학문은 모두 포함시켜야 할 것이다.

조선후기를 실학시대라고 칭하는 문제는 실학이 학문의 주류가 되었는가라는 관점에서 보면 이를 칭함은 타당치 않다는 견해가 나올 수 있다. 그러나 실학풍이 당시의 예술과 문학, 언어, 역사, 과학, 지리 등에서 함께 일어난 새로운 학풍임이 이미 밝혀졌지만 더 연구된 이후에 사용되어야 한다고 생각한다. 실학의 시대라고 하면 조선후기를 총칭할 것이 아니라 좁혀서 사용되어야 할 용어이다.

2. 실학의 성격론

실학의 성격을 '근대지향적'이거나 '민족적'인 것이라고 주장한 천관우의 학설은 그의 유형원 연구에서 처음으로 보인다.45) 그는 이후 『한국실학사상사』에서 실학의 이해에 대한 역사적 고찰을 하면서 그 견해를 유지했고 이론적 뒷받침을 크게 보강했다.46) 또한 그는 여기

---

44) 역사의식이라 함은 당대 문제에 대한 '현재적 의식'을 포함하는 넓은 의미이다. '역사의식'에는 "시간의식, 현실 의식, 역사성 의식, 정체성 의식, 정치 의식, 경제·사회 의식, 도덕의식" 등 다면적 의식을 총칭한다.
   Hans-Jürgen Pandel, "역사의식(Geschichtsbewusstsein)"/역사의식의 차원(Dimensionen des Geschichtsbewusstseins, 1987.)" 최성철 교수 제공.
45) 천관우, 1953, 「반계유형원 연구」하, 『역사연구』 3.
46) 천관우, 앞의 논문 「한국실학사상사」 참조.

서 유학의 여러 가지 측면과 비교 검토하는 작업을 상세하게 했다. 실학에서 근대지향적 요소와 민족적 요소를 파악함은 이후의 역사와 관련지을 때 타당한 견해라고 한다. 근대지향적이란 용어는 중세 이후를 근대사회로 보았기 때문이다. 비록 실학이 중세체제의 이념을 대치할 정도로 발전하지 못했지만 우리 한국의 근대시대의 역사와 문화에 영향을 크게 주었다는 점에서 중세 보편주의의 주자학적 학문을 벗어나려는 학문경향이었다고 할 수 있다.

민족적 요소는 조선후기 학문에서 민족의 개념을 발견할 수 없다. 그러나 이는 세종대 이후 성종 대까지 확립한 한국학 자료를 중국학의 방식으로 정리한 제2단계의 한국학에 대하여 한국학(국학)을 연구한 제3단계의 학풍이었다고 할 수 있다. 실학은 자국의 역사, 지리, 지도, 언어, 농학, 음악 등을 연구했다. 따라서 모든 실학에서 민족적 성향을 찾기에는 문제가 있지만 실학은 후일 민족문화 연구에 있어서 한 단계 진전을 이루었다고 할 수 있다.

이는 한국의 민족형성 문제와도 유사한 점을 찾을 수 있다. 민족이란 용어는 19세기 말 20세기 초에 신채호, 박은식의 역사학에서 처음으로 나타나지만, 민족의 형성과 민족문화는 상고로부터 계속적으로 발전해왔다. 그러기에 한국 민족주의가 19세기 말 제국주의 침입에 대한 대항 논리로 요원의 불길처럼 일어날 수 있었다. 이런 점을 고려한다면 실학자들이 비록 민족이라는 용어는 사용하지 않았지만 그들의 학문연구의 성과는 후일의 민족주의 운동이 일어나게 된 지적 배경이 되었다고 할 수 있다.

실학의 성격에서 주자학과 관련하여 그 이념을 전적으로 부정한 것은 천주교 신앙을 믿은 유학자 윤지충 등을 들 수 있다. 그 외 실학자 중에 성리학적 이념에 관심을 가지지 않고 현실 문제를 해결하려고 한 부류의 학자로는 북학파로 알려진 박지원, 박제가, 홍대용, 이덕무 등과, 관직에 나가지 않고 일생동안 당대사를 정리한 이긍익, 한치윤 등을 들 수 있다.

당시가 농업이 중심 산업이었던 사회였기 때문에 농업사에 대한 실학자들의 연구는 대단히 주목해야 할 분야이다.

김용섭은 조선후기 농학의 문제가 농업기술사의 측면과 농정의 문제, 농서문제가 긴밀하게 연관되었음을 밝히고, 경제·사회 변동에 유의하면서 농업 기술의 발달과정과 농학사상의 발달을 연구한 결과 주자농법을 극복한 농학서를 구체적 사례를 들어 설명하고 있다.[47] 그러나 그는 그 후의 저술에서는 이를 다음과 같이 수정하고 있다.

> "조선후기의 농학의 이와 같은 발달과정은 곧 농학 분야에 있어서 실학의 발달과정이었다. 실학은 왕왕 주자학 그 자체라든가, 또는 반주자학적인 것으로 운위되기도 하지만 농학으로서의 이 시기의 실학은 이러한 규정으로 처리될 수 없는 하나의 특정한 성격을 지니고 있는 학문이었다. 이 시기의 실학적인 농학은 주자학적인 농학의 발달과정 속에서 성장하면서 그 모순을 느끼고 그것을 개선하

---

47) 주자의 농법은 공주 목사 신숙(1600~1661)이 편찬한 『농가집성』에 송시열이 주자의 권농문을 실었고, 이 책을 국가에서 출판함으로써(1655년) 국가의 농서였다. 이는 대경대법(大經大法)의 농서로서 정조 대까지 주도적 농서였다고 한다. 김용섭, 앞의 책 『조선후기농업사연구』2 3장 조선후기 농학의 발달 참조. 이런 주자농법을 극복하려는 농학서가, 박세당의 『색경』, 홍만선의 「산림경제」, 서유구의 『임원경제지』 등이며, 이런 농학사상은 개화기의 이기(李沂)의 농학사상으로 연결되어 전봉준의 농민전쟁의 요구조건으로 내건 농업의 근대화과정을 논술했다. 김용섭, 1976, 「조선후기의 농업문제와 실학」 동방학지 17. 치밀하게 쓴 방대한 그의 저술을 두세 번 읽으면서 느낀 점 몇 가지를 지적하고자 한다. 1) 농학서의 효용성 문제이다. 농업의 직접 주체인 농민을 위한 언문본의 책이 왜 나오지 않았는가 하는 점이었다. 2) 송시열의 주장에 따라 주자의 권농문을 실었다고 해서 『농가집성』을 주자적 농법이라고 규정함이 타당한 가의 점이다. 3) 그의 조선후기 농업사 연구에서 즐겨 쓰고 있는 '봉건'이란 용어도 검토 비판되어야 할 점이다. 이런 문제는 후일의 연구자들에게 과제로 제시해 둔다.

는 방향으로 새로운 농학을 개척하고 있는 학문이었다.[48]

그는 주자가 부세의 조정을 통해 대토지소유자를 일정하게 견제함으로써 중소지주와 농민층을 보호하려 한 주자의 농정사상으로 이해하고 반주자적 토지론을 정책방향으로 제시한 것은 반계였다고 하였다.[49]

이는 토지론에 국한할 때의 평가로서 유형원의 사상이 반주자학이라고 본 것은 아니다. 유형원의 사상을 총체적으로 볼 때 교화위주의 주자학적 이념 연구에서 벗어나 학문연구 방향을 새로운 방향으로 크게 선회하였음을 확인할 수 있다. 이런 점은 정약용의 경우도 그렇다.

농서에 나타난 실학사상은 최근 학계에서 소홀히 다루어지고 있는데 이 부분을 소홀히 하면 실학의 성격을 밝힘에 대단히 중요한 부분을 놓친다는 점을 강조해 둔다.

주자의 경전 해석에 비판적인 견해를 보인 학자로는 윤휴(1617~1680)[50]와 박세당(1629~1703)[51]이 있다. 경전의 주자 해석을 수정한 학자들이다. 이들은 주자의 경전해석에 문제가 있음을 자득(自得)하고 이를 극복하기 위해 옛 경전을 깊이 있게 연구했다. 그러므로 그들의 학문은 주자성리학 이념을 벗어난 학자라고 볼 수 없다. 그들은 주자의 경전 주석에 대해 비판적이었다. 그들은 주석이 달리지 않은 5경의 원래의 의미를 확인하려는 것이었다.

그 중 박세당의 실천적 행동에서 성리학자와 다른 면을 발견할 수

---

48) 김용섭, 1990, 『조선후기 농업사』 2 증보판, 일조각, 396~397쪽.

49) 김용섭 위 책, 417쪽.

50) 윤휴에 대하여는 다음 논문을 참고했다. 정호훈, 1995, 「윤휴의 경학사상과 국가권력 강화론」, 『한국사학연구』 89 ; 2007, 「17세기 실학의 형성과 그 정치사상」, 『다시 실학이란 무엇인가』 푸른역사.

51) 윤희면, 2001, 「박세당의 생애와 학문」, 『국사관논총』 34; 이병도, 1966, 「박서계와 반주자학적 사상」, 『대동문화연구』 3; 김준석, 1998, 「서계 박세당의 위민의식과 치자관」, 『동방학지』 100, 연세대국학연구원; 정호훈, 위의 논문 참조.

있다. 즉 40세에 관직에서 물러나 30년간 직접 농사를 지으면서 과일 나무를 접붙이고, 『색경(穡經)』이란 농서를 편찬했다. 그에게 배움을 요청하는 사람은 신분을 가리지 않고 교육을 시켰다는 점과 『주자가 례』의 제법(祭法)을 과감히 벗어나려 한 점이다.[52) 그는 양명학, 노장 학, 불교 등을 수용하여 사상적 개방성을 가졌다. 그는 명분보다는 실 제를 중시한 점은 당시 청나라 연호의 사용, 청나라 사신 접대 등의 문제에서도 보이고 있다. 이들이 성리학 이념을 비판하는 이론적 논 리를 정리하지 못한 점이 그들 철학의 한계점이었다. 따라서 그들의 경전 해석이 다른 실학자들에게 준 영향은 크지 않았다고 판단된다.

실학은 철학, 문학, 역사, 사회이론, 윤리사상 등의 보편적 이론을 갖춘 거대 이념인 성리학 내지 주자학과 비교할 수 있는 학문이 아니 었다는 점을 지적해 둔다. 실학은 성리학이란 토양 위에서 나왔으며, 일부의 새로운 경향을 가진 학문이었다고 생각한다. 주자의 경전 주 석이 잘못임을 깨닫고 6경 고학을 연구한 것으로 이해된다.[53) 그리고 주자학이 이단의 학문을 극력 배제하였지만 개인 학자들이 불경, 도 가서, 기타 한당의 서적을 개인적으로 읽는 것을 금지할 수 없었다. 이는 고려조의 문화적 풍토가 조선 사회에 존속하고 있었기 때문이라 고 생각한다.

실학의 성격을 재평가한 이영훈의 논문은 실학의 성격 파악에 중 요한 시사점을 던져주고 있다.[54) 본고에서 그의 견해를 모두 구체적

---

52) 그는 졸곡(卒哭) 후 상식을 올리지 않게 하는 가훈을 아들 손자에게 남겼다. 이 런 일로 아들과 손자가 수감되어 유배되고 인근 양반들로부터 엄청난 비난을 받 아 그의 유계의 실천은 포기할 수밖에 없었다. 김학수, 2010, 「서계유계를 통해 본 박세당의 상례인식과 그 파문」, 『한국계보연구』 1.
53) 경전을 전체적으로 표현할 때 6경이라는 말을 사용했지만 6경 중 『악경(樂經)』 은 명칭만 전하고 전하지 않으므로 5경이라고 칭해야 옳다. 한영우가 즐겨 쓴 '6 경 고학'에서 6경에 『주례』를 포함시켰는데 이는 착각이다.
54) 이영훈, 2002, 「18·19세기 소농사회와 실학−실학 재평가」, 『실학연구』 4.

으로 따질 여유는 없다. 그러나 성리학과 실학자의 견해를 비교 서술한 신분제에 대한 문제만 간단히 언급하고자 한다. 그는 4항의 제목을 '노비(奴婢)에서 소인(小人)'이라고 했다. 이에서 소인의 개념을 설명하지 않았지만 그 글의 전체적 맥락으로 보면 '소인(小人)'은 군자에 대비되는 소인으로 이해한 것으로 판단된다. 그리고 반상제라는 신분차별에서 양반은 군자이고 상민은 소인으로 보았다고 해석한 것같다. 이는 사료의 견강부회이다. 군자와 소인은 같은 양반 중에서 구분한 것이고,[55] 반상(班常)에서 양반은 군자이고 상민은 소인이라고 해석한 사례는 없는 것으로 알고 있다. 그리고 그는 16쪽에서

> "노비제의 비난을 곧바로 근대지향으로 평가함은 성급한 일이다. 재삼 강조하거니와 <u>반노비제 사상은 17세기 이래 대부분의 성리학자들이 공유한 시대적 사조였다(A). 서인 노론의 지배정파에 의해 또 국왕 영조에 의해 강행된 개혁의 현실은 반계 성호 등 실학자들의 주장보다 오히려 과격한 바 있다(B)</u>."

(A)에서 성리학자들의 공유한 시대적 사조였다는 표현은 지나치게 과장한 주장이다.[56] 그리고 (B)에서 영조가 관노비의 신공을 폐지한 개혁조처와 반계나 성호의 노비개혁을 단순 비교함에는 큰 문제가 있

---

55) 이이는 『성학집요』에서 군자는 봉록과 영달을 목적으로 하지 않고 공(公)을 생각하는 선비이며, 소인은 자기의 관직과 봉록을 확보, 유지를 위해서 주력하는 선비라고 했다.

56) 위에 인용한 부분은 그 항의 결론 부분이다. 그는 앞에서 순조의 공노비 해방과 교서를 쓴 사람을 구체적으로 들어 설명했다. 그러나 교서를 작성한 사람이 노론계의 인물이라는 점은 사실이지만 이에 대한 다각적인 역사 이해를 충분히 하지 않았다는 점을 지적하고 싶다. 조성산은 공노비 해방이 사노비의 해방이나 다른 관노비를 해방시키지 않음에서 매우 제한적인 조처였음을 밝혔고, '敎化小人'의 소인은 소론계와 남인 양반층임을 분명히 했다. 조성산, 「18세기 후반 낙론계의 경세사상의 심성론적 기반」, 『조선시대학보』 12, 2000, 93~95쪽 참조.

다. 양자 간의 문제의식과 역사적 상황이 다른 점을 간과하였기 때문
이다. 따라서 그의 노비제에 대한 주장은 제목은 물론 서술에 큰 무리
가 있음을 밝혀둔다.

실학자들의 신분제 개혁론은 가장 연구가 미흡한 분야이지만 진보
적인 견해와 보수적인 견해가 뒤섞이고 있다고 이해되고 있다.[57] 실
학의 최고봉의 지위에 있다는 정약용도 이점에서는 보수적이라고 할
수 있다. 신분제에서 타파해야 할 것은 노비문제도 있었지만 양반사
족의 특권타파 문제가 큰 문제로 남아 있다. 유형원은 기득권층인 양
반사족의 특권을 철저히 혁파하려는 개혁안을 제시하였고, 노비세습
제는 천하의 악법이라고 한 점에서 어떤 성리학자보다 혁신적인 이론
을 주장했다. 그리고 그는 노비에게도 토지의 분급을 개혁안으로 제
시했다. 실학자들의 신분제 문제는 앞으로 더 깊이 있게 연구되기를
기대한다.

요컨대 실학은 주자학의 토양에서 나왔기 때문에 실학자들의 학문
이 성리학적 이론과 무관할 수 없다. 실학자와 성리학자를 양분함이
때로는 무리일 수도 있다. 예컨대 윤휴나 박세당이 실학적 성격이 있
다고 해서 그들을 성리학자가 아니라고 할 수 없기 때문이다. 실학자
들도 이기론(理氣論)의 본체론을 언급한 내용이 일부 전하고 있지만
실학사상은 주리론이든 주기론이든 이런 철학과 직접적 깊은 관계를
지을 수 없다고 생각한다.[58]

그러나 조선후기의 실학은 당면한 현실 문제를 해결하려는 학문이
었으므로 송대에 이루어진 송학인 주자성리학과는 다를 수밖에 없었

---

57) 김용섭, 1988, 「조선후기의 사회변동과 실학」, 『동방학지』 58 참조.

58) 이우성은 『반계수록』이 그의 이기론과 깊은 관계를 가지고 있다고 이해하였으
    나, 이는 수정되어야 한다고 생각한다. 왜냐하면 『반계수록』에는 부분적으로 '이
    (理)'를 언급했지만 그 개혁안 전 체계는 주리론이나 주기론과는 무관하기 때문
    이다. 이우성, 1988, 「초기실학과 성리학과의 관계-반계 유형원의 경우-」, 『동
    방학지』 58 참조.

다. 실학자들은 주자학의 경전 해석에 문제가 있다고 생각되는 부분을 바로잡기 위해서는 경전의 고본을 통해 자신들의 견해를 표방했다. 『주례』는 주대의 제도를 전해주는 점에서 실학자들의 연구대상의 원전이었지만 그 사회를 그대로 실현하기보다는 이에서 법과 예의 근원적인 정신을 찾으려 한 것이다. 또한 명대의 구준(丘濬)이 편찬한 『대학연의보』는 치국평천하의 제목하에 항목별로 구분하고 이에 대한 관련 경전 자료와 역사 자료를 풍부히 담았기 때문에 정치를 논하는 사람이나 국가 제도의 개편을 구상한 학자에게는 중요한 자료로 활용되었을 가능성이 있다.

3. 실학파의 분류문제

실학자들의 학파를 경세치용학파, 이용후생학파, 실사구시학파로 구분하는 설이 있다.[59] 이렇게 구분함에는 다음과 같은 문제가 있다.

그 용어가 구분하는 기준에 일정한 원칙이 없다는 점이다. 경세치용학과 이용후생학은 학문 경향성을 말한 것이고, 실사구시학은 학문 방법론을 뜻하기 때문이다. 또한 이런 학의 명칭이 고대부터 사용되어온 고전적 용어이므로 조선후기의 실학의 개념을 반영한 용어로서는 적합지 않다는 점이다. 예컨대 이용후생이라는 용어는 서경에 나오며[60] 실사구시는 『한서』 하간헌왕전에 나오는 용어이다.[61] 경세치용이라 함은 성리학자들에게도 적용할 수 있는 개념이기 때문이다.

또한 이런 구분방식은 실학의 발전단계를 설명함에 부적절하다는 점이다. 실사구시학파로 김정희를 들지만 이 학파가 형성되었는가도

---

59) 이우성, 1973, 「실학연구 서설」, 『실학연구입문』, 일조각.

60) 『서경』 대우모(大禹謨)조에 나온다.

61) 『한서』 권53, 河間獻王德 以孝景前二年立脩學好古 實事求是 師古曰 務得事實 每求眞是也

문제이고, 경세치용학이나 이용후생학과의 연관 관계가 전혀 설명되지 못하기 때문이다. 이를 청대 고증학의 수용결과로 보지만 고증학적인 연구는 성리학자인 송시열이나 경세치용학이라고 칭하는 실학자들도 나름대로 실증과 고증의 방법을 썼기 때문이다.

그리고 이들 용어는 현대인이 이해하기 어렵다는 점을 지적할 수 있다. 역사를 현대에서 이해하고 해석하는 점을 생각한다면 이런 어려운 용어는 그대로 사용하기 어려운 점이 있다. 또한 강화학파, 북학파라는 용어가 사용되고 있는 바 이들 용어는 구체적이고 당시에 사용된 용어이므로 타당성을 가진다.

또한 성호학, 다산학이라는 용어가 사용되고 있는 바 이는 논리적으로 부당하다고 할 수는 없지만 조선시대의 학자마다 모모학이라고 칭하는 현상이 과연 바람직한가 하는 문제를 제기하는 바이다. 이런 모모학은 문중이나 지역사회단체가 중심이 되고 있으므로 객관적인 학문연구에 장애를 주기 때문이다. 적어도 학파를 칭하려면 뚜렷한 학문방법론이 있고 상당한 기간 그 학설이 계승 발전해야 할 것이다. 그러나 이를 제자들의 계보를 내세워 학파라고 칭함에는 문제가 있다.

실학을 현대적 용어로 쉽게 분류한 업적이 이기백의 『한국사신론』에서 찾을 수 있다. 이에서는 조선후기의 실학을 '농업중심의 이상국가론', '상공업 중심의 부국안민론', '국학의 발전', '서학의 전파', '과학과 기술', '성리학 비판'으로 나눈 바 있다.[62] 이는 개설에서 서술한 것이지만 실학의 분류를 알기 쉽게 기술했다고 할 수 있다. 실학과 실학자들의 분류 문제는 앞으로 더 검토해야 할 문제임을 지적해 둔다.

---

62) 이기백, 앞의 책 『한국사신론』 신수판.

4. 실학의 성격과 유형화

조선후기 실학자들의 학문은 그들 중 일부는 관직에 나아간 경력이 있고, 관직 생활에서 직접 체험한 것이 학문 연구의 바탕이 된 경우도 있지만 거의 대부분의 실학자는 국가의 정책에 의한 사업과는 무관하게 재야에 있으면서 연구했다는 점이 특징이라고 할 수 있다. 이는 조선전기의 관료학자들과는 큰 차이가 있다는 점을 지적해둔다. 실학의 성격적 특성을 유형화하면 다음과 같다.

1) 성리학 경전 해석에 대한 주자의 해석을 수정하려고 한 경전 연구

4서5경에 대한 주자의 주(註)를 보고 문제가 있음을 자득하고 이를 옛 경전을 통해 새롭게 해석한 윤휴, 박세당, 이익, 정약용을 들 수 있다.

2) 중국의 선진 문화의 수용을 통해 국가 발전을 도모하려 한 연구

우리나라가 경제적으로 낙후한 현상을 청나라의 발전된 기술을 받아 산업에 적극 활성화해야 한다는 주장이 18세기 북학파들에 의하여 제시되었다. 이는 이전에 명나라의 선진 문명을 수용해야 한다는 의견을 편 유몽인[63]과 조헌의 의견[64]은 북학파와 같은 성향이다. 북학

---

63) 그는 명나라에 세 차례 사행을 통하여 명나라의 경제발전을 우리나라에 실현하자고 주장하였다. 함경감사인 한준겸에게 올린 「안변(安邊)32책(策)」의 건의문에서 은광의 개발, 화폐제도의 실시, 벽돌의 사용을 통한 축성, 큰 선박을 만들어 물품의 운송을 해결하고자 함, 무역의 강조와 시장기능의 강조, 병사에 대한 급료지급, 둔전제의 시험농장제, 군사훈련 등은 박제가의 북학사상과 맥을 같이한다. 그는 병서 300권을 읽고 당쟁을 비판했으며, 불경을 읽어 그의 문체는 특이한 호소력을 가졌던 실학자였다. 그는 인조반정의 소식을 듣고 금강산에서 돌아오다가 철원에서 광해군 복위음모라는 반역행위로 체포되어 사형에 처해졌다. 그 후 그는 정조 18년(1794)에 신원되고 1832년에 그의 문집 『어우집』이 후손에 의해 간행되었다. 그에 대하여는 한명기, 1992, 「유몽인의 경세론 연구-임란 이

파는 당시의 지배층이 청나라는 이족(夷族)이기 때문에 배울 것이 없다고 주장하던 숭명멸청 사상이 지배적인 상황에서 사신으로 간 학자들이 견문한 청나라 선진문화를 수용하자는 점에서 그 의미가 다를 뿐이다.

3) 전문적인 학문연구

성리학자인 송시열이 주자학 연구에 일생을 바쳤다면 성리학이 아닌 우리나라 현실문제와 역사연구, 농학연구에 수십 년을 바친 전문가가 실학자들이다.

유형원은 국가의 문제를 연구한 『반계수록』을 집필하기 위해서 22년의 시간을 보냈고, 그 영향을 받은 안정복은 『동사강목』을 편찬함에 장장 20여 년을 보냈다.[65] 안정복은 우리나라에서 역사가를 자처한 첫 학자였다.[66] 그는 성리학 이념을 고수한 학자이지만 우리나라 역사연구에 바친 장기간의 노력을 한 점은 특기할 만하다. 그리고 이긍익은 당대사인 『연려실기술』을 집필하기 위해 많은 자료를 수집하였고, 이를 필생의 작업으로 한 전문가였다.[67] 또한 한치윤은 우리나라 역사에 관한 기록을 중국과 일본에서 기록한 역대의 자료를 수집

후 사회경제 재건의 한 방향-, 『한국학보』 67과 김흥백, 2014, 「유몽인의 경세의식과 산문체계」, 서울대박사학위논문 참조.

64) 그는 명나라에 1574년 사신의 질정관으로 갔다가 돌아와 『동환봉사』를 올렸다. 이에 대하여는 이상익, 2012, 「동환봉사를 통해본 중봉조헌의 개혁사상」, 『동양문화연구』 10, 영산대학교 동양문화연구원 참조. 김인규, 2000, 『북학사상의 철학적 기반과 근대적 성격』, 다운샘, 제2장 참조. 이석린, 1993, 『조헌연구』, 신구문화사 참조.

65) 차장섭, 1992, 「안정복의 역사관과 동사강목」, 『조선사연구』 1, 조선사연구회 참조.

66) 황윤석의 『이재난고』에 나온다. 한국정신문화연구원 간행 『이재난고』 참조.

67) 이 밖에 역사 전문가로 안방준(1573~1654)을 들 수 있다. 그는 일생동안 당대의 임진왜란 의병의 기록을 남김에 진력한 당대의 역사가였다. 정구복, 2009, 「임진왜란 사료에 대한 사학사적 검토」-선조실록과 안방준의 역사기술을 중심으로-, 『전북사학』 35 참조.

해 쓴『해동역사』를 편찬함에 일생의 노력을 바쳤으며 그 작업은 조카에 의하여 계승되어 완성했다. 서유구는 할아버지 서명응, 아버지 서호수의 농서 연구를 계속하여 농학서이며 의학서인 방대한『임원경제지』를 완성한 농학의 전문가였다. 정약용의『경세유표』도 편찬을 완료한 시기보다 이에 대한 구상은 그가 이미 가졌던 생각을 표출했다고 하면 적어도 몇십 년간의 사색이 온축한 결과라고 할 수 있다.

당시는 학문이 전문적인 분야로 나누어지지 않았던 시기에 이런 전문가 학자들이 출현한 것은 이전의 시대에도 없었고, 이후의 19세기에도 찾아보기 어려운 성격이었다.

4) 국가 체제개혁 연구

국가 현상을 부분적으로 고쳐서는 당시의 현상을 치유할 수 없다고 생각한 실학자들은 국가의 전 체제를 개혁해야 한다는 구상을 하였다. 이는『경국대전』체제를 폐기하고 새로이 국가 체제를 만들자는 구상이고 연구이다. 이는 위정자가 문제로 삼는다면 왕조 전복죄에 걸 수 있는 개혁안이었다. 유형원과 정약용의 연구를 들 수 있다. 유형원의 경작권을 균등하게 나누자는 토지분배론, 당시 토지측량법이 세금을 거두기 위해서 수확량 위주로 행해지던 결부제를 실제 면적을 측량하는 제도(경무제)로 바꾸자고 한 주장, 도량형을 전국적으로 통일하자는 주장 등은 수백 년 후에 이루어진 것이었다. 정약용의 원목에서 언급한 선거제도도 지금에서 이루어지고 있다. 이런 개혁안을 근대지향적이라고 규정해서 결코 잘못이 아니다.

5) 우리나라 문화와 역사 지리에 대한 연구

한백겸은 역사를 지리적 바탕 위에서 살피는 역사지리학을 개척하였다.[68] 조선후기의 학자들이 이를 따라 많은 저술이 나왔는 바 이를 역사지리학이라 칭한다.[69] 이는 과거의 정치사 중심의 역사에서 우리나라 역사상의 강역, 수도, 관방 등을 밝히는 연구이다. 그는 종래 여러 가지 설로 갈려 있던 삼한의 위치를 현재의 학설대로 정립함에 크게 기여하였다. 이는 자국의 역사와 지리를 강조하였다.

이익은 통유로서 여러 방면에 많은 업적을 냈다. 그는 화이가 종족에 따른 칭해지는 것이 아니라 도덕과 문화가 발전하면 '화(華)'라 칭할 수 있다고 하여 우리도 중화가 된다는 소중화론을 주장했다. 이는 기자의 홍범론을 깊이 신뢰한 것이다. 그리고 정약용은 우리나라를 동국, 또는 해동으로 지칭함이 중국인 기준에서 칭한 것이라 하여 그는 자신의 역사지리서를 『아방강역고』라고 했다. 우리나라 산을 산맥 중심으로 파악하고 우리나라 강에 대한 지리를 연구한 신경준, 그리고 우리나라의 지도를 상세히 그리려 한 정상기, 김정호도 실학자임에 틀림없다. 또한 우리 언어와 물건의 명칭을 정리한 학자들도 있다.[70] 이런 학자들은 국학-한국학을 새롭게 연구하였다. 이러한 자국 역사와 지리, 문화를 존중하는 학문은 실학의 새로운 경향이었다.[71]

실학의 발생은 임진왜란과 호란의 충격이 크게 작용했지만 이이와 조헌 등이 지적한 바와 같이 16세기 말의 현실은 『경국대전』 체제의 모순이 극대화하여 왕조 멸망의 직전에 다다를 정도로 심각했던 상황을 고려하지 않을 수 없다. 이 문제는 별고로 다루고자 한다.

---

68) 정구복, 1987, 「한백겸의 사학과 그 영향」, 『진단학보』 63 참조.
69) 정구복, 2006, 「조선후기 역사지리학의 발달」, 『한국실학사상연구』 1-철학·역사 편, 연세대국학연구원; 박인호, 2003, 『조선시기 역사가와 역사지리 인식』, 이화 참조.
70) 이병근, 2011, 「실학시대의 언어연구」, 『한국사시민강좌』, 48, 113~133쪽.
71) 정창열, 1990, 「실학의 역사관-이익과 정약용을 중심으로-」, 『벽사이우성교수정 년기념논집, 민족사의 전개와 그 문화』 하 참조.

Ⅳ. 글을 맺으면서

조선후기에 성리학 이념은 학문만이 아니라 생활윤리까지 지배한 체제이념이었고, 다른 학문을 철저히 배척함으로써 스스로 이념을 수정하거나 개혁할 자체의 기능이 없었다. 이는 폐쇄적인 중세의 거대이념이었다. 이는 철학체계, 경학체계, 정치학, 역사이론을 갖춘 중세적 보편주의라고 할 수 있다.

조선후기 위대한 업적을 남긴 영조와 정조도 주자성리학을 통치이념으로 제시한 군주였다. 비록 군주는 만기를 친재할 절대 권력을 가졌지만 사림의 공론을 무시할 수 없었기 때문이다. 세습군주제하에서는 그들과 같은 뛰어난 군주가 계속 나올 수 없다. 19세기 어린 왕이 즉위하거나 강한 의지의 군주가 나오지 않으면 외척세력에 정권이 휘둘리게 된다. 이는 고종을 계몽군주인 것처럼 설명하지만 그의 인사정책의 실패, 외척세력에 휘말려 바람직한 정치를 하지 못해 망국의 길로 들어서게 된 내재적 원인을 제공한 군주라고 할 수 있다.

성리학적 이념은 양반들에게 독서를 강조하고 철저한 윤리를 강조하여 성리학적인 도덕사회를 이룩했다. 당시 웬만한 학자는 문집을 냈다. 국왕인 영조와 정조도 자신의 문집을 냈다. 그리고 국가의 각 기관에서 기록을 남기는 관례를 만들어 엄청난 기록을 남겼다. 조선후기는 기록의 홍수 시대라고 할 수 있는 문화적 발전을 했다. 그러나 이런 문화는 왕실 중심, 지배층 중심이라는 문화적 속성을 가진다.

조선후기에는 재야의 개인 학자에 의한 새로운 경향의 학문이 발전했으니 이를 실학이라고 한다. 조선후기에 현실을 개혁하고 발전시키려고 한 학문이 실학이었다. 실학은 주자학으로부터 벗어나려는 점에서 학문적 의미가 있다. 그러나 주자성리학 이념하에서는 서양의 새로운 학문을 수용함에 천주교도의 박해로 인해 사상적 발전이 차단

되었다고 할 수 있다. 실학의 성격은 시기별로 변화했다. 실학의 연구
에는 객관적 이해와 당시의 사회현실, 역사적 조건, 실학자들의 역사
의식, 당시 지식의 정보유통과 관련한 연구가 필요하다.[72]

　실학연구를 당시의 논리구조로 연구함도 필요하지만 현재적 관점
에서 전후 시대와 연결지어 해석하는 시각이 필요하다. 이는 조선시
대의 연구에도 함께 요구되는 문제이다. 당시의 자료를 가지고 당시
의 역사를 복원하려는 듯한 연구시각은 사학사적 관점이 아님을 지적
해 둔다. 조선후기 역사를 전후 역사와 관련지어 해석하고 이해하는
사학사적 방향으로 연구되어야 할 것이다.

---

72) 고동환, 2007, 「조선후기 도시 경제의 성장과 지식체계의 확대」, 『다시, 실학이란
　　무엇인가』, 푸른역사 참조.

참고문헌

김문식, 2007, 『정조의 제왕학』, 태학사.

김용섭, 1977, 『조선후기농업사연구』 2, 일조각.

_____, 1990, 『조선후기 농업사』 2 증보판, 일조각.

김태욱 외, 2014, 『민족과 진리를 찾아서- 10주기 추모 이기백 사학자료선집』, 한림
　　　　대출판부.

노명호, 2012, 『고려 태조 왕건의 동상』, 지식산업사.

박걸순, 2004, 『식민지 시기의 역사학과 역사인식』, 경인문화사.

박노욱, 2016, 『조선후기 양안 연구에 대한 비판적 검토』, 경인문화사.

박병호, 2012, 『한국법제사』, 민속원

박인호, 2003, 『조선시기 역사가와 역사지리인식』, 이회.

이기백, 1998, 한글판 『한국사신론』, 일조각.

이병도, 단기4288(1965), 『신수 국사대관』, 보문각.

이석린, 1993, 『조헌연구』, 신구문화사.

이한구, 2014, 『역사학의 철학』, 민음사.

조동걸, 2010, 『한국근대사학사』, 역사공간.

_____, 2010, 『현대한국사학사』, 역사공간.

최남선, 2013, 『조선역사』,1932. 『조선역사강화』, 경인문화사.

한국사학사학회 편, 2014, 『역사주의: 역사와 철학의 대화』, 경인문화사.

_____, 2011, 『우리시대의 역사가』 1, 경인문화사.

한영우, 1961, 『조선전기 사학사 연구』, 서울대출판부.

_____, 2002, 『역사학의 역사』, 지식산업사.

홍승기, 1983, 『고려귀족사회와 노비』, 일조각.

고동환, 2007, 「조선후기 도시 경제의 성장과 지식체계의 확대」, 『다시, 실학이란
　　　　무엇인가』, 푸른역사.

김문식, 2007, 「조선후기 유학텍스트 연구와 경세학적 경향」, 『다시, 실학이란 무엇인가』, 푸른역사.

김용섭, 1976, 「조선후기 농업문제와 실학」, 『동방학지』 17.

＿＿＿, 1988, 「조선후기의 사회변동과 실학」, 『동방학지』 58.

김준석, 1998, 「서계 박세당의 위민의식과 치자관」, 『동방학지』 100, 연세대국학연구원.

김학수, 2010, 「서계유계를 통해본 박세당의 상례인식과 그 파문」, 『한국계보연구』 1.

김홍백, 2014, 「유몽인의 경세의식과 산문체계」, 서울대박사학위논문.

노용필, 2015, 「'국사신론'·'한국사신론' 본문의 사론」, 『이기백 한국사학의 영향』, 한국사학 출판사.

옥영정, 2015, 「동몽선습의 서지적 검토」, 『동몽선습의 저자 민제인과 그 후예들』, 여흥민씨학술대회 발표문.

윤사순, 2016, 「신실학의 의미와 구성방법」, 『신실학의 현재적 지평』, 학자원.

윤희면, 2001, 「박세당의 생애와 학문」, 『국사관논총』 34.

이기백, 2011, 「민족과 학문적 진리」, 『우리시대의 역사가』 1, 경인문화사.

이병근, 2011, 「실학시대의 언어연구」, 『한국사시민강좌』 48.

이병도, 1966, 「박서계와 반주자학적 사상」, 『대동문화연구』 3.

이상익, 2012, 「동환봉사를 통해본 중봉조헌의 개혁사상」, 『동양문화연구』 10, 영산대학교 동양문화연구원.

이영훈, 2002, 「18·19세기 소농사회와 실학·실학 재평가」, 『실학연구』 4.

이우성, 1973, 「실학연구 서설」, 『실학연구입문』, 일조각.

＿＿＿, 1988, 「초기 실학과 성리학과의 관계·반계 유형원의 경우」, 『동방학지』 58.

이헌창, 2016, 「실학개념들의 통합적 이해를 위한 시론」, 『한국실학연구』 32.

＿＿＿, 2019, 「실학의 개념과 학술사적·현재적 의의」, 『신실학의 현재적 지평』, 학자원.

정구복, 1977, 「고려시대 편찬문화」, 『한국사론』 2, 국사편찬위원회.

＿＿＿, 1987, 「한백겸의 사학과 그 영향」, 『진단학보』 63.

＿＿＿, 1997, 「조선전기 부농의 재산형성」, 『김용섭교수 정년기념 한국 고대·중세의 지배체제와 농민』, 지식산업사.

＿＿＿, 2006, 「조선후기 역사지리학의 발달」, 『한국실학사상연구 1-철학·역사편』,

　　　연세대국학연구원.

_____, 2008, 「한국학의 발달과정에 관한연구」, 『동방사상과 문화』 2, 동방사상문
　　　화학회.

_____, 2009, 「임진왜란 사료에 대한 사학사적 검토 -선조실록과 안방준의 역사기
　　　술을 중심으로-」, 『전북사학』 35.

정창열, 1990, 「실학의 역사관-이익과 정약용을 중심으로-」, 『벽사이우성교수정년
　　　기념논집, 민족사의 전개와 그 문화』 하.

정호훈, 1995, 「윤휴의 경학사상과 국가권력강화론」, 『한국사학연구』 89.

_____, 2007, 「17세기 실학의 형성과 그 정치사상」, 『다시, 실학이란 무엇인가』,
　　　푸른역사.

_____, 2019, 「조선후기 실학연구의 추이와 성과-해방 후 한국에서의 실학연구 방
　　　법과 문제의식-」, 『한국사연구』 184.

조성산, 2000, 「18세기 후반 낙론계 심성론의 철학적 기반」, 『조선시대사학보』 12.

_____, 2011, 「실학 개념논쟁과 그 귀결」, 『한국사시민강좌』 48.

차장섭, 1992, 「안정복의 역사관과 동사강목」, 『조선사연구』 1, 조선사연구회.

채웅석, 2018, 「고려시대의 사회성격과 역사적 위상」, 『고려시대의 역사』, 혜안.

천관우, 1953, 「반계유형원 연구」 하, 『역사연구』 3.

_____, 1969, 「실학 개념 성립에 관한 사학사적 고찰」, 『이홍직박사회갑기념 한국
　　　사학논총』.

_____, 1970, 「한국실학사상사」, 『한국문화사대계』 VI-종교 사상편, 고려대민족문
　　　화연구소 편.

한명기, 1992, 「유몽인의 경세론 연구-임란 이후 사회경제 재건의 한 방향-」, 『한국
　　　학보』 67.

한영우, 1994, 「이수광의 학문과 사상」, 『한국문화』 13.

_____, 2007, 「실학연구의 어제와 오늘」, 『다시, 실학이란 무엇인가』, 푸른역사.

한형조, 2010-2011, 『성학집요』, 〈중앙선데이〉 26화 연재.

황의동, 2015, 「입암 민제인의 도학적 삶과 정신」, 『동몽선습의 저자 민제인과 그
　　　후예들』, 여흥민씨학술대회 발표문.

『반계수록』〈고설〉을 통해 본
유형원의 실학적 경세사관

박 인 호*

* 금오공과대학교 교양교직과정부 교수

I. 머리말

유형원(柳馨遠)의 『반계수록(磻溪隨錄)』은 실학적 사회개혁의 선구적 위치를 가지는 개혁서라는 관점에서 많은 연구가 진행되어 왔다. 유형원의 개혁론은 조선후기의 새로운 사상으로 매우 중시되었으며, 앞으로도 계속 연구되어야 할 분야이다.[1]

필자는 많은 연구가 진행되어온 유형원의 사회개혁론 자체를 여기서 다시 중언하기보다는 그동안 연구자들이 주목하지 못하였던 사상적 배경에 대해 살펴볼 필요가 있음을 지적하고자 한다. 사회경제적 모순에 대한 개혁론은 우리나라와 중국의 역대 사회경제적 제도에 대한 연구와 인식을 바닥에 깔고 있다. 또한 이러한 인식은 개혁론자들만의 것은 아니다. 역대의 제도적 변화에 관심을 가진 모든 학자들이 기본적으로 이전대의 사회와 경제에 대한 인식을 바탕으로 과거의 제도 변화와 현재의 제도 개혁에 관심을 가지고 있었다.

그런데 『반계수록』〈고설〉 조항은 바로 개혁론의 역사적 내력에 대한 유형원의 고찰에 해당하는 부분이라고 할 수 있다.[2] 다만 유형원의 『반계수록』〈고설〉에서는 인용된 많은 글이 나오는데 어느 것이

---

1) 유형원의 개혁사상에 대한 연구가 가지는 의미에 대해서는 필자의 소논문을 같이 참조하기 바란다. 박인호, 2018, 「유형원, 경세치국의 새로운 길을 열다」, 『복현사림』 36.

2) 『반계수록』〈고설〉을 통해 유형원의 역사의식을 찾아보려는 것은 필자의 서사 학위논문 이래의 문제의식 가운데 하나이다.
박인호, 1989, 「동국여지지를 통해 본 유형원의 역사의식」, 정문연 대학원, 1989; 박인호, 1989, 「유형원의 동국여지지에 대한 일고찰 역사의식과 관련하여」, 『청계사학』 6, 80~82쪽.

인용된 것이고 어느 것이 유형원의 생각인지를 구분할 필요가 있다. 왜냐하면 일부 안설은 편집과정에서 잘못 표기된 것도 있기 때문이다.

여기서는 〈고설〉에서 왜 그러한 주장들을 발췌하였는지, 그것이 의미하는 의도가 무엇인지를 밝혀보고자 한다. 그리고 여러 서적에서 자료를 인용하여 작성한 〈고설〉이라는 형식의 체재가 사학사적으로 어떠한 의미가 있는지를 살펴보고자 한다.

이 연구를 통해 기존에 주목되지 못하고 단순히 자료를 집적한 것으로만 여겨져 왔던 유형원의 『반계수록』 〈고설〉에 대해 새로운 의미를 부여할 수 있기를 기대한다. 또한 유형원의 개혁론에 대해 제도론적인 측면에서의 접근 방식과는 다른 사학사적인 접근의 새로운 영역을 제시할 수 있기를 기대한다.

Ⅱ. 유형원의 역사관에 관련된 자료 검토

1. 기존 연구

영조대 출판 이후 『반계수록』은 정교한 사회개혁론으로 인해 지속적으로 주목을 받아 왔다. 다만 그 사회개혁의 지향점이 무엇인가에 대해 천관우는 유교적 이상사회로의 회귀로 평가한 반면 정구복은 수직적 사회에서 수평적 사회로의 진전을 의미하였다고 평가하였다.3) 그러나 이러한 평가에도 불구하고 유형원이 지향하였던 역사관이 어떠한 것이며 사학사적 의미가 무엇인가에 대해서는 제대로 구명되지 못하였다.

---

3) 천관우, 1952~1953, 「반계 유형원 연구」, 『역사학보』 2, 3; 1979, 『근세조선사연구』, 일조각.
정구복, 1970, 「반계 유형원의 사회개혁사상」, 『역사학보』 45.

유형원의 역사관에 대해 본격적으로 다룬 것은 김준석의 연구에서 출발한다고 할 수 있다. 김준석은 기존의 유형원의 변법론에 대한 논문을 확대시켜 유형원의 사회개혁론에 대해 도덕 지상주의적 역사관에서 합리적 공리적 역사관으로의 전회(轉回)라고 평가하였다. 그리고 이를 유교를 부정하는 변법사관(變法史觀)으로 규정하고 근대 역사이론의 단초를 열었다고 평가하였다.[4] 정구복은 유형원의 역사관을 다루면서 고설의 중요성을 환기시켰으며, 유형원의 역사관에는 보편주의, 객관주의, 합리주의적인 특징이 있으며, 경제와 도덕을 통한 사회개혁을 꿈꾼 역사 사상가이자 관념론적인 동양 역사학에 유물론을 도입한 첫 사상가로 평가하였다.[5] 그리고 조성을은 유형원의 고려시대 제도에 대한 인식의 분석을 통해 실학의 역사학은 우리나라에서 비판적 역사학의 출발이라고 평가하면서 우리나라의 제도에 대한 연구는 유형원에서 시작하였다고 평가하였다.[6] 이 세 연구는 유형원의 역사관을 밝히는 데 선구적인 업적이라고 할 수 있다. 유형원을 근대의 발전사관에 맥락이 닿는 최초의 변법적 사회사상가라거나 유물론을 도입한 첫 사상가라거나 비판적 역사학이 유형원에서 출발하였다고 평가하는 것이 정당한가라는 데에는 더 논의가 필요하지만 유형원의 역사관의 의미와 위상에 적극적인 평가를 하려고 했다는 점은 주목되어야 한다.

그러나 이후 연구자들은 개혁론의 내용을 고찰하는 데 연구력을

---

4) 김준석, 2000, 「조선후기 진보적 역사관의 성립 −유형원의 변법사관−」, 『국사관논총』 93, 국사편찬위원회; 2005, 『한국 중세 유교정치사상사론』 2, 지식산업사, 109쪽. 이 논문은 1998년 국사편찬위원회에서 개최된 학술대회에서 발표한 논문을 공간한 것이다.

5) 정구복, 1999, 「반계 유형원의 역사의식」, 『반계 유형원의 생애와 사상』, 한국정신문화연구원 발표문; 2008, 『한국근세사학사』, 경인문화사, 222쪽.

6) 조성을, 2000, 「유형원의 고려시대 인식」, 『한국사의 구조와 전개』, 혜안; 2004, 『조선후기 사학사연구』, 한울, 209쪽.

집중하면서 개혁론이 지향하였던 역사관이 무엇인가라는 측면은 여전히 제대로 보여주지 못하였다. 최근 교육사에서 「교선지제」〈고설〉을 통해 〈고설〉이 일종의 교육사 기술이라는 점에는 주목하였으나 그 의의에 대해 근대적 실증성이 부족하고 후대에 들어 제도가 타락하는 측면을 강조하고 있다고 평가하였다.[7] 전체 〈고설〉을 대상으로 한 것이 아니었고 또 교육제도의 후퇴하는 측면만이 유형원의 본의도였는지는 여전히 의문이다.

그리고 직접 논문의 형태로 제시된 것은 아니지만 팔레는 유형원을 다룬 저술에서 〈고설〉에서 제시한 내용이 무엇을 의미하는지에 대해 부분별로 정리한 것이 있다. 그러나 여기서도 특정 분야의 〈고설〉 부분만을 다루어 팔레가 파악한 〈고설〉의 집필 의도가 무엇인지가 쉽게 드러나지 않고 『반계수록』의 저술 의도에 대해 지혜의 원천은 중국의 역사제도였으며 사상의 중심은 중국 고대 제도에 머물러 있다[8]고 평가하여 유형원의 진보적인 역사의식을 적확히 파악하였다고 말하기 어려운 점이 있다.

이러한 연구들은 유형원의 역사관을 구성하는 인식의 특정 부면의 양상들을 보여주고 있어 유형원이 지향하였던 사상의 전체 모습을 보여주지는 못하고 있다.

2. 유형원의 역사학 관련 저술

유형원의 저술로 현재 사회개혁서인 『반계수록』, 지리서인 『(동국)여지지』, 문집 중 시집 일부,[9] 그리고 안정복이 초해둔 잡기집 가

---

7) 최광만, 2010, 「반계수록 교선고설에 나타난 유형원의 교육사관」, 『교육사학연구』 20-2.
8) 팔레, 2008, 『유교적 경세론과 조선의 제도들』 2, 산처럼, 589쪽.
9) 『磻溪逸稿』로 책명을 붙여 『한국한문학연구』 38(2006)에 활자화되었다.

운데『동사례』라는 제목의 초록집 속에 전하는 유형원의 논술이 전하고 있다. 이들 책은 공간되거나 혹은 번역되어 일반 사람들이 쉽게 접할 수 있게 되었다.

그런데 유형원의 역사관계 저술로 안정복이 편집한 「반계선생연보」[10]는『동국사강목조례』,『역사동국가고』,『속강목의보』를 들고 있으며 이익이 쓴 「반계유형원전」[11]에서는『동사조례』,『속강목의보』를 들고 있다.

먼저『동국사강목조례』제하의 책의 성격을 살펴보면 이는 유형원의 작으로 1665년(현종 6년)에 지었다. 「연보」에는『동국사강목조례』, 이익이 찬한 「반계유선생전」에서는『동사조례』라 되어 있고, 홍계희가 찬한『반계수록』부록 전에는『동국강목조례』로 되어 있다. 「연보」에 따르면 동사를 읽는 데 비단 사건들이 다 볼 만하지 않을 뿐만 아니라 기사에 의례가 없어 이에 주자의『자치통감강목』을 본떠 국사를 편성하여 편리하게 찾아보도록 하였다는 것이다. 이 책은 미완성인 듯하며 단지 범례는 세우는 데 그친 듯하다. 그 이유는 그가 범례를 세운 후 실제로 역사저술에 들어갔을 때 부딪히는 형식상의 문제가 역사를 다르게 기술하게 하는 한계를 인지한 듯하며 그렇기 때문에 오히려 이러한 강목체적 역사서술의 한계로 강목체적 역사저술을 스스로 포기해 버린 것이 아닌가 한다. 장서각 소장의『동사례』에[12] 「동사강

---

10) 安鼎福, 「磻溪先生年譜」(李家源 謹校, 1958, 東國文化社; 1974,『증보반계수록』, 경인문화사).

11) 李瀷, 1984,『星湖全書』2, 여강출판사, 957쪽.

12)『동사례』(장서각 2-198)는 안정복이 유형원의 자료를 보고서 초록한 것인데 일부는 유형원의 자료가 아닌『기언』등이 수록되어 있다.『동사례』는 안정복이 유형원 자료를 초록한 것인데 안정복의 역사서술에 지대한 영향을 미치고 있다는 점에서 유형원과 안정복의 학문적 수수관계에 대한 구체적인 근거 자료라고 할 수 있다.『동사례』는 김동주와 이우성에 의해 다른 반계 관련 자료와 합하여『반계잡고』(여강출판사, 1990)라는 이름으로 탈초하였으며 원문을 영인하였다. 최근에는 다른 자료와 함께『반계유고』(창비, 2017) 제하에 번역본이 간행되었다.

목범례」가 있는데 안정복의 『동사강목』의 범례와는 차이가 있고 또 내용이 상대적으로 단순하므로 아마 유형원이 『동국사강목조례』라는 이름으로 편성하려고 하였던 책의 범례에 해당하는 것으로 생각된다.

유형원은 중국의 역사를 살피기 위해서는 다양한 중국 서적을 활용하였을 것이다. 중국 사서에 보이는 우리나라 역사 관련 내용을 정리한 것으로 『역사동국가고』가 있다고 전하고 있다. 『사기』·『한서』 이하 역대 사서와 『통전』·『문헌통고』 등에서 국사와 관계되고 북이(北夷)·왜인(倭人)에 관해 상고될 만한 것을 적은 것이다.13) 이 책은 중국 역대 사서의 내용들을 초록해 놓은 것으로 뒤에 『동국여지지』 기술에 이용되었을 것이다. 한백겸의 『동국지리지』가 우리 관점에서 중국 사료를 활용하면서 우리의 국가적 발전 단계에 따라 서술하였다면14) 이 책은 중국 사서에 보이는 「조선전」을 전부 정서한 것이다. 이 책이 유형원의 것이라고 할 수 있는 것은 중간에 문답이 추록되어 있는데 이것은 친구였던 박자진(朴自振)에게 보낸 역사지리 관련 편지 안에 수록된 〈삼한설후어역부정(三韓說後語亦附呈)〉의 내용이다. 다만 끝에 제후(題後)가 있다고 「연보」에 적고 있는데 이 부분은 현재 하권이 망실되어 볼 수가 없다.

이외에도 「연보」에 『속강목의보(續綱目疑補)』가 있다고 전하고 있다. 『속강목』의 소루를 보완한 것이다. 그런데 규장각에 『속강목의보기견(續綱目疑補記見)』이라는 책이 소장되어 있는데15) 규장각 해제

---

13) 국사편찬위원회의 조사자료에 『역사동국가고(歷史東國可考)』(수집번호 D0912 0314)가 있다. 이 책은 중국의 여러 사서에서 한국 관련 자료를 초록한 것이다. 아마도 지리 관련 서술할 때 중국에서의 서술을 파악하려는 용도로 작성하였으며, 그 때문에 가고라고 이름을 붙였던 것으로 보인다. 상, 중, 하 3책으로 작성하였을 것이나 현재는 상, 중 2권만 남아 있다.

14) 정구복, 1978, 「한백겸의 동국지리지에 대한 일고 – 역사지리학파의 성립을 중심으로」, 『전북사학』 2; 2008, 『한국근세사학사』, 경인문화사. 정구복, 1987, 「한백겸의 사학과 그 영향」, 『진단학보』 63.

에서는 유형원의 것으로 보기 어려운 점을 지적하였으나 이는 유형원
의 것이다. 해제에서는 특히 여헌 장현광이 언급되어 있던 점에서 유
형원과 연결하기 어렵다고 보았으나 오히려 유형원의 고종형인 김산
현감 조송년(趙松年)은 여헌 장현광의 제자[16]였던 것으로 보아 규장
각 소장의 『속강목의보기견』은 유형원의 것으로 판단된다.

 앞으로 유형원의 역사학과 역사인식을 제대로 보려면 이 책들도
좀 더 활용하여야 할 것이다.

3. 기존의 자료를 보는 관점의 문제점

 유형원의 역사학과 역사인식을 보여주는 자료로 현재 대표적인 것
이 『반계수록』이다. 『반계수록』은 유형원이 과거와 현재를 어떻게 보
고 있는지를 보여주는 대표적인 저작이다. 그런데 문제는 『반계수록』
에서 보이는 안설이 모두 유형원의 것이냐는 것은 재고의 여지가 있
다. 기존의 연구 가운데 이러한 점이 간과되었기 때문에 야기된 가장
큰 문제의 하나가 『반계수록』에서 표시된 '안'설을 모두 유형원의 것
으로 간주하였다는 점이다. 즉 이전의 유형원 연구에서는 안설을 모
두 유형원이 작성한 것으로 간주하면서 그의 사회개혁안을 살피었기
때문에 잘못 파악된 경우도 없지 않다.

 〈고설〉 부분만을 예로 든다면 「전제」〈고설〉 하 수문제(隋文帝)의
영업전 관련 안설[17]은 『통전』의 안설이며, 당의 토지제도 아래 안
설[18]도 『통전』의 안설이다. 「병제」〈고설〉 주례 소사도 관련 안설,[19]

---

15) 『續綱目疑補記見』, 규장각5760.
16) 趙松年, 『金山公遺稿』, 연세대 도서관 소장.
17) 『반계수록』, 「전제고설」 하, 116쪽(명문당, 1982 영인본의 페이지, 이하 동일).
  "按其時有戶八百九十萬七千五百三十六 則每戶合得墾田五頃餘 恐本史之非實"
18) 『반계수록』, 「전제고설」, 하, 117쪽. "按天寶十四年 有戶八百九十萬餘 計定墾之數
  每戶合得一頃六十餘畝"

주(周) 세종(世宗) 축성 기사 아래 안설,20) 당(唐) 대력(大曆) 전차 기사 아래 안설21)은 『대학연의보』 구준(丘濬)의 안설이다. 따라서 안설이라고 표시하였어도 모든 것을 유형원의 것이라고 보아서도 안 된다.

인용문 가운데 일부는 출처를 생략하거나 잘못 적은 경우도 있으며,22) 별도의 출처 표시를 하지 않았다 하더라도 『통전』, 『문헌통고』, 『대학연의보』에서 인용한 경우가 있다.23) 또한 특정 서적을 인용한 것으로 표시되었다고 하더라도 실제로는 『통전』, 『문헌통고』, 『대학연의보』 등에서 재인용된 것이 명확한 것도 있다.

한편 유형원 본인의 안설이라고 표시하였다 하더라도 구준(丘濬)의 안설과 비교하면 큰 차이를 보이지 못하는 것도 있다. 다음은 『반계수록』〈고설〉의 안설 가운데 『대학연의보』의 내용을 그대로 가져온 것을 정리한 것이다.

① 臣按 後世鑄人錢始此 夫上天立君 以爲生民之主 蓋以之掌天下
之利 非以其專天下之利也 日中爲市 使民交易以通有無 以物易

---

19) 『반계수록』, 「병제고설」, 446쪽. "按此卽五家爲比 五比爲閭 四閭爲族 五族爲黨 五黨爲州 五州爲鄕之制"

20) 『반계수록』, 「병제후록고설」, 466쪽. "按世宗此擧 可爲後世開展城池之法 蓋爲之以漸 立之以準 使民不疲於用力 而豫知所以避就 凡有營繕 皆可準此 以爲法 不但展城一事也"

21) 『반계수록』, 「병제수록고설」, 470쪽. "按史馬燧此車 卽哥舒翰所用 以收黃河九曲者也 范仲淹 亦嘗以此車 請造于朝"

22) 『반계수록』「병제후록고설」, 473쪽. "唐之初起 (중략) 歐陽脩曰 監牧之制始此 蓋起於近世"는 『대학연의보』(치국평천하지요, 엄무비, 목마지정 중, 713-449쪽)의 "唐之初起 (중략) 臣按 監牧之制始於此"의 편집이 잘못된 예이다.

23) 『반계수록』, 「교선고설」 상, 명기왈(命夔曰) 항목 아래 쌍행 주석은 『대학연의보』에 의하면 주희왈(朱熹曰)(206쪽)인데 생략되어 있으며, 『반계수록』, 「병제고설」, 위사(爲師) 항목 아래 쌍행 주석은 『대학연의보』에 의하면 오징왈(吳澄曰)(446쪽)인데 생략되어 있다. 그리고 『반계수록』, 「병제후설고설」, 주례유인(周禮遺人) 항목 아래 한줄 내린 설명문들(474쪽)은 모두 『대학연의보』의 신안(臣按)을 재수록한 것이다.

物 物不皆有 故有錢幣之造焉 必物與幣兩相當値 而無輕重懸絶
之偏 然後可以久行而無弊 時君世臣徒以用度不足之故 設爲罔
利之計 以欺天下之人 以收天下之財而專其利於己 是豈上天立
君之意哉 宜其卒不可行也[24]
按 此乃權權詐之術也 後世鑄人錢始此 夫上天立君 以爲生民之
主 蓋以之掌天下之利 非以其專天下之利也 日中爲市 使民交易
以通有無 以物易物 物不皆有 故有錢幣之造焉 必物與幣相當 而
無輕重懸絶之偏 然後可以久行而無幣 時君世臣徒以用度不足之
故 設爲罔利之計 以欺天下之人 以收天下之財 而專其利於己 是
豈上天立君之意哉 爲此者知其欺人之可以得利 而不知其所得至
小 所喪至人 古今己驗之效 皆可見也[25]

② 臣按 王制曰 司馬論進士之賢 以告於王而定其論 論定然後官之
任官然後爵之 位定然後祿之 司士 司馬之屬官也 故凡士之進於
司馬者 皆司士掌其名數之版 版猶今之文册也 每歲之間 其人或
損或益 其數有多有寡 益而多則登之 損而寡則下之 辨其年齒之壯
老 著其歷任之久近 大夫以上所謂貴也 士以下所謂賤也 鹹於是乎
辨焉 與夫天下之邦國都家縣邑設官之數幾何 內外之卿人夫士庶
子其任用之數幾何 皆司士之所掌 以告於王而治之者也 今制則
屬之吏部 文選所掌者卽其事焉 古今之制不同 而其事則一也[26]
按 王制曰司馬論進士之賢者 以告丁王而定其論 論定然後官之
任官然後爵之 位定然後祿之 故凡士之進於司馬者 司士掌其名
數之版 後世則屬之吏部 文選所掌者卽其事也 古今官制不同 而

---

24) 『대학연의보』, 치국평천하지요, 제국용, 동저지폐 상, 712-357쪽(문연각사고전
서본 이하 동일).
25) 『반계수록』, 「전제후록고설」 하, 149쪽.
26) 『대학연의보』, 치국평천하지요, 정백관, 공전선지법, 712-136쪽.

其事則一也[27]

③ 臣按 漢張敞蕭望之言於其君曰 倉廩實而知禮節 衣食足而知榮辱 今小吏 俸率不足 常有憂父母妻子之心 雖欲案身爲廉 其勢不能 宋夏竦亦曰 爲國者 皆患吏之貪 而不知去貪之道也 皆欲吏之淸 而不知致淸之本也 臣以爲去貪致淸者 在乎厚其祿 均其俸而已 夫衣食闕於家 雖嚴父慈母 不能制其子 況君長能檢其臣乎 凍餒 切於身 雖巢由夷齊 不能固其節 況凡人 能守淸白乎 二臣之言 其庶幾洪範之意歟[28]

按 漢張敞蕭望之告丁時君曰 倉廩實而知禮節 衣食足而知榮辱 今小吏 俸率不足 常有憂父母妻子之心 雖欲潔身爲廉 其勢不能 宋夏竦亦曰 爲國者 皆患吏之貪 而不知去貪之道 皆欲吏之淸 而 不知致淸之本 臣以爲去貪致淸者 在乎厚其祿 均其俸而已 夫衣 食闕於家 雖嚴父慈母 不能制其子 況君長 能檢其臣乎 凍餒切於 身 雖巢由夷齊 不能固其節 況凡人 能守淸白乎 此二臣之言 其亦 深有所見.而宣帝所謂吏不廉平 則治道衰者 尤可謂知要也哉[29]

④ 臣按 蘇軾有言 富强之業 必深厚者爲之 非輕揚淺露者之所能致 也 謝枋得亦言 秉心也實 故事事樸實 不尙高虛之談 秉心也淵 故事事深長 不爲淺近之計 富國强兵 豈談高虛務淺近者之所能 辦哉 是知爲國者固欲其富强 然而富强之業 實繇乎人 必得人以 盡地力則富可致 必得人以蕃畜産 則强可期 然地生物雖 各有所 宜而無不生物之地 惟畜産則地有宜有不宜焉 (中略) 二人者高談 雖不足 而猶忠實而近厚也[30]

---

27) 『반계수록』, 「임관고설」, 273쪽.

28) 『대학연의보』, 치국평천하지요, 정백관, 반작녹지제, 712–93쪽.

29) 『반계수록』, 「녹제고설」, 383쪽.

按 蘇軾有言 富强之業 必深厚者爲之 非輕揚淺露者之所能致也
謝枋得亦言 秉心也實 故事事朴實 不尙高虛之談 秉心也淵 故事
事深長 不爲淺近之計 富國强兵 豈談高虛務淺近者之所能 辦哉
誠哉 是言也[31]

⑤ 臣按 築城 人役也 本國之民不足以自成之 必須朝廷命鄰邦 合力
爲之 非但以其工程浩大 蓋以城郭之守 不可以稽久 恐其或有意
外之變 非徒一國之事 亦以其事體關系朝廷也[32]
按 古之侯國 卽今郡邑 築城 人役也 一國之民 不足以自成之 必
須朝廷命隣方 合力爲之 蓋以城郭之守 非但一邦之事 實以其事
關朝廷也[33]

위의 ①을 보면 유형원의 가장 혁신적인 주장인 "군주는 천하의
이익을 관리하는 사람이지 천하의 이익을 독차지하는 사람이 아니라"
는 주장은 안설의 형태를 띠어 유형원의 주장으로 보고 그의 혁명적
주장의 핵심으로 들고 있으나 이 주장은 실제로는 구준의 안설을 그
대로 적고 마지막 부분을 일부 수정한 것이다. 따라서 이것을 오롯이
유형원의 주장이라고 할 수 있는가는 별개의 문제이다. ②의 경우『예
기』왕제편의 내용을 인용한 부분은 같이하면서 마지막 논평 부분도
같이 가지고 온 경우이다. ③의 경우는 선현의 글을 요약한 부분을 그
대로 가지고 온 경우이다. ④의 경우는 소식의 인용문을 그대로 가지
고 오면서 끝에 간략히 자신의 평을 붙인 경우이다. ⑤의 경우는 구준
(丘濬)의 주장의 요지를 그대로 가지고 온 경우이다.

30) 『대학연의보』, 치국평천하지요, 엄무비, 목마지정 상, 713-437쪽.
31) 『반계수록』, 「병제후록고설」, 473쪽.
32) 『대학연의보』, 치국평천하지요, 비규제, 성지지수, 713-18쪽.
33) 『반계수록』, 「병제후록고설」, 464쪽.

이상의 사례를 보면 『반계수록』의 안설뿐만 아니라 인용문의 경우
에도 철저히 그 출처를 재확인하여야 한다. 여기서는 〈고설〉 부분만
을 예로 언급하였지만 『반계수록』의 전 부분에서 수록된 내용에 대한
광범위한 문헌학적 검토가 있어야 유형원의 실학사상의 의미가 제대
로 밝혀지리라 여겨진다.

『반계수록』이 어떠한 자료들을 이용하여 연구하였는가를 보면 기
존의 유형원 연구에서는 인용된 서적 명을 기준으로 숫자를 정리하고
있으나34) 내용면에서 접근해보면 한 사안에 대해서 특정 서적의 내
용을 몇 개의 단락에 걸쳐서 인용하고 있다는 점도 유의해야 한다. 여
기서는 우선 〈고설〉 부분만을 대상으로 하여 수치와는 상관없이 해당
부분에 이용된 자료의 책명을 정리한 것이다. 단 수록된 자료들도 재
인용의 경우는 가능한 한 조사하여 제외하였다.

〈표〉 고설 중 인용된 자료

권	권별 목차	고설 소주제	인용
서			
권1, 2	田制 上, 下		
권3, 4	田制後錄 上, 下		
권5	田制攷說 上	經傳所論井田之制	『주례』, 『통전』, 『문헌통고』, 『대학연의보』, 『한서』, 『맹자』, 『춘추좌전』, 『춘추공양전』
		秦漢以後井田議論	『통전』, 『문헌통고』, 『주자대전』, 『한서』, 『대학연의보』
권6	田制攷說 下	後魏北齋隋唐田制	『통전』, 『문헌통고』, 『한서』
		高麗田制	『고려사』
		國朝田制附	『경국대전』
권7	田制後錄攷說 上	鄕黨	『통전』, 『문헌통고』
		戶口	『대학연의보』, 『통전』, 『문

---

34) 천관우, 앞의 책, 324쪽에 『반계수록』에 인용된 책의 수효를 간략히 적고 있으나
재인용된 책도 있고, 구준의 『대학연의보』는 빠져 있으며, 동일한 책에서 여러
번 인용된 경우도 있어 단순히 수치를 제시하는 것은 큰 의미가 없다.

			『헌통고』
		務農	『대학연의보』, 『통전』, 『문헌통고』
		樹藝	『대학연의보』
		賦稅	『통전』, 『춘추곡량전』, 『대학연의보』, 『통전』
		水利	『문헌통고』, 『통전』
		聽民去狹就寬	『통전』
		常平義倉救荒	『통전』, 『문헌통고』
권8	田制後錄攷說 下	錢貨	『대학연의보』, 『통전』, 『문헌통고』
		附楮幣	『대학연의보』
		本國錢貨說附	『고려사』
권9, 10	教選之制 上, 下		
권11	教選攷說 上	三代教人取士之法	『맹자』, 『주례』, 『대학연의보』, 『상서』
		後賢所論述	『주자대전』
		鄕飮酒禮攷附	『의례』, 『당서』
권12	教選攷說 下	漢以下至今取人之法	『통전』, 『문헌통고』
		本國選擧制附	
		選擧議論附	『통전』
권13	任官之制		
권14	任官攷說	周漢以後任官之法	『주례』, 『대학연의보』, 『통전』, 『문헌통고』
		考績	『주례』, 『문헌통고』, 『대학연의보』, 『통전』
권15, 16	職官之制 上, 下		
권17	職官攷說 上	經傳所論職官之制	『상서』, 『주례』, 『대학연의보』, 『통전』
		秦漢以後職官之制	『통전』, 『주자대전』, 『문헌통고』, 『대학연의보』
		尙書中書省樞密院沿革附	『상서』, 『통전』
권18	職官攷說 下	外官	『상서』, 『대학연의보』
		官數	『통전』
		品秩	『통전』
권18	職官攷說 下	封爵	『통전』
		總論	『당서』, 『문헌통고』
		吏隷附	『주례』, 『대학연의보』

권19	祿制		
권20	祿制攷說	經史所論班祿之制	『주례』, 『대학연의보』
		漢祿制, 後漢祿制, 晉祿制, 後周祿制, 唐祿制, 宋祿制, 大明祿制	『통전』, 『문헌통고』
		高麗祿制	『고려사』
		國朝祿制	『경국대전』
권21	兵制		
권22	兵制後錄		
권23	兵制攷說	制兵	『주례』, 『대학연의보』, 『한서』, 『주자대전』, 『국어』, 『춘추호씨전』, 『문헌통고』, 『고려사』
		講武	『주례』, 『대학연의보』
		戰守	『순자』, 『대학연의보』
권24	兵制後錄攷說	城池	『주례』, 『대학연의보』, 『춘추좌전』, 『대학연의보』
		兵車	『상서』, 『대학연의보』
		牧馬	『주례』, 『대학연의보』
		郵驛	『주례』, 『대학연의보』
권25	續篇 上		
권26	續篇 下	奴隸 / 奴隸攷說	『주례』, 『통전』, 『통고』
		籍田 / 籍田攷說	『주례』, 『통전』
		養老 / 養老攷說	『예기』, 『통전』
부록		傳(洪啓禧)	
		行狀(吳光運)	
		京外儒生進士盧思孝等疏	
		承旨梁得中疏	

앞의 표에서 보이듯이 각 〈고설〉에서 가장 많은 인용을 하는 서적은 『통전』, 『문헌통고』, 『대학연의보』[35]로 나타나고 있다.[36] 고려시

---

35) 『대학연의보』를 편찬한 구준(丘濬, 1419~1495)은 명대의 주자학자로 주자학의 부흥을 위해 노력하였다. 『대학연의보』는 명 성화 23년(1487)에 완성한 것으로 송(宋)의 진덕수(眞德秀)가 편찬한 『대학연의(大學衍義)』가 수신 제가의 일상적인 수양문제만을 언급함으로써 치국 평천하에 대한 언급이 부족함을 보충하기 위해 체례는 『대학연의』를 따르면서도 치국과 평천하에 대한 자료를 수집하고

기에 대해서는 주로『고려사』의 지를 중심으로 파악하고, 조선시기에 대해서는『경국대전』을 중심으로 파악하고 있다.

그런데 〈고설〉에 인용된 문장을 살펴보면『주례』나『예기』를 비롯하여 중국의 고전적인 저술에서 보이는 이상적 원칙을 제시한 다음 정사의 지(志)나 여러 관련자들의 진술을 다양하게 인용하고 있다. 그런데 유형원이『주례』나『예기』이하 여러 고전적 자료를 모두 직접 구득하였는가는 의심스러운 부분이 있다.[37] 대체로『반계수록』〈고설〉에서는『통전』,『문헌통고』,『대학연의보』의 것을 재인용한 경

이에 자신의 안설을 부가하였다.『대학연의보』는 권수(卷首)에 성의정심지요(誠意正心之要)의 심기미(審幾微)와 본편(本編) 치국평천하지요(治國不天下之要)의 정조정(正朝廷), 정백관(正百官), 고방본(固邦本), 제국용(制國用), 명례악(明禮樂), 질제사(秩祭祀), 숭교화(崇敎化), 비규제(備規制), 신형헌(愼刑憲), 엄무비(嚴武備), 어이적(馭夷狄), 성공화(成功化) 총 12목(目)으로 나누어 서술하였는데 자료 수집에 치중하면서 당시 정치의 부패나 현실적인 개혁방안을 제시하고 못하고 있다는 점에서『반계수록』과도 차이를 보이고 있다. 조선에서는 1494년 안침(安琛)이 북경을 갔다가 가져와 바치자 인쇄하여 반포하게 하였다(『성종실록』권 286, 성종 25년 1월 정유[7일]). 이는 황제명으로 복건(福建) 건녕부(建寧府)에서 1488년(弘治 원년) 간행한 지 불과 약 6년만이었다. 현재까지 한국에서『대학연의보』자체에 대한 연구는 1992년 윤정분의 학위논문에 의해 이루어졌으며(윤정분, 2002 공간,『중국근세 경세사상 연구 구준(丘濬)의 경세서를 중심으로』, 혜안), 유형원의『반계수록』에『대학연의보』가 일정하게 영향을 미치고 있음은 권순철에 의해 지적되었다(권순철, 2006,「韓國 儒學史における 大學衍義と大學衍義補の意義」,『埼玉大學紀要』42-1).

36)『반계수록』〈고설〉조에서『통전』,『문헌통고』,『대학연의보』가 주로 활용되었음은 1999년 3월 용인문화원에서 개최된 반계 유형원 학술강연회의 강연문에서도 지적하였다.
박인호, 1999,「반계 유형원의 학문적 업적과 그 영향」,『반계 유형원 학술강연회 발표논문집』, 용인문화원, 주21.

37)「교선고설」상에서『상서대전』의 내용을 인용한 다음『대대례』,『백호통』,『반고지』의 내용을 비교하여 차이를 설명한 안설을 내고 있는데(209쪽)『문헌통고』에는『상서대전』이하『반고지』에 이르는 내용을 인용하고 있다. 따라서 유형원은 이 부분에서『상서대전』에서 직접 인용한 것이라기보다『문헌통고』를 통해 인용하고 있음을 볼 수 있다. 고전에서 자료를 이용하는 방식으로 편집된 〈고설〉에서는 다른 부분도 이와 유사하였을 것으로 판단된다.

우가 많았다.

한편 유형원은 경세를 위한 자료를 고전에서 구하였지만 그러한 자료들을 바탕으로 하여 새로운 경세론을 제시하고 있다는 점에서 특히 같은 경세적 방식과 주제를 담고 있는 『대학연의보』에 매몰되지 않은 모습을 보이고 있다. 대체로 구준(丘濬)이 여전히 각 사안들에 대해 도덕적 차원에서 접근하고 있다면 유형원은 현실적인 문제로 파악하고 그 구체적인 의의와 사안에 대한 대책을 주로 말하고 있다.38) 그리고 구준(丘濬)의 『대학연의보』에서 제도의 연원으로서 황제(黃帝)까지 거슬러 올라가는 것은 버리고 『반계수록』에서는 대체로 『주례』에서 시작하고 있다.

Ⅲ. 〈고설〉에 나타난 실학적 경세사관

1. 학술사적 배경

기존의 연구에서는 『반계수록』에 수록된 유형원의 사회개혁론에 많은 관심을 기울여왔으나 개혁안 작성의 이념적 배경이라고 할 수 있는 학문적·사상적 측면에도 관심을 기울일 필요가 있다. 사회경제적 모순에 대한 개혁론은 우리나라와 중국의 역대 사회경제적 제도에 대한 연구와 인식을 바탕에 깔고 있다. 그런데 이러한 인식은 개혁론자들만의 것은 아니다. 역대의 제도적 변화에 관심을 가진 모든 학자들이 기본적으로는 이전대의 사회와 경제에 대한 인식을 바탕으로 과거의 제도 변화와 현재의 제도 개혁에 관심을 가지고 있었다. 다만 그

---

38) 적전(藉田)의 의의에 대해 구준(丘濬)이 도덕적으로 접근하였다면 유형원은 현실적인 효과로 사안에 접근하고 있는 것이 그러하다.

러한 인식과 개혁론이 사회적 발전에 합치되는가, 혹은 사회적 발전을 추동시킬 새로운 사상적 변화를 의미하는지가 중요할 것이다.

여기서는 조선후기 역사학의 발전이라는 관점에서 유형원의 『반계수록』〈고설〉에 수록된 내용을 중심으로 유형원이 각종 제도개혁을 주장하면서 이전시대의 사회와 경제에 대하여 어떻게 연구하였는지를 사학사의 관점에서 살펴보려고 한다. 〈고설〉은 전장제도(典章制度)의 변화를 유형원이 역사적 관점에서 그 추이와 변화 양상을 고찰한 것이다.

유형원 이전까지만 하더라도 이러한 사회경제사의 관점에서 전장제도를 연구한 것으로 국내에서 편찬된 것은 거의 없다. 『대명회전』을 본받아 만든 『경국대전』조차 실질적으로는 『대명률』을 근간으로 한 당시 법제를 수록하는 데 그쳐 역사적인 연원과 그 변화 과정을 보여주지 못함으로써 '회전(會典)'의 체재와 내용을 갖추지 못하였다. 법전에 불과한 『경국대전』으로는 한 사건의 역사적인 연원을 밝히는 데에 한계가 있었다. 따라서 당시 학자가 자신의 개혁안을 제시하면서 과거 제도에서 그 역사적 정당성을 확인하려고 할 때 국내에서 간행된 『경국대전』으로는 한계가 있었다.

임란 이후 국가를 재건하려는 노력에서 여러 방향에서 다양한 시도가 있었다. 그것은 집권 서인 계열에서도 마찬가지이다. 보수적인 송시열, 이단하 등에 의해 사창론이나, 대동법의 실시 주장이 강력히 제기되었다. 개혁적인 재야학자들도 개혁안을 제기하고 나왔다. 이러한 개혁안을 만드는 과정에서 대부분의 학자들은 이전의 각종 제도에 대해 연구하였다. 그런데 단순하고 편린적인 측면의 접근이 아니라 중국에서부터 조선에 이르기까지 각 제도의 역사적 변천과정을 정밀하게 조사하고 사회경제사적인 측면에서 제도의 역사적 변천을 정리하는 것은 경세(經世)를 위한 역사학이라고 할 수 있으며, 여기서는 실학자인 유형원에 의해 특징적으로 제기된 이러한 역사학을 '실학적 경세사학'이라고 규정하고자 한다. 임란 이후 이러한 실학적 경세사학의 최초의 모습은 바로 유형원의 『반계수록』에서 나타난다.

유형원 자신이 쓴 〈서수록후〉에 의거하여 이러한 사학이 나타나게 된 배경을 살펴보면 첫째, 유형원은 당시의 현실을 개혁하여야 한다는 절박한 심정을 지니고 있었다는 점이다. 각종 제도의 개혁에 관한 문제를 생각하면서 책을 읽으면서 그는 이를 해결하기 위한 방책을 생각하게 되었으며, 제도에 대해서는 『주례』를 비롯하여 『통전』, 『문헌통고』, 『대학연의보』 등 중국의 전장제도서에 관심을 가지게 되었다. 그것이 〈고설〉의 제도 연구로 이어졌다. 게다가 이러한 문제를 조선 현실에 적용하였을 때의 실현 가능성에 대하여 생각하면서 조선에서의 제도적인 변화와 중국과의 현실적인 차이, 그리고 이전 학자들의 주장 사이의 차이에 주목하였다. 〈고설〉에서 자신의 개혁관과 다른 내용의 자료도 있는데 이러한 자료를 수집한 것은 "그 제도의 좋고 나쁜 점을 참고하게 하려는 것"[39]에 있다고 밝히고 있다. 또한 다스림에 생각이 있는 군주는 "지난 시기의 제도를 살펴보고 그 사실들을 연구한다면 자연히 그렇게 된 원인을 알 수 있을 것"이라고 하였다.[40]

둘째, 무엇보다 편찬자의 진보적인 개혁관을 들 수 있다. 특히 법제의 변화가 사회 개혁의 기본이라는 의식을 지니고 있었다. 왕도 정치가 폐지된 이후 모든 일이 어긋나 처음에는 통치하는 이들이 개인적인 욕구를 채우기 위하여 마음대로 제정하여 쓰더니 마침내 오랑캐가 중국을 지배하기에 이르렀고 우리나라도 이전의 폐습을 개혁하지 못하게 되었다는 것이다.[41] 나쁜 법을 고치지 않고는 세상이 잘 다스

---

39) 『반계수록』, 「전제고설」 하, 121쪽, "國朝田制附 此書本以明公田之制 後世私田則 固無可論 唯本國結負之法 有異於中朝頃畝 故附載其說 以考其得失云"

40) 『반계수록』, 「교선고설」 하, 246쪽. "右漢以下至今取人之法 (중략) 有志之君 苟覽 其制而思其事 則自可知其然矣"

려질 수 없으며 나쁜 폐단이 폐단을 낳은 것은 오랜 시간을 지나는 동안 착오에 착오를 거듭하면서 낡은 규정이 되었으며 그것이 서로 엉킨 실과 같게 되었기 때문이라는 것이다.[42] 법과 제도가 나쁘게 된 연원과 그 법의 후대 적용 양상을 역사적 근거로 통해 찾아보려는 것이었다.

셋째, 당시 학자와 관료들의 일반적인 학문태도와 세태에 대한 불만이었다. 공직에 있는 자는 이미 과거시험을 거쳐 진출하였으나 세태를 그대로 따름이 편하다는 것을 알 뿐이고, 재야의 학자는 더러 자신의 수양공부에는 뜻이 있으나 세상을 다스리는 데에는 전혀 뜻이 없으니 이 세상이 다스려질 날이 없어 생민의 피해가 끝이 없다는 것이다. 그리하여 옛 일을 상고하여 지금 일을 바로잡아 세도에 조금이라도 도움이 될 것을 생각하였다.[43] 그는 자신의 공부가 세상을 다스리는 도리에 조금이라도 도움이 되기를 원하였다. 다시 말하면 내면적 도덕적 수양만을 강조하던 성리학에서 외적 행동을 규제하는 법제의 개혁을 통하여 천리가 구현되는 사회를 이루기 위해 학자로서의 사회적 의무를 강조한 것이라 할 수 있다.

넷째, 궁벽한 한촌에 있던 유형원이 이러한 제도의 변천을 통한 역사적 고찰이 가능하였던 것은 무엇보다 중국이나 한국의 전통 전제(典制)에 대한 파악이 있었기 때문이다. 중국의 경우에는 유형원이 중국의 전제를 파악을 가능하게 해준 서적으로는 시간적 순서에 따라

---

41) 『반계수록』, 「발」, 〈書隨錄後〉. "念自王道廢塞 萬事失紀 始焉因私爲法 終至戎狄淪夏 至如本國 則因陋未變者多 而加以積衰 卒蒙大恥"

42) 『반계수록』, 「발」, 〈書隨錄後〉. "不變廢法 無由反治 顧弊之爲弊也 其積漸數百千年 以謬襲謬 仍成舊規 棼錯相因 有如亂絲"

43) 『반계수록』, 「발」, 〈書隨錄後〉. "而在位者 旣由科目而進 唯知徇俗之爲便 草野之士 雖或有志於自修 而於經世之用 一作施措之方 則或未之致意 是則斯世無可治之日 而生民之禍 無有極矣 區區於此 深切懼焉 故嘗愚不自料 竊與同志 思所以稽古正事 少補世道者"

중국 전장제도의 변천을 정리한 『통전』, 『문헌통고』, 『대학연의보』와 같은 전장제도서를 확보할 수 있었기 때문이다.

2. 〈고설〉에 나타난 각 부문별 사회경제사 인식

『반계수록』은 유형원이 관직 생활을 포기하고 부안(扶安) 우반동 (愚磻洞)에 칩거하여 52세까지 22년에 걸쳐 연구한 결과물이다. 여기서는 사회경제적 관점에서 본 제도에 대한 역사적 고찰이라고 할 수 있는 〈고설〉을 중심으로 그 사학사적 의의를 찾아보고자 한다.

우선 『반계수록』 〈고설〉에 수용된 선현들의 논설에 대해 유형원이 모두 지지하여 수록한 것은 아니라는 점을 염두에 두어야 한다.[44] 유형원은 그 논의의 득실을 살펴본다는 점에서 제도와 관련된 자료를 광범위하게 인용하고 있다.[45] 그렇다면 〈고설〉 중에 인용된 모든 자료가 유형원의 생각을 의미하는 것은 아니라는 것이다. 그런데 유형원의 생각을 가장 적실하게 담고 있는 것은 바로 자신의 생각을 적은 안설이라고 할 수 있다. 다음은 안설의 내용을 간략히 정리한 것이다. 다만 『통전』, 『문헌통고』, 『대학연의보』 등의 안설이 명백할 경우에는 제외하였다.

---

44) 팔레의 앞의 책은 직접적으로 언급하지는 않았으나 대체로 고설의 자료들을 유형원이 모두 지지하여 수록한 것으로 간주하고 있다.
45) 『반계수록』, 「전제고설」 하, 〈國朝田制附〉.

〈표〉 고설 중 유형원의 안설

권	고설	주제	내용	쪽46)
권5	田制攷說 上	經傳所論井田之制	정현(鄭玄)은 두 개의 목장이 한 개의 정전을 이룬다고 하였으나 경작할 곳은 정전(井田), 가축을 기를 곳은 목장(牧場)이라고 보는 것이 옳다.	95쪽
			주척(周尺) 치수는 옛과 지금에 차이가 있다.	99쪽
			규전(圭田)은 경·대부가 적전(籍田)하는 땅으로 스스로 농사를 짓게 하려는 의도에서 나온 것이다.	102쪽
			정전제하의 부담에 대한 하휴(何休)와 반고(班固)의 설 가운데 반고의 설이 정확하다.	104쪽
			모든 경지를 정전 모양으로 구획하지 않았으나 토지 분급을 행하고 1/10세를 받은 것은 동일하다.	104쪽
		秦漢以後井田議論	경지를 기본으로 하면서 사람을 경지에 배정하여 조세를 공평하게 하여야 하며 완전히 개인에 맡기는 사전은 어리석다.	105쪽
			범진(范鎭)와 호인(胡寅)의 주장도 한전(限田)의 주장이다.	109쪽
			임훈(林勳)이 토지경계를 먼저 세우지 않고 매매를 인정한 것은 폐단을 일으킬 것이다.	112쪽
			은의 정전제도가 기자에 의해 실행되었다.	113쪽
권6	田制攷說 下	後魏北齋隋唐田制	진(晉) 무제(武帝) 이후 호조(戶調)의 규식이 행해져 이어왔다.	117쪽
			균전제는 토지가 아니라 성년 남자의 수를 기준으로 하였으므로 결국 시행될 수 없는 것이다.	117쪽

			사람이 아니라 토지를 근간으로 납세와 병역의무를 지도록 해야 한다.	118쪽
		高麗田制	토지의 경계부터 바로잡아야 한다는 조준 등의 상소문은 그 뜻이 반드시 공적인 것에서 나온 것은 아니지만 바꿀 수 없는 정론이다.	121쪽
		國朝田制附	결부법은 조세 수량에 기준을 두고 토지 척수를 일정하게 하지 않아서 폐단이 생겼다.	122쪽
			하삼도는 경지면적이 넓어 결부의 다수에도 차이가 크다.	125쪽
권7	田制後錄攷說 上	鄕黨		
		戶口		
		務農	적전(籍田)에서 의식 거행을 없애고 농사를 장려하는 원 뜻을 펴야 한다.	135쪽
			골 재배 방식을 장려해야 한다.	136쪽
		樹藝	고려 때 토품과 시간에 맞추어 나무를 심도록 관장하였다.	137쪽
		賦稅	사람을 기준으로 받는 세제(稅制)는 진시황(秦始皇)에서 시작하여 진무제(晉武帝)에 의해 완성되었는데 역사상 악법의 시초이다.	139쪽
		水利		
		聽民去狹就實		
		常平義倉救荒	반고(班固)의 식화지에 의하면 풍흉에 따라 사들이는 수량을 달리하였다.	143쪽
			환자제(還上制)를 상평창으로 개편하여야 하며, 사창은 관청에 이관하지 않아야 한다.	144쪽
		常平義倉救荒	관개사업과 같은 공적인 구황 사업은 효과가 크다.	146쪽
권8	田制後錄攷說 下	錢貨	유통은 생활상의 기본 가운데 하나이다.	147쪽

			돈은 물화의 척도이다.	147쪽
			행전(行錢)은 나라를 국가를 부유하게 하고 백성들을 편리하게 한다.	149쪽
			개인의 이익을 채우려는 자가 손실이 큼을 알지 못한 것은 고금을 통한 경험이다.	149쪽
		附楮幣		
		本國錢貨說附	화폐를 사용하는 것을 세속에 맞지 않다고 하니 고려는 협애하기 짝이 없다.	156쪽
			상부에 있는 사람들이 화폐 사용을 실행하지 않았기 때문에 실행되지 못한 것이다.	157쪽
권11	教選攷說 上	三代敎人取士之法	기록마다 소학(小學)과 대학(大學)에 드는 나이가 다른데 이는 일정한 기간을 의미하는 것이다.	209쪽
		後賢所論述	임금이란 나라 정치를 잘하고 사무를 잘 처리해야 한다.[47]	225쪽
		鄕飮酒禮攷附		
권12	教選攷說 下	漢以下至今取人之法	경지 분배와 교육은 세속의 융성 침체와 연결되어 있다.[48]	246쪽
		本國選擧制附	안(按)[49]	
		選擧議論附	인재 선발과 관리 임명은 구분이 있지 아니하니 상호 참고할 곳은 서로 대조할 수 있게 한다.	255쪽
권14	任官攷說	周漢以後任官之法	선발한 선비를 시험하여 임명하는 직무는 예나 지금이나 같은 것이다.	273쪽
			어떠한 제도든 국가가 정책으로 고양하여야 한다.	289쪽
		考績		
권17	職官攷說 上	經傳所論職官之制	서도(胥徒)는 역(役)으로 벼슬하는 사람으로, 역(役)을 대는 백성이 아니다.	332쪽
		秦漢以後職官之制	관직을 만들고 구역을 나누는 것은 국가 정치의 큰 사업이다.	338쪽

			한(漢)나라 직관 제도는 실제적 직무에 관한 것으로 후세에 비할 바가 아니다.	339쪽
		尙書中書省樞密院沿革附		
권18	職官攷說 下	外官	옛 봉건제도의 형식은 후세의 주부군현 형식으로 이어진다.	350쪽
			명대(明代)에는 대체로 부주현의 체계에 있었다.	352쪽
			명대에는 부주현에 관속을 두었다.	352쪽
			지방에 관리를 보내는 것은 지방 세력이 마음대로 하지 못하게 하려는 것이 본래의 뜻이므로 이제는 별도로 감찰관을 보낼 필요가 없다.	353쪽
			기관 사이에 서로 견제하도록 하였으나 기구 자체에 폐단이 생기기도 한다.	354쪽
			명대에 간소화하는 개혁을 실행하였으나 지방 관직은 여전히 번잡하다.	354쪽
		官數		
		品秩	품계는 문란하여서는 안 된다.	356쪽
		封爵		
		總論		
		吏隸附	지금의 조례(皂隸)는 관청에 소속된 사령이므로 일정한 인원을 정하여 주어야 한다.	362쪽
권20	祿制攷說	經史所論班祿之制	관리의 탐오를 제거하는 요체는 그들의 녹봉을 후하고 고르게 주는 데 있다.	363쪽
		經史所論班祿之制	관리들의 탐오를 막는 방법은 녹봉을 후하게 지급하는 것이라는 선현들의 말은 깊이 있는 주장들이다.	383쪽
		(歷代)祿制		
		高麗祿制	15두를 1석으로 하는 제도는	387쪽

			중국의 제도와 다르다.	
		國朝祿制		
권23	兵制攷說	制兵	수레의 제도에는 융거(戎車) 1승 75인과 치거(輜車) 1승 25명을 배치하였다.	447쪽
			당 현종 이후 농민과 군인이 갈라져 구분하게 되어 명대까지 개혁하지 못하고 있다.	452쪽
			우리나라 수군의 창설은 공양왕 때 시작하였을 것이다.	454쪽
		講武		
		戰守		
권24	兵制後錄攷說	城池	성곽을 쌓고 방어하는 것은 전 조정에 관련된 일이다.	464쪽
			춘추설(春秋說)의 치(雉) 숫자는 영지(領地)의 거리를 제정한 것이다.	464쪽
			정현(鄭玄)의 거리 숫자는 주(周)의 영지 거리 제도를 말한 것이다.	465쪽
		兵車	주례(周禮)의 혁거(革車)는 서서주(書序註)의 혁거(革車) 치거(輜車)와는 다르다.	467쪽
			옛 거전지법(車戰之法)을 보면 병거 한 채에 도합 100명이 있었다.	467쪽
		牧馬	국가를 부강하게 만드는 사업은 참빈한 자가 할 수 있는 것이 아니라는 말이 진실로 옳은 것이다.	
		郵驛		
권26	續篇 下	奴隷 / 奴隷攷說	오예(五隷)는 각각 그 소속이 있다.	509쪽
			도적이나 포로를 노예로 삼은 것이지 양민을 노예로 한 것은 아니다.	509쪽
			당지(唐志)에 따르면 역(役)을 행하거나 노인(老人)이 되면	510쪽

			양인(良人)으로 한다.	
		籍田 / 籍田攷說		
		養老 / 養老攷說		

이상에서 보이듯이 대부분의 안설은 사실을 구명하는 고증적인 내용을 수록하고 있다. 안설을 중심으로 〈고설〉에서 전개하고 있는 유형원의 생각을 살펴보고자 한다.

먼저 토지제도에 있어서는 유형원은 공전제하의 모든 백성에게 토지를 지급하여 기본 생활을 영위하게 하고 토지를 대상으로 조세와 군역을 부과하여야 한다는 논지를 주장하였다. 이러한 유형원은 토지제도에 대해 그 역사적 근거로 토지의 경계 획정에 대한 여러 자료를 인용하고 있다. 이 가운데 경대부라도 스스로 농사를 지어야 하며,50) 토지를 분급하고 이에 세금을 받는 형식은 과거에 공통적으로 시행되었다는 것51)은 바로 자신이 구상하고 있는 토지 분급과 세금 부과라는 원칙의 역사적 확인이었다. 다만 구준(丘濬)이 주장한 완전 사전이 아니라 옛 정전제도나 혹은 경지에 따라 사람을 나누는 방식의 토지 분급을 주장하고 있다.52) 이는 통제되지 아니한 개인의 토지 소유와 이에 따른 매매에 대해 비판한 것이다. 후위(後魏) 이후 수(隋)·당(唐)에 이르는 전제에 대한 자료도 성인 남자를 기준으로 세를 부과하였을 때 일어난 폐단과 그에 대한 선학의 비판을 정리한 것이다.53)

---

46) 명문당 간행(1982) 영인본의 페이지를 기재한다.
47) 안설 표시는 없으나 명백히 유형원의 교선지제의 후현 논술에 대한 평론이라 수록하였다.
48) 안설 표시는 없으나 명백히 유형원의 한 이래의 취인에 대한 평론이다.
49) 안이 두문에 있으나 안설로 보기 어려워 생략한다.
50) 『반계수록』 권5, 「전제고설」 상, 102쪽.
51) 『반계수록』 권5, 「전제고설」 상, 104쪽.
52) 『반계수록』 권5, 「전제고설」 상, 105, 113쪽.
53) 『반계수록』 권6, 「전제고설」 하, 117, 118쪽.

고려의 토지와 조선의 토지제도를 논하면서는 토지의 경계를 바로잡아야 한다는 주장을 긍정적으로 평가하면서,[54] 후대의 실패는 조세에 기준을 두어 토지 경계를 밝히지 못한 데 기인하는 것으로 보았다.[55] 농사를 심고 거두는 것과 화폐와 유통에 대해서는 경계가 세워진 토지와 관련되어 이루어지는 농사와 유통에 대한 글을 인용하고 있는데 사람보다 토지를 기준으로 관리할 것[56]과 개인의 이익보다 나라의 공적인 이익을 위해 일해야 함을 역설하고 있다.[57] 특히 국가의 재부를 개인의 이익을 채우는 데 급급하였던 자들의 행적에 대해서는 기록을 통해 이들을 비판하는 모습[58]을 보이기도 하였다.

교육과 선발제도에서 유형원은 각급 학교를 두어 교육을 시킨 후 추천으로 관리로 임명할 것을 주장하였다. 정원과 추천인 수는 행정구역의 토지면적과 인구 수에 비례하도록 하였다. 학생에 소용되는 모든 비용은 국가가 지출하도록 하였다. 〈고설〉에서는 역대 교육과 선발법을 소개한 후 후세 학자들이 인재 선발의 중요성에 대한 논설을 수집하였다. 유형원은 교육은 사람으로서의 본성을 잃지 않게 하는 중요한 수단으로 간주하였으며, 이 교육을 제대로 집행할 책임에 대해 "임금이 나라의 정치를 잘하며 나라의 사무를 잘 처리해야 하는 것"[59]이라고 하였다. 또한 경지 분배와 교육은 세속의 융성 침체와 관련이 있다고 여길 정도로 교육을 단일 사항으로 보지 않고 토지문제와 결부하여 보고 있다. 인재선발과 관리 임명도 구분하지 않고 연결하여 보았다.[60] 유형원은 교육과 선발을 전체 사회의 변화와 발전

---

54) 『반계수록』 권6, 「전제고설」 하, 121쪽.
55) 『반계수록』 권6, 「전제고설」 하, 122쪽.
56) 『반계수록』 권7, 「전제후록고설」 상, 139쪽.
57) 『반계수록』 권8, 「전제후록고설」 하, 149쪽.
58) 『반계수록』 권8, 「전제후록고설」 하, 149쪽.
59) 『반계수록』 권12, 「교선고설」 하, 246쪽.
60) 『반계수록』 권12, 「교선고설」 하, 255쪽.

의 총체적 구조 속에 연결시켜 보고 있다.

　관료의 임용에서 유형원은 중앙직과 외관직은 차이를 두어 임기제를 시행하고 승진은 업적을 평가하여 시행할 것을 주장하였다. 교육기관을 통한 임용 이외에도 추천에 의해 임용의 길을 열어 재능을 살핀 후에 임용할 것을 주장하였다. 〈고설〉에서는 주와 한대 이후 임관에 대한 제도를 소개하였다. 유형원은 선발한 선비는 시험하여 임명하여야 한다는 임용 원칙은 주대(周代) 이래 계속 이어져 온 것이라고 임관 제도의 변천 속에서 설명하였다.[61] 그리고 심기제(沈旣濟)의 〈선거의(選擧議)〉를 인용하면서 나라를 잘 다스리려면 좋은 사람을 관리로 임명한 다음 엄격하게 상벌 규정을 적용하면 된다는 것이다. 그리고 지방의 추천에 의해 인재들을 선발하면 유종의 성과를 거둘 수 있을 것이라고 주장하였다.[62]

　행정의 직제에 대해 유형원은 관청을 단일화하여 주관하는 계통과 업무를 간소화하며, 임무가 주어지지 않은 관직은 없앨 것을 주장하였다. 그리고 왕실재정은 국가재정으로 일원화할 것을 주장하였다. 지방제도는 관찰사 아래에 주부군현과 그 아래의 면리에 이르기까지 체계적으로 정리하여 실제적으로 행정의 효과를 발휘할 것을 주장하였다. 〈고설〉에서는 경전에서 직관의 원칙에 대한 논한 것과 진한 이래의 직관에 대한 제도를 소개하고 중앙과 지방 및 직관 관련된 여러 분야에 대한 연원과 변화에 대해 주로 제도의 내용을 중심으로 하고 있다. 유형원은 모든 백성과 사물이 저마다 각기 지위에서 직분에 맞게 살면 되는데 제도를 문란하게 하면서 이를 논할 수 없게 되었다고 생각하였다. 그래서 관직, 품계, 관청 등 관과 관련된 기구는 간소화하는 방향으로 가야하는 것으로 생각하였다.[63] 그런데 조예(皁隷)를

---

61) 『반계수록』 권14, 「임관고설」, 273쪽.
62) 『반계수록』 권14, 「임관고설」, 289쪽.
63) 『반계수록』 권18, 「직관고설」 하, 352, 354, 356쪽.

죄를 범한 천역(賤役) 복무자로 이해하는 것이 아니라 관청에서 부리는 사령으로 간주하여 일정한 인원을 할당해야 한다고 주장한 것[64]도 직분으로 이해했다는 점에서 행정을 인치적(人治的) 측면보다 제도적 측면에서 접근하고 있다.

녹제에서는 유형원은 관료의 봉급을 증액시켜 부정이 없도록 하며, 봉급이 전혀 지급되지 않는 서리직에도 일정한 액을 지불한다는 원칙을 강조하였다. 〈고설〉에서는 경전에서 보이는 녹봉에 관련된 논의를 정리하고 역대의 녹봉 제도를 주로 제도서의 내용을 중심으로 정리하였다. 안설 표시는 하지 않았으나 국조녹제에서 지방 관리의 녹제가 제정되지 않았기 때문에 각 수령들이 모두 규정 외 더 징수한다는 현실을 비판적으로 적고 있다.[65]

병제에서 유형원은 병농일치를 이상으로 하면서 중앙에 군사를 두되 토지를 대상으로 군역을 부과할 것이며, 군역을 지는 자에게서는 보를 지급할 것을 주장하였다. 병제와 관련하여서 성지를 수축하고 무기를 개조하여 말을 기르며 군사훈련을 정기적으로 하여 방어 태세를 갖출 것을 제안하였다. 〈고설〉에서는 부병제와 관련된 제도적 변천 과정과 실패 사례를 언급하고 있으며, 강무, 전수, 성지, 병거, 목마, 우역에 이르기까지 제도적 변천을 소개하고 있다. 그리고 선학의 말을 인용하여 나라를 부유하게 하고 군대를 강하게 하는 사업을 공허하게 말하고 천박한 방식으로 시행하려는 자는 할 수 없는 중요한 일이라는 것을 더욱 강조하였다.[66]

속편에서 유형원은 노비 세습제는 폐지하여야 한다는 전제 아래 현실은 인정하면서도 품삯을 주고 고용하는 용역제로 전환하여야 한다고 주장하였다. 〈고설〉에서는 도적이나 포로를 노비로 삼되 양민을

---

64) 『반계수록』 권18, 「직관고설」 하, 361쪽.
65) 『반계수록』 권20, 「녹제고설」, 389쪽.
66) 『반계수록』 권24, 「병제후록고설」, 473쪽.

노예로 하지 않았으며 설령 노예라 할지라도 그 죄가 아들 대에 미치
지 않았다면서 노예를 양민으로 하는 당지(唐志)의 규정을 소개하였
다.[67] 적전에서는 적전 제도의 이상을 소개하면서 〈고설〉에서 후대
군주들의 실행 사례를 소개하였다.[68] 양노에서는 노인 접대 제도의
이상을 소개하면서 후대에 실행된 양노의 사례를 소개하였다.[69]

위의 〈고설〉에 배치된 자료의 의도를 염두에 두면서 안설을 중심
으로 유형원의 생각을 살펴보면 유형원은 현실 법제의 모순을 근본적
으로 개혁하여 안정된 국민생활을 보장하고, 지역적인 불균등과 신분
적인 특권을 해소하여 모든 사람이 자기 몫을 차지할 수 있는 사회의
실현에 목표를 두고 있다. 그러나 유형원 자신도 『주례』 이래 이상적
인 원칙으로 제시된 것이 완전히 다 실현될 수 있다고는 생각하지 않
았다. 시대적 추이에 따라 성공과 실패가 있을 수 있다는 것이다. 그
래서 〈고설〉에서는 그 다양한 사례를 수집하고 있다. 문제는 유형원
이 그 개혁의 완성을 임금의 결단과 같은 인치적 요소에 둠으로써 당
시의 권력구조상 현실적으로는 실현될 수 없게 되었다는 것이다.

한편 유형원은 모든 국민이 똑 같은 대우를 받아야 한다고 하지
않고 관료에게는 토지의 지급에 있어서도 차등을 두었고, 공직에 종
사하는 자에게는 군역을 면제하는 조처를 제시하기도 하였으나 적어
도 모든 사람들이 각자 적절한 수준의 업무를 책임지면서 각기 그 쓰
임에 활용되는 것을 이상적으로 보았다. 다만 이러한 변화를 이끌어
내기 위해서 법제의 수정, 향촌 구조의 변경 등의 방식으로 실천해 나
가려 하였다.

---

67) 『반계수록』 권26, 「속편」 하, 〈노예고설〉, 509~511쪽.
68) 『반계수록』 권26, 「속편」 하, 〈적전고설〉, 511~513쪽.
69) 『반계수록』 권26, 「속편」 하, 〈양노고설〉, 514~517쪽.

IV. 맺음말 – 사학사적인 의의

유형원은 『반계수록』〈고설〉에서 『주례』의 이상적 원칙을 제시한 이래 시기별 제도 변천에 대해 중국과 조선의 제도사 관련 저술에서 제도의 시행과 논의 내용을 뽑아 수록함으로써 사회경제사적 관점에서 역사를 보았다. 전시대의 역사적인 연원을 모두 찾고 이를 통해 당대 개혁안의 장단을 검토함으로써 비록 완전한 형태의 자료를 갖춘 역사서로서의 모습을 갖추지는 못하였다고 하더라도 이전의 역사적인 사실을 일관된 사회경세사적 관점에서 그 추이와 변화를 정리한 것이라고 할 수 있다.

그런데 〈고설〉은 유형별로 관련 자료를 단순히 모은 유서류와 구별이 된다. 『반계수록』의 〈고설〉은 특정 주제별로 일관된 흐름과 관점에 따라 제도사적인 변천을 다루었다. 이는 우리나라에서 전장제도의 발전을 통해 역사의 변화를 살펴보는 역사편찬의 성립에 있어서 한 시발점이 된다. 게다가 유형원 이후 정부나 개인이 편찬한 책들은 관련된 자료들을 수집하여 편집한다는 점에 치중함으로써 새로운 개혁안을 만들어 낸다는 점이 부족하였는데, 그런 점에 유형원의 〈고설〉의 형태와 내용이 가지는 의의가 더욱 크다고 하겠다.

현실의 문제에 대한 개혁론을 다룬 『반계수록』에서 유형원은 전제, 교선, 임관, 직관, 녹제, 병제 등 각 분야별 개혁 방안을 마련하기 위한 과정에서 그 제도의 역사적인 연원을 찾아 〈고설〉을 집필하였다. 중국사의 경우는 『주례』를 〈고설〉에 맨 앞에 배열하고, 제도사적인 내용은 주로 『통전』과 『문헌통고』 및 각 정사의 '지(志)'류를 이용하고 있으며 실제 사회개혁의 발상은 『대학연의보』로부터 많은 영향을 받고 있다. 한국사의 경우는 『고려사』, 『경국대전』 및 개혁가로는 조헌과 이이 그리고 한백겸 등의 자료를 이용하면서 집필하고 있다.

개인의 도덕적 개인적 성격을 고치는 것을 목표로 삼았던 기존의 개혁론과는 달리 『반계수록』은 법과 제도의 개혁에 중점에 있었다. 그리고 『반계수록』의 〈고설〉은 '회통(會通)'하여 현재의 '경세(經世)'를 위한 자료를 제공한다는 관점으로 편찬된 것으로, 18, 19세기 한국사에서 사회경제사적인 경세사관의 성립과 발전의 중요한 한 사례인 것으로 평가할 수 있다. 그리고 유형원의 『반계수록』〈고설〉 부분은 관찬의 『동국문헌비고』, 『증정문헌비고』, 『증보문헌비고』나 사찬의 『동국십지』·『동국통지』가 자료를 모으는 데에 관심이 집중되어[70] 미래의 개혁방안을 마련하는 데에 미흡하였던 것에 비하면 역사적 연원의 고찰을 통해 개인의 도덕적 회개보다 법과 제도의 개혁을 통해 사회를 바꾸어 보려는 점에서 훨씬 전진적인 역사의식의 측면을 보이고 있다. 그리고 유형원의 이러한 접근 방식은 한말 삼정책 개혁론자들이나 정윤영(鄭胤永), 이진상(李震相) 등의 제도개혁가들 그리고 계몽기 신문이나 잡지를 통해 개혁론을 주창하였던 이들이 『반계수록』을 직접 인용하면서 계승되고 있다.[71]

유형원은 모든 시기의 제도를 관통하는 원칙을 찾는 것을 중히 여겼다. 유형원은 상황이나 정황이 달라졌다는 말에 혹하지 않은 바는 아니지만 하늘의 이치가 제시하는 기본 원칙은 한결같다고 생각하였다.[72] 유형원은 주대(周代) 이후 많은 것이 바뀌었으나 사회와 제도를 변화시킬 기본적인 원칙과 후대의 운영상의 문제점을 제시함으로

---

70) 관사찬의 문헌비고와 지류가 『반계수록』을 계승하는 양상은 다음 논문을 참조. 박인호, 1992, 「동국십지와 동국통지에 대한 연구」, 『청계사학』 9. 박인호, 1996, 『조선후기 역사지리학 연구 문헌비고 여지고를 중심으로』, 한중연 박사학위논문; 1996, 이회문화사.

71) 박인호, 2018, 「유형원, 경세치국의 새로운 길을 열다」, 『복현사림』 36, 104-106쪽.

72) 『반계수록』, 「교선고설」 하, 259쪽. "世之言者 例以古今異宜爲說 雖知其說之非 猶不能無惑 及省觀事物之情 然後乃深知其爲誕妄無據也 夫天理之固然 人心之所安 事勢之所形 如此則得 如此則失 如此則治 如此則亂 如此則安 如此則危者 固萬世如一"

써 자신의 개혁안의 정당성을 재발견하려고 하였다. 이는 자신의 역사관에 따라 전통의 제도를 해석하고 있으며, 그 곳에 개혁의식을 집어넣었다는 의의가 있다. 즉 유형원의 이러한 자료의 연구가 자신의 '경세사학'을 위한 자료이었다. 유형원은 세상을 다스리는 원칙을 정하고 그 원칙에 충실하면 세상의 어려움을 극복할 수 있다는 논리를 가지고 보았다. 그 원칙이 무너지고 우왕좌왕하다가 원칙과 현실을 모두 놓쳐버리게 되었다는 것이다. 따라서 원칙으로서의 정신을 제대로 파악하고 이 뜻을 실현하면 새로운 사회가 열릴 것을 확신하였다.[73]

〈고설〉 부분은 각종 제도의 연원과 개혁안의 역사적인 근거로 제시되었으며, 『반계수록』의 경세를 위한 부분과 상호 밀접하게 연관되어 있음을 보이고 있다. 유형원은 『주례(周禮)』에 제시되었던 이상이 후대에 성공하기도 실패하기도 하였으나[74] 『주례』를 비롯한 과거의 제도를 추구하였던 원칙을 제대로 실현해 나간다면 현 사회의 변혁도 가능하다고 보았다.

요컨대 『반계수록』〈고설〉은 사찬의 제도사 저술이자 사회경제적 측면에서 제도의 성립과 발전을 논한 실학적 경세사관의 산물이며,

---

73) 기존의 〈고설〉과 역사인식을 언급한 글들에서는 "최종적 개혁안을 읽어 보면 그가 실제로 그런 조정에 성공했는지, 그리고 현실적이고 유연한 사상가로서 진정한 근본주의자의 면모를 보여주어야 한다는 책임을 잘 알고 있었는지 하는 측면에 의구심을 가질 것이다"(팔레, 앞의 책, 176쪽)고 평가하였듯이 유형원은 이상적인 원칙의 실현에 실패하거나 혹은 이상적인 제도의 실현을 추구하였던 이상주의자로 인식되고 있다. 그러나 최소한 유형원 본인은 "만일 훌륭한 군주가 있어서 낡은 폐단을 고치고 좋은 점을 다시 적용하여 한번 변혁을 일으키는 순간에 쇠약은 강성으로, 혼란은 정리로 변하게 될 것이다"(『반계수록』, 「교선고설」 하, 259쪽)고 하여 폐단을 고침으로써 변화가 가능한 것으로 보고 있다.

74) 일부 연구에서는 주대의 이상적 제도에 비해 후대가 실패의 역사인 것으로 본 것으로 보아 유형원의 역사인식을 퇴보적인 역사관을 가진 것이라고 주장하기도 하였으나 유형원은 주대(周代)의 이상적인 원칙 아래 각 시기별로 제도를 시행하였는데 그것이 실패하기도 혹은 성공하기도 보았다. 따라서 시간적 변화에 따른 역사의 발전 혹은 쇠퇴 개념으로 유형원을 규정할 수 없다.

관료가 중심이 된 특정 주제에 대한 편찬 위주의 학문에서 근대 학문
으로서의 사회경제사와의 사이에서 가교 역할을 수행하였다.

참고문헌

『金山公遺稿』, 연세대 도서관 소장.

『大學衍義補』, 문연각사고전서본.

『東史例』, 장서각 2-198.

『磻溪遺錄』, 명문당, 1982.

『반계유고』, 임형택 외 편역, 창비, 2017.

『磻溪逸稿』, 『한국한문학연구』 38, 2006.

『磻溪雜藁』, 여강출판사, 1990.

『星湖全書』, 여강출판사, 1984.

『續綱目疑補記見』, 규장각5760.

『歷史東國可考』, 국사편찬위원회, D09120314.

『朝鮮王朝實錄』, 탐구당.

『增補磻溪遺錄』, 경인문화사, 1974.

박인호, 1996, 『조선후기 역사지리학 연구 - 문헌비고 여지고를 중심으로』, 이회문
　　　　화사.

윤정분, 2002, 『중국근세 경세사상 연구 - 丘濬의 경세서를 중심으로』, 혜안.

팔레, 2008, 『유교적 경세론과 조선의 제도들』 2, 산처럼.

權純哲, 2006, 「韓國儒學史における大學衍義と大學衍義補の意義」, 『埼玉大學紀
　　　　要』 42-1.

김준석, 2000, 「조선후기 진보적 역사관의 성립 - 유형원의 변법사관」, 『국사관논총』 93,
　　　　국사편찬위원회; 2005, 『한국 중세 유교정치사상사론』 2, 지식산업사.

박인호, 1989, 「유형원의 동국여지지에 대한 일고찰 - 역사의식과 관련하여」, 『청계
　　　　사학』 6.

_____, 1992, 「동국십지와 동국통지에 대한 연구」, 『청계사학』 9.

_____, 1999, 「반계 유형원의 학문적 업적과 그 영향」, 『반계 유형원 학술강연회 발표논문집』, 용인문화원.

_____, 2018, 「유형원, 경세치국의 새로운 길을 열다」, 『복현사림』 36.

정구복, 1970, 「반계 유형원의 사회개혁사상」, 『역사학보』 45.

_____, 1978, 「한백겸의 동국지리지에 대한 일고 - 역사지리학파의 성립을 중심으로」, 『전북사학』 2; 2008, 『한국근세사학사』, 경인문화사.

_____, 1987, 「한백겸의 사학과 그 영향」, 『진단학보』 63.

_____, 1999, 「반계 유형원의 역사의식」, 『반계 유형원의 생애와 사상』, 한국정신문화연구원 발표문; 2008, 『한국근세사학사』, 경인문화사.

조성을, 2000, 「유형원의 고려시대 인식」, 『한국사의 구조와 전개』, 혜안; 2004, 『조선후기 사학사연구』, 한울.

천관우, 1952-1953, 「반계 유형원 연구」, 『역사학보』 2, 3; 1979, 『근세조선사연구』, 일조각.

최광만, 2010, 「반계수록 교선고설에 나타난 유형원의 교육사관」, 『교육사학연구』 20-2.

하곡 정제두의 현실 인식

이 남 옥*

* 한국국학진흥원 책임연구위원

Ⅰ. 머리말

하곡(霞谷) 정제두(鄭齊斗, 1649~1736)는 조선 후기에 양명학(陽明學)을 연구한 학자로 널리 알려져 있다.[1] 그는 당대 학계의 주류가 주자학(朱子學)을 존숭한 것과는 다르게 양명학의 가치를 인정하였고, 정호(程顥, 1032~1085)의 학문과 사상을 통해 독자적인 생리설(生理說)·만물일체설(萬物一體說) 등을 주장하였다. 당시 조선 사회는 대외적으로 명·청 교체의 혼란을 겪고 있었으며, 내부적으로는 기해예송(1659)·갑인예송(1674)·경신환국(1680)·기사환국(1689)·갑술환국(1694)·병신처분(1716)·신임옥사(1721~1722)·무신란(1728) 등 정치적 사건을 경험하고 있었는데, 그는 조선 후기 대내외 현실에 대해서 당시 주류를 형성한 서인-노론계와는 다른 인식을 하고 있었다.

이에 따라 그동안 선행연구에서는 정제두가 직면했던 대내외적인 상황에 대한 그의 인식과 대응이 당시 주류를 형성한 서인-노론계와 다른 점을 부각하면서 양명학적 학문 성향이 표출된 것으로 파악하였

---

1) 鄭寅普(1893~1950)는 『陽明學演論』에서 정제두를 "조선양명학파의 대종사"로 규정하였는데,[鄭寅普 著, 1955, 『薝園國學散藁』, 文教社, 274쪽. "朝鮮陽明學派로서는 霞谷이 第一類 中으로도 가장 大宗이니 霞谷의 生平 著述은 전혀 陽明學을 體究한 學說로서 冊數로만 數十에 達한다."] 이상은·윤남한·유철호 등은 이러한 견해를 계승하여 정제두의 학문과 사상적 특징을 양명학의 영향으로 평가하였다.[이상은, 1971, 「하곡집 해제」, 『국역 하곡집』 Ⅰ, 민족문화추진회; 윤남한, 1974, 『朝鮮時代의 陽明學研究』, 중앙대학교 박사학위논문; 劉哲浩, 1977, 『鄭霞谷의 哲學思想研究』, 성균관대학교 석사학위 논문] 그 이후로도 정제두의 학문적 특징은 양명학적으로 해석하는 경향이 매우 강하게 나타나는데, 예문서원에서 출판한 '한국의 사상가 10人' 시리즈 중 『하곡 정제두』는 양명학자 정제두의 면모를 잘 드러내는 14편의 논문이 수록되어 있다.

다. 예를 들어 탕평론의 경우는 정제두가 주자학의 교시(敎示)와는 다른 양명학의 공부 방법론에서 착안해서 '대신들이 되풀이하여 의논하도록 하는 대화정치론을 구체화하는 방법'으로 탕평론을 주장했다고 하였으며,[2] 예론의 경우는 정제두의 예론이 간례(簡禮)와 실천을 중시한다는 점에서 왕수인(王守仁, 1472~1528)의 예학과 일치한다고 보았다.[3] 그러나 양명학의 영향으로 그가 탕평론과 간례·실천 위주의 예론을 주장했다는 것을 논증하기는 어렵다.

본고에서는 정제두의 대내외 현실 인식에 대해서 구체적 사례를 중심으로 면밀히 검토해보고자 한다. 이를 위해 먼저 2장에서는 대청 인식에 대해서 살펴보고 3장에서는 서인과 남인의 대립으로 표출된 기해예송·갑인예송·기사환국·갑술환국, 노론과 소론의 갈등으로 표출된 병신처분·신임환국·무신란 등에 대한 정제두의 인식에 대해서 살펴보도록 하겠다.

II. 현실적 대청 인식

명·청 교체기 조선은 정묘호란(1627)과 병자호란(1636)을 겪으면서 청나라가 강성해지고 있음을 직접 경험했음에도 불구하고 조선 지배층 일부는 명나라의 부흥과 청나라의 패퇴를 기원하고 있었다. 1674년(숙종 즉위) 3월에 삼번(三藩)의 난(亂)이 발생했다는 소식이 전해지고 조선의 일부 유생들은 조정에 청과의 전쟁을 준비할 것을 요청하였다. 1678년(숙종 3) 경정충(耿精忠)이 이미 청나라에 항복하

---

2) 김준석, 2002, 「朝鮮後期 蕩平政治와 陽明學政治思想–鄭齊斗의 양명학과 蕩平政治論–」, 『동방학지』 116, 203~206쪽.

3) 吾妻重二, 2014, 「鄭齊斗の禮學–朝鮮邦陽明學と禮敎」, 『東西學術研究所紀要』, 關西大學東西學術研究所, 23~24쪽.

고 오삼계(吳三桂)가 병사하였지만, 조선 조정에는 잘못된 정보가 전달되고 있었다. 같은 해 8월 20일에 안여석(安如石)은 오삼계가 경정충·정금(鄭錦)과 함께 연합하여 청나라를 공격해서 7개 성을 함락하고 청나라 군대가 대패하였다고 보고하였다.4)

1681년(숙종 7) 10월에 오삼계의 손자 오세번(吳世璠)이 곤명(昆明)에서 청군에 포위되어 자살함으로써 삼번의 난은 평정되었고, 1682년(숙종 8) 2월에 이 소식은 조선 조정에 전해지게 되었다.5) 이로부터 "청나라에 복수해야 한다."라는 북벌에서 "청나라의 학문과 기술을 배워야 한다."라는 북학으로 청나라에 대한 인식이 점차 변화하게 되었다. 북벌과 북학이 공존하던 시기가 되었고, 청나라에 대한 다양한 시선이 존재했다.

정축화약(1637) 이후 조선에서는 청나라 연호 사용과 청나라 사신의 접대 문제로 논란이 일어났다. 인조는 종묘(宗廟)의 축사(祝辭)와 조신(朝臣)의 고신(告身)에 연월[세월歲月]만을 쓰고 연호는 쓰지 않도록 하였는데, 그 이후로 국사를 담당하는 신하가 청나라의 질책을 두려워하여 축사와 고신에 청나라의 연호를 사용하였다.6) 김만균(金萬均)과 같이 병자호란 기간 피해 입은 일부 관료는 청나라 사신의 접대를 거부하기도 하였다.7)

---

4) 김창수, 2012, 「17세기 후반 朝鮮使臣의 공식보고와 정치적 파장」, 『사학연구』 106, 164쪽; 『숙종실록』 권7, 숙종 4년(1678) 8월 20일 무자 1번째 기사.

5) 『숙종실록』 권13, 숙종 8년(1682) 2월 21일 기해 2번째 기사; 청나라 사신 一等侍衛加二級儀 圖額眞篆你達과 武備院堂官 羅二等侍衛品級 布代達莫이 오삼계의 난이 평정되었다는 내용의 조서를 가지고 왔다.

6) 『효종실록』 권1, 효종 즉위년(1649) 8월 23일 경술 4번째 기사. "應敎趙贇上疏曰: '(중략) 臣竊聞, 丁丑以來, 宗廟祝辭, 朝臣告身, 只書歲月, 不用年號, 此乃大行大王所定之制也. 其後當事之臣, 訛於恐喝, 彼無嘖言, 我乃自愧, 祝辭, 告身, 竝用年號, 此豈大行大王之本心也? 臣實痛之.'"

7) 1663년(현종 4) 11월 김만균은 청나라 사신을 맞이하기 위해 모화관으로 친행하는 왕의 배종을 회피하기 위해 사직을 청하였고, 이후 조신(朝臣) 사이에서 공의

정제두 역시 이 문제에서 자유로울 수 없었다. 그는 민이승(閔以升, 1649~1698)과 대청 인식에 관한 논쟁을 벌였다.8) 정제두는 정삭을 봉행하는 것[봉행정삭奉行正朔]이 중요하다고 생각했고, 반면 민이승은 작명(爵命)이 나온 곳을 중요하게 생각했다.9) 정제두는 명 청교체기 명나라의 정삭 대신 청나라의 정삭을 받아야 했던 국제 현실을 자각한 것이며, 민이승은 조선의 작명이 나온 명나라와의 관계를 여전히 중요하게 생각했던 것이다.

민이승은 "그 나라가 오랑캐의 나라[이적夷狄]이고 그 예법이 오랑캐의 풍속[이속夷俗]이면 선비가 나아갈 수 없으며, 그 나라가 우리나라이고 그 예법이 우리의 풍속[오속吾俗]이면 선비가 나아가지 않을 수 없다. 그러나 그 나라가 비록 우리나라일지라도 그 예법이 오랑캐의 풍속이면 또한 나아갈 수 없다."라고 하였다. 정제두는 이에 대해 "이로써 예를 든다면 비록 오랑캐의 나라일지라도 선왕의 전례(典禮)를 행한다면 나아갈 수 있다."라고 하였다.10) 그는 청나라가 오랑캐 나라이지만 선왕의 전례를 행하고 있다면 정삭을 봉행하러 나아갈 수 있다고 분명히 말하고 있다.

나아가 정제두는 "정삭은 천자가 하는 일이므로 이미 정삭을 받았다면 (정삭을) 만든 사람은 천자가 되고 자신은 배신(陪臣)의 지위에

(公義)·사의(私義) 논쟁이 벌어졌다. 병자호란 때 순절한 연산서씨(連山徐氏)는 김만균의 조모(祖母)로, 조부 김반(金槃)의 부인이며, 아버지 김익희(金益熙)의 어머니였다.[鄭萬祚, 1992, 「朝鮮 顯宗朝의 私義·公義 論爭」, 『한국학논총』 14, 66쪽.]

8) 鄭齊斗, 『霞谷集』 권2 「答閔彦暉書」(a_160_034a), 「答閔彦暉書」(a_160_034b), 「答閔彦暉書」(a_160_035b), 「答閔彦暉書」(a_160_036c), 「答閔彦暉書」(a_160_037b)에 청나라 연호 사용과 궤배에 대해 정제두가 민이승에게 보낸 편지가 수록되어 있다.

9) 정제두, 『하곡집』 권2 「答閔彦暉書」(a160_034a). "弟之初見, 蓋以奉行正朔爲重, 今悉敎意, 以爵命所自出爲大, 斯無可疑者."

10) 정제두, 『하곡집』 권2 「答閔彦暉書」(a_160_034a). "來論又云: '其國夷狄, 其禮夷俗, 則士不當出. 其國吾國, 其禮吾俗, 則士無不可出. 其國雖吾國, 其禮夷俗, 則亦不當出.' 此義甚明, 以是例之, 雖夷狄之國, 能行先王之典禮, 亦可以出矣. 如何?"

있게 됩니다. 배신이 배신이라 칭하고 궤배(跪拜)를 하는 것은 진실로 또한 괴이할 것이 없습니다."라고 하였다.[11] 이미 청나라의 정삭을 받았다면 정삭을 만든 청나라 임금은 천자가 되고 자신은 배신이 되는 것이다. 그러므로 배신이 배신을 자처하는 것이나 궤배하는 것 또한 괴이한 일은 아니다.

그럼에도 민이승을 비롯한 조선의 일부 지식인들은 연호는 나라에서 받은 것이므로 어쩔 수 없이 사용할 수밖에 없고 배신이라 칭하거나 궤배하는 등의 일은 수치스러워하며 할 수 없다고 하였다. 이에 대해서 정제두는 배신을 칭하고 궤배하는 행위는 모두 청나라 연호의 사용에서부터 시작된 것으로 보고 이것들이 서로 다른 문제가 아니라고 하였다.[12]

논리적으로 모순된 행동에 대해 비판을 가한 것이다. 정제두는 중화와 이적에 대한 분별[화이지변華夷之辨]이 중요해 궤배를 할 수 없다면 연호 사용도 수치스럽게 여겨야 하며, 조선의 임금과의 관계 때문에 청나라 연호를 받들어 사용했다면 궤배도 행해야 한다고 하였다.[13] 그는 민이승을 비롯한 조선의 일부 지식인들에게 논리적으로 일관된 행동을 할 것으로 요구한 것이다.

힘에 굴복하여 어쩔 수 없이 연호를 사용한 것과 힘에 굴복하여

11) 정제두, 『하곡집』 권2 「答閔彦暉書」(a_160_034b). "夫正朔者, 天王之事. 旣奉其正朔, 則是成之爲天王, 而自居於陪臣也. 陪臣之稱陪臣行拜跪, 誠亦無足怪者."
12) 정제두, 『하곡집』 권2 「答閔彦暉書」(a_160_034b). "拜跪稱陪, 皆年號之所驅使, 則年號與拜跪, 本非貳事. (중략) 以拜跪爲恥者, 年號亦當恥也. 若曰: '年號在朝廷承用, 非我所手受.' 則稱陪拜跪, 固非奉國命而役使者, 寧有彼此之可擇哉? 大抵華夷之卞, 不容不嚴, 君臣之義, 不容不明之, 二者俱有所指, 俱不可廢, 又無優劣之可言."
13) 정제두, 『하곡집』 권2 「答閔彦暉書」(a_160_034b). "但以華夷爲重者, 雖至於年號一也.[年號雖欲不拘, 旣以拜跪爲恥, 則年號之當恥, 亦無異也. 不然無華夷.] 以君臣爲重者, 雖至於拜跪同也. [拜跪雖不可爲, 旣以吾君爲重而奉行年號, 則於拜跪亦無異也. 不然無君臣.]"

어쩔 수 없이 칭신 궤배하는 행위는 그 뜻이 다르지 않습니다. 비록
정통이라 인정하지 않더라도 연호 사용과 궤배 행위는 한 가지 일로
다르지 않으며, 비록 정통이라 인정하더라도 연호 사용과 궤배 행위
는 한 가지 일로 다르지 않습니다. 토벌할 수 있더라도 연호 사용과
궤배 행위는 한 가지 일로 다르지 않으며, 토벌할 수 없더라도 연호
사용과 궤배 행위는 한 가지 일로 다르지 않습니다. 기꺼이 복종하
였더라도 연호 사용과 궤배 행위는 한 가지 일로 다르지 않으며, 어
쩔 수 없이 복종했더라도 연호 사용과 궤배 행위는 한 가지 일로 다
르지 않습니다.14)

또한 청나라를 역사상 정통 왕조로 보아야 할지를 따지는 "정통론"
과 청나라를 토벌의 대상으로 삼을지를 따지는 "토벌론"에 대해서도
정제두는 청나라 연호 사용과 칭신 궤배 행위는 일관된 대상이라는
점을 분명히 하였다. 정통론의 입장에서 청나라를 정통 왕조로 본다
면 청나라 연호 사용과 칭신 궤배 행위는 마땅한 일이며, 정통 왕조로
보지 않는다면 청나라 연호 사용과 칭신 궤배 행위 역시 거부해야 했
다. 반면 토벌론의 입장에서 청나라를 토벌할 수 있다면 청나라 연호
사용과 칭신 궤배 행위를 거부하고, 청나라를 토벌할 수 없다면 청나
라 연호를 사용하며 칭신하고 궤배해야 했다. 이 때문에 모두 일관된
일이라고 본 것이다.

결국 정제두는 '청나라는 부정하면서도 연호는 허식(虛飾)으로 수
용하고 배신을 칭하거나 궤배를 하는 것은 실사(實事)로 거부하는 행

---

14) 정제두, 『하곡집』 권2 「答閔彦暉書」(a_160_037b). "力屈畏服, 不得已而承年號, 與
力屈畏服, 不得已而行禮拜者, 其義則同. 雖不許正統, 其年號 禮拜之同爲一事無異
也, 雖許正統, 其年號 禮拜之同爲一事無異也; 可以討伐, 其年號 禮拜之同爲一事無
異也, 不可以討伐, 其年號 禮拜之同爲一事無異也; 甘心而悅服, 其年號 禮拜之同爲
一事無異也, 窮迫而畏服, 其年號 禮拜之同爲一事無異也."

위'에 대해서 부정적인 의견을 제시한 것이다. 이는 그가 앞서 주장한 바와 같이 청나라 연호 사용과 칭신 궤배 행위를 한 가지 일로 생각하고 있었기 때문에 가능한 일이다.[15]

그렇다면 정제두는 청나라에 대해 어떻게 생각하고 있었을까? 앞서 살펴본 바와 같이 그는 당시 조선이 청나라의 정삭을 받았으므로 청나라의 황제를 천자로 인정하고 조선의 신하들은 배신이 되어 칭신하고 궤배해야 한다고 보았다. 이는 당시 삼번의 난 등을 평정하고 중원을 완벽하게 제압한 청나라의 힘을 자각한 상황에서 내린 현실적 대청인식이라 볼 수 있으며, 나아가 기존의 정통론과 토벌론[북벌론] 등 명분론에서 진일보한 진보적 대청인식이라 할 수 있다.

Ⅲ. 서인 – 소론계 경향의 정치 현실 인식

정제두는 서인과 남인의 갈등이 표출된 기해예송·갑인예송·경신환국·기사환국 등을 경험하고, 노론과 소론의 갈등이 표출된 병신처분·신임옥사·무신란 등을 경험했다. 그러나 두 차례의 예송이 이루어졌던 현종 대는 정제두가 관직에 진출하기 전이며 비교적 어리고 젊은 나이였으므로 정치 현실을 간접적으로 경험할 수밖에 없었다. 그러므로 조선 후기 정치 현실에 대한 정제두의 직접적 인식은 실제로 관직에 천거되어 부임하기도 하였던 숙종 대부터 시작된다고 할 수 있다.

기사환국(1689) 때 정제두는 직접 당쟁에 개입하기보다는 현실 정치에서 떠나 은거하는 방법을 택하였다. 기사환국은 원자 정호 문제

---

15) 정제두, 『하곡집』 권2 「答閔彦暉書」(a_160_037b). "正統 討伐等說, 申論及此, 益見 精微之旨. 蓋盛意以年號與稱陪 禮拜, 爲分虛實. 然以某觀之, 年號若虛, 則稱陪 禮拜 亦虛矣, 稱陪 禮拜若實, 則年號亦實矣. 身承其年號而不名曰陪臣, 自古未之有也."

로 국왕 숙종과 서인 간의 갈등이 야기되고 결국 서인에서 남인으로 정권이 교체된 사건을 말한다. 이 과정에서 이이(李珥)와 성혼(成渾)의 문묘출향(文廟黜享)과 송시열의 사사가 이루어졌다. 이는 노론과 소론을 막론하고 서인 전체에 큰 충격을 가져왔다.

1688년(숙종 14) 10월에 후궁 장씨는 왕자를 낳았고, 그 이듬해인 1689년에 숙종은 원자 정호를 결정했다.[16] 이에 서인들은 왕비 인현왕후의 나이가 아직 젊으므로 시기상조라고 강력하게 반대하였다. 특히 그해 2월 1일에 송시열은 "숙종이 후사를 보게 된 것에 대해 기쁘게 생각하면서도 원자로 호칭을 정한 것에 대해서는 너무 이르다."라는 내용의 상소를 올렸다.[17] 그러자 숙종은 바로 송시열의 관직을 삭탈하고 문외출송하도록 명하였으며,[18] 멀리 제주도로 귀양 보냈다. 이후 6월에 송시열이 사사되었고, 이러한 과정 속에서 서인은 파직되고 남인계 인물들이 대거 관직에 등용되었다.

한편, 1689년 3월 18일에 이이와 성혼의 문묘 출향이 공식 결정되었다.[19] 기사환국 중에도 조정에 남아있던 이상진(李尙眞), 박세채(朴世采) 등 서인 관료들은 이이와 성혼의 문묘 출향이 불가함을 간하는 상소를 올렸으며,[20] 대사헌에 제수되었던 윤증(尹拯) 역시 사직 상소에서 출향의 불가함을 밝혔다.[21] 이러한 상황 속에서 정제두는 당시 서인들의 정치 현실 인식을 공유하며 관직에서 물러났다.

정제두는 조정에서 원자 정호 문제 등 기사환국의 조짐이 보이던

16) 기사환국과 관련된 내용은 홍순민, 2011, 「Ⅵ. 붕당정치의 동요와 환국의 빈발」 『조선후기 탕평정치의 재조명 上』, 태학사, 169~171쪽 참고.
17) 『숙종실록』 권20, 숙종 15년(1689) 2월 1일 기해 1번째 기사.
18) 『숙종실록』 권20, 숙종 15년(1689) 2월 3일 신축 4번째 기사.
19) 『숙종실록』 권20, 숙종 15년(1689) 3월 18일 을유 1번째 기사.
20) 『숙종실록』 권20, 숙종 15년(1689) 3월 17일 갑신 3번째 기사; 『숙종실록』 권20, 숙종 15년(1689) 3월 19일 병술 2번째 기사.
21) 『숙종실록』 권22, 숙종 16년(1690) 9월 30일 정사 3번째 기사.

1688년 12월에 평택현감에 제수되었고 1689년 2월에 부임하였으나, 부임한 지 2달 만인 4월에 관직을 버리고 안산 추곡으로 돌아왔다. 그는 이이와 성혼을 문묘에서 출향했기 때문이라는 이유를 들었다. 이에 경기관찰사는 임의로 직무를 이탈하였다 하여 죄를 물었으나, 그해 7월에 용서받고 그 이후로 안산에 집을 짓고 거처하였다.[22] 안산 거주는 1709년(숙종 35)에 강화도로 이거할 때까지 계속되었다.

갑술환국(1694)으로 서인이 대거 관직에 등용된 이후 정제두 역시 경기도사(京畿都事)·세자익위사익찬(世子翊衛司翊贊)·종부시주부(宗簿寺主簿)·사헌부장령(司憲府掌令)·사복시정(司僕寺正)·사헌부집의(司憲府執義)·호조참의(戶曹參議)·강원도관찰사(江原道觀察使)·한성부좌윤(漢城府左尹) 등을 제수받았지만 사임하거나 여러 차례 상소를 올려 체직되었다.[23] 결국 숙종 대 후반까지는 관직을 제수받더라도 실제로 관직에 나아간 경우는 거의 없었다고 볼 수 있다.

이러한 경향은 경종 대 이후 변화되었다. 정제두는 경종 대 이후 관직에 제수되면 숙종 대와 마찬가지로 사임하거나 체직을 위해 여러 차례 상소를 올리기는 했지만 거부되었다. 이에 실제로 관직에 나아갈 수밖에 없었다. 다만 당시 국왕들은 그를 산림학자로 대우하여 성균관좨주(成均館祭酒)·세자시강원찬선(世子侍講院贊善)·의정부우찬성(議政府右贊成)·세자이사(世子貳師) 등에 제수하였고 그에게 당대 현안에 대한 고견을 묻기도 하였다.

정제두는 조선 후기 정치 세력의 분화 및 갈등과 관련하여 전면에 나서 활동하지 않았고, 이와 관련하여 직접적인 평가나 언급을 하지

---

22) 『하곡집』 권10 「연보」 40세조. "十二月丙寅. 除平澤縣監."; 41세조. "二月赴任. (중략) 四月棄官歸村吏[時, 李文成·成文簡二先生黜文廟從享. 先生不樂居官, 棄歸安山楸谷. 按使以擅離임就吏.] 七月宥, 歸安山居焉.[因築室於楸谷而居焉.]"

23) 정제두의 관력과 관련된 내용은 부록의 "〈표〉 정제두의 관력"을 참고하기 바란다. 이 내용은 『하곡집』 권10 연보 기록, 『숙종실록』, 『경종실록』, 『영조실록』, 『승정원일기』 등을 토대로 정리한 것이다.

도 않았기 때문에 그의 당대 정치 현실 인식을 살펴보기는 어렵다. 다만 단의빈(端懿嬪)과 경종(景宗)의 상에서 제시한 예론 및 무신란(戊申亂)에서 제시한 탕평론을 통해 그의 당대 정치 현실 인식을 검토할 수 있다.

정제두는 앞서 언급한 바와 같이 현종 대 있었던 두 차례의 예송에 직접 참여하지는 않았고, 이와 관련하여 직접적인 혜택이나 피해를 받지도 않았다. 그로 인해 이와 관련된 직접적인 글은 찾아볼 수 없다. 다만 며느리의 상에 시부모가 입는 복과 관련된 상황에서 정제두가 의견을 제시한 적이 있다. 바로 단의빈(端懿嬪)의 상에서의 주장이다.[24]

1718년 2월 7일 창덕궁에서 단의빈이 사망하였고,[25] 그해 3월 8일에 단의(端懿)라는 시호가 내려졌다. 단의빈은 청은부원군(靑恩府院君) 심호(沈浩)의 딸로 1696년 11세의 나이로 세자빈에 간택되었지만, 경종 즉위 2년 전인 1718년에 사망하였다. 세자빈의 죽음은 드문 일이었으므로 상례 절목과 관련된 전례를 찾기 어려웠다. 이에 따라 당일에는 우선 『소현세자상례등록(昭顯世子喪禮謄錄)』에 의거하여 절차를 행하였고,[26] 다음날에는 강화도로 사관(史官)을 보내 문종(文宗)이 동궁으로 있었을 때 빈궁(嬪宮)의 상사(喪事)와 순회세자빈(順懷世子嬪)의 상사 때 절목을 고증하도록 하였다.[27] 이를 통해 단의빈의 상

---

24) 단의빈의 상에서 숙종과 숙종 비 인원왕후의 복제를 정하는 과정과 정제두의 주장에 대해서는 이남옥의 「하곡 예론(霞谷禮論)의 변화 양상」(『포은학 연구』 18, 2016) 150~154쪽 참고.

25) 『端懿嬪喪禮謄錄』[한국학중앙연구원 소장, K2-2937]. "戊戌二月初七日二更, 世子嬪沈氏薨逝于昌德宮."

26) 『숙종실록』 권61, 숙종 44년(1718) 2월 7일 병술 8번째 기사.

27) 『숙종실록』 권61, 숙종 44년(1718) 2월 8일 정해 1번째 기사; 『단의빈상례등록』. "春秋館郎廳以領事意, 啓曰: '今此嬪宮之喪, 出於不意. 喪禮品節, 他無可據之文, 急遣史官於江都, 實錄中文宗在東宮時嬪宮喪事及順懷世子嬪宮喪事時節目以來, 宜當.'"

에 숙종과 인원왕후의 상복을 정하고자 한 것이다.

처음에는 예조에서『주자가례(朱子·家禮)』와『경국대전(經國大典)』에 장자부의 상에 왕과 왕비가 기년복을 입게 되어있고,『의례경전통해(儀禮經傳通解)』에는 대공복을 입게 되어있으며, 세종 대에는 대공복을 입었다고 전례를 밝혔다. 이에 따라 숙종은 세종 대 전례를 채용하여 대공복으로 복제를 정하였다.[28] 그리고 예조에서는 2월 10일에 왕과 왕비의 복제를 대공복으로 하는 단자(單子)를 올렸다.[29]

그런데 며칠 뒤인 14일에 예조에서는 세종조의 복제는『경국대전』성립 이전의 일이며, 근래에는 1680년 인경왕후(仁敬王后)의 상에서 명성왕후(明聖王后)가 기년복을 입은 전례가 있었는데 이를 빠뜨렸다고 하면서 기년복이 되어야 할 것이라고 하였다. 이에 숙종은 예관으로 하여금 대신들에게 물어보도록 하였고, 영의정 김창집(金昌集)을 비롯한 이이명(李頤命)·이유(李濡)·조태채(趙泰采) 등이 모두 기년복으로 할 것을 주장하였다. 이에 따라 숙종은 복제를 기년복으로 개정하였다.[30]

그해 10월 9일에 지평 이중협(李重協)이 문제를 제기했다. 그는『의례』「상복도식(喪服圖式)」의 여러 조항을 상고하여 단의빈의 상에 인원왕후는 대공복을 입는 것이 맞다는 주장을 하였다.[31] 그러자 당시 대리청정 중이던 경종은 이이명·이건명(李健命)·서종태(徐宗泰)·김창집(金昌集) 등 대신들에게 논하도록 하였고, 이후 예(禮)를 아는 유신(儒臣)으로 정제두에게도 이 문제에 대해 물어왔다. 이에 대해 정제두는 다음과 같이 말하였다.

---

28)『숙종실록』권61, 숙종 44년(1718) 2월 8일 정해 9번째 기사.
29)『숙종실록』권61, 숙종 44년(1718) 2월 10일 기축 3번째 기사.
30)『숙종실록』권61, 숙종 44년(1718) 2월 14일 계사 2번째 기사.
31)『숙종실록』권62, 숙종 44년(1718) 10월 9일 계축 2번째 기사.

고례(古禮)에 시아버지와 시어머니를 위하여 기년복(期年服)을 입는 경우와 며느리를 위하여 대공복(大功服)과 소공복(小功服)을 입는 경우가 있었는데, 당나라 개원(開元) 때부터 제도를 만들어 시아버지와 시어머니를 위해서는 3년으로, 며느리를 위해서는 기년(期年)과 대공(大功)으로 늘려 송나라와 명나라 그리고 우리나라에 이르기까지 모두 적용하여 일정한 제도로 삼았습니다. 그리고 주자(朱子) 같은 대현(大賢)도 그것을 편찬하여 일정한 예(禮)로 삼아 이미 후왕(後王)의 한 가지 법(法)을 이루게 되었습니다.[32)]

정제두는 조정의 주된 논의와 마찬가지로 숙종과 인원왕후가 기년복을 입어야 한다고 주장하였다. 당나라 개원 이래로 시아버지와 시어머니를 위해서는 3년으로 며느리를 위해서는 기년과 대공으로 늘려 송나라·명나라·우리나라에 모두 적용하여 일정한 제도로 삼았다는 것이 그 근거였다. 단의빈 상은 며느리의 상에서 시어머니의 복제가 문제되었던 갑인예송과 유사한 논의 구조를 가지고 있다. 한편 경종의 상은 아들의 상에서 어머니의 복제가 문제되었던 기해예송과 유사한 논의 구조를 가지고 있다.

1724년 8월 25일 환취정(環翠亭)에서 경종이 승하하였다.[33)] 정제두는 경종의 승하 소식을 듣고 즉시 궐문 밖 곡반(哭班)에 나아갔다. 이때 갑자기 예관(禮官)이 와서 예절(禮節)에 대해서 묻자 정제두는 복제의절(服制儀節)은 이미 『국조오례의(國朝五禮儀)』를 준수하고 있으

---

32) 『숙종실록』 권62, 숙종 44년(1718) 10월 9일 계축 2번째 기사. "(중략) 世子令更問於左相權尙夏及知禮諸儒, 行副護軍鄭齊斗以爲: '古禮有爲舅姑期, 爲子婦大功·小功, 自唐開元爲制, 增爲舅姑三年, 爲子婦期大功, 以至宋朝若大明我國家, 皆用以爲定制, 朱子大賢, 亦著以爲定禮, 已成後王之一法.'"

33) 『경종실록』 권15, 경종 4년(1724) 8월 25일 을미 1번째 기사; 경종 상에서 숙종비 인원왕후의 복제를 정하는 과정과 정제두의 주장에 대해서는 이남옥의 「하곡예론(霞谷禮論)의 변화 양상」 154~160쪽 참고.

며, 이전 조정에서 증수(增修)하여 정해놓은 제도가 있으니, 큰 문제
는 없다고 하였다. 또 사전(四殿)의 복제와 문무백관 복(服)의 절목
(節目)도 고례에 다 갖추어져 있고『경국대전』및『국조오례의』와도
차이가 없으니, 이 역시 마땅하다고 하였다. 이외에 죽장(竹杖)과 관
구(菅屨)는 당나라 때 들어온 의절(儀節)에서 나왔지만 이 역시 고례
에 근거하고 있으므로 더 논할 것이 없다고 하였다.[34]

국왕의 장례이므로 대체는 큰 문제가 없었다. 이대로 복제에 대한
논의는 마무리되는 듯하였으나, 그해 8월 29일에 사직 이인복(李仁復)
이 왕대비의 복제 의주를 개정할 것을 청하는 글을 올려 논의가 재개
되었다. 이인복은 인원왕후가 기년복을 입는 것에 대해서 그 근거가
무엇인지 모르겠다며, 경종은 숙종의 장자이고 왕통을 이었기 때문에
적자를 위한 자최삼년복(齊衰三年服)을 입어야 한다고 주장하였다.
또한 단의빈의 상에서 숙종과 인원왕후의 복제를 기년으로 한 것은
적자삼년(嫡子三年)의 뜻을 취한 것이라고 하였다.[35] 이에 대해 영조
는 대신과 유신으로 하여금 논의하도록 하였고, 우의정 이광좌(李光
佐)와 찬선 정제두는 다음과 같이 말하였다.

　　을묘년에 비록 윤휴(尹鑴)의 말을 채용하여 고쳐서 3년 제도를
　　행하였으나, 단의왕후(端懿王后)의 상(喪)에는 선왕(先王)의 비답
　　(批答)에 국가의 제도로 단정(斷定)하여 기년(期年)으로 하였습니
　　다. 대개 국가의 제도로는 장자(長子)와 장부(長婦)가 아울러 기년

---

34) 정제두,『하곡집』권5,「服制儀節議對[甲辰八月進闕外哭班時]」."天崩之痛, 號隕
罔極, 臣忍死扶曳, 來伏闕外. 此時忽有禮官下詢禮節之事. 臣分之不敢與議於如此邦
禮, 固已有素, 今於此益增惶悶, 不知所達. 第念今服制之節, 旣遵『五禮儀』, 且有先
朝曾修定制, 則以臣愚賤, 尤何敢容議? 至如四殿服制所定, 以至文武百官服節目, 旣
盡於古禮, 且無所差於『國典』及『五禮儀』, 則實爲允當, 無敢別議. 竹杖菅屨, 是出於
唐子添入之節, 而旣據古禮, 亦無可論."
35)『경종실록』권15, 경종 4년(1718) 8월 29일 기해 3번째 기사.

으로 되어 있는데, 지금 특별히 '삼년지의(三年之義)'를 지적한 것은
어디에 의거하여 발론하는 것입니까? 공경히 선조(先朝)의 최후의
비지(批旨)를 따르는 이외에는 별도의 의논이 용납될 수 없습니다.36)

　이광좌와 정제두는 1675년(숙종 1)에 윤휴(尹鑴)의 말을 따라서
효종을 적장자로 보는 '적자삼년지의(嫡子三年之義)'가 발현된 것은
맞지만 단의빈의 상에서 숙종이 국제(國制)에 따라 기년으로 정하였
다고 하였다. 또 『경국대전』을 근거로 장자와 장자부를 모두 기년으
로 해야 한다고 주장하였다. 현종 대 일어난 두 차례의 예송은 왕통과
종통의 불일치로 일어난 문제가 결부되어 있으나 경종의 경우는 이러
한 문제와는 결부되지 않았다. 따라서 이중협이나 이인복의 문제 제
기는 큰 문제를 야기하지는 않았다.
　정제두는 대체로 '장자와 장자부의 상에 부모는 기년복을 입는다.'
라는 대전제 위에 논의를 전개하였다. 이는 기해예송과 갑인예송을
거치며 정립된 『경국대전』을 근거로 한 복제설이었다. 국제(國制)인
『경국대전』을 근거로 한 복제설은 기해예송에서 송시열을 비롯한 서
인의 주장에서 시작되었는데 숙종 대를 거치며 시제(時制)로 받아들
여졌다. 정제두의 주장과 그 근거는 대체로 두 차례의 예송에서 나타
난 서인의 입장과 크게 다르지 않았다.
　한편, 무신란(戊申亂)에서 주장한 탕평론은 소론의 입장에서 한 주
장으로 보인다. 1728년(영조 4) 3월에 이인좌(李麟左), 정희량(鄭希亮)
등 소론 강경파와 남인 일부가 밀풍군(密豐君) 탄(坦)을 추대하여 난
을 일으켰다. 이를 무신란(戊申亂)이라 한다. 이들은 경종의 죽음에
영조가 관련되어 있다는 이유를 들었다. 정제두는 영조 즉위 이후에
계속된 관직 제수에도 상소를 올려 사양하였으나, 무신란의 소식을

---

36) 『경종실록』 권15, 경종 4년(1718) 8월 29일 기해 3번째 기사.

듣자 즉시 도성으로 올라갔고 3월 23일 영조의 명에 따라 희정당(熙政堂)에서 사대(賜對)하였다.[37]

정제두는 변란이 평정되어 종묘에 고하자 정세가 안정되었다는 판단에 4월 17일에 강화도로 돌아가려고 하기도 하였으나 영조의 만류로 조정에 머무르며 경연에 참석하게 된다. 이 자리에서 그는 주희(朱熹)의 경자봉사(庚子封事)와 무신봉사(戊申封事)를 통해 자신의 견해를 영조에게 전달하였다. 그 대체는 당론(黨論)의 폐해와 그 해결책으로 제시한 준론(峻論) 탕평론(蕩平論)에 관한 내용이었다.[38]

그는 무신란과 같은 화란(禍亂)은 우리나라에 당론(黨論)이 있어서 갈리고 또 갈리어 색목(色目)이 많아졌기 때문에 일어난 것이라고 보았다.[39] 예송과 환국을 비롯해 정제두가 경험한 여러 번의 정치적 사건은 서인과 남인 및 노론과 소론의 갈등으로 표출된 것으로 그에게 당론의 폐해를 깊게 생각할 수 있는 계기를 마련해주었다.

영조 역시 당론이 망국으로 이르는 길이 되었다고 인식하였다.[40] 아울러 대신 이하 모두가 색목에 들어가 있고 초야의 백성들도 색목이 있을 정도로 뿌리 깊게 퍼졌다고 판단했다.[41] 정제두는 구체적으로 병신처분(丙申處分, 1716) 이후부터 당론이 심해져 이제는 해결하기 어려운 지경에 이르렀다고 판단했다. 다만 이를 해결하기 위해서

---

37) 『하곡집』 권10 「연보」 80세조. "三月湖嶺逆變起. 奔問入都. 癸酉再降別論, 促入對. 乙亥承命詣闕, 賜對熙政堂."
38) 정제두의 준론탕평론과 관련된 내용은 이남옥의 「하곡 정제두의 준론탕평론」(『양명학』 47, 2017) 참고.
39) 『승정원일기』 660책 1728년(영조 4) 4월 24일. "鄭齊斗曰: '(중략) 今我國家, 不幸有黨議, 分之又分, 色目鈼然如是, 而禍亂豈不生乎? 於此, 益知先賢之言, 不誣矣. 自上, 每以蕩平爲務, 聖意所存, 孰不欽仰?'"
40) 『승정원일기』 660책 1728년(영조 4) 4월 24일. "上曰: '今日黨論, 實爲亡國之機, 可勝痛哉?'"
41) 『승정원일기』 660책 1728년(영조 4) 4월 24일. "上曰: '(중략) 大臣以下, 皆入色目中, 草野韰民, 亦皆有色目.'"

는 서로 간에 꼬여있는 부분을 해결해야 하며 이것이 이루어진다면 탕평 역시 가능하다고 하였다.[42] 병신처분에서부터 꼬인 부분을 해결해야 한다는 것이다. 무신란은 노론과 소론·남인의 갈등이 표출된 것이었기 때문에 이렇게 이야기한 것이다.

병신처분은 1716년(숙종 42) 7월에 있었던 숙종의 처분이다. 같은 해 7월 2일에 숙종은 「신유의서」와 송시열이 지은 윤선거(尹宣擧)의 묘문(墓文)을 거두어들이도록 하였다.[43] 문제의 시비를 직접 보고 판단하려 한 것이다. 6일에 숙종은 『가례원류』를 승정원에 내리고 권상하(權尙夏)의 서문을 다시 새겨 넣으라고 명하였으며, 정호(鄭澔)의 발문도 그대로 두라고 명하였다.[44] 이어서 10일에는 송시열이 지은 묘문이 윤선거에게 욕을 미치지 않았다고 판결하였다.[45] 이전의 판결을 정면으로 뒤집은 것이며 이런 처분과 함께 김창집, 이건명 등 노론계 인사를 대거 등용하였다. 이후로 숙종 후반부터 경종 대를 거치며 노론과 소론의 갈등은 심화되었고, 신임옥사와 같은 사건도 발생하게 되었다.

정제두는 이렇게 노론과 소론의 갈등이 심화된 원인을 병신처분으로 보았고, 무신란 역시 그 연장선에 있다고 판단하였다. 무신란 이후 노론과 소론의 갈등을 해결할 방법에 대한 영조의 물음에 정제두는 그 방법을 바로 제시하지는 않았다. 그는 조정에서 떠나 있은 지 오래되었고 당론에 직접적으로 관여하지 않았기 때문에 이 문제는 당시 조정의 대신 및 유신들과 상의해야 한다는 이유에서였다.[46]

---

42) 『승정원일기』 660책 1728년(영조 4) 4월 24일. "齊斗曰: '黨論, 自丙申以後尤甚, 今則至於難醫之境. 而第念凡事, 解之則難者易, 而結之則易者難. 殿下若能解其結處, 則庶有蕩平之望矣.'"

43) 『숙종실록』 권58, 숙종 42년(1716) 7월 2일 기미 1번째 기사.

44) 『숙종실록』 권58, 숙종 42년(1716) 7월 6일 계해 11번째 기사.

45) 『숙종실록』 권58, 숙종 42년(1716) 7월 10일 정묘 1번째 기사.

46) 『승정원일기』 660책 1728년(영조 4) 4월 24일. "上曰: '在上者, 何以則有解之之

이때 정제두와 같이 입시하였던 조현명(趙顯命)은 '노론은 경종 대 이천기(李天紀) 등을 제외하고는 역심을 품은 사람이 없었고, 소론은 김일경(金一鏡)·박필몽(朴弼夢) 등을 제외하고는 영조에게 역심을 품은 사람이 없다고 하면서 이진유(李眞儒) 집안과 김창집 집안 같이 완전히 원수가 된 집안을 제외하고는 국왕 영조가 양쪽을 불러 화해시킨다면 탕평이 이루어질 수 있다.'는 내용의 발언을 하였다.[47] 즉 조제보합적 완론 탕평이 그 해결책이 될 수 있다고 한 것이다.

그러나 정제두는 이 의견에 반대하였다. 그는 28일 희정당에 소대 입시하여 무신봉사를 강론하는 자리에서 '송나라 효종이 말년에 피차를 구분하지 않고 화평한 정치를 한 것'에 대해서 비판하였다. 송나라 효종은 말년에 시비(是非)와 곡직(曲直)을 따지지 않고 처치를 공평하게 하여 편파의 마음은 없었으나, 정제두는 이렇게 된다면 착한 사람은 항상 펼 수 없고 악한 사람은 도리어 요행히 면하게 될 수 있으므로 오히려 공평하지 못하다고 한 것이다.[48]

道, 在下者, 何以則至漸緩之境耶? 子不必强迫於卿, 而卿旣發言端, 解之之道, 豈不知之乎? 勿過謙, 詳言之.' 齊斗曰: '山野賤臣, 何以知之? 與大臣·儒臣, 講求行之, 則殿下自當得之矣.'"

47) 『승정원일기』 660책 1728년(영조 4) 4월 24일. "顯命曰: '贊善解結之語, 未知何謂, 而小臣, 敢有所達. 色目之說, 不宜奏陳於君父之前, 而今則老少之稱, 常發於筵中, 故敢達矣. 小論謂老論逆, 老論謂小論逆, 自以爲忠, 互相詬逆, 實難容易保合, 而若能以實理, 劈破源頭, 定其忠逆, 則蕩平之治, 豈甚難乎? 老論之於景廟, 天紀等外, 豈盡有逆心, 而但於此輩, 推恕太過, 此則偏論也. 卽今廷臣鏡·夢等外, 孰有逆心於殿下, 而向來如一鏡者, 亦未卽見其爲逆, 此亦蔽於偏論也. 彼此所失, 大抵同然. 今若自上召致兩邊, 至誠和會, 則或可成蕩平. 而至若李眞儒子弟, 及金昌集子孫, 則自朝家, 雖使之蕩平, 豈肯與之同朝哉? 其外之人, 善爲彌縫, 則不無保合之道. 而臣試與老論中人酬酢, 則所言, 各有淺深, 而其中峻者, 則渠意所欲爲盡從之然後, 當保合云, 果爾, 則小論變爲老論而後, 方可矣.'"

48) 『승정원일기』 660책 1728년(영조 4) 4월 28일. "齊斗曰: '(중략) 孝宗, 勵精求治, 而末年必欲傳禪, 不問彼此而通用和平之政, 自餘百事, 多務含容, 曲直是非, 兩無所間, 處置均平而無偏彼之心. (중략) 若不問其是非曲直, 而待之如一, 則善者常不得伸, 而惡者反幸而免, 此其所以爲大不平也.'"

정제두는 "하늘의 도(道)는 이미 착한 사람에게 복을 주고 악한 사람에게 화를 주며, 또 상벌(賞罰)의 권한을 사목(司牧)에게 주어서 그들로 하여금 보조(補助)하게 하였으니, 이것이 바로 주자(朱子)의 준론(峻論)입니다."라고 하여 주희의 준론을 강조하였다.[49] 아울러 국왕 영조가 지극히 공평하고 사사로움이 없는 마음[지공무사지심至公無私之心]을 지니고서 상벌을 공평히 하여 죄진 사람은 죄를 주고 현자는 등용하여 시비와 곡직에서 중(中)을 얻는다면, 탕평의 정치가 저절로 이르게 될 것이라고 하였다. 그리고 '물을 저울질 하여 고르게 베푼다.[칭물평시稱物平施]'와 '악을 막고 선을 드러낸다.[알악양선遏惡揚善]'가 주희의 준론임을 다시 말하였다.[50]

즉 당시 조제보합적 완론 탕평과는 다르게 시비 곡직을 분명히 가려서 죄진 사람은 벌주고 현자는 등용하는 준론 탕평을 제시한 것이라 할 수 있다.[51] 그러면서도 국왕 영조가 천도(天道)인 홍범(洪範)의 황극(皇極)을 세우면 자신의 이득만 챙기려는 음사(陰邪)한 편당이 없어질 것이라고 보았는데,[52] 이는 국왕 중심의 탕평론을 제기한 박세채의 황극탕평론을 계승한 것이다.

---

49) 『승정원일기』 660책 1728년(영조 4) 4월 28일. "齊斗曰: '(중략) 天之道, 旣福善而禍淫, 又以賞罰之權, 寄之司牧, 使之有以補助, 此乃朱子之峻論也.'"

50) 『승정원일기』 660책 1728년(영조 4) 4월 28일. "齊斗曰: '人君, 秉至公無私之心, 而賞罰均平, 罪者罪之, 賢者用之, 多寡厚薄, 曲直是非, 兩得其中然後, 自底於蕩蕩平平之政. 朱子, 論易象「稱物平施」「遏惡揚善」, 便是峻論矣.'"

51) 정제두는 무신란이 소론 강경파인 준소와 남인 일부가 일으킨 것이므로 이를 정확히 분별하여 소론 온건파인 완소와는 무관한 일임을 밝혀 무신란과 관계 없는 소론이 당쟁으로 인해 받을 수 있는 피해를 최소화하기 위해 준론 탕평을 제기한 것이다.[이남옥, 「하곡 정제두의 준론탕평론」, 178쪽]

52) 『승정원일기』 660책 1728년(영조 4) 4월 17일. "齊斗曰: '(중략) 洪範皇極, 乃天道, 而建其有極, 凡厥庶民, 無有淫朋, 此乃第一條目.'"

Ⅳ. 맺음말

이 글은 조선 후기 양명학을 연구한 정제두가 대내외적 현실을 바라본 시각에 대해서 연구한 것이다. 그가 생존했던 17세기 후반~18세기 전반에 조선 사회는 대외적으로 명·청 교체의 시대적 혼란을 경험했으며, 대내적으로는 기해예송(1659)·갑인예송(1674)·경신환국(1680)·기사환국(1689)·갑술환국(1694)·병신처분(1716)·신임옥사(1721~1722)·무신란(1728) 등 정치적 사건으로 어려움을 겪고 있었다.

당시 대외적 정치 현안은 청나라에 대한 인식이었다. 구체적으로는 청나라의 연호 사용과 궤배 및 칭신에 관한 것이었다. 당시 민이승을 비롯한 조선의 일부 지식인들은 연호는 나라에서 받은 것이므로 어쩔 수 없이 사용할 수밖에 없으나 칭신과 궤배 행위는 수치스러워 할 수 없다고 하였다.

이에 반해 정제두는 청나라의 정삭을 받았으므로 청나라의 황제를 천자로 인정하고 조선의 신하들은 배신이 되어 칭신하고 궤배해야 한다고 보았다. 이는 중원을 완전히 제압한 청나라의 힘을 자각한 상황에서 내린 현실적인 대청인식이라 볼 수 있다.

한편, 당시 조선에서는 기해예송·갑인예송·경신환국·기사환국 등으로 서인과 남인의 갈등이 심화되었으며, 병신처분·신임옥사·무신란 등으로 노론과 소론의 갈등이 표출되었다. 정제두는 기해예송과 갑인예송을 직접 경험하지는 못했으나, '자녀의 상에 부모의 상복을 결정하는 문제'라는 점에서 '단의빈의 상'(1718)과 '경종의 상'(1724)에서의 주장을 통해 그의 생각을 유추해 볼 수 있다. 그는 '장자와 장자부의 상에 부모는 기년복을 입는다.'라는 대전제 위에 예론을 전개하였는데, 이는 기해예송과 갑인예송을 거치며 시제(時制)로 정립된 『경국대전』을 근거로 한 복제설이었다.

　　무신란 직후 조정에 올라온 정제두는 주희의 경자봉사와 무신봉사를 통해 자신의 견해를 영조에게 전달하였다. 그는 병신처분(1716) 이후부터 당론이 심해져 무신란과 같은 화란(禍亂)이 일어나게 되었다고 판단했다. 그리고 당쟁을 해결하기 위해서는 국왕 영조가 지극히 공평하고 사사로움이 없는 마음을 지니고 시비곡직을 분명히 가려서 죄진 사람은 벌주고 현자는 등용하는 준론 탕평을 시행해야 한다고 하였다. 이는 당시 조현명과 같은 사람들이 주장한 조제보합적 완론 탕평과는 달랐다.

　　정제두는 조선 내부의 정치적 사건에 대해서 직접적인 평가와 구체적 대안을 제시하지는 않았으나, 두 차례 예송을 거치며 정립된 시제(時制)를 준용하여 예론을 제시하였고 병신처분 이후 당쟁이 심해졌다고 하면서 시비곡직을 분명히 따지는 준론 탕평론을 제시하였다. 이는 일정 부분 서인-소론계 경향성을 지닌 현실 인식으로 보인다.

　　그동안 당대 주류를 형성한 서인-노론계와 다른 정제두의 대내외적 현실 인식은 대체로 양명학의 영향으로 연구되어왔다. 정제두가 예론과 탕평론에서 시(時)와 중(中)에 대해 강조한 것을 통해 양명학과의 관련성을 연결해 볼 수는 있지만, 주요 근거가 당대 주자학자들과 크게 다르지 않다는 점에서 양명학의 영향인지는 분명하지 않다.

　　그는 대청 인식에 있어 청나라의 황제를 천자로 인정하고 이에 따라 칭신하고 궤배해야 한다는 현실적 주장을 하였다. 예송과 탕평에 있어서는 『경국대전』을 근거로 기해예송과 갑인예송을 거치며 시제(時制)로 정립된 복제설을 주장하거나 국왕 영조의 역할을 강조한 준론 탕평론을 제시하였는데, 이는 조선 후기 대내외적 상황을 직시해 내린 공평무사한 현실 인식의 결과라 할 수 있다.

　　국내 정치 현실을 인식함에 있어 서인-소론계라는 자신의 인적 배경적 경향성을 드러낸 한계는 있으나 다양한 학문을 적극적으로 수용하는 자세나 현실을 직시하는 모습은 긍정적으로 평가할 수 있다. 따라서 그를 양명학자로 단정 짓고 평가하기보다는 다양한 학문을 통해 자신의 학문을 완성해간 지식인 그 자체로 바라볼 필요가 있다고 하겠다.

참고문헌

『효종실록』, 『현종개수실록』, 『숙종실록』, 『경종실록』, 『승정원일기』

『하곡집』, 『후재집』, 『동춘당집』

『단의빈상례등록』[한국학중앙연구원 소장, K2-2937]

김교빈 편저, 2005, 『하곡 정제두』, 예문서원.

鄭寅普 著, 1955, 『薝園國學散藁』, 文敎社.

지두환, 1998, 『조선시대 사상사의 재조명』, 역사문화.

김준석, 2002, 「朝鮮後期 蕩平政治와 陽明學政治思想-鄭齊斗의 양명학과 蕩平政
    治論-」, 『동방학지』 116.

김창수, 2012, 「17세기 후반 朝鮮使臣의 공식보고와 정치적 파장」, 『사학연구』 106.

吾妻重二, 2014, 「鄭齊斗の礼学-朝鮮陽明学と礼教」, 『東西学術研究所紀要』, 関
    西大学東西学術研究所.

劉哲浩, 1977, 「鄭霞谷의 哲學思想研究」, 성균관대학교 석사학위논문.

윤남한, 1974, 「朝鮮時代의 陽明學研究」, 중앙대학교 박사학위논문.

이남옥, 2016, 「霞谷學의 특성과 계승 양상」, 한국학중앙연구원 박사학위논문.

_____, 2016, 「하곡 예론(霞谷禮論)의 변화 양상」, 『포은학 연구』 18.

_____, 2017, 「남계 박세채의 예론과 고금절충론적 특징」, 『동양고전연구』 68.

_____, 2017, 「하곡 정제두의 준론탕평론」, 『양명학』 47.

이상은, 1971, 「하곡집 해제」, 『국역 하곡집』 Ⅰ, 민족문화추진회.

鄭萬祚, 1992, 「朝鮮 顯宗朝의 私義·公義 論争」, 『한국학논총』 14.

홍순민, 2011, 「Ⅵ. 붕당정치의 동요와 환국의 빈발」 『조선후기 탕평정치의 재조명
    上』, 태학사.

부록

〈표〉 정제두의 관력

제수년도	나이	관직명	관품	비고
1680년(숙종 6)	32세	司圃署別提	종6품	병으로 나아가지 않음.(영의정 김수항 추천)
1682년(숙종 8)	34세	宗簿寺主簿	종6품	병으로 나아가지 않음.
1684년(숙종 10)	36세	工曹佐郎	정5품	병으로 며칠 만에 체직.
1688년(숙종 14)	40세	平澤縣監	종6품	이이와 성혼의 문묘 출향을 이유로 부임 2개월 만에 벼슬을 버림.
1688년(숙종 14)	40세	平澤縣監	종6품	이이와 성혼의 문묘 출향을 이유로 부임 2개월 만에 벼슬을 버림.
1696년(숙종 22)	48세	書筵官		나아가지 않음.(최석정 추천)
1696년(숙종 22)	48세	京畿都事	종5품	사임.
1698년(숙종 24)	50세	世子翊衛司翊贊	정6품	사임.
1700년(숙종 26)	52세	朔寧郡守	종4품	사임.
1702년(숙종 28)	54세	司導寺主簿	종6품	사임.
1705년(숙종 31)	57세	宗簿寺主簿	종6품	사임.
1706년(숙종 32)	58세	司憲府掌令	정4품	세 번 상소해서 체직.
1707년(숙종 33)	59세	司僕寺正	정3품	사임.
1708년(숙종 34)	60세	司憲府掌令	정4품	세 번 상소해서 체직.
1708년(숙종 34)	60세	司憲府執義	종3품	세 번 상소해서 체직.
1709년(숙종 35)	61세	世子翊衛司翊衛	정5품	집의(執義)로 천직(遷職)되었는데 두 번 상소해서 사퇴.
1709년(숙종 35)	61세	戶曹參議	정3품	세 번 상소해서 사퇴하였으나 허락되지 않음. 이듬해 다시 상소해서 사퇴함.
1710년(숙종 36)	62세	江原道觀察使	종2품	세 번 상소해서 사퇴하였으나 허락되지 않음. 얼마 후 병으로 체직.
1711년(숙종 37)	63세	准陽都護府使	종3품	부임 2달 만에 벼슬을 버림.
1719년(숙종 45)	71세	同知中樞府事	종2품	
1719년(숙종 45)	71세	漢城府左尹	종2품	상소해서 사퇴하였으나 허락되지 않음. 이듬해 12월에 체직.
1722년(경종 2)	74세	司憲府大司憲	종2품	상소해서 사퇴하였으나 허락되지 않음.
1722년(경종 2)	74세	世弟侍講院贊善	정3품	세 번 상소해서 사퇴하였으나 허락되지 않음.

1722년(경종 2)	74세	吏曹參判	종2품	두 번 상소해서 사퇴하였으나 허락되지 않음.
1724년(경종 4)	76세	成均館祭酒	정3품	상소해서 사퇴하였으나 허락되지 않음.
1727년(영조 3)	79세	吏曹參判	종2품	상소해서 사퇴.
1727년(영조 3)	79세	世子侍講院贊善	정3품	상소해 사양함.
1727년(영조 3)	79세	司憲府大司憲	종2품	상소해 사양하였으나 허락되지 않음.
1728년(영조 4)	80세	議政府右參贊	정2품	상소해 사양하였으나 허락되지 않음.
1730년(영조 6)	82세	祭酒·贊善	정3품	1729년 효장세자 훙거 이후 찬선은 파하고 좨주는 그대로 맡다가 상소하여 사양함.
1734년(영조 10)	86세	議政府右贊成	종1품	계속 상소해서 사양하였으나 허락되지 않음.
1735년(영조 11)	87세	元子輔養官	정1품~종2품	노병을 이유로 사양하였으나 허락되지 않음. 이후 모든 직책 해직을 상소하였으나 허락되지 않음.
1736년(영조 12)	88세	世子貳師	종1품	모든 직책 해직을 상소하였으나 허락되지 않음.

성호(星湖) 이익(李瀷)의 역사 만들기
– 이맹휴(李孟休) 저작의 소개와 활용 –

김 문 식*

* 단국대학교 사학과 교수

I. 머리말

이익(李瀷, 1681~1763)은 숙종, 영조 대에 경기도 안산에 거주하면서 많은 저작을 남긴 대학자였다. 그는 한국의 역사에 대해 많은 관심을 가졌으나 자신이 직접 역사서를 편찬하지는 못했다. 이익은 제자인 안정복(安鼎福, 1712~1791)에게 역사서 편찬의 임무를 맡기면서 편찬 방향을 제시하였다. 이익은 한국사의 정통이 단군(檀君)과 기자(箕子)에서 마한(馬韓)으로 이어진다고 보았고, 역사에서 특히 지리(地理)와 강역(疆域)을 중시하였다. 또한 그는 이웃나라인 청과 일본의 정세 변화가 조선에 영향을 미칠 수 있음을 우려하면서 동아시아 국가들의 정세 변화에 깊은 관심을 두었다.

이익의 역사인식을 검토해 보면 외아들 이맹휴(李孟休, 1713~1751)에 관한 기록이 많이 나타난다.[1] 이익은 늦은 나이에 외아들을 얻었지만, 그는 39세라는 젊은 나이에 병으로 사망하고 말았다. 이맹휴는 부친 이익은 물론이고 집안사람들의 기대를 한 몸에 받았던 인물이다. 이익의 집안은 부친 이하진(李夏鎭, 1628~1682)이 유배지 운산에서 사망하고, 형님 이잠(李潛, 1660~1706)이 노론을 공격하다가 고문으로 사망한 이후 벼슬길이 완전히 끊어졌다. 그러던 중 이맹휴가 문과에 합격하고 영조의 신임까지 받으면서 집안에는 다시 서광

---

1) 필자는 이익의 역사인식에 대해 다음의 논문을 작성하였다.
　2003, 「星湖 이익의 箕子 인식」『退溪學과 韓國文化』33, 경북대학교 퇴계학연구소.
　2012, 「星湖의 歷史認識 – 한국사와 국제 정세에 대한 이해를 중심으로」『성호이익 연구』, 사람의무늬.
　2013, 「성호 이익의 北防 인식」『성호학보』14, 성호학회.

이 비쳤다. 그러나 이맹휴는 얼마 후 고질병에 걸려 사망하였고, 그의 행적은 몇 권의 저작으로만 남게 되었다.2)

이익은 이맹휴가 사망한 이후 그가 평소에 품었던 경세(經世)의 뜻을 간접적으로나마 실현할 수 있는 방안을 모색하였다.3) 이익은 아들이 남겨 놓은 저작들을 정리하여 주변 인물에게 적극적으로 소개하면서 아들의 뜻을 현실에서 실현해 줄 사람을 찾았고, 자신의 저작에서 이맹휴가 제시한 경세 방안을 많이 활용하여 젊은 나이에 죽고 벼슬도 낮았던 아들을 역사적인 인물로 만들려고 하였다.

본고는 이맹휴의 생전 행적과 저작을 널리 알려서 역사적인 인물로 만들려 했던 이익의 역사 만들기를 검토하기 위해 작성되었다.

Ⅱ. 이맹휴에 대한 기대와 실망

이맹휴는 1713년(숙종 39)에 이익의 맏아들로 태어났다. 이익이 아들의 이름을 '맹휴(孟休)'로 지은 것은 그가 『맹자(孟子)』 연구에 몰두하여 『맹자질서(孟子疾書)』를 편찬할 때 태어났기 때문이다. 이맹

---

2) 최근에는 李孟休의 『春官志』, 『接倭歷年考』, 『蛾述錄』를 활용한 연구가 이뤄지고 있다. 관련 연구는 다음과 같다.
   유미림, 2009, 「한국 문헌의 '울릉·우산' 기술에 관한 고찰 - '신경준 개찬'론에 대한 비판」 『동양정치사상사』 8-1, 한국동양정치사상사학회.
   박상휘, 2015, 「조선후기 尊皇思想의 전파와 天皇制 인식의 변화」 『서강인문논총』 44.
   김명래, 2019, 「보령 영보정 창건에 관한 연구」 『대한건축학회논문집 계획계』 35-2, 대한건축학회.
   최창근, 2019, 「한국 고문헌의 「'우산도=일본 명칭의 송도'=독도」에 관한 고증」 『日語日文學』 81, 대한일어일문학회.
3) 丁若鏞은 성호학파 인물의 특징을 소개하면서 '李孟休는 經濟實用을 전공하였다'고 하였다(『與猶堂全書』 詩文集, 권15, 墓誌銘, 「貞軒墓誌銘」. "萬頃孟休, 治經濟實用.").

휴가 태어났을 때 이익의 나이는 33세였고, 이익은 이잠(李潛)이 옥사한 이후로는 줄곧 안산에서 칩거하고 있었다.[4] 이런 이익에게 이맹휴는 매우 귀한 아들이었다.

이맹휴는 어릴 때부터 뛰어난 재주를 보여 부친을 기쁘게 했다. 이익은 5세의 아들이 늘 서적을 가지고 다니면서 자신과 뜻을 의논할 정도가 된다고 하였고,[5] 9세가 되었을 때 『상서(尚書)』 「요전(堯典)」 편에 나오는 '기삼백(朞三百)'의 주석을 거뜬히 계산하는 것을 보고 그 기쁨을 다음과 같이 노래했다.[6]

> 심오하여라 기삼백(朞三百)이여,
> 추산하면 수가 천만으로 늘어나네.
> 아홉 살에 그 뜻을 이해하니
> 장차 성취함이 크지 않으리오.
> 기삭(氣朔)은 남거나 모자람이 없지만
> 이전 사람들은 그 뜻을 몰랐네.
> 분명한 육고(六觚)의 방법은
> 하나하나 계산하니 모두가 맞는구나.

이맹휴는 뛰어난 재주를 가졌지만 과거에는 쉽게 합격하지 못했

---

4) 1736년(영조 12)에 이익은 吳光運에게 보낸 편지에서, 형님 李潛이 변고를 당한 후 자신은 30년 동안 문을 닫아놓은 채 살고 있다고 하였다(『星湖全集』 권15, 書, 「答吳永伯光運」(1736). "世道雖日手翻, 門戶之法守猶存. 故漢之諸兄, 與時抹撥, 一足無寄, 耳目之所共親記者也. 不幸中罹變故, 杜門屏息三十年于兹, 而俗好已累遷矣.").

5) 『星湖全集』 권49, 序, 「孟子疾書序」. "適當執于晬名之慶, 以孟錫嘉, 用爲志喜. 今歲玎周矣, 頗見兒執卷周旋, 往往與余論義"

6) 『星湖全集』 권1, 詩, 「兒子孟休九歲, 教之數朞三百註, 了了解意, 賦此識喜. 二首」. "奧矣朞三百, 推之數萬千. 九齡能了解, 來者詎徒然. 氣朔無餘欠, 前人意或迷. 分明六觚術, 一一數來齊."

다. 이익은 1735년(영조 11)에 목시경(睦時敬, 1694~1739)에게 보낸 편지에서, 이맹휴가 과거에 여러 번 낙방하여 망가지는 것을 보면서 안타까워하는 마음을 내보였다. 이때 이맹휴는 23세였다.

> 아들 하나가 본성이 완전히 막힌 편은 아니고 약간의 바탕이 있지만, 매번 과거 공부로 망가지고 있네. 명(明)나라 진계유(陳繼儒)의 말에 '국가에서 과거로 인재를 선발하는 것은 군자(君子)를 어쩔 수 없이 소인(小人)이 되게 한다.'고 하였네. 정말로 뼛속까지 와 닿는 말이니, 그대는 어떻게 생각하는가?[7]

이맹휴는 1742년(영조 18) 9월에 문과에 급제하여 벼슬길로 나섰다.[8] 사도세자가 성균관에 가서 입학식을 거행한 것을 기념하여 개최한 별시(別試) 급제였다. 이익은 이맹휴가 과거에 급제하면서 오랫동안 계속된 집안의 억울함이 풀리고 자신은 밖으로 나와 말을 할 수 있게 되었다고 하였다. 이익은 이잠(李潛)이 사망한 이후 형님 이서(李漵, 1662~1723)와 함께 18년의 세월을 눈물 속에서 살았다. 그런데 이맹휴가 과거에 급제를 하게 되니, 이는 돌아가신 형님(이서)이 지하에서 도와준 때문이고,[9] 노론을 공격하다 희생된 형님(이잠)의 억울함이 풀린 일이라 생각하였다. 이맹휴의 급제는 이익 집안의 경사였다.

> 지난 병술년(1706, 숙종 32)의 일은 지금 생각해도 끔찍하다. 18

---

7) 『星湖全集』 권16, 書, 「答睦士懋」(1735).
　 "有子不至全塞, 頗有幾分田地, 每爲科業所壞. 明人陳繼儒之言曰, '國家以科擧取士, 是使君子不得已而爲小人.' 直是刺骨之談, 柰柰何何."
8) 『英祖實錄』 권56, 英祖 18년 9월 丙寅(10일).
9) 李孟休는 伯父인 李漵의 家傳을 쓰면서 '弘道先生'이라 불렀다(『弘道先生遺稿附錄』, 「家傳」[萬頃公所著].

년 동안 우리 형제는 마주 보며 눈물 속에서 살았다. 살아 있을 때
늘 그리워하였으니 죽은 뒤라고 어찌 잊을 수 있겠는가. 최근 아들
이 과거에 급제하고 나라의 은혜를 입어 땅속에 묻힌 분의 억울함이
거듭 풀렸으니, 이 어찌 우연한 일이겠는가. 대체로 묵묵히 도와주시
는 분이 지하에 계셨기 때문이니, 나의 감정을 가누지 못하겠다.[10]

이익은 오광운(吳光運)에게 보낸 편지에서,[11] 이맹휴가 관리가 됨
으로써 40년 동안 문을 닫고 살았던 자신이 얼굴을 활짝 펴고 세상에
나와 말을 할 수 있게 되었다고 하였다. 이익은 이러한 자신의 기쁨을
말로는 형용하기 어렵다고 하였다.

    근래에 아들(이맹휴)이 관리가 되어 나라의 은혜를 입음에 따라
    40년 동안 문을 닫고 빛을 피하면서 지내던 사람이 얼굴을 활짝 펴고
    세상에 나와 말을 할 수 있게 되었습니다. 생각건대 마음으로 이해하
    려면 반드시 먼저 열어 놓아야 하지 않겠습니까. 이것은 말로 형용하
    기가 어렵습니다만 대감은 필시 속으로 이해하고 계실 겁니다.[12]

이맹휴는 과거에 급제한 직후 한성부(漢城府) 주부(主簿)에 임명
되었다. 영조는 이맹휴가 숙종에게 죄를 얻은 이잠의 조카이긴 하지

---

10) 『星湖全集』 권57, 祭文, 「再祭玉洞文」.
    "維昔赤狗之事, 追念尙悸. 十八年中, 昆季對泣. 生常耿結, 死豈可忘. 近緣兒子忝科, 蒙
    被國恩, 理冤瘁恨, 七伸八雪, 此豈人事之偶然. 類是默佑者存於冥冥也, 情不可但已."
11) 영조 대에 淸南 세력의 주도자로 활동한 吳光運(1689~1745)은 이익의 부친인
    李夏鎭과 형님 李潛의 문집 서문을 작성하였다(『藥山漫稿』 권15, 「六寓堂集序」;
    「剡溪遺稿序」).
12) 『星湖全集』 권15, 書, 「答吳永伯」.
    "近因兒子做官, 厚被國恩, 使四十年杜門畏影之蹤, 能軒眉作人世上語. 意者精神嘿
    會, 有開必先耶. 此殆難以言語形容說出, 台必嘿有以諒之矣."

만 매우 유용한 인재라 판단하였고, 그를 우선 친민(親民)하는 자리에서 시험한다며 한성부 주부에 임명하였다.13) 얼마 후 영조는 한성부 주부 이맹휴와 오부(五部)의 관리들을 불러 한성부의 문제점을 의논하였고, 그 자리에서 '이맹휴의 대책(對策)에는 경륜(經綸)의 재주가 있다.'며 칭찬하였다.14) 이익은 이맹휴가 한성부 주부로 있으면서 각 방(坊)의 역(役) 부담이 고르지 않아 가난한 백성들이 곤욕을 당하는 문제를 해결했다고 평가하였다.15)

1744년(영조 20) 6월에 영조는 예조 정랑 이맹휴에게 『춘관지(春官志)』를 편찬하라고 명령하였다.16) 이때 예조 판서 이종성(李宗城)은 예조가 전고(典故)를 담당하는 관서임에도 『예조등록(禮曹謄錄)』의 기록이 산만하여 국가 행사가 있을 때 고증 자료로 삼기에 부족하므로 이를 분류하여 정리해야 한다고 건의하였다. 그러면서 이종성은 이맹휴가 박식하므로 이 일의 적임자라 추천하였고, 영조는 이맹휴를 시험해 보고 싶다며 수락하였다.17) 훗날 정조가 이가환(李家煥)에게 『예조등록』을 수정하여 『춘관지』를 증보(增補)하라고 한 것도, 이가환이 이맹휴의 5촌 조카였기 때문이다.18) 이익은 예조 정랑 이맹휴가

---

13) 『英祖實錄』 권56, 英祖 18년 9월 甲戌(18일); 丙子(20일).
　　"上親臨都目政. 吏曹判書閔應洙, 參判元景夏, 參議尹汲, 及兵曹判書金始炯等進. 上謂應洙曰, '親策多士, 親行大政, 以調用草野之士, 爲先務也.' 李孟休, 可先試於親民之官, 命除漢城主簿."

14) 『英祖實錄』 권56, 英祖 18년 10월 庚寅(5일).

15) 『星湖全集』 권67, 行錄, 「亡子正郎行錄」.

16) 『承政院日記』를 보면, 이맹휴는 1744년 1월에 禮曹正郎에 임명되어 있었다(『承政院日記』, 英祖 20년 1월 22일(庚子). "兪健基啓曰, 今日拜表時, 司香官禮曹正郎李孟休, 托有身病, 終不來待, 致令禮貌官代行, 事禮極涉未安, 從重推考警責, 何如? 傳曰, 允.").

17) 『英祖實錄』 권59, 英祖 20년 6월 丁未(1일).
　　"禮曹判書李宗城啓, '春曹, 是掌故之地, 而流來謄錄, 散漫錯互, 無以考據. 方欲分門類聚謄錄, 而正郎李孟休, 博識可仗, 宜令專管是役.' 上曰, '予欲試其人也.' 從之. 是書, 卽本曹所藏『春官志』也."

『춘관지(春官志)』 4권과 『접왜역년고(接倭歷年考)』 2권을 편찬하였으며, '고찰한 것이 넓고 의논한 것이 깊어 사람들이 경세(經世)의 요체라고 칭찬하였다.'고 소개하였다.[19]

1745년(영조 21) 7월에 이맹휴는 만경 현감에 임명되어 현지로 부임하였다.[20] 이무렵 이익은 종기를 심하게 앓아 병든 몸으로 가묘(家廟)에 들어갈 수가 없었다. 이 때문에 이맹휴가 부친을 대신하여 제사를 지냈는데, 전라도 만경으로 부임하게 되자 조상 제사를 부임지에서 지냈다.[21] 이익은 만경 현감 이맹휴의 활동을 다음과 같이 기록했다.

　　만경(萬頃)은 바닷가에 있는 작은 고을로 폐단이 날로 쌓여 관리가 된 사람들이 꺼리고 피하는 곳이었다. 이 때문에 부임하는 자들은 대부분 정사를 제대로 보지 않았다. (이맹휴는) 현에 도착한 후 관아(官衙)의 일을 집안일처럼 다스렸다. 허물어진 담장과 집을 개축하고, 훔쳐가거나 줄어든 곡식은 강리(綱吏)에게 책임지게 하였다. 사직(社稷)은 나무 신주를 낡은 가옥에 두고 마구간에 가까이 붙어 있었으니, 깨끗한 방을 따로 수리하여 경건히 봉안하고 수복(守僕) 한 집을 두었다. 가난한 백성의 혼인이나 상례, 자식 낳은 사

---

18) 『正祖實錄』 권12, 正祖 5년 7월 丁巳(17일).
　　"敎曰, '『禮曹謄錄』, 儀節間, 實多可考與旁照者, 而無所錄. 每當考據之際, 不過吏肯輩所錄葉張冊子而已, 寧不寒心? 前者, 李家煥爲本曹郎官時, 以其叔孟休所作『春官志』, 欲爲增益纂定, 未克成書矣.' 徐命善啓言, '『禮曹謄錄』修正事, 禮判親承下敎, 郎廳得人然後, 方可成就. 庇仁縣監李家煥, 素嫺此等事, 請差禮郎, 着意擧行.' 從之."
　　『日省錄』, 正祖 5년 8월 7일(丁丑).
　　"予命家煥曰, '『春官志』, 卽爾家所纂, 於爾便同箕裘之業. 爾其續次纂定, 期於成就, 則豈不好耶?'"
19) 『星湖全集』 권67, 行錄, 「亡子正郎行錄」.
20) 『承政院日記』 英祖 21년 7월 24일(甲午).
21) 『星湖全集』 권57, 祝文, 「告廟文」.

람을 기록하여 녹봉을 덜어 보태주고, 유사(儒士)들을 초대하여 학
업을 시험하고 포상하여 권면하자 은혜를 칭송하는 말이 파다하게
퍼졌다.22)

그러나 지방관으로 나간 이맹휴는 건강이 좋지 않았다. 그는 1744
년『춘관지』를 편찬할 때부터 건강이 좋지 않았고, 이익은 아들이 편
찬 업무를 무사히 마칠 수 있을까를 염려하였다.23) 이맹휴는 1749년
(영조 25)에 설사병이 계속되어 치료하기 어려웠고,24) 1751년에는 복
부의 곪은 상처가 옆으로 번져가고 볼기와 척추 사이에서 종기가 터
져 심각한 상태에 이르렀다.25) 결국 이맹휴는 1751년 5월 7일에 병사
(病死)하고 말았다.26) 이때 그의 나이는 39세, 이익은 71세였다. 장래
가 촉망되던 외아들이 사망하자 이익의 친구들은 '세상과 어긋나 뜻
을 펴지 못하였고, 재주는 컸지만 수명이 짧았다.'며 안타까워하였
다.27) 영조는 그해 9월에 이맹휴가 사망한 사실을 알았고, '이처럼 재

---

22)『星湖全集』권67, 行錄, 「亡子正郞行錄」.
　　"萬頃濱海僻小, 疵瘼日積, 爲仕宦之厭避. 故莅任者多不事事也. 旣到縣, 治官事如
　　家事. 牆屋之荒頓者修築之, 糓簿之偸損者責歸綱吏. 社稷木土置諸廢屋, 與廡相鄰,
　　乃別修淨室, 以虔奉, 置守僕一戶. 命錄窮民之昏喪及産子者, 捐俸以賙之, 延接儒士,
　　課業賞勸, 頌惠之聲頗開矣."
23)『星湖全集』권13, 書, 「答權台仲」(1744).
　　"兒子帶痾從宦, 世味紗薄. 又因宗伯奏達, 專付掌故修正之任, 此非病軀所堪, 益覺憂歎"
24)『星湖全集』권23, 書, 「答愼耳老」(1749).
　　"孟也, 河魚之證, 轉作難治, 憂憫恒切耳."
25)『星湖全集』권24, 書, 「答安百順」(1751).
　　"㵂衰剝理也, 子病在膸, 再見周星, 敗證不去. 右腹膿潰, 浸蝕及左, 臀脊之間, 兩開
　　瘡口, 光景當如何. 老身夙夜躬護, 筋力竭, 家産從而蕩盡, 藥餌澁味, 幾未免都停矣."
26) 安鼎福은 이맹휴가 1748년에 이상한 병에 걸려 4년 동안 앓다가 1751년 5월 7일
　　에 사망하였다고 하였다(『順菴先生文集』권27, 遺事, 「李萬頃醇叟遺事」(1752)).
27)『星湖全集』권67, 行錄, 「亡子正郞行錄」.
　　"老人窮獨不死, 舊故之以書來慰者, 輒云'世乖志屈, 才大壽促.' 是則同辭也."

주 있는 사람을 등용하지 않으면 재주가 있어도 무슨 소용이 있겠느냐'며 애석해하였다.[28]

　이맹휴가 사망한 이후 이익은 실의에 빠졌다. 외아들에 대한 기대가 컸던 만큼 그를 잃은 슬픔도 컸다. 다음은 아들의 삼년상을 마쳐갈 무렵에 이익이 한 발언이다.

　　도가 행해지고 행해지지 않고는 운명이니 나와 무슨 관계가 있겠습니까. 죽은 자식의 평생 뜻이 대개 이러하였습니다. 그의 저작과 논설이 상자에 가득하니 모두 먼 훗날을 위한 계책들인데, 이제 몸은 죽고 말은 매몰되니 스스로 돌아볼 때 무슨 유감(遺憾)이 있겠습니까. 어느덧 자식의 상기(祥期)를 하루 앞두고, 그의 지난 자취를 돌아보며 고통스럽게 탄식할 뿐입니다.[29]

　　저는 공연히 죽지도 않고 겪는 일이라고는 험악하지 않은 것이 없으니, 조용히 지내며 번거롭게 말하고 싶지 않습니다. 이번에 아들의 초상을 마친 후로는 그저 어린 손자와 서로 의지하며 지내니, 심신은 적막하고 모든 일에 관심이 없습니다.[30]

　　저는 아들이 죽은 후 손자와 손녀 둘만 있었는데 손녀가 홍역을 앓다 요절하니, 몸의 우환과 집안의 재앙이 갈수록 혹독합니다. 아

---

28) 『承政院日記』英祖 27년 9월 30일(癸巳).
　　"上仍下敎曰, '李孟休有可惜之才, 今方安在?' 申晩曰, '注書必知之矣.' 注書謂承旨曰, '李孟休死於前月矣.' 上嗟惜久之, 仍下敎曰, '有如此才而不用, 有才何爲乎?'"
29) 『星湖全集』 권24, 書, 「答安百順」(1753).
　　"行不行, 命也, 於我何與焉. 亡子平生意, 蓋如此. 著說盈篋, 要是百千年計, 今身死言埋, 自顧何憾焉. 居然祥事隔日, 撫迹久歎而已."
30) 『星湖全集』 권14, 書, 「答權台仲」(1753).
　　"瀷公然不死, 所遭罹者, 無非惡境, 不欲爲靜謐中煩說也. 今子喪已盡, 只與小孫依倚爲命, 形神寂寥, 萬事灰心."

들의 상기(喪期)는 이미 지났고 저만 죽지 않으니, 슬픈 것이 아니라 괴이합니다. 생각해 보면 장수하고 단명(短命)하는 것은 모두가 천명인데, 이 물건은 무엇을 했다고 장수를 한단 말입니까. 게다가 몸과 기운을 모두 잃어 근심도 즐거움도 매인 것이 없으니, 부화하지 않은 번데기와 무엇이 다르겠습니까. 만사를 내팽개친 지 오래입니다.[31]

이익은 아들이 세상을 구제할 큰 뜻을 가졌지만 이루지 못하고 사망한 것이 고통스러웠고, 하나 남은 손자 이구환(李九煥, 1731~?)에게 의지하며 조용히 지낼 뿐 세상일에는 도무지 관심이 없었다. 이맹휴에게 큰 기대를 가졌던 이익은 그의 사망으로 인해 깊은 시름에 빠졌다.

Ⅲ. 이맹휴 저작의 소개

이맹휴가 사망한 후, 이익은 아들의 저작을 주변의 인물들에게 널리 알리며 그가 생전에 품었던 뜻을 적극적으로 소개하기 시작하였다. 이익은 큰 포부를 가졌던 아들의 활동과 저작이 그들에 의해 계속 기억되고 역사 속에서 살아남기를 기대하였다.

이익이 이맹휴의 저작을 소개한 인물은 채응일(蔡膺一, 1686~1765), 홍중인(洪重寅, 1677~1752)과 홍중징(洪重徵, 1682~1761) 형제, 정상기(鄭尙驥, 1678~1752)와 정항령(鄭恒齡, 1700~?) 부자, 조수의

---

31) 『星湖全集』 권18, 書, 「答李致和」(1753).
　　"潢, 子亡之後, 只有孫男女二軀, 女爲疹鬼所夭, 身鬻家殃, 去益酷烈. 子服旣除, 窮獨不死, 非悲伊怪. 亦念俯短皆命, 此物果何修而得此縩老之耆壽耶. 兼之魄氣都喪, 憂樂無蔕, 何異蠶蛹之未化. 萬事不挂搭, 久矣."

(曹守誼, 1699~1769), 이국춘(李國春, 1692~1754), 안정복, 변순(邊栒, 1699~?) 등이었다.

채응일은 영의정을 역임한 채제공의 부친으로 단성 현감을 거쳐 비안 현감을 역임할 때 이맹휴의 저작을 소개받았다. 이맹휴는 채응일의 숙부인 채팽윤(蔡彭胤, 1669~1731)의 사위였으므로, 이익과 채응일은 사돈 간이었다.

홍중인·홍중징 형제는 남인계 인사인 홍만조(洪萬朝)의 아들로, 홍중인은 한산 군수, 홍중징은 공조 판서를 지낼 때 이맹휴의 저작을 소개받았다.[32] 훗날 이익은 홍만조 부자의 묘갈명과 묘지명을 모두 작성하였다.[33]

정상기와 정항령 부자는 『동국지도』를 완성한 지리학자이다. 정상기는 일찍 과거를 단념하고 학문에 몰두하며 이익과 깊은 친분을 나눴고,[34] 정항령은 1743년(영조 19) 문과에 급제하고 사헌부 지평, 사간원 정언을 역임할 때 이맹휴의 저작을 소개받았다.[35] 이익의 삼종질(三從姪)인 이만휴(李萬休)는 정상기의 장인이자 정항령의 외조부였다.

조수의는 용주(龍洲) 조경(趙絅)의 증손으로 공조 좌랑과 충주 목사를 역임하였다. 그는 영희전 참봉에 재직할 무렵 이맹휴의 저작을 소개받았다. 또한 이국춘은 경상도 상주 사람으로 이만부(李萬敷), 권상일(權相一) 같은 인물과 교류가 있었고, 이익의 제자였던 안정복은 『동사강목』의 편찬을 의논할 때 이맹휴의 저작을 소개받았다. 변순은 경기도 양주 유생으로 변진장(邊震長)의 아들이다.

---

32) 『樊巖集』 권55, 「先考府君遺事」.
33) 『星湖全集』 권61, 「判敦寧府事貞翼洪公墓碣銘」; 「敦寧府都正洪公墓碣銘」; 권65, 「工曹判書致仕奉朝賀梧泉洪公墓誌銘」.
34) 『星湖全集』 권64, 「農圃子鄭公墓誌銘」.
35) 이익이 안정복에게 이맹휴의 견해를 소개한 것에 대해서는 김문식, 2012, 「星湖의 歷史認識」 『성호 이익 연구』, 사람의무늬, 278~280쪽 참조.

이익이 이맹휴의 저작을 소개한 인물은 경기도와 경상도에 거주하는 남인계 인사들로 그중에는 이익 가문과 혼인을 맺은 경우도 있었다. 이익은 특히 현직 관리에게 이맹휴의 저작을 소개하며 아들이 남긴 뜻이 영조에게 전달되기를 기대하였다.

다음의 〈표〉는 이익이 이맹휴의 저작을 소개한 인물을 시간순으로 정리한 것이다.

〈표〉 이익이 이맹휴의 저작을 소개한 주변 인물[36]

저작 / 인물	蒼臺源流 (1권)	春官志 (4권)	接倭歷年考 (2권)	居官錄	居縣錄	禮說 (1권) 禮記說 (1권) 經說	封事 草 (1권)	비고
蔡膺一	○		○				○	1751
洪重寅				○	○	○		1751?
鄭尙驥							○	1752
鄭恒齡	○		○	○	○		○	1753
	○						○	1754
趙守誼		○	○	○	○			1753
李國春		○	○	○				1753
洪重徵	○		○	○			○	1754
安鼎福			○					1756
邊 桐		○						1756

이익이 가장 적극적으로 소개한 이맹휴의 저작은 수만 글자로 되었다는 『봉사(封事)』 초고(草稿, 1권)였다. 이익이 소개한 내용을 정리하면 다음과 같다.

책 상자 속에서 또 수만 자의 봉사(封事) 초고가 발견되었습니다. 때를 기다린 것 같으나 이제는 그만이니 그 유감(遺憾)을 어찌

---

36) 〈표〉에서 이맹휴의 저작은 이익이 작성한 「行錄」에 나타나는 순서로 정리하였다. 각 저작의 권수는 이익의 기록을 따랐다(『星湖全集』권67, 行錄, 「亡子正郎行錄」).

다 말하겠습니까? 규모가 매우 커서 세상을 다스리는 데 도움이 될 것입니다. 그 조목도 다양하여 양천합일(良賤合一), 문무합일(文武合一), 과천합일(科薦合一), 원근합일(遠近合一), 중외합일(中外合一), 궁부합일(宮府合一), 빈부합일(貧富合一)입니다. 또한 그 나머지는 박연방(博延訪), 명학제(明學制), 선염리(選廉吏), 변역법(變役法), 손용비(損宂費), 견포흠(蠲逋欠), 고변어(固邊圉), 수마정(修馬政) 등입니다. 모두 옛 제도를 현재에 맞게 적용한 것으로, 천리(天理)와 인정(人情)에서 벗어나지 않으니, 동료들 사이에서도 탄복하며 베껴 쓰는 이가 많았다고 합니다. 그대처럼 늘 신뢰를 받는 분이라면 끝내 한번 보시게 될 것입니다.[37]

봉사(封事) 초고는 얼마 전에 찾아왔으니 형께서 한번 보아 주셔야 합니다. 그의 역량은 매우 넓었지만 한번 대궐 앞에 나아갈 인연이 없었으니, 그도 반드시 유감이 있을 것입니다. 진실로 세상을 걱정하고 시무(時務)를 아는 사람이라면 나와 남이 다르다는 이유로 나아가거나 물리겠습니까. 이 또한 지금 세상에 바랄 바가 아니니 어찌하겠습니까. 이것 말고도 남긴 초고가 많습니다. 지금 모아서 베껴 쓰고 있습니다만 힘이 충분하지 않습니다. 지금 보내드리니, 비록 그가 세상에 없지만 꼼꼼히 살피시고 지적할 것이 있으면 가르침과 함께 돌려주십시오. 죽은 사람도 안다면 반드시 지하에서 감사의 절을 올릴 것입니다.[38]

---

37) 『星湖全集』권16, 書, 「蔡比安膺一」(1751).
"僕中又得數萬言封事草. 意有所待而今已矣, 其遺憾何可道哉? 規模極大, 要有以裨補世治. 其條目亦多, 卽良賤合一也, 文武合一也, 科薦合一也, 遠近合一也, 中外合一也, 宮府合一也, 貧富合一也. 又其餘, 博延訪也, 明學制也, 選廉吏也, 變役法也, 損宂費也, 蠲逋欠也, 固邊圉也, 修馬政也. 皆援古愜今, 不外於天理人情, 朋友間或多歎咜傳錄云. 則如座下, 常所信及, 終當仰塵一覽."

38) 『星湖全集』권12, 書, 「答鄭汝逸」(1752)」.

죽은 아들의 초고(草稿)는 본래 국왕에게 아뢰어 지금 세상에 보탬이 되게 하려고 하였지만 지금은 이미 그러지 못했습니다. 평소 가까운 사람들이 빌려 달라고 하여 집에 보관하지 못합니다. 또한 그의 뜻을 생각하면 세상을 떠났든 살아있든 아무 차이가 없으니, 혹 뜻있는 사람이 채택하여 시행한다면 바로 나의 뜻도 이뤄지는 것입니다. 천하의 일에는 갑도 없고 을도 없으니 어찌 그 사이에 구분을 두겠습니까. 다만 그런 적임자가 없을까 걱정입니다.[39]

봉사(封事) 초본(草本)은 아들이 죽은 뒤 책 상자에서 찾아낸 난초(亂草) 한 권입니다. 아이들에게 옮겨 적게 하였는데, 실로 우리나라의 만년(萬年) 계책이요 한 때의 계획이 아니었습니다. 대강(大綱) 15개에 조목이 90여 조이며, 대부분 당대 세상에 시행할 만합니다. 처음에는 몰래 감춰두려 하였으나 생각해 보니 그가 충심을 바쳐 보답하려 했던 것이니, 세상에 알려 이를 알아줄 사람을 기다립니다. 어느 시대에 어떤 사람이 혹시 이를 가지고 시행하여, 한 가지 일이라도 합당하고 한 명의 백성이라도 혜택을 받을지 모르겠습니다. 이것은 바로 죽은 자가 마음으로 원하는 것이니 과연 무엇을 부끄럽게 여기겠습니까. 한 부를 집안 조카에게 두어 전해 드리게 하였는데, 혹 다른 사람이 빌려갔을까 염려됩니다.[40]

"封事草, 俄始素還, 不可不一經兄眼. 其力量則甚寬, 無緣一到丹陛之前, 渠必有遺憾. 苟有憂世識務者, 何間於人與己而爲進退哉. 此又非所望於今世上, 柰何. 外此遺草亦多. 方謀裒聚傳錄, 而力有未贍矣. 今乃去, 渠雖不在, 幸一一點檢, 有可言者, 還以見教也. 死者有知, 亦必感拜於冥冥耳."

39) 『星湖全集』 권29, 書, 「答鄭玄老」(1753).
"亡子草稿, 本欲達之宸聽, 有補於當世, 今旣不及. 爲平日親識之求覲, 已不可收藏. 亦念渠意有在, 亡與存無間, 或有有心人, 採以略試, 便是吾志得遂. 天下事, 無甲無乙, 何必置畛於其中. 但恐無其人矣."

40) 『星湖全集』 권17, 書, 「答趙正叔」(1753).
"封事草, 兒亡後, 搜諸夾, 得亂草一卷. 令少輩傳錄, 實東邦萬年計, 非一時之猷爲.

아들이 죽기 전에 지방관으로 임금의 은혜에 보답할 길이 없자 말씀을 올리고자 생각하여 수만 자의 봉사(封事) 초고를 써 놓았습니다. 올리지 못하고 세상을 떠났는데, 형께서는 조금이라도 본 적이 있습니까?41)

봉사(封事) 초고는 때를 기다려 임금께 아뢰려 하였던 것인데 이제는 끝났으니 어찌하겠습니까. 그를 잘 아는 사람 중에 훗날 틀림없이 무릉(茂陵)에 사람을 보내 찾을 것이라고 말하는 사람이 있지만, 박달나무를 베어 물가에 두었으니 하수(河水)가 맑고 잔잔한 날이 있겠습니까. 형은 그의 유적(遺蹟)들을 모두 찾아서 남아있는 것을 알고 있으니, 그가 장차 저승에서 감사의 절을 올릴 것입니다. 봉사 초고는 양강(楊江) 사람에게 빌려 주었다 불에 타서 없어졌습니다. 집안에 난초(亂草)로 된 것이 있어 겨우 베껴 놓았으므로 잡록(雜錄)과 함께 올립니다. 열람한 후 돌려주시기 바랍니다. 다시 한 부를 더 베껴 놓으려 합니다.42)

이맹휴의 『봉사』는 만경 현감으로 있을 때 현실을 개혁할 방안을 제시한 것으로, 15개 조목, 90개 세목으로 구성된 방대한 규모였다. 이

大綱十五, 目有九十餘條, 太半可行於當世. 始欲秘藏, 更念之, 渠旣擬獻忠酬報, 播之耳目, 以待其人. 不知何世何人, 或將擧以施措, 一事中窾, 一民被澤. 此便是逝者之心願, 果何羞吝哉. 一本方留家姪處, 倘有轉寄, 或慮爲佗人贈借耳."

41) 『星湖全集』 권15, 書, 「答洪錫余」(1754).
"亡子未死時, 自以遠臣, 酬恩無階, 思以言進, 草定數萬言封事. 未果而逝, 兄或一綷遮眼."

42) 『星湖全集』 권15, 書, 「答洪錫余」(1754).
"其封事草, 擬欲待時而奏, 今已矣, 奈何. 相深者, 或多云異日必有茂陵之馳使矣, 伐檀置干, 河水其有淸漣耶. 兄能悉索遺蹟, 探識所存, 渠將感拜於冥中耳. 封事草, 借覩於楊江人, 已入灰燼. 家有亂草, 僅能謄出, 故與雜錄並上. 覽後還之如何. 欲更圖一本耳."

익은 『봉사』에 대해 '규모가 커서 세상을 다스리는 데 도움이 된다.', '모두 나라를 위한 계책인데 지금은 끝이 났다.', '뜻있는 사람이 채택하여 시행하기 바란다.', '어떤 사람이 시행하여 한 명의 백성이라도 혜택을 받을 수 있을까'라고 하여, 이맹휴가 제시한 방안들이 주변 인물을 통해 영조에게 알려지고 당대에 시행되기를 희망하였다. 안정복은 이맹휴의 유사(遺事)를 작성하면서, 『봉사』는 경세(經世)의 원대한 계책이므로 당대에 한두 가지라도 시행될 수 있기를 기대하였다.[43]

다음으로 이익이 소개한 저작은 『춘관지(春官志)』(4권)와 『접왜역년고(接倭歷年考)』(2권)였다. 이들은 이맹휴가 예조 정랑으로 있을 때 예조의 업무와 일본과의 교섭을 정리한 책으로, 예조에 필사본이 있어 여러 사람이 열람할 수 있었다.[44]

예조 정랑으로 있을 때 『춘관지(春官志)』를 저술하였고, 직무가 전객(典客)을 담당하였기 때문에 『접왜역년고(接倭歷年攷)』를 저술하였습니다. 그 속에 있는 논의들은 그다지 초솔한 편이 아니라 서로 좋아했던 사람들이 반드시 (후세에) 전해야 하는 책이라 하였습니다.[45]

---

43) 『順菴先生文集』 권27, 遺事, 「李萬頃醇叟遺事」(1752).
   "所草封事, 遺稿萬餘言, 皆根據占制, 急於時務, 誠經世遠猷也. 當今日更張之時, 如施其一二, 則何必至此紛紛耶. 惜乎."
44) 1793년(정조 17)에 예조 정랑 李福休는 당시 예조에는 이맹휴가 편찬한 『춘관지』 2권이 남아있으며, 『接倭錄』(『接倭歷年考』)은 별도로 있다고 하였다(『日省錄』 正祖 17년 10월 1일(辛酉). "福休曰, '禮曹本無文蹟, 只有故正郎李孟休所撰『春官志』二卷. 而其所著『接倭錄』, 則亦不附錄. 其所撰之誌, 雖柯流略, 臣意則更爲修整刊行, 置于本曹, 似好矣.").
45) 『星湖全集』 권16, 書, 「蔡比安膺一」(1751).
   "其爲郎南宮時, 著『春官志』, 以其職掌典客, 故著『接倭歷年考』. 其間議論, 甚非草草, 相好者, 謂必傳之書."

『춘관지』는 왕명을 받아 만들었으나 지방관에 부임하게 되자 급하게 완성하여 예조에 남겨 두었습니다. 지난번에 들으니 그 절반을 당시 재상이 빌려갔다가 돌려보내지 않았다고 하며, 지금 들으니 전부 잃어버렸다고 합니다. 우리나라의 뒤떨어진 풍속이 참으로 이와 같습니다. 앞으로 그대에게 보내어 보여드리겠습니다.[46]

『춘관지』는 말한 대로 보냈습니다. 죽은 아들이 당시에 급하게 편찬한 것으로 매우 여감(餘憾)이 있는 책입니다. 가령 일본을 우환으로 여기는 부분은 참으로 근거가 있으므로, 반드시 승국(勝國, 고려)에서부터 본말(本末)을 상세히 드러낸 후에야 유용할 것입니다. (중략) 『춘관지』는 원래 완성되지 않은 책입니다. 죽은 아들이 몸은 천하고 재주는 하찮으나 유용한 것에 뜻을 두었습니다. 이 때문에 동지(同志)가 뒤이어 보충해 주기를 바라지 않을 수 없으니, 그대가 주보언(主父偃)이 대략 시험했던 것처럼 해준다면 아들은 반드시 저승에서 기뻐할 것입니다. 지기(知己)를 만나는 데 어찌 백세(百世)의 광감(曠感)을 기다리겠습니까.

아들이 예부(禮部)에 있을 때 전객(典客) 업무를 담당했는데, 사대 문자(事大文字)는 모두 비변사에 두어 하급 관료가 가져다 볼 수 없었습니다. 또 그 중에 국휼(國恤) 한 조항은 빠뜨리면 안 되는 것인데, 당시 재상이 입을 대어 비방이 일어났으므로 부득이 장관(長官)에게 보고하여 잠시 중단하였습니다. 앞으로의 기회를 기다리겠다고 하다가 바로 현감으로 나가 마무리하지 못하였으니, 이제 누가 그를 위해 보충하여 완성하겠습니까. 남쪽으로 떠날 때 한 본(本)을 선사(繕寫)하여 예조에 두었는데, 예조의 서리가 말하기를 '책을 보

---

46) 『星湖全集』 권17, 書, 「答趙正叔」(1753).
  "『春官志』, 奉命爲之, 時有郡寄, 忙急斷手, 留在曹中. 頃聞一半爲時宰借玩不還, 今聞全失. 東俗之謏劣, 固如是矣. 前頭將途與足下看."

려는 사람이 몰려들어 이리저리 빌려주었다가 그 중 반을 잃어버렸다.'고 합니다. 또 어떤 재상은 '동래(東萊)의 장부(藏簿)를 가져다 합쳐서 만들어 간행해야 한다.'고 하는데, 이것이 어찌 쉽게 힘쓸 수 있겠습니까.[47]

죽은 아들이 살아있을 때 예조(禮曹)에 오래 근무하면서 전객(典客) 업무를 담당하였습니다. 하루의 책임이라도 다하기를 생각하며 『접왜역년고』라는 책을 지었으며, 자신의 견해를 많이 붙여 그 중에는 채택할 만한 것이 많이 있습니다. 이 책을 동지(同志)들에게 부치려 하였으나, 편지를 전하는 인편에게 부탁할 만한 것이 아니어서 일단 그만두었습니다.[48]

이를 보면 이익은 『춘관지』와 『접왜역년고』가 외교 업무에 매우 유용한 책이며, 특히 일본의 동향에 대해 크게 우려하였음을 주목하였다.[49] 또한 이익은 예조에 있던 『춘관지』 필사본의 절반이 없어져

---

47) 『星湖全集』 권28, 書, 「答邊奉事」(1756).
"『春官志』遵敎送呈. 亡子當時草草編成, 然有餘憾. 如倭之爲患, 儘有根株, 必從勝國, 詳著本末, 然後方可用. …… 『春官志』, 自是未成之書. 亡子身賤才薄, 而意在於有用. 故不能不有望於同志者追補, 足下許以主父偃之略試, 則渠必欣喜於冥途. 知己之遇, 何待百世之曠感耶. 其在禮部也, 職掌典客, 而事大文字, 悉付備局, 非下官取考. 又其間國恤一條, 宜不可闕, 其時辛執有口膾謗, 故不得已稟告長官姑不擧. 意將有待, 旋卽降謫遠出, 未及收殺, 今誰爲之補成乎. 南去時, 繕寫一本留本曹, 曹吏云, '求觀者遝至, 轉輾傳借, 遂失其半矣.' 且有一宰相云, '宜取東萊藏簿, 合成刊行.' 此豈可易以辦哉."

48) 『星湖全集』 권26, 書, 「答安百順」(1756).
"亡子生時, 久居禮部, 職掌典客. 思效一日之責, 作『接倭歷年攷』一書, 多附己意, 其間然有可採. 此本欲付諸同志, 然風傳便信, 非可託者, 故姑止焉耳."

49) 이맹휴의 일본에 대한 우려는 교린 관계에 있는 조선 국왕(國王)과 일본의 천황(天皇) 및 관백(關白)과의 위상 문제였다(河宇鳳, 1989, 『朝鮮後期 實學者의 日本觀 硏究』, 一志社, 89~93쪽; 123~126쪽).

버렸고 '국휼(國恤)' 조항에 대한 보완도 필요하므로, 후대에 이를 완성할 사람이 필요하다고 생각하였다.

　다음으로 이맹휴의 저서에는 경설(經說)과 예설(禮說)을 수록한 『창대원류(蒼臺源流)』(1권), 『예설(禮說)』(1권), 『예기설(禮記說)』(1권), 「경설(經說)」 등이 있었다. 『창대원류』는 이맹휴가 20세 이전부터 예(禮)를 연구하면서 옛 주석에 구애되지 않고 자신의 견해를 밝힌 책이고,[50] 이외에도 『예기』와 경서에 대한 연구가 있었다. 이에 대한 이익의 소개는 다음과 같다.

　　이 밖에 경설(經說)과 예설(禮說) 같은 것도 많은데, 아직 탈초(脫草)하지 못하였습니다.[51]

　　또 경(經)을 설명하고 예(禮)를 설명한 글이 많이 있지만 아직 전사(傳寫)하지 못하였습니다.[52]

　　죽은 아들이 원래 포부가 있었으나 나이가 젊고 관직이 낮아 사람들이 다 알지를 못합니다. 약관(弱冠)의 나이가 되기 전부터 예(禮)를 연구하여 『창대원류(蒼臺源流)』 1권을 지었으니, 본래부터 조예가 있었습니다.[53]

---

50) 『星湖全集』 권67, 「亡子正郞行錄」.
51) 『星湖全集』 권17, 書, 「答趙正叔」(1753).
　　"外此經說禮說之類亦多, 時未脫草矣."
52) 『星湖全集』 권15, 書, 「答洪錫余」(1754).
　　"又有說經說禮文字許多, 時未及傳寫耳."
53) 『星湖全集』 권15, 書, 「答洪錫余」(1754).
　　"亡子元有所抱, 年少官微, 人有未盡識者. 未及弱冠, 已學禮, 撰『蒼臺源流』一卷, 自有造詣."

죽은 아들이 일찍이 『창대원류』 1편을 저술하였고, 만년에 또 허
다한 설이 있는데 역시 대충 쓴 것이 아닙니다. 이번에 상자에 담긴
글을 읽어보니 그가 너무 신경을 써서 병이 났구나 싶어 한스럽습니
다. 앞으로 그대가 반드시 그 득실(得失)을 간파할 것입니다.[54]

이를 보면 이맹휴의 경설과 예설은 초서체로 기록한 초고가 남아
있었다. 이익은 이맹휴가 일찍부터 경서와 예서에 대한 연구가 있었
음을 알리고, 그에 대한 평가를 요구하였다.

마지막으로 이익은 『거관록(居官錄)』과 『거현록(居縣錄)』을 소개
하였다. 『거관록(居官錄)』은 이맹휴가 한성부 주부, 승정원 가주서(假
注書), 예조 정랑과 같은 중앙 관리로 활동할 때 작성한 일기이고, 『거
현록(居縣錄)』은 그가 만경 현감으로 있을 때의 일기였다.

죽은 아들은 유고(遺稿)도 많습니다. 예론(禮論)과 경설(經說)
외에도 조정에 들어가 『거관록(居官錄)』이 있고, 수령이 되어서는
『거현록(居縣錄)』이 있습니다. 모두 한 구절도 방만한 문자가 없이
깊은 의미가 있습니다. 지금 필찰(筆札)로 선사(繕寫)하려 합니다만
아직 완성하지 못하였습니다.[55]

『역년고』, 『거관록』, 『거현록』도 부치니 다 보신 후에 즉시 돌려
주시기 바랍니다. 평소 친애하던 사람들은 '우리나라에 일찍이 없었
던 사람', '무릉(茂陵)으로 급히 보낸 사자(使者)가 장차 이를 것',

---

54) 『星湖全集』 권29, 書, 「答鄭玄老」(1754).
   "亡子早有『蒼臺源流』一篇, 晚又有許多說, 亦非草草. 今閱陳箱, 恨其用意太苦, 有以
   崇疾也. 方來哀必看破得失."
55) 『星湖全集』 권15, 書, 「答洪亮卿」(1751?).
   "亡子遺稿亦夥. 禮論經說之外, 登朝有『居官錄』, 作宰有『居縣錄』. 都無一句漫浪,
   意則遠矣. 圖筆札而繕寫, 未及斷手耳."

'식견이 양한(兩漢)의 문장보다 못하지 않을 뿐만이 아니라'고 합니
다. 모두 지나친 칭찬이라 받아들일 수 없습니다. 그러나 한 사람의
선악에 간섭하지 않고 속유(俗儒)들의 일반 말에 구애받지 않더라
도 급선무에 대해 친절함은 있습니다.[56]

또 『거관록』과 『거현록』이 있습니다. 귀로 듣고 눈으로 본 것 가
운데 시용(時用)에 관계된 것은 반드시 변통할 것을 생각한 것으로
없어지면 안 될 내용이 있습니다. 지금은 다른 사람에게 빌려 주었
으나 조만간 그대에게 보내겠습니다.[57]

죽은 아들의 상소 초고와 『거관록』은 지금 홍상서(洪尙書, 洪重
徵)께서 빌려갔습니다. 그 답서에 이르기를 '가생(賈生)의 말은 주보
언(主父偃)을 만나 시행되었다. 『주역』 「기제(旣濟)」괘의 육이(六
二)에 대해, 정자(程子)는 스스로 그 중(中)을 지키면 훗날 반드시
행해질 것이라고 풀이하였다.'고 하였습니다. 그가 칭찬함이 매우 큽
니다. 수레 가리개를 잃어도 그대로 있으면 7일 만에 찾듯이, 시간이
지나면 저절로 행해질 것입니다.[58]

이밖에 『거관일록(居官日錄)』과 『거현일록(居縣日錄)』이 있어

56) 『星湖全集』 권17, 書, 「答趙正叔」(1753).
"『歷年攷』及『居官』『居縣錄』亦付, 望須卒業卽還之也. 不日親愛者, 或謂東方之未始
有, 或謂芟陵之馳使將至, 或謂不獨見識無愧於兩漢文章. 要皆過譽不足採. 然不涉一
人善惡, 不礙俗儒常談, 惟親切急務則有之."
57) 『星湖全集』 권29, 書, 「答鄭玄老」(1754).
"居官居縣錄者. 耳聞目寓, 凡關於時用者, 必思所以通變之, 有不可沒者在. 方爲人所
借, 早晚將入哀照."
58) 『星湖全集』 권29, 書, 「答鄭玄老」(1754).
"亡子疏草及『居官錄』, 方爲洪尙書借祖. 其答札有云, '賈生之言, 得主父偃而施行. 旣
濟六二, 程子釋之曰, 自守其中, 異時必行.' 其見許又大矣. 然喪茀宜然, 七日有期耶."

대략 시무를 논하였으니 의견이 없지 않습니다. 사람에게 보여 생각
하게 하는 것도 무방할 것 같은데 형의 생각은 어떠신지요.[59]

이를 보면 『거관록』과 『거현록』은 초고 상태로 있었으며, 이맹휴
가 중앙과 지방 관리로 근무하면서 국가의 급선무를 다뤘다는 데 의
미가 있었다. 이익은 주변 인물들이 이 책을 보면서 이맹휴가 논의한
시무(時務) 방안이 현실에서 실현되기를 기대하였다.

이익은 주변 인물에게 이맹휴의 『봉사』, 『춘관지』, 『접왜역년고』를
정사(精寫)하여 보여주었고, 나머지 저작은 초고 상태로 돌려보게 하
였다. 이익은 이맹휴가 일찍부터 경서와 예서에 조예가 깊었으며, 그
가 제시한 개혁 방안들이 영조에게 알려지거나 현직 관리를 통해 실
천되기를 바랐다. 이익은 그렇게 하는 것이 큰 뜻을 품었지만 일찍 사
망한 아들의 뜻을 이뤄주는 길이라 생각하였다.[60]

Ⅳ. 이맹휴 저작의 활용

이익은 자신의 저작에 이맹휴의 저작을 활용함으로써, 아들의 활
동과 저작이 오래 기억되고 역사 속에서 살아남기를 기대하였다. 이
익은 경학과 경세학에 관한 저작을 작성할 때 이맹휴의 견해를 다양
하게 소개하여, 자기 저작을 읽는 독자들이 아들의 행적과 저작까지
함께 기억하도록 유도하였다.

---

59) 『星湖全集』 권15, 書, 「答洪錫余」(1754).
"外此有居官居縣日錄, 略論時務, 恐不無意見. 不妨投與人商量, 兄意如何."
60) 이익의 이러한 태도는 자신의 저술인 『星湖僿說』을 다른 사람에게 보여주지 않
으려 했던 것과 비교가 된다(柳慶宗, 『星湖先生言行錄』. "『僿說』不示人. 嘗曰, '君
則取見, 他人不可也. 他人或有得見, 先生甚未便.'").

먼저 이익은 이맹휴의 경설(經說)을 인용하였다. 다음 자료를 보면, 이맹휴는『주역』에 있는 십익(十翼)은 모두 공자(孔子)의 저작이라는 설을 부정하였다.[61] 이맹휴는 효상(爻象) 중에 대상(大象)이 있는 것은 공자의 글이 아니며,『춘추좌씨전(春秋左氏傳)』이나『예기(禮記)』에서 이런 문장이 보이지 않는 점을 근거로 내세웠다. 또한 이맹휴는 설(契)은 은(殷)나라, 후직(后稷)은 주(周)나라 시조지만 왕적(王迹)에 해당하는 성과가 없기 때문에 후대에 왕(王)으로 추존하지 않았다고 주장하였다. 이런 사례들은 이맹휴의 경설(經說)에 독자적 견해가 있었음을 보여준다.

　　『주역』의 십익(十翼)은 모두 공자가 달았던 글이다. 대상(大象)이 효상(爻象)의 가운데 함께 있는데, 죽은 아들 맹휴(孟休)는 매번 그것은 성인(聖人, 공자)의 글이 아니라고 의심하였다. 그 글은 모두 64구절로『좌씨전』과『예기』에서는 보이지 않는다.[62]

　　죽은 아들 맹휴가 말하였다. "『한서』「예악지(禮樂志)」에 '옛날 은(殷)과 주(周)의 아송(雅頌)은 위로 유융(有娀, 契의 모친)과 강원(姜嫄, 稷의 모친)이 설(卨, 契과 후직(后稷)을 처음 낳은 것과 현왕(玄王)·공류(公劉)·고공(古公)·태백(太伯)·강녀(姜女, 古公의 妃)·태임(太任, 王季의 妃)·태사(太姒, 문왕의 妃)의 덕에 바탕을 두었다.'라고 하였다. 이는 설과 현왕을 두 사람으로 본 것이다. 대개 왕을 추존하는 것은 반드시 왕적(王迹)에 바탕을 두므로, 주(周)나라

61)『주역(周易)』의 십익(十翼)은 「상단(上彖)」, 「하단(下彖)」, 「상상(上象)」, 「하상(下象)」, 「상계(上系)」, 「하계(下系)」, 「문언(文言)」, 「설괘(說卦)」, 「서괘(序卦)」, 「잡괘(雜卦)」 등 10개 편(篇)을 말한다. 이것은 모두 공자가 지은 것으로 알려졌다.

62)『星湖全集』권26, 書, 「答安百順」(1759).
　　"十翼, 皆孔子所繫之辭, 大象同在爻象之中. 亡子孟休, 每疑其非聖人作. 其文凡六十四節, 未嘗見於『傳』·『記』."

왕은 3세(世)만 왕으로 추존하고 후직은 추존하지 않았다. 설의 시대에 어찌 왕적을 말할 것이 있었겠는가? 현왕이란 반드시 근세의 상토(相土, 契의 손자)와 같은 부류이고, 후직은 설과 그 뜻이 동일하다."63)

다음으로 이익은 이맹휴가 예조 정랑으로 있을 때 작성한 『춘관지』와 『접왜역년고』를 적극 활용하였다. 이맹휴는 조선과 일본의 외교 문제를 다루면서 일본의 동향에 대해 크게 우려하였다.

왜역(倭譯) 박춘서(朴春瑞)는 일의 정황을 잘 아는 사람이었습니다. 죽은 아들 맹휴(孟休)가 관리로 있을 때 그와 깊이 사귀었는데, 매번 그가 죽으면 이을 사람이 없다고 하였습니다. 불행히도 동래현(東萊縣)에서 죽었는데, 지금의 수역(首譯) 박 아무개가 혹시 그 집안의 업을 전수받은 사람입니까? 애석합니다.64)

후세에 천황 신무(神武)가 스스로 권력을 행사하거나 강력한 신하를 끼고 세력을 떨친다면, 우리는 실로 장차 어떻게 대처해야 할지 모르겠다. 죽은 아들 맹휴는 '당시에는 관백이 국왕이 아님을 잘 알았으니 대신에게 답서(答書)를 보내게 하면 되었다.'라고 하였다. 우리나라 사람들은 멀리 보는 계책이 없어 여기에 이르게 되었으니

---

63) 『星湖僿說』 권25, 經史門, 「后稷不王」.
　　"亡子孟休云. 『漢書』「禮樂志」, '昔殷周之雅頌也, 上本有娀·姜嫄, 高·稷始生, 玄王·公劉·古公·太伯·姜女·任·姒之德.' 此以高與玄王爲二. 盖追王, 亦必在王迹所基, 故周王追王三世, 而不及於稷. 當高之時, 寧有王迹之可言. 玄王者, 必其近世相土之類歟, 稷之於高, 其義同也."
64) 『星湖全集』 권17, 書, 「答洪聖源」(1758).
　　"倭譯朴春瑞, 慣識事體者也. 亡子孟休任官時, 與之深交, 每言其死後無繼者. 不幸沒於萊縣, 今首譯朴姓, 或是其族姓傳業者耶. 可惜."

어찌하겠는가?[65]

　죽은 아들은 생전에 수역(首譯) 박춘서와 마음으로 사귀며 왜정(倭情)을 깊이 탐문하였다. 그는 우리나라 사람들이 멀리 앞날을 걱정하지 않는 것에 깊이 탄식하였다. 통신사(通信使)가 바다를 건넌 후 벌어지는 광경이 놀랍고 이상하여 부끄러워할 만한 일을 다 말할 수가 없었다. 조정의 서폐(書幣, 書契와 예물)를 저들이 스스로 들어 올리고 '조선입공(朝鮮入貢)'이라 특별히 게시하여도 바로잡는 사람이 없었다. 분쟁의 단서가 되는 일은 하나하나 그들에게 맡겨 두고 '다스리지 않는 것으로 다스리는 방법'이라 강변하지만, 실제는 크고 작은 일에 모두 굴복한 것이다.[66]

　왜황(倭皇)이 권력을 잃은 것은 6백~7백 년에 불과하며 국민이 원하는 바가 아니다. 차차 충의(忠義)의 인사들이 그 사이에서 나온다면 (왜황 복권은) 명분이 바르고 말이 옳으니 뒤에 반드시 한 번 성공할 것이다. (중략) 만일 이렇게 되면 저쪽은 황제고 우리는 왕이니 장차 어떻게 대처할 것인가. 죽은 아들 맹휴가 말하였다. "통신사가 갈 때 서폐(書幣)의 문자는 우리 대신에게 항례(抗禮)를 하게 하는 것이 옳다. 나랏일을 계획하는 사람들이 멀리 앞날을 걱정하지 않고 눈앞의 미봉책을 내었으며, 관백은 왕이 아닌 것도 몰라 이 지경에 이르렀다. 몹시 애석하다."[67]

65) 『星湖全集』 권25, 書, 「答安百順問目」.
　"後世或天皇神武, 威福自出, 或强臣挾持而張勢, 我固不知將何以處之. 亡子孟休云, '當時審知關白之非國王, 則使大臣答書, 可矣.' 我人都無遠慮, 以至於此, 奈何."
66) 『星湖全集』 권26, 書, 「答安百順」(1759).
　"亡子在時, 心結首譯朴春瑞者, 細探委情. 其人深嘅國人之無遠慮. 信使越海之後, 光景駭異, 可恥者, 不可勝言. 朝廷書幣, 渠自擡異, 特揭云'朝鮮入貢', 無人規正. 其有爭端, 一一任之, 强道治以不治之科, 其實細大咸屈也."

이를 보면 이맹휴는 역관 박춘서(朴春瑞)가 일본과의 외교 업무를 능숙하게 처리하였는데, 그가 사망한 후 적임자가 제대로 있는지를 걱정하였다. 또한 통신사(通信使)가 가져가는 국왕의 서계(書契)와 폐백(幣帛)이 일본에서 번국(藩國)의 공물(貢物)로 취급되어도 이를 바로잡지 못하는 현실을 비판하였다. 이맹휴가 가장 우려한 것은 '왜황(倭皇)'이라 불리는 천황(天皇)의 복권이었다. 그는 조선 국왕은 일본의 천황, 통신사는 일본의 관백(關白; 장군將軍)과 항례(抗禮)를 해야 하는데 현실에서는 국왕과 관백이 항례를 하므로, 장차 천황이 복권되면 조선 국왕과 군신(君臣) 관계가 될 것을 우려하였다.[68] 이익과 이맹휴 부자가 우려한 대로 1868년에 천황이 복권되면서 두 나라 사이에 외교적 갈등이 발생하였다.

마지막으로 이익은 이맹휴가 제시한 국가의 급선무, 현실을 개혁할 방안을 적극 활용하였다. 이는 수만 자로 작성된 『봉사』 초고와 『거관록』, 『거현록』을 인용한 것이었다. 이맹휴는 국가 재정을 개선할 방안을 제시하였다. 조선의 재정은 수로(水路)를 이용하는 조운(漕運)만 있는데, 해구(海寇)가 바닷길을 막으면 세곡(稅穀)을 운반할 길이 없어졌다. 이에 대비하여 이맹휴는 육운(陸運)을 고려해야 하며, 수레와

---

67) 『星湖僿說』 권17, 人事門, 「日本忠義」.
　　"倭皇之失權, 亦不過六七百年, 非國人所願. 稍稍有忠義之士, 出於其間, 名正而言順, 後必有一逞. … 苟至於此, 彼皇而我王, 將如何處之. 亡子孟休, 嘗言. '信使之時, 其書幣文字, 使我大臣抗禮, 可矣. 謀國者, 無遠慮, 爲目前彌縫之計, 又不知關白之非王, 以至於此. 甚可惜也.'"

68) 이맹휴의 倭皇에 대한 인식은 박상휘, 2015, 「조선후기 尊皇思想의 전파와 天皇制 인식의 변화」 『서강인문논총』 44, 89~90쪽 참조. 박상휘는 이익의 대일외교에 대한 지식은 주로 이맹휴에게서 나온 것으로 보았다. 이맹휴는 『接倭歷年考』의 마지막 기사에서도 倭皇이 복권할 경우 조선 국왕이 왜황과 抗禮를 할 수 없을 것이라 우려하였다("按『海東記』, 倭皇累世, 手秉威福, 自大將軍源賴朝, 始擅權柄. 異日, 若倭皇有出世英俊之才, 其臣又有與關白爭權, 挾倭皇以藉口者, 則亦安知皇之不復厥政耶. 夫然後, 我不可復與皇爲敵之禮, 此所當預憂也.").

여련(驢輦)을 적극적으로 사용하고, 평소에는 민간에서 나귀[여驢] 기르는 일을 장려해야 한다고 주장하였다. 또한 비옥한 땅에 있는 둔전(屯田)의 세(稅)를 감면하는 것은 이치에 맞지 않으므로, 둔전세를 온전히 거둬 국가 재정을 충실히 해야 한다고 하였다. 이중에서 둔전세에 관한 논의는 이맹휴가 『봉사』 초고에서 제시한 방안이었다.

죽은 아들 맹휴(孟休)가 말하였다. "우리나라의 경비는 호남과 영남의 조운(漕運)만 있는데, 만일 해구(海寇)의 침략이 있으면 망하는 것을 앉아서 기다릴 수 있으니, 육지로 운반하는 길을 열어야 한다. 비록 산이 험하다고 핑계를 대나 중국에서는 평탄하거나 험한 것은 물론하고 도로를 넓게 만들어 수레를 용납하지 않는 데가 없다. 우리나라만 어찌 그렇지 않겠는가. 수레를 용납하지 못하는 곳에는 여련(驢輦, 나귀가 끄는 수레)이면 된다. 국가에서 수천 금을 가지고 저들의 국경에서 나귀를 사들이고, 옛날 보마법(保馬法)에 따라 민간에서 기르게 하고 해마다 생산할 것을 책임지우면, 몇 해가 되지 않아 사방으로 퍼질 것이다. 국가에는 손실이 없고 재용은 넉넉할 것이다." 그 뜻이 매우 좋았다.[69]

죽은 아들 맹휴가 끝내 (둔전의 폐단을) 개혁할 수 없음을 알고 별도로 잘 대처할 미봉책을 생각해 냈다. 그가 말했다. "지금 말하는 둔전(屯田)은 모두 비옥한 곳에 있는데, 역적 집안의 재산을 몰수한 것이나 돈을 주고 사들인 것을 모두 둔전이라 한다. 호조에서는 이

---

69) 『星湖僿說』 권13, 人事門, 「驢輦」.
　　"亡子孟休甞云. '我國經費, 只有兩南之漕, 設有海寇之虞, 其亡可坐待也, 宜開陸運之路. 雖諉山險, 然中土勿論夷險, 莫不廣治道路, 使得容車. 我東奚獨不然. 惟不容車處, 驢輦方可. 國家用數千金, 市驢於彼境, 依占之保馬法, 養之民間, 而歲責育産, 則不數年, 而遍於四方. 國無所損, 而財用有裕.' 其意極善."

에 따라 국가에 바칠 조세[正貢]를 감면해 주니 절대로 이런 이치가 있어서는 안 된다. 만약 둔전을 그대로 두고 세(稅) 거두기를 예전처럼 하면, 각 영문(營門)으로서는 백성들이 토지를 사서 그 소출의 반을 받고 관청에 세를 바치는 것과 같고, 백성으로서는 호민(豪民)의 토지를 힘써 경작하여 소출의 반을 얻는 것과 같다. 모두 해로움이 없고 다만 전관(田官)이라는 자가 2분(分)을 먹는 것은 조금 삭감될 것인데, 국가에서는 무엇을 꺼려서 하지 않는가?" 봉사(封事)를 준비하여 장차 때를 기다려 계책을 올리려 하였으나 불행하게도 단명하였다.[70]

이익은 이맹휴의 국방력을 강화하는 방안을 활용하였다. 이맹휴는 늙고 병든 장수가 관직에서 물러나지 않는 것은 국가에서 받는 녹봉 때문이라며, 매월 장수의 능력을 시험하여 최하등인 장수의 미포(米布)를 삭감하여 최상등인 장수에게 주면, 능력이 없는 장수는 물러나고 능력이 있는 장수는 더욱 노력할 것이라 하였다. 또한 이맹휴는 수군(水軍)의 전투 능력이 부족하여 해방(海防)이 걱정이라며, 배타기에 익숙하지 않은 육지의 백성 대신에 섬 백성을 모집하여 수군을 채우고 후한 상을 주는 방안을 제안하였다.

죽은 아들 맹휴(孟休)가 말하였다. "늙고 병든 장수가 물러나지 않는 것은 미포(米布) 때문이다. 매월 시험을 보여 다섯 등급으로 나누고, 성적이 최하등인 사람의 미포를 최상등인 사람에게 보태 준다.

---

70) 『星湖僿說』 권16, 人事門, 「屯田」.
　　"亡子孟休, 深計遠慮, 知其終無以改革, 則別思弥縫善處之道. 謂. '今所謂屯田, 皆在沃饒之地, 或逆家舊産, 或出價買之, 皆稱屯田. 戶曹從而減去惟正之貢, 斷無是理. 若令屯田自在, 而納稅如例, 則在各營, 如民庶之賈田而牛收其出, 自納稅於官也. 在民則, 如力作豪民之田而得其牛也. 皆無所妨, 但所謂田官二分者稍減, 國家何憚而不爲.' 準備封事, 將待時而獻策, 不幸短命矣."

미포를 줄이고 줄이면 능력이 없는 사람은 저절로 물러날 것이고, 미포를 늘리고 늘리면 재능이 있는 사람은 더욱 정신을 가다듬을 것이다. 국가에서는 쓰는 것이 없어도 상벌이 분명해질 것이다."[71]

　지금은 평화가 오래되어 수군(水軍)을 통솔하는 자들이 군졸(軍卒)들을 짜내어 상부에 바치고 자신의 배를 채울 뿐이다. 죽은 아들 맹휴가 남쪽 고을에 부임했을 때, 이를 목격하고 마음에 걱정되어 소장을 지어 올리려다 불행히도 세상을 떠났다. 상소문 첫머리에 이목은(李牧隱, 李穡)의 상소를 증거로 삼고, 다음과 같이 말했다. "육지에 사는 백성은 물에 익숙하지 못하므로 배에 오르기도 전에 이미 정신이 혼미해집니다. 한 번 풍파를 만나면 좌우로 엎어지고 넘어져 배 가운데에서 서로 넘어지기 일쑤니 몸을 움직여 적과 싸우려 해도 어려운 일입니다. 우리나라는 삼면이 바다라 섬에 거주하는 백성이 백만 명이나 되고, 물에서 헤엄치는 것은 그들의 장기(長技)입니다. 물가 사람을 모집하여 상을 후하게 주면, 수천 명의 무리를 하루아침에 얻을 수 있습니다."[72]

　이상에서 보듯 이맹휴는 중앙과 지방의 관리로 근무하면서 다양한 시무(時務) 방안을 제시하였고, 이익은 자신의 저작에서 이를 적극적

---

71) 『星湖僿說』 권10, 人事門, 「禁兵較藝」.
　　"亡子孟休有說 '疲癃之不退, 爲米布也. 逐月較試, 分爲五等, 輒取最下等之米布, 增添最上等. 減之又減, 則無能者自退矣, 增之又增, 則材能者益厲矣. 國無所費, 而賞罰明矣.'"

72) 『星湖僿說』 권16, 人事門, 「水軍」.
　　"今時平旣久, 節度水軍者, 割剝軍卒, 爲饋獻肥己而止耳. 亡子孟休, 官南縣, 目擊心憂, 搆疏將上, 不幸身沒矣. 首以李牧隱疏爲證, 其言曰. '平居之民, 不習水, 故足未躡舡, 而精神已昏. 一遇風波, 則左顚右倒, 相與枕藉乎舟中之不暇, 欲其坐作進退, 與敵人賈勇, 難矣. 本國, 三面控海, 島居之民, 無慮百萬, 方之泳之, 是其長技. 沿江召募, 厚其賞賚, 數千之衆, 一朝可得.'"

으로 활용하며 논의를 전개하였다. 이익은 이런 방식을 통해 큰 뜻을 품었던 외아들의 행적과 노력이 다른 사람에게 알려지고 현실 세계에서 실현되기를 기대하였다.

V. 맺음말

이맹휴는 이익이 33세가 되었을 때 얻은 외아들이었다. 그는 어릴 때부터 학문에 뛰어난 재능을 보였고, 30세에 관리가 된 이후에는 국왕 영조의 신임을 받았다. 당쟁에 밀려 안산에 은거했던 이익은 아들의 출세에 큰 기대를 하였고, 이맹휴는 부친의 기대에 부응하였다. 그러나 이맹휴는 중병에 걸려 39세의 나이로 사망하고, 그가 생전에 품었던 경세(經世)의 뜻은 몇 가지 저작으로만 남았다.

이익은 공조 판서 홍중징에게 죽은 아들을 소개하면서 '원래 포부가 있었으나 나이가 젊고 관직은 낮아 사람들이 알지 못한다.'고 하였다. 이익은 자신의 아들이 큰 뜻을 품은 훌륭한 인물이었지만 주변 사람들이 그 사실을 잘 모르는 현실이 몹시 안타까웠다. 이에 이익은 이맹휴의 저작을 주변 사람들에게 널리 소개하고, 자신의 저작에서 이맹휴가 제시한 개혁 방안을 적극 활용함으로써 이맹휴가 역사적 인물로 거듭 나기를 희망하였다.

그러면 이맹휴는 과연 부친 이익의 뜻대로 역사적인 인물이 되었을까? 이후에 남아있는 기록을 보면 성대중(成大中), 성해응(成海應), 이덕무(李德懋), 이규경(李圭景) 등이 이맹휴의 저작을 거론하였다. 성대중은 『춘관지』의 끝에 수록된 「안용복전(安龍福傳)」을 인용하였다. 성대중은 김용겸(金用謙)으로부터 예조에 있는 『춘관지』를 소개받아 이 책을 열람할 수 있었다.[73] 성대중의 아들인 성해응은 부친이

인용한 「안용복전」의 발문을 작성하였다.[74] 이덕무는 일본에 전해진
조선 서적을 소개할 때 이맹휴의 『춘관지』를 거론하였다.[75] 이덕무의
손자인 이규경은 이맹휴의 저작을 가장 많이 인용한 인물이었다. 이
규경은 『오주연문장전산고(五洲衍文長箋散稿)』를 작성하면서 여러 편
의 글에서 『춘관지』의 기록을 자기 주장의 근거로 제시하였다.[76]

이를 보면 이맹휴의 『춘관지』는 주로 규장각(奎章閣)의 검서관(檢
書官)을 역임한 관리들이 이용하였고, 이들은 예조에 보관된 필사본
을 열람한 것으로 나타난다.[77] 이익이 주변 인물에게 소개했던 이맹
휴의 저작은 『춘관지』 외에도 많이 있었지만 그가 저작으로 남겨둔
뜻은 좀처럼 세상의 관심을 끌지 못하였다.[78]

그러면 이익이 기획한 이맹휴의 역사 만들기는 이 정도에서 그치
고 마는 것일까? 이맹휴가 남겨놓은 저작들을 발굴하여 활용하는 것
은 후학들에게 남겨진 과제라 생각된다.

---

73) 『靑城雜記』 권3, 醒言, 「安龍福」.

74) 『硏經齋全集續集』 11책, 文3, 「題安龍福傳後」.

75) 『靑莊館全書』 권59, 盎葉記 6, 「東國書入日本」.

76) 李圭景이 『五洲衍文長箋散稿』에서 『春官志』를 인용한 글은 「關牡蠣辨證說」, 「星
石星矢辨證說」, 「虎牙星糞辨證說」, 「起復入衛辨證說」, 「嫁殤冥婚辨證說」, 「覽寢
宴辨證說」, 「新來辨證說」, 「古今書院辨證說」 등이 있다.

77) 申景濬은 영조 말년에 『東國文獻備考』 「輿地考」를 편찬하면서 일본에 관한 기사
에서 『春官志』를 인용하였다(朴仁鎬, 1996, 『朝鮮後期 歷史地理學 硏究』, 이회,
96쪽).

78) 이익의 제자였던 안정복은 이맹휴의 『封事』 초고를 보았고(『順菴先生文集』 권
27, 遺事, 「李萬頃醇叟遺事」), 丁若鏞은 『餛飩錄』에서 이맹휴의 對策을 소개하기
도 하였다(『與猶堂全書補遺』, 餛飩錄3, 「李策本於范疏」).

참고문헌

『朝鮮王朝實錄』

『承政院日記』

『日省錄』

吳光運, 『藥山漫稿』

李㳞, 『弘道先生遺稿附錄』

李瀷, 『星湖全集』, 『星湖僿說』

李孟休, 『接倭歷年考』

蔡濟恭, 『樊巖集』

柳慶宗, 『星湖先生言行錄』

李德懋, 『靑莊館全書』

成大中, 『靑城雜記』

安鼎福, 『順菴先生文集』

丁若鏞, 『與猶堂全書』, 『與猶堂全書補遺』

李圭景, 『五洲衍文長箋散稿』

成海應, 『研經齋全集續集』

朴仁鎬, 1996, 『朝鮮後期 歷史地理學 研究』, 이회.

河宇鳳, 1989, 『朝鮮後期 實學者의 日本觀 研究』, 一志社.

김명래, 2019, 「보령 영보정 창건에 관한 연구」 『대한건축학회논문집 - 계획계』 35-2, 대한건축학회.

김문식, 2012, 「星湖의 歷史認識」 『성호 이익 연구』, 사람의무늬.

유미림, 2009, 「한국 문헌의 '울릉·우산' 기술에 관한 고찰 - '신경준 개찬론에 대한 비판」 『동양정치사상사』 8-1, 한국동양정치사상사학회.

박상휘, 2015, 「조선후기 尊皇思想의 전파와 天皇制 인식의 변화」 『서강인문논총』 44.

최창근, 2019, 「한국 고문헌의 「'우산도=일본 명칭의 송도'=독도」에 관한 고증」 『日語日文學』 81, 대한일어일문학회.

서명응의 역사학과 역사비평
- 『자치통감강목삼편』의 편찬배경과
정통론의 시대적 의미 -

김 남 일*

* 조병화문학관 학예사

I. 머리말

서명응(徐命膺, 1716~1787)은 소론계 학자로 박제가의 『북학의』에
서문을 써서 실학자 특히 북학파 계보에서 중요한 인물로 주목된다.
아들 서호수, 손자 서유구로 이어지는 조선 실정에 맞는 농학 관련 저
술을 집대성한 가학은 실학자의 가문임을 방증한다. 그는 영조와 정
조 시기에 정치와 학문에 걸쳐서 많은 활동을 하였는데, 특히 정조의
세자시절 빈객으로 서연에 참여하였으며, 정조가 즉위한 뒤 규장각
최초의 제학으로 임명되어 초창기 규장각의 정체성을 확립하는 데 결
정적 역할을 담당하였다. 활자의 중요성을 인지하여 임진자·정유자
각 15만 자 총 30만 자의 활자 제작을 주도하여서 세종의 뒤를 이은
정조의 출판문화 사업의 기반을 조성한 점도 높이 평가할 만하다. 서
명응은 정조의 시악(詩樂) 정책에 부응하여 세종 대 이후 명맥이 끊
어진 시악을 재정립하는 데도 큰 기여를 하였다. 서명응은 영조 때
『동국문헌비고』의 「악고」와 『국조악장』 등의 편찬에 참여하였는데,
정조는 이 책들과 실제 연주되는 궁중음악이 수준 이하라 비판하고
재편찬의 범례를 서명응에게 주었다. 이에 서명응은 『국조시악(國朝
詩樂)』, 『시악묘계(詩樂妙契)』, 『시악화성(詩樂和聲)』, 『원음약(元音鑰)』
등을 편찬하였으며 세종 대의 음악을 중국 고대의 하·은·주 삼대(三代)
의 정악(正樂)으로 비견하는 등 시악사(詩樂史)에서 커다란 족적을
남겼다.[1]

---

1) 송지원, 1999, 「서명응의 음악관계 저술 연구」, 『한국음악연구』 27; 2003, 「正祖
   의 音樂政策 硏究」, 서울대학교 박사학위논문; 2007, 『정조의 음악정책』, 태학사.

서명응의 선천학(先天學) 즉 천문학과 역학(易學) 체계는 독창적 이론으로 주목된다. 서명응은 하도(河圖)에서 기원한 복희의 선천학은 주나라 주공에 의해 『주례(周禮)』·『주비(周髀)』로 완성되었는데, 공자 이후 천상(天象)은 『주례(周禮)』에 남아 이어져 왔으나, 『주비(周髀)』의 수학은 중국에서 잊혀지고 서양으로 전래되었다가 명나라 말기에 고구(勾股) 수학으로 되돌아왔다고 파악하였다. 이를 종합하여야 복희의 선천학을 복원할 수 있다고 생각하였다. 곧 서명응은 이른바 서양천문학과 수학의 중국기원설에 서 있었다. 소옹의 『복희64 괘방원도』가 잘못되었다고 보고 안쪽의 방도를 45도 돌리는 개작 작업을 시도하였다. 『도덕경』도 선천학과 관련이 있는 자료로 보고 『도덕지귀(道德之歸)』라는 주석서를 남기는 등 다방면에 많은 저술을 남겼다.

서명응은 『보만재집(保晩齋集)』, 『보만재사집(保晩齋四集)』, 『보만재총서(保晩齋叢書)』, 『보만재잉간(保晩齋剩簡)』 등의 방대한 저술을 남겼으며,2) 『보만재총서』는 정조로부터 "우리 동쪽에서 400년간에 이런 거편(鉅篇)이 없었다."3)는 평가를 받았다. 보만재라는 호는 정조가

---

2) 『보만재집』은 한국고전번역원 인터넷 사이트에서 원문텍스트를 검색할 수 있으며, 원문이미지도 볼 수 있다. 『보만재사집』은 일부가 고려대 도서관 육당문고에 남아있으며, 『보만재총서』와 『보만재잉간』은 규장각 인터넷 사이트에서 pdf 이미지로 볼 수 있다. 『보만재총서』는 서울대학교 규장각 한국학연구원(2006.12)에서 간행한 영인본이 있다. 이 영인본 앞에는 김문식, 「보만재총서 해제」와 박권수, 「『보만재총서』 속의 자연과학 지식」(『보만재총서』 1, 서울대학교 규장각 한국학연구원) 등 이 책에 대한 소개가 있다. 한민섭, 2009, 「서명응(徐命膺)의 『보만재사집(保晩齋四集)』의 편찬과정과 특징」, 『한국실학연구』 17.
서명응이 벼슬에서 물러난 뒤 거처는 용주(蓉洲)라고 하는데(『楓石鼓篋集』 권5 「祭王父保晩齋先生文」) 이는 현재의 여의도 동쪽 밤섬 지역이다(이종묵, 2010, 『글로 세상을 호령하다』, 김영사, 90쪽; 김용관, 2012, 『한양의 기억을 걷다 : 서울에서 한양까지 다시 찾은 수도 육백 년사』, 인물과사상사, 431-433). 이곳에서 손자 서유구와 함께 생활하며 자신의 저술을 정리하였다.
3) 『보만재집』 보만재집발[서유구], "我東四百年, 無此鉅篇."

지어주었으며 오랫동안 자신을 지켜주고 보호해주었다는 뜻이라고
한다.[4] 그의 생애와 저술에 대해서는 상세한 연구가 이루어져 있으
며,[5] 『보만재총서』의 대부분은 현재의 기준으로 보면 과학기술 분야
에 집중되어 있다는 사실도 밝혀졌다.[6] 본고에서는 이러한 연구를 토
대로 서명응의 역사학 분야에 대한 업적을 중심으로 서술하되 『자치
통감강목삼편』(이하 『강목삼편』으로 약칭)이 편찬된 역사적 배경을
우선 밝혀야 그 시대적 의미를 도출할 수 있다고 생각하여 다음과 같
은 문제의식과 내용을 중심으로 본고를 구성하려고 한다.

　조선시대에 편찬된 역사서는 상당히 많은 양이 전하고 있으나, 특
히 강목체 역사학에 대해서는 자료량의 방대함, 접근성의 어려움, 중
국사 지식과 강목 서법에 대한 이해 등이 필요하여 연구 성과가 거의
없었다고 할 만하다. 최근 인터넷에 많은 자료가 공개됨으로 인해 과
거에 비해 자료에 대한 접근성은 나아지고 있으므로 이 분야에 대한
연구를 통해 조선시대 역사학과 사상사 이해에 도움을 줄 필요가 있
다. 본고에서는 우선 『강목삼편』의 편찬배경을 이해하는 데 중요하다
고 생각되는 조선시대 조정에서 이루어진 역사 논의 가운데 중국 측
역사기록 개정 요청 노력을 역사 현안이라는 주제로 그동안의 연구
성과를 토대로 원본 개정내용을 중심으로 정리하겠다. 다음으로 『강
목삼편』 편찬과정, 주요 서술 원칙과 강조점을 살펴본다. 청나라에서
의 강목체 역사서 편찬 현황을 정리하여 『강목삼편』의 사학사적 의미
를 알아본다. 끝으로 강목체의 역사서술의 특징인 정통론의 시각에서

---

4) 『보만재집』 권12 「自表」. "今上庚子致仕.辛丑.翁子浩修以直提學.侍上于奎章閣.上
　　從容敎曰.卿父立朝晚節之特著者三.拒厚謙文苑之薦而威勢不能奪.一也.泪國榮復入
　　之階而身自嬰其鋒.二也.家有賢弟.一乃衛社之心而與國同休戚.三也.可更號保晚齋."

5) 김문식, 1996, 「서명응 저술종류와 특징」, 『韓國의 經學과 漢文學』, 죽부 이지형
　　교수 정년퇴직기념논총간행위원회, 太學社; 김문식, 1999, 「徐命膺의 생애와 규
　　장각 활동」, 『정신문화연구』 Vol.22 No.2

6) 박권수, 2008, 「『保晚齋叢書』 속의 자연과학 지식」, 『규장각』 32.

본다면 '조선중화사상'론의 문제점은 무엇인가를 살펴본다.

Ⅱ. 조선후기 역사 현안 – 중국 측 역사기록 개정 노력

조선 전기 조선 조정에서 명나라 역사서에 대한 가장 큰 역사 현안은 태조 이성계의 세계가 이인임(李仁任)의 아들로 기록된 사실을 수정해달라는 이른바 '종계변무(宗系辨誣)'가 있었다. 태조 3년(1394) 명나라 흠차내사(欽差內使) 황승기(黃承奇) 등이, 해악(海嶽)과 산천(山川) 등의 신(神)에게 고제(告祭)하는 축문(祝文)에 이성계를 이인임의 아들이라고 쓴 적이 있어 이때부터 종계변무는 시작되었다. 그 뒤 태종 3년(1403) 명나라 태조의 『조훈(祖訓)』 안에 이성계는 이인임의 아들이라는 문자가 있다는 사실을 알게 되어 다시 개정을 요청하였다. 명나라 황제가 개정을 명하였다는 소식을 들었으나 중종 13년(1518) 『대명회전』에 이인임과 그 아들 이성계가 4명의 고려왕을 시해하였다는 기록이 있음을 알게 되어, 다시 시작된 이 종계변무[7]는 선조 17년(1584)에 와서야 개정판 『중수대명회전』의 해당 부분의 내용이 조선에 전달됨으로써 일단락이 되었다.[8] 『중수대명회전』은 만력 15년(1587)에 간행되어 그다음 해인 1588년에 실제 간행본이 조선에 들어왔다.[9]

조선후기에는 계해년 인조반정을 중국 측 기록에서 인조의 찬탈로 기록하였다는 사실을 알고 이에 대한 수정을 요구한 기록이 남아있으

---

7) 『중종실록』 중종 13년 6월 16일 갑신.
8) 韓浚謙, 『柳川箚記』(『대동야승』 권71에도 실림); 末松保和, 1941, 『麗末鮮初に於ける大明關係』, 제12장 宗系辨誣の發端; 이성규, 1993, 「명청사서의 조선 곡필과 조선의 변무」, 『李公範敎授停年記念東洋史論叢』, 지식산업사, 505~506쪽.
9) 『선조실록』 선조 21년 4월 24일 정축.

며 영조 때에 와서야 미흡하나마 수정이 이루어졌다. 이 두 가지 중국
측 역사기록에 대한 개정논의에서 실제 역사서에 무슨 기록이 어떤
논쟁을 거쳐 새롭게 개정되었는가를 중심으로 살펴본다. 이는 필법
문제와도 관련이 있어 실제 기록을 중심으로 살펴본다.

조선조정에서 종계변무를 하게 된 계기는 대명회전 권105 예부63
조공(朝貢)1 동남이(東南夷) 상(上) 조선국조에 다음과 같은 기록이
있기 때문이다.[10]

> 祖訓, 朝鮮國卽高麗. 其李仁人, 及子李成桂今名旦者, 自洪武六年,
> 至洪武二十八年, 首尾凡弑王氏四王. 姑待之. 按高麗並有扶餘, 新羅,
> 百濟, 其國分八道. 洪武二年, 國王王顓遣使奉表賀卽位, 請封, 貢方物.
> 詔封爲高麗國王. 賜龜鈕金印誥命. 五年, 以高麗貢使煩數. 諭令三歲,
> 或歲一來. 二十五年, 李成桂代王氏, 請更其國號. 詔更號朝鮮. 永樂初
> 賜印誥.

종계변무 결과는 그 뒤 개정판 『중수대명회전』에 위의 내용은 그
대로 두고 다음과 같은 내용을 추가로 서술하였다.

> 先是永樂元年, 其國王具奏世系不系李仁人之後, 以辯明祖訓所載弑
> 逆事. 詔許改正. 正德嘉靖中, 屢以爲請. 皆賜敕獎諭焉. 萬歷三年, 使臣
> 複申前請. 詔付史館編輯. 今錄於後
> 李成桂, 系出本國全州. 遠祖翰, 仕新羅爲司空. 六代孫兢休, 入高麗.
> 十三代孫安社. 生行里. 行里生椿. 椿生子春. 是爲成桂之父. 李仁人者,
> 京山府吏長庚裔也. 始王氏恭愍王顓無子. 養寵臣辛旽子禑爲子. 恭愍王

10) 국립중앙도서관 소장 인터넷 서비스본 『대명회전』(청구기호 古3-20-14). 본고
의 원자료는 대부분 인터넷에서 확인하였는데 2019년 3월에서 11월 사이에 열람
한 자료들이다.

爲嬖臣洪倫等所弒. 李仁人當國, 誅倫等, 立禑. 禑嗣位十六年. 遣將入
犯遼東. 成桂爲副將在遣中. 至鴨綠江, 與諸將合謀回兵. 禑懼, 傳位於
其子昌. 時恭愍妃安氏以國人黜昌. 立王氏孫定昌君瑤. 誅禑昌. 逐仁人.
已而瑤妄殺戮, 國人不附. 共推成桂署國事. 表聞.

　　高皇帝命爲國王. 遂更名旦. 瞻瑤別邸終其身

　앞 쪽의 사료 글머리에 보이는 '조훈(祖訓)'은 『황명조훈(皇明祖
訓)』으로 명왕조의 개국정신과 창업의 기본방침 및 관제·복무규율을
규정한 책으로 1395년에 공포되었다.[11] 즉 원래의 기록에는 이인임
[이인인李仁人은 이인임李仁任의 오기]과 그의 아들 이성계가 홍무 6
년(1375)부터 18년까지 4명의 왕을 시해하였으며, 홍무 25년(1392)에
이성계가 왕씨를 대신하여 국호를 개정하여 조선으로 바뀌었다고 쓰
여 있었다. 이인임의 아들로 되어있는 것도 문제이거니와 특히 4명의
왕을 시해하였다는 기록은 더욱 문제가 있는 사안이었다. 따라서 개
정된 내용에는 이성계의 조상을 신라시대 이한(李翰)까지 소급하였
으며, 공민왕이 폐신 홍륜 등에게 시해되었고 이인임에 의해 옹립된
우·창은 신돈의 아들이라 밝혔다. 우왕이 요동 공격을 지시하였으나
이성계가 회군한 사실과 우왕이 겁이 나 아들 창에게 왕위를 전위하
였지만, 나라사람[국인國人]이 쫓아내어[출黜] 공민왕비 안씨가 왕씨
후손 정창군 요를 왕위에 세우고, 우·창을 주살[주誅]하였으며, 이인
임을 쫓아냈다. 이어 정창군 요가 함부로 살육을 행하므로 국인들이
따르지 않고 이성계를 추대하여 국사를 대신하게[서국사署國事] 하였
다는 내용으로 구성되어 있다. 이를 명 황제에게 보고하자 왕으로 삼
고 마침내 이름을 단(旦)으로 바꾸었으며 정창군 요는 별도의 거처에

11) 이성규, 1993, 「명청사서의 조선 곡필과 조선의 변무」, 504~505쪽; 中村榮孝,
　　1965[昭和40], 「15·6세기의 東アシアと日本」, 『日鮮關係史の研究』, 東京 : 吉川弘
　　文館.

서 종신토록 살 수 있게 하였다고 기록하였다. 이성계는 철저하게 흠이 없는 왕임을 잘 서술하였다고 평가할 수 있다. 명나라에서 조선 측의 요구를 상당히 잘 수용하였다는 점을 알 수 있다.

그러면 계해년 인조반정은 중국 측 역사서에는 어떻게 기록하였을까? '명사(明史)'라고 지칭되는 역사서로는 『황명통기(皇明通紀)』・『십육조광기(十六朝廣記)』・『양조종신록(兩朝從信錄)』 등이 거론되었다.[12] 조선 조정에서 인조반정에 대한 중국 측 기록의 개정을 요구하기 시작한 주요 동기는 기전체 정사 『명사』를 청나라 조정에서 편찬하기 시작한 것을 알았기 때문이다. 일반인이 저술한 야사에서의 기록은 어쩔 수 없다지만 정사 편찬 시 잘못된 기록에 대한 개정을 요구하지 않으면 훗날 두고두고 문제가 될 수 있다는 우려 때문이었다.[13] 효종 때 시작된 역사 변무 논의는 지지부진하다가 숙종 2년에 이르러서 다시 시작되었고, 실제 청나라에 개정 요청을 하였으나 받아들여지지 않다가,[14] 숙종 5년에 이르러서야 요청이 받아들여졌다. 그러나 그 실제 내용은 알지 못하였다. 청나라는 순치 2년(1645, 인조 23년)부터

---

12) 『현종실록』 21권, 현종 14년 2월 11일 신해. 『황명통기』・『십육조광기』는 명나라 陳建이 쓴 역사책으로 명 태조에서 희종까지의 기록이다. 『황명통기』에 대해서는 주 23 김대경의 논문 참조. 『십육조광기』는 『사고금훼서총간』 사부 42책에 『황명십육조광휘기(皇明十六朝廣彙紀)』로 전한다. 권23 천계天啓 3년 5월조에 "朝鮮國王李暉(琿)爲其侄李綜(倧)所纂"이라는 인조의 왕위 찬탈 기사가 있다. 『兩朝從信錄』은 명나라 沈國元이 쓴 역사서로 태창(泰昌) 원년 경신(1620)~천계(天啓) 7년 정묘(1627)사이의 기록이다. 하버드대도서관 인터넷 사이트에서 원문을 열람할 수 있다. 권18 천계天啓 3년 5월 기사에 인조의 찬탈기사가 있다. 『속수사고전서』 365 사부 편년류와 『사고금훼서총간』 사부 42책에도 같은 책이 있다. 명나라 실록 『熹宗哲皇帝實錄』 권33 천계3년 4월 29일(무자)에도 인조의 찬탈 기사가 있다.

13) 『현종실록』 21권, 현종 14년 2월 13일 계축, 현종개수실록 26권, 현종 14년 2월 13일 계축,

14) 『숙종실록』 5권, 숙종 2년 1월 25일 무신; 숙종실록 5권, 숙종 2년 1월 28일 신해; 숙종실록 5권, 숙종 2년 12월 15일 계해.

『명사』 편찬에 착수하였지만 진전이 없다가 강희 18년(1679, 숙종 5
년)부터 황제의 적극적인 개입으로 많은 기록을 수집·정리하였으나
옹정 13년(1735, 영조 11년)에 완성되었고 1739년(건륭 4년, 영조 15
년)에야 전권이 인쇄되었다. 그러므로 조선에 기전체 정사『명사』의
실제 내용은 이후에 알려지게 된다.[15]

따라서 변무 논의가 받아들여진 숙종 5년 이후『명사』의 내용을
모른 상태에서는 변무 논의가 진전될 수 없었다. 영조 1년(1725)에 청
나라에서 명사를 편찬하고 있는데 종계변무처럼 문제가 있는 사안을
미리 알려주면 반영하겠다는 통고가 왔다.[16] 조선 조정에서는『대명
회전』에 수정된 내용이 있으니 실제 내용을 보고 변무해야 하지 미리
변무할 필요가 없다는 의견도 있었으나 변무사를 보내기로 하였다.[17]

인조반정에 대한 변무 관련기사도 처음에는 잘 받아들여지지 않다
가 집정(執政) 상명(常明)이란 사람이 우리나라를 위해 주선하여 자
구를 조금 고치고 따라서 등본을 보여주므로 사신이 받아서 가지고
돌아왔는데, 아직도 다 고쳐지지 않았다고 한다.[18] 3년 뒤(영조 6년)
에 인조에 대한 변무는 곧 선조(先朝: 숙종) 때 40년을 경영해 온 일
인데 이제 다행하게도 순조롭게 이루어졌다는 기사가 보인다.[19]

다만 종계변무는 아직 옛날 기록 그대로 남아있어 문제가 있었는
데 영조 7년에 이 변무 내용이 받아들여졌다는 기사가 전하는데 이를
요약하면 다음과 같다.[20] 사은사 서평군(徐平君) 이요(李橈) 등이 복
명하여 '칙수명사고(勅修明史藁)'라는 등본 한 권을 올리니, 임금이

---

15) 孫衛國, 2008.4,「淸修『明史』與朝鮮之反應」,『學術月刊』第40卷 4月號.
16)『영조실록』6권, 영조 1년 5월 11일 무신.
17)『영조실록』9권, 영조 2년 1월 9일 임인.
18)『영조실록』11권, 영조 3년 윤3월 3일 경신.
19)『영조실록』25권, 영조 6년 4월 2일 기해.
20)『영조실록』29권, 영조 7년 4월 1일 계사.

간본을 아직 못 보았으나 고치려고 하던 것을 고쳤다고 하니, 참으로 나라의 다행이라 하였다. 이때 이요는 상명(常明)이 명사 편찬의 실권자인 유보(留保)와 총재관 장정옥(張廷玉)에게 눈물을 흘리면서 고쳐 주기를 청하니, 두 사람이 감격하여 허락하였다는 사실을 보고하였다. 상명이 '국사(國史) 가운데 고치려고 하는 자구를 모두 지적하여 보여 달라' 하였으므로, 이요는 주필(朱筆)로 '찬(纂)'자, '확(攫)'자 및 '자립(自立)' 등의 글자에 점을 찍어 보냈다. 그러자 상명이 유보에게 보이고 답서하기를, '병오년(1726, 옹정 4년, 영조 2년) 황상이 이미 특별히 허락하셨으므로 뜻에 따라 고쳐주겠다.' 하여, 이로부터 일이 순조롭게 이루어졌다. 다만 '자립(自立) 운운' 한 것은 야사 가운데 있는 말이요, 『명사(明史)』에는 없는데 이미 없는 것을 어찌 반드시 고치기를 청하는가? 라고 하였다. 상명이 역관 김시유(金時瑜)에게 말하기를, '간본은 동지사 행차에 내보낼 터이니, 마땅히 5,6천 금으로 사례해야 한다.' 하고, 좋은 말[馬]과 명주(明珠) 두 개를 요구했다. 호인(胡人)들은 비록 문학하는 자라 하더라도 재리에는 매우 인색한데, 유보만은 뇌물을 받지 않고 말하기를, '사책을 보낸 다음 국왕의 사례가 있으면 사양하지 않겠다.'고 하였다.

새로 편찬된 『명사』 조선전은 영조 8년(1732) 조선 사신 동지정사(冬至正使) 낙창군(洛昌君) 이탱(李樘), 부사(副使) 조상경(趙尙絅), 서장관 이일제(李日躋)가 가져온다.[21] 이탱은 『명사』 「태조본기」와 「희종본기」를 영조에게 올리면서 태조와 인조의 일이 모두 대강을 간략하게 썼다고 아뢰었다. 이때 올린 책들은 등본이며 『명사』 조선전의 실제 간본은 영조 15년(1739)에야 구해왔다.[22]

---

21) 『영조실록』 31권, 영조 8년 4월 22일 기유, 『영조실록』 31권, 영조 8년 5월 8일 갑자.

22) 『영조실록』 48권, 영조 15년 2월 2일 기묘. 전질을 구입해오라는 기사가 그 해 11월에 보인다. 『영조실록』 50권, 영조 15년 11월 3일 병오.

영조 47년(1771)에 이르러 사찬으로 편찬된 명사 관련 역사서에 이성계의 종계문제와 인조반정에 대한 기록을 두고 또다시 역사변무 논쟁이 일어나 정국이 문자옥을 방불케하는 소용돌이 속으로 빠져들 게 된다.23) 발단은 5월 20일 사헌부 지평 박필순(朴弼淳)의 상소로 비 롯되었다.

> 신이 어제 우연히 연경에서 가져 온 『강감회찬(綱鑑會纂)』을 삼 가 보니, 명사에 연계된 것으로, 바로 강희 병자년(1696, 숙종 22년) 무렵에 주린(朱璘)이 지은 것이었습니다. 그런데 거기에 기재된 바 우리 조정에 관한 일로 선계(璿系)에 망극한 무어(誣語)가 있으니, 우리 동방에서 생명을 가지고 있는 사람으로 놀랍고 가슴이 아프며 박절함이 마땅히 어떠하다 하겠습니까? 지난날 선왕조에서 여러 번 이것을 가지고 명나라에 보내어 분변하여 심지어 『명조회전(明朝會 典)』의 누명을 씻은 일이 있었습니다. 그래서 천하 후세에 당연히 이런 류의 문자가 없어야 하는데, 이번에 이 한 권의 책이 태학사 주 린의 손에서 나왔으며, 예부 상서 겸관한원 첨사(禮部尙書兼管翰院 僉事) 장영(張英)이 서문을 지어 믿을 만한 역사책으로 만들었으니 초야의 책과는 다른데도 국계(國系)에 대한 무어가 아직도 이와 같 으니 적극적으로 분변하여 분명히 하는 도리를 결코 일각이라도 더 디게 하거나 늦출 수 없습니다.

이 상소에 대해 영조는 처음에 내일 대신들을 입시하도록 하라는 지시 외에는 큰 반응이 없다가 하루가 지난 뒤, 하루라도 이러한 책들 이 세상에 존재한다는 것은 불효에 해당하니 참을 수 없다고 적극적

---

23) 이하 내용은 주로 김대경, 2019. 「조선후기 『皇明通紀輯要』의 간행과 유통」, 한 국학중앙연구원 석사학위논문, 22쪽 이하 참조.

으로 처리할 의향을 내비추고 대신들의 의견을 묻는다. 한 달간 문제가 된 주린의 『명기집략』[24]의 소지자와 이를 판 서적상인들을 대상으로 조사와 국문이 시작되었다. 그 과정에서 『명기집략』에 문제의 글이 실리게 된 원사료가 진건이 지은 『황명통기』에서 비롯되었다는 사실도 밝혀졌다. 이 책을 팔거나 소지하였던 관련자들을 조사한 결과 몇몇은 효수되기도 하고 변방의 노비가 되며, 가족들도 노비가 되는 등 커다란 옥사가 진행되었다. 크게 피해를 본 집단은 책쾌라 불리는 서적상들이었다. 실록에는 이에 대한 비판적인 사론이 있기도 하다.[25]

청나라에서 편찬된 사서에 대한 역사변무 사건인 만큼 다시 중국에 사신을 보내기로 하였다. 이 사신들이 가지고 갈 상주문은 채제공이 지었는데 역사 변무의 개요와 요구사항이 잘 정리되어 있다.

> 신이 최근에 처음으로 성조 인황제(聖祖仁皇帝: 강희제) 병자년(1696, 숙종 22년)무렵에 주린(朱璘)이 지은 『명기집략(明紀輯略)』을 보니, 그 가운데 신의 국조(國祖) 강헌왕(康獻王: 태조) 휘(諱: 성계)의 종계 및 신의 4대조[四世祖] 신 장목왕(莊穆王: 인조) 휘(諱: 종휴)의 사적이 기재되어 있는데, 잘못되고 사리에 어긋나기가 유례가 없을 정도입니다. … 이 책이 이루어진 지 벌써 70여 년이 되었으므로 우리나라로 언제 전해진지도 모릅니다. (중략)
>
> 대체로 강헌왕의 종계가 『명조회전(明朝會典)』(대명회전)에 잘못 기록된 것은 고려 말기의 간사한 사람들이 몰래 추잡하게 거짓을 꾸며대기를 극도로 한 데서 연유하였는데, 신의 선조 공정왕(恭定王: 태종) 휘(諱: 방원)에서부터 정성을 쌓고 간절히 기원하여 신종

---

24) 朱璘의 『明紀輯略』은 희귀본인데 하버드대도서관(https://hollis.harvard.edu/)에서 인터넷으로 열람이 가능하다. https://iiif.lib.harvard.edu/manifests/view/drs:24616711$1i
25) 『영조실록』 116권, 영조 47년 6월 11일 경진. 『영조실록』 116권, 영조 47년 6월 21일 경인. 『영조실록』 116권, 영조 47년 6월 27일 병신.

무자년(1588, 선조 21년)에 이르러서야 잘못된 부분을 삭제하고 바로잡도록 쾌히 허락하셨고 책을 만들어 내려 주셨습니다. 그리고 장목왕의 사적을 『십육조기(十六朝紀)』에다 잘못 기록한 것 역시 가도(椵島)의 장수 모문룡(毛文龍)이 몰래 멋대로 거짓을 꾸민 것에 연유하였으므로, 신이 세종 헌황제(世宗憲皇帝: 옹정제) 병오년(1726, 영조 2년)에 전담 사신을 파견하여 황제에게 호소해서 허락을 받았으며, 우리 황상 대에 이르러 정사(正史:『명사』)를 반포하여 보여주셨습니다. (중략)

그러나 이 『명기집략』은 주린이 사사로이 편찬한 것에 불과하니 국가에서 기록하여 영구히 전하는 관찬기록에 견주어 의논할 것은 아닙니다만 와전된 것으로 인해서 잘못된 부분을 답습한 내용이 아직도 책 가운데 남아있고 시장에서 유통되고 있으니, 신의 가슴이 무너질 정도로 절박하며 원통하고 분함이 어찌 다함이 있겠습니까?

그러나 주린이 근거한 책은 명나라 사람인 진건(陳建)이 지은 『황명통기(皇明通紀)』인데 이 역시 우리나라의 종계에 대한 망측한 내용이 있었습니다. … 이 책은 가정(嘉靖: 명나라 옹정제) 무렵에 편찬한 것입니다. … 우리나라 백성들은 모두 『명조회전』에서의 무어가 이미 바로잡혀졌다면 이와 같은 내용은 앞으로 저절로 없어지리라 여겨서 다시 분변하여 밝히지 않았습니다. 그런데 지금 주린의 글을 보면 대체가 『황명통기』에서 취한 것이었으니, 또 이 뒤에 주린을 답습하여 이런 말을 하는 자가 없다는 것을 어떻게 알겠습니까? 이것이 신이 기필코 근본을 뽑아버리고 근원을 막아야겠다고 하면서 아울러 거론하고 우러러 주청하게 된 까닭입니다. (중략)

삼가 바라건대 황상께서 소방의 인륜과 의리에 관계된 바를 굽어살피시고 특별히 성조(聖朝) 사례(史例)의 지극히 중대함을 생각하시어 위에 진달한 『황명통기』·『명기집략』 두 책 가운데 사리에 어긋나는 내용으로 우리나라에 관계된 것은 빨리 명지(明旨)를 내

려 모두 삭제해 버리도록 하여 보잘것없는 신의 원통하고 억울한 심
정을 위로해 주신다면, 해동의 신민들은 삼가 당연히 살아서는 목숨
을 바치고 죽어서는 풀을 묶어[결초結草] 천지같이 곡진하게 이루어
주는 은혜를 갚겠습니다. 연계된 일이 선대(先代)에 관계되었기 때
문에 감히 지극한 정성을 드러내어 사리로 불쌍히 여기고 허락해 주
심을 받도록 바라며 이렇게 조심스럽게 주문(奏文)을 갖추어 아룁
니다.26)

이 상주문에 대한 중국 측의 회신은 다음과 같다.

　주린의 『명기집략』을 조사해 보니 건륭(乾隆) 22년(1757, 영조 33
년)에 절강순무 양정장(楊廷璋)이 주청하여 책판을 불태웠다. 진건
의 『황명통기』는 현재 도성의 책방을 두루 살펴도 파는 곳이 없으
니, 이 두 책은 중국에 이미 없으므로 고칠 일이 없다. … 『명사』「조
선전(朝鮮傳)」의 '시조의 세계'와 '나라사람들[국인國人]이 혼(琿, 광
해군)을 폐하고 종(倧, 인조)을 세웠다'는 기록은 사실에 근거하여
이미 지극히 상세하게 밝혔다. 건륭 3년(1738, 영조 14년)에 우리 황
상께서 조선 국왕의 청을 받아들여 인쇄본을 내려 주었으니 조선에
서는 이 책을 간행하여 자손과 신하, 백성으로 하여금 믿고 따를 바
를 알게 하라. 진건의 『황명통기』와 주린의 『명기집략』 두 책은 조
선 국왕이 국내에서 스스로 조사하여 금하고 불태워 영원히 의혹을
막으라.27)

---

26) 『영조실록』 116권, 영조 47년 5월 27일 정묘 2번째기사. 1771년 청 건륭(乾隆)
36년.
27) 『淸高宗實錄』 권891, 36년 8월 18일. "査朱璘輯略, 於乾隆二十二年 浙江巡撫楊廷
璋奏請銷毁. 其陳建通起, 現遍訪京城書肆, 並無售者, 是二書 在中國久已不行, 無
事改削. … 『明史·朝鮮列傳』, 載其始祖世系, 及國人廢琿立倧之處, 考據已極詳明.
乾隆三年, 我皇上允該國王所請, 印刷頒給, 該國自當欽遵刊布, 使其子孫臣庶知所信

청나라에 대한 역사변무는 위와 같이 일단락되었다. 조선에 남아 있는 역사서는 어떻게 처리되었을까? 『황명통기』와 『명기집략』은 모두 세초 또는 훼판하거나 불태워버렸다. 그러나 명나라 관련 역사서를 모두 없애버린다면 명나라 역사를 알 수 없게 된다는 현실적 고민에 잘못된 부분을 수정하여 다시 간행하기로 변경하였다. 우선 『황명통기』 관련 자료를 다시 조사하도록 하였는데 경연에 쓰이던 『황명통기』 2책이 궁궐에 남아있었다. 여기에는 임금이 강독할 수 있도록 토가 달려 있는 본이 전한다. 숙종과 영조 대에 명나라 역사는 경연에서 이 『황명통기』를 강독하였기 때문이다. 그런데 이 『황명통기』는 명 태조가 호주(濠州)에서 왕업을 일으키던 원 순제 지정 11년(1351, 고려 충정왕 3년)부터 희종 천계 7년(1627)까지의 역사만 기록되어 있으므로 의종 숭정제(1628~1644) 이후의 역사는 『명기편년』이라는 책으로 강독을 진행하였다.[28] 이 두 책은 그해에 간행되었다.[29] 이현석의 『명사강목』도 주린의 글이 실려 있다는 이유로 모두 세초하라고 명하였으나 위와 같은 이유로 문제가 된 부분을 삭제하고 간행하도록 하였다. 이현석의 『명사강목』의 개정 이전 판본은 한달간 이어진 문자옥 소동 때문인지 전하는 판본은 아직 발견되지 않았다.[30] 『명사강

從. 若陳建通紀, 朱璘輯略二書, 應令該國王於其國中自行査禁焚銷, 永杜疑竇.

28) 『명기편년』의 서술대상 시기는 명 태조 홍무 원년(1368)~융무 2년(1646)이다. 장서각 소장 인터넷 서비스본 『明紀編年』(K2-109)을 보면 왕여남이 보정한 권9 숭정 원년(1628)부터 마지막 권12(융무)까지 붉은색 현토가 있다.

29) 숙종 대에 간행된 『황명통기집략』과 영조의 서문이 있는 『황명통기집략』에서 역사변무와 관련하여 개정된 부분의 비교는 김대경, 앞의 논문, 49쪽 참조. 장서 각 소장 인터넷 서비스본 『황명통기집요』(K2-140)에는 권1 원 순제 지정11년 (1351)부터 권4 홍무31년(1398)까지만 붉은 색 현토가 있다. 『황명통기집요』 (K2-141)에는 현토가 없다.

30) 『여사제강』도 영조 25년(1749)에 송시열의 조선왕실과 관련된 애매한 표현때문에 공양왕기 부분은 훼판되었지만 국립중앙도서관에 문제가 되었던 공양왕기가 있는 판본이 전한다. 박인호, 2003, 「『여사제강』『공양왕기』의 산삭과 그 정치적 함의」, 『한국사학사학보』 7 참조.

목』의 개정에는 홍계희가 주로 관여하였다.

Ⅲ. 서명응의 『강목삼편』 편찬과 정통론

서명응이 저술하거나 함께 편찬한 역사서에는 『어평양한사명(御評兩漢詞命)』(1761, 영조 37년)[31]·『고사신서(攷事新書)』(1771, 영조 47년)[32]·『황극일원도(皇極一元圖)』(1774, 영조 50년)[33]·『대구서씨세보(大丘徐氏世譜)』(1775, 영조 51년)[34]·『기자외기(箕子外紀)』(1776, 영조 52년)[35]·『영조 행장』(1778, 정조 2년)[36]·『남한가람지(南漢伽藍誌)』(1779,

---

31) 서명응이 通政大夫弘文館副提學知製敎兼經筵參贊官春秋館修撰官의 직책으로 영조의 명을 받고 중국 한나라 역대 황제의 글에 대한 영조의 평을 편찬한 책이다.

32) 서명응이 正憲大夫吏曹判書兼知經筵春秋館事藝文館提學으로 있을 때 주변의 권유로 기존의 『고사촬요』를 관리들이 임지에서 실제 참고하기에 유용한 실용서로 대폭 개편한 책이다. 『보만재총서』 집류에 『攷事十二集』으로 실려 있다. 박권수, 2010, 「규장각 소장 『攷事新書』에 대하여」, 『규장각』 36.

33) 서명응이 崇政大夫行戶曹判書兼弘文館提學世孫右賓客으로 있을 때 영조의 명을 받고 편찬한 책이다. 상권은 소옹이 『황극경세서』에서 사용한 원회운세 기년체계를 적용한 간략 역사 연표라 할 수 있다. 홍계희가 편찬한 『경세지장』(1758년, 영조 34)에서 세(世)에 30칸(30년)만 있고 간지가 없는 점을 보완하여 각 칸마다 간지를 표시하고, 중국은 복희부터 명나라 갑신년(1644)까지 오른쪽 칸에, 한국은 단군부터 조선 태조 즉위년인 임신년(1392)까지 왼쪽 칸에 주요 역사를 기술하였다. 하권은 영조 즉위 이후 120년간의 절기를 밝힌 曆書이므로 영조 50년 이후는 미래의 역서이다. 『황극일원도』는 규장각에서 마이크로필름으로 열람이 가능하다. 박권수, 2018.6, 「曆書와 歷史: 조선후기의 象數學的 年代記書와 時憲曆」, 『동국사학』 64. 『황극경세서』 기년체계는 다음 글 참조. 김남일, 2017, 『康節先生皇極經世書東史補編通載』의 편찬 배경과 황극경세 紀年 체계의 이해」, 『韓國史學史學報』 35.

34) 서명응이 崇政大夫原任吏曹判書兼判義禁府事知經筵事弘文館大提學藝文館大提學知春秋館成均館事 世孫左賓客으로 있을 때 아들 서호수가 호남백으로 내려가자 이전에 아버지 서종옥이 호남영에서 간행한 족보를 증보하였다. 규장각 도서(『大邱徐氏世譜』 규5387)에 있으며 인터넷으로 이미지 열람이 가능하다.

35) 서명응이 崇政大夫平安道觀察使兼兵馬水軍節度使都巡察使管餉使平壤府尹 奎章

정조 3년)37)·『열성지장통기(列聖誌狀通記)』(『양릉지장통기(兩陵誌狀通紀)』)(1780, 정조 4년)38)·『강목삼편』(1781, 정조 5년)·『국조보감』(1782, 정조 6년)39)·『기사경회력(耆社慶會曆)』(1787, 정조 11년)40) 등이 있으며『보만재총서』별사(別史)에는『주사(疇史)』41)·『위사(緯史)』42)·

闍提學으로 있을 때 편찬한 책이다.『기자외기』에 대해서는 다음 논문이 있다. 김문식, 1997,「18세기 후반 서명응의 기자인식」,『韓國史學史硏究』, 우송조동걸 선생 정년기념 논총간행위원회, 나남.

36) 서명응이 영조 사후 실록편찬에서 제외되고 대제학의 직책으로 지은 영조의 일 대기다.『영조실록』과『양릉지장통기』에 실려 있다.

37) 서명응이 남한산성 守禦使로 정조의 능행과 남한산성 행차에 참여하여『남한산성지』를 올리라는 명을 받고 편찬하였다. 원본은 남아 있지 않으나 홍경모가 이를 토대로『중정 남한지』를 편찬하였다. 김문식, 2004,「1779년 정조의 능행과 남한산성」,『한국실학연구』8, 119쪽 참조.

38)『열성지장통기』는 조선시대 왕과 왕비의 인물전이라 할 수 있는데 서명응이 편찬한 책은『양릉지장통기』라고 별도의 책으로도 간행되었다. 英祖와 貞聖王后, 그리고 영조의 큰 아들 眞宗과 孝純王后에 관한 공식 문서들을 모아 편찬한 책이다. 서명응은 大匡輔國崇祿大大議政府左議政兼領經筵事監春秋館事의 직책에 있었다. 임치균·허원기, 2003,「『열성지장통기』에 나타난 왕과 왕비의 인물 형상」, 한국정신문화연구원 국학진흥연구사업추진회,『列聖誌狀通紀』1, 한국정신문화연구원,

39) 서명응이 原任大提學輔國崇祿大夫行判中樞府事致仕奉朝賀의 직책으로 편찬에 참여한 책이다. 기존의『국조보감』에서 빠진 정종·단종·세조·예종·성종·중종·인종·명종·인조·효종·현종·경종 등의『십이조보감』과『영묘보감』을 추가한 것이다. 鄭亨愚, 1982,「국조보감의 편찬경위」,『동방학지』33.

40) 기사는 정2품 이상으로 70세가 되면 가입이 되는 기로회를 의미하는데 서명응이 기존의 기로소 관련자료를 증보한 한 책으로 輔國崇祿大夫行判中樞府事致仕奉朝賀의 직으로 간행하였다. 기로소 관련 자료를 필사하여 간략한 해제와 더불어 간행한 책이 있다. 국사편찬위원회편, 1992,『各司謄錄56 : 耆社慶會歷 외, 宗親府謄錄 1』, 규장각 인터넷에서『기사경회력』규971·규2285 2책을 열람할 수 있다. 이 자료의 원문이미지는 http://kyudb.snu.ac.kr/에서만 검색이 된다.

41) 주(疇)는 홍범구주의 구주를 의미하며『기자외기』의 수정본이다. 김문식, 1996, 앞의 논문, 161쪽 참조.

42)『위사』는 서양천문학과 지리인식이 반영된 세계관과 세계지리 인식을 알 수 있는 저서이다. 김문식, 2006,「18세기 徐命膺의 세계지리 인식」,『한국실학연구』11, 한국실학학회.

『본사(本史)』43) 등이 있다.

서명응의 『강목삼편』은 정조가 세자로 있던 시기에 청나라에서 편찬한 중국 정사 『명사』를 토대로 정조가 직접 초고를 완성한 책에서 비롯되었다.44) 이때 서명응이 세자의 빈객으로 편찬에 참여하였다는 사실을 정조의 다음 글이 알려 준다.

주자(朱子)가 『춘추』를 이어 『강목』을 편찬한 뒤로부터 모든 왕

---

43) 『본사』는 1785년 서명응·서유구가 공동 편찬한 농서이다. 김문식, 1996, 앞의 논문, 164~166쪽 참조. 염정섭, 2018, 「18세기 후반 徐命膺의 『本史』 편찬과 『本史』의 구성 체제」, 『한국학논총』 49, 국민대학교 한국학연구소.

44) 『명기제설』이 이러한 과정에서 나온 결과물로 추정된다. 『홍재전서』 제179권 군서표기(群書標記) 1 어정(御定) 1. 『명기제설(明紀提挈)』 20권 사본 [계사년(1773, 영조49) 편찬]. "제설(提挈)은 요점을 간명하게 제시한다는 뜻이니, 대체로 『강목신편(綱目新編)』과 서명은 다르나 내용은 같은 것이다. 강(綱)은 큰 글자로 한 줄에 쓰고 목(目)은 작은 글자로 두 줄로 나누어 표기하는 대서분주(大書分註)의 체재라는 점이 같고, 사실의 기술이 기년계월(紀年繫月)식의 편년체 방식이라는 점이 같다. 다른 점은 사실의 기술에서 상략(詳略)의 차이가 있다는 것뿐이다. 그렇다면 어찌하여 이리저리 종합해서 단점은 버리고 장점만 택하여 한 책으로 만들지 않는가? 전기(傳記)가 번잡하기로는 『명사(明史)』가 가장 심하고, 진위(眞僞)가 혼재하는 것도 『명사』가 가장 심하다. 내가 명 나라 역사를 편찬하던 초기에 한 편이 완성될 때마다 빈료(賓僚)들에게 돌아가며 교정하도록 하였더니, 근거로 이용한 것이 각기 다른 데다 본 대로 숨김없이 모두 기록하여 격두(格頭)에 붙인 찌가 혼란스러울 정도로 많았다. 그래서 내가 직접 절충해서 『강목신편』을 편찬하였고, 다시 한 가지 대의(大義)라도 더 갖출 수 있는 서법(書法)과 따로이 근거가 될 만한 사실들을 모아서 별도로 한 질의 편년사를 엮었으니 이것이 『명기제설(明紀提挈)』을 편찬하게 된 연유이다. 이전에 사마 온공(司馬溫公)이 『자치통감(資治通鑑)』을 편찬할 때에 이미 『자치통감목록(資治通鑑目錄)』이 있었는데도 다시 『자치통감거요(資治通鑑擧要)』를 편찬하였으니 중복을 꺼리지 않은 것이다. 논자(論者)들은 "신발을 파는 사람은 큰 신발을 만들고 또 그다음 크기의 신발을 만들어 신을 살 사람들이 스스로 고르게 하는 것이다."라고 한 소순(蘇洵)의 말을 끌어다 댔는데, 내가 이 책을 다시 편찬한 이유도 또한 같은 것이다." 『명기제설』의 서술대상 시기는 홍무원년에서 영력 16년까지 총 20권 10책이다. 규장각 도서(필사본)에 있으며 MF 필름 촬영본이 있어 열람이 가능하다.

조에 강목체 사서가 있는데, 명(明) 나라 20조(朝)의 사실을 다룬 강
목체 사서는 오래도록 나오지 않고 있다. 내가 춘저에 있던 임진년
(1772, 영조 48년)에 정사인 『명사(明史)』를 가져다 놓고 한결같이 『주
자강목』의 체례를 따라 강과 목을 정하고 연월별로 사실을 적었다.
계사년(1773, 영조 49년)에야 비로소 책이 완성되었는데, 『주자강목』
은 건도 임진년(1172, 남송 효종 8년)에 완성되었고, 그후 세 번째
맞는 임진년(1352)에 고황제(高皇帝: 명태조)가 호주(濠洲)에서 용
흥하였다. 또다시 네 번째의 임진년(1592, 조선 선조 25년)에는 신종
황제가 우리나라를 재조(再造)하였으며, 또다시 세 번째 맞는 임진
년(1772)에 이 책이 완성되었다. 천시가 우연히 맞은 것일까? 이 일
이 마치 이때를 기다려서 이루어진 것 같은 느낌이 든다. 빈객 서명
응이 이 책의 편찬에 참여하였다.[45]

임진년이라는 육십갑자와 맞아떨어지는 숙명적인 편찬 동기를 주
희의 『통감강목』과 중국 명나라와 조선의 긴밀한 역사를 결부시켜 동
양적인 운수(運數)의 관점으로 역사를 보는 점이 두드러진다고 할 수
있다.

서명응도 비슷한 내용의 『강목신편』 서에서 다음과 같이 편찬 동
기를 밝히고 있다.

천시는 하늘에서 돌고 있고 인간사를 아래에서 움직이니 어찌
운수가 존재함이 아닌가? 그렇지 않다면 어찌 서로 상대함이 교묘

---

45) 『홍재전서』 제179권 군서표기 1 ○ 어정(御定) 1 『자치통감강목신편(資治通鑑綱
目新編)』 20권 사본 (계사년, 1773, 영조49년 편찬). "自朱子續麟之後. 一代有一
代之綱目. 惟皇明二十朝事實. 久無綱目. 壬辰. 予在春邸. 取皇明正史. 提綱立目. 紀
年繫月. 一倣朱子綱目之例. 至癸巳始成. 蓋朱子綱目成於乾道壬辰. 後三壬辰而高皇
帝龍興濠州. 又四壬辰而神宗皇帝再造我藩邦. 又三壬辰而是書行. 天時偶符. 事若有
待. 實客徐命膺與聞編摩之事."

하게 일치하니 마치 일부러 그렇게 한 듯한 것인가? 옛날 회암 주자가 송 건도 임진년(1172)에 강목을 편찬하였는데 강은 『춘추』의 경을 본받고 목은 『춘추』의 전(춘추 해설서)을 모방하였다. 엄격한 서술법은 공자의 정맥을 그대로 이었으므로 역사가는 『강목』을 전사(기전체 정사)보다 더욱 중요시한다. 이것이 황명에 이어져 다시 『송원강목』을 편찬하여 그것을 이었다. 어찌 일대마다 각각 일대의 강목으로 된 역사서를 구비하였으니 불가결한 것이 아닌가? 유독 황명의 18조 사실은 오히려 강목체 역사서가 없음이 아니라 아마도 장차 있을 역사서를 기다린 것뿐이다. 아! 금년 임진년에 우리 춘궁(정조)께서 『주자강목』을 강독하시고 『송원강목』까지 마치시었다. 장차 명나라 역사를 이어서 강독하려 하시었으나 그 책이 아직 없었다. 이에 크게 탄식하여 말하시기를 "명나라 태조가 호주에서 왕업을 일으킨 해가 지정 임진년(1352)이 아닌가? 신종황제가 우리나라를 다시 일으킨 해가 만력 임진년(1592)이 아닌가? 이는 그 시종의 천시가 강목의 편찬한 해와 우연히 부합하는 것이다. 이 해에 이 강목의 역사서를 편찬하여 황명의 역사 기록이 없어지지 않게 함이니 우리 나라가 우러러 은혜에 보답하는 것이 예의상 당연하다." 하시었다. 이에 의례를 빈객 신 명응에게 주시었다. 명나라 역사를 다시 정리하여 강을 세우고 목을 나누어서 무릇 20권이 되는데 『자치통감강목신편』이라 이름지었다. 아아 명나라가 망한 지 이미 백여 년이다. 사해의 넓음과 천지의 거대함에도 『춘추』 한 책을 읽을 땅이 없음에도 우리나라는 오히려 명나라의 의관과 문물을 보존하고 있다. 어떤 이는 『황명강목』을 짓지 않으면 그만이지, 만들게 된다면 이는 반드시 우리나라에서 해야 된다고 한다. 그렇지만 백여 년간 성인이 서로 이어지며 황명을 우러러 보답함에 거의 유감이 없다. 이 강목이 아직 없음은 겨를이 없음이다. 지금 천시에 감동을 받아 새로운 역사 운수를 정립함은 즉 임진에 편찬한 강목을 임진년에 새

로운 강목을 편찬함이다. 270년의 예약정법이 환하게 빛남이 해와
별과 같게 함이니, 주자 강목이 마침내 시작이 있고 끝이 있는 역사
서가 되었으므로 이것이 이미 기이한 것이다.[46)

서명응은 정조와 같이 강목의 편찬은 천시와 인사가 부합하는 운
수에 기인하였다는 점을 밝히고 있다. 특히 『송원강목』에 이어 명나
라 역사를 강독하려 함에 적당한 교재가 없었다는 점을 지적하고 있
다. 앞서 살핀 바와 같이 숙종과 영조는 『황명통기』와 『명기편년』을
경연에서 강독하였다. 즉 정조는 서연에서 읽을 강독서의 선정 문제
가 있게 되자, 이전의 관행을 따르지 않고 임진년이라는 간지에 영감
을 받고 존주(尊周) 대의에 입각하여 강목체 역사서를 편찬함이 자신
의 소명이라 생각하였음을 알 수 있다.

『강목신편』의 성격과 편찬 의도를 알려주는 갑오년(1774, 영조 50
년) 정조의 서문을 살펴보자.

　　신편(新編)이라고 한 것은 원편(原編)과 속편(續編)에 이어서 지

---

46) 『保晚齋集』 권제7, 「綱目新編序」. "天時之周乎上. 人事之運乎下. 豈有數存歟. 不
然. 何其相待而巧値若有以使之也. 昔晦菴朱子以宋乾道壬辰. 編成綱目. 而綱法春秋
之經. 目擬春秋之傳. 森然法例. 純乎洙泗之正脉. 故史家之視綱目. 尤重於全史. 式
至皇明. 復撰末元綱目以續之. 豈不曰一代各具一代之綱目而不可闕也歟. 獨皇明十
八朝事實. 尙爲闕文. 非闕文也. 蓋將有待焉耳矣. 粤今年壬辰. 我春宮邸下進講朱子
綱目. 以迄宋元. 將欲繼講明紀. 未有其書. 於是喟然歎曰. 高皇之起濠州. 非至正壬
辰乎.神皇之造藩邦. 非萬曆壬辰乎. 是其始終天時. 偶符綱目編成之年. 以此年修此
書. 使皇明不亡於方策. 我國家崇報之者. 禮則宜然. 乃以義例. 授賓客臣命膺. 釐正
明史. 立綱分目. 凡二十卷. 名曰資治通鑑綱目新編. 嗟夫. 神州陸沉. 今已百餘年矣.
四海之廣. 九有之大.春秋一部. 無地可讀. 而惟我東土. 尙保皇明之衣冠文物. 說者以
爲皇明綱目不作則已. 作之則其必在於東土. 然而百餘年間. 聖聖相承. 其於崇報皇
明. 幾無餘憾.而惟是闕文未之遑焉. 今我邸下起感天時. 鼎新史運. 卽夫壬辰編成之
舊史. 續以壬辰創修之新紀. 使二百七十年之禮樂政法. 炳然若日星. 而朱子綱目. 遂
爲有始有卒之書. 斯已奇矣."

었다는 뜻이다. 우리나라와 중국의 관계는 노나라와 주나라의 관계
와 같다. 공자가 『춘추』를 지으면서 천명한 대의가 수십 가지나 되
지만 가장 중시한 것은 존주대의였다. 이 때문에 '주나라의 예(禮)가
노나라에 있다'고 하는 것이니, 이 점에 있어서는 『노사(魯史)』도 마
찬가지일 것이다. 만일 주나라의 역사가 공자에 의해 지어졌더라면
그 필법의 근엄하기가 응당 어떠하였겠는가. 『강목신편』은 명 나라
의 역사이다. 나는 사실 공자가 『춘추』를 지은 것에 빗대려는 생각
을 갖고 있었다. 이러한 생각이 없었다면 신편을 짓는 일은 없었을
것이다. 『춘추』 이후에 나온 역사책으로서 돈사(惇史: 믿을 만한 역
사서)라고 할 수 있는 것은 주자가 편한 『강목』이 있을 뿐이다. 그
런데도 주자는 오히려 『강목』을 편찬하기 위해 필삭할 즈음에 제대
로 검토하지 못한 것을 유감으로 여겼다. 그러니 내가 어찌 감히 하
나도 잘못된 것이 없다고 말할 수 있으랴. 그렇지만 그 뜻만은 삼가
두 부자(夫子: 공자, 주자)의 대지(大旨)를 취한 것이니, 이 책에 쓰
여진 서법(書法)을 본받는다면, 아마도 그것이 이 책의 요체라 할
것이다.[47]

책 이름을 신편이라 한 까닭은 주희의 강목체 역사서 원편(『통감
강목』)과 그 뒤 송과 원나라의 역사를 추가한 속편(『속강목』)을 뒤이
었다는 의미이다. 우리나라와 명과의 관계는 노나라와 주나라와의 관
계와 같은데 노나라의 공자가 춘추를 지으면서 가장 중시한 점은 천

---

47) 위와 같음, 친제권수(親題卷首) ○親題卷首曰. 曰新編者. 繼原編續續編而作也. 我東
之於皇朝. 若魯之於周. 然孔夫子作春秋大義數十. 尊周爲先. 此之謂周禮在魯. 而於魯
史猶然. 苟如周史之作於孔夫子者. 其筆法之謹嚴. 當尤如何也. 新編者. 皇朝之史也.
余實有擬於孔夫子之春秋. 而不如是則新編可以無作矣. 後春秋而爲惇史. 朱夫子之綱
目是耳. 然而朱夫子尙恨其未克照管於筆削之際. 則余何敢曰一一無錯. 然其義則竊取
於兩夫子之大旨. 觀乎卷中之書法. 庶或爲開卷第一義也. 같은 내용이 다음에도 있
음. 『弘齋全書』 권4, 春邸錄 4, 잡저 「題資治通鑑綱目新編二十卷之首」 甲午·

자의 나라인 주나라를 높인 존주(尊周) 의리에 있다고 밝혔다. 이에 주나라의 예(禮)가 노나라에 있다고 일컬으니 노나라 역사도 주나라의 역사서술법을 본받았을 것이다. 그렇다면 공자가 주나라의 역사를 썼다면 그 필법이 얼마나 근엄하였겠는가? 하면서, 정조는 자신이 명나라 역사인 『강목신편』을 지은 직접적인 동기는 공자가 『춘추』를 지은 뜻과 다름이 없다고 하였다. 이어 정조는 『춘추』 이후 『통감강목』과 같은 믿을 만한 역사서가 없는데, 오히려 주희는 세심히 교정하지 못한 것을 아쉬워하였듯이, 본인도 이런 문제점이 있다고 밝혔다. 그렇지만 이 책에서 드러낸 서법(춘추필법)은 공자와 주희의 큰 뜻을 따랐으며 그것이 이 책에서 가장 중요한 의미를 지닌다고 강조하였다.

『강목신편』은 계사년(1773, 영조 49년)에 책이 완성되었는데 그 뒤 신축년(1781, 정조 5년) 교정본에서 『강목삼편』으로 책명이 바뀐다. 서명응의 서문을 통해 그 내력을 살펴보자.

> 강목삼편은 어떻게 『보만재잉간』에 편입되었는가? 장차 교정볼 때를 대비하려는 것이다. 아! 옛날 영조 임진년에 우리 임금께서 춘궁에서 덕을 기르실 때 신이 외람되게 빈객의 자리에 있었다. 당시에 임금께서 주희의 『통감강목』 강의를 끝내고 『송원강목』(『속강목』)을 강하게 되었는데 장차 명사도 이어서 강독을 하려고 하시었다. 그러나 『명사강목』은 범례가 흐트러지고 사실이 전도되었으며, 『명기강목』은 정통에 크게 어긋나고 아름다운 말들이 많이 빠졌으며, 그 나머지 책들 즉 기사본말이라든가 편년체 역사서들은 모두 정사(기전체 『명사』)에 비해 부족한 점이 있다.
>
> 임금께서 이에 탄식하며 말씀하시기를 "주희의 강목은 임진년에 편찬하지 않았느냐? 하물며 우리나라는 임진년에 신종황제의 재조지은을 받아 지금 동쪽 지역을 둘러싼 풀 하나 나무 하나 황조의 비와 이슬을 입지 않은 것이 있느냐? 하늘이 혹 이 책 하나를 남겨 둔 것은

이 해에 우리나라로 하여 이 책을 완성하여서 명나라의 은혜에 만분
의 일이라도 보답하라는 뜻일 것이다" 하시고, 의례(義例)를 신에게
주시어 황명이십조강목(皇明二十朝綱目)을 편찬하라고 하시었다.

열 달 넘게 정리를 하여 비로소 책을 완성하였다. 임금이 즉위하
신 5년 신축년에 다시 신에게 거듭 교정을 명하시어 완성본이 이루
어졌으며 『강목삼편』이라고 책 이름을 고쳤다. 이 『강목삼편』이라
는 책은 임금의 명을 받아 편찬하여 올린 책이므로 내각(규장각)에
보관하여야 하는 책이다. 본디 개인의 책 속에 섞여 있을 수 없으나,
언젠가 임금께서 이 책을 출판하려 하실 때 만약 사사로이 보관한
선본 부본이 없다면 비록 교정을 보고 싶어도 어떻게 볼 것인가? 이
에 신축년 부본을 감히 훼손하여 버릴 수 없어서 또한 잉간에 편입
하여 둔 것이다. 잉간에 실린 것은 신축년 교정본 중에 선본이므로
앞뒤로 뒤엉키는 폐단을 면하고자 한다. 그렇지 않다면 어찌 감히
공공의 자산을 자신의 것으로 할 수 있겠는가. 서명응 삼가 쓰다.[48]

정조의 세자시절에 이루어진 『강목신편』은 8년 뒤에 정조의 명을
다시 받아 재교를 거치면서 『강목삼편』으로 책명이 바뀐다. 이는 아

---

48) 『보만재잉간』 25 사간(史簡) 1, 「강목삼편서」. "綱目三編也 而何爲入入於剩簡乎
將以備他日之校代也 奧昔 英考壬辰 我 聖上毓德春宮 臣忝叨賓客 當是時 上講畢
紫陽綱目 以及宋元綱目 將欲繼講明史 然明史綱目 凡例殽亂 事實顚倒 明紀綱目 正
統大謬 嘉謨多闕 其餘典則本末編年之屬 皆不足齒於正史 上乃喟然歎曰 紫陽綱目
顧不編成於壬辰乎 況我國以壬辰 受 神皇再造之恩 至今環東土 一草一木 莫非 皇朝
之雨露 天其或者留此一書 以是年使是邦成是書 酬報皇恩之萬一乎 遂以義例受臣俾
撰皇明二十朝綱目 閱十數月 始克成書 及上光御之五年辛丑 復命臣 重加校正 以成
完本 更名綱目三編 是綱目三編者 承命撰進之書也 藏奔內閣之書也 本不當與私撰
之書雜列竝行 然異時 聖上命 以是書 登諸繡梓 則若無私藏之善本 爲之副貳 雖欲校
對 將於何校對乎 於是 辛丑副本 非唯不敢毁棄 又編入於剩簡以見 剩簡所載 乃是辛
丑校正之善本 而庶免前後錯雜之弊也 不然豈敢以酉山乙庫之公物 作爲箱篋之私有
乎 徐命膺 謹書"

마도 청나라 고종의 주도하에 이루어진 『어찬자치통감강목삼편』을 보았기 때문일 가능성이 많다. 즉 비판 대상이 된 강목체 역사서로 『명사강목』과 『명기강목』을 거론하고 있는데 『명기강목』은 『어찬자 치통감강목삼편』의 표지제목으로 『어찬자치통감명기강목』이라 쓴 판 본이 있기 때문이다.49) 『명사강목』은 이현석의 『명사강목』일 것으로 추측된다.

　서명응의 『강목삼편』에는 8개의 범례가 있는데 이 책의 구성 및 서술내용과 사관을 간략하나마 알 수 있는 중요한 자료이므로 차례로 풀이하여 본다.

> ① 강목의 편찬은 지금까지 셋이 있는데 자양(주희) 강목에서 시
> 　작하였고 송원강목이 뒤를 이었으며 이 책이 세 번째로 편찬
> 　되었으므로 『자치통감강목삼편』이라 하였다. (범례 8항목 가
> 　운데) 앞의 6항목은 하나로 이어진 통일된 책임을 볼 수가 있
> 　으며, 아래의 2항목은 편성 내용을 알 수 있을 것이다. 또 뒤
> 　이어서 편찬하게 된다면 4편 5편 등의 순서로 기록하게 될 것
> 　이다.50)
>
> ② 의례와 서법은 모두 원편(『통감강목』)을 따른다. 〈예컨대 명
> 　태조의 즉위와 황후를 책봉하는 서법은 한결같이 원편의 한
> 　나라 고조기에 준한다. 삼대 이후에 천하를 소유함에 한나라
> 　고조와 명나라 태조가 그 올바름을 얻었다. 나머지 사항도 모

---

49) 국회도서관 전자도서관에서 인터넷으로 열람 및 다운로드 가능한 판본이다. 『어
　찬자치통감』(3책본) 청구기호 古 952 ○235. 이외에 6책본(청구기호 古 952 ○
　235)이 있는데 앞부분의 편성이 약간 다르나 본문 내용이 시작되는 권1부터는
　같은 내용이다.

50) 상동, 범례. "凡 綱目之編 今已至三 紫陽綱目爲始 宋元綱目爲次 而是編于第三
　故曰資治通鑑綱目三編 於上六言 可以見其一統之書 於下二言 可以得其編成之序
　且可使嗣後編之者 四編五編秩然有其紀也"

두 이와 같다.〉

속편과는 때로 출입이 있다.〈예컨대 원나라 명종은 미유년(未踰年: 인군으로 즉위한 뒤 해를 넘기지 못하고 죽었을 경우)의 서법을 적용하여 불성군(不成君: 군주가 아님)의 사례이지만 명나라 광종은 비록 미유년에 해당하지만 이 서법을 쓰지 않았다. 또 8월 이후는 태창 연호 아래에 사실에 근거하여 직서하여 변례를 적용하였다.〉[51]

③ 잡다한 역사서가 많기로는 명나라와 같은 시대는 없다. 그 역사서술의 방용(駹訛: 세밀함)함이 명나라와 같은 예도 없다. 이제 모두 청소하여 한결같이 전사(기전체 정사 『명사』)를 따른다.〈예컨대 태조가 오왕이 되어 친히 경쇄를 쳐서 학자 주승에게 5음을 구별하도록 하였는데 주승이 궁음을 치음으로 잘못 구분하여, 태조가 죽이려고 할 때 웅정의 도움으로 살아났다고 운운하는 기록이 있다. 그러나 전사에는 '죽이려고 하였다' '도움을 받아 살아났다' 등의 말이 없고 단지 '씩 웃었다'고 하였다. 또 예컨대 태조가 맹자의 제사를 학교에서 폐지하려고 할 때 감히 간하는 자가 있어 활로 쏘았는데, 상서 전당이 어깨에 활을 맞자 태조가 태의에게 치료하라고 명하였다는 기록이 있다. 그러나 전사에는 활로 쏘거나 활을 맞았다는 말은 없고 단지 황제가 죄주지 않았으며 제사를 폐지하지 말도록 명하였다고 하였다.〉

혹 전사에 빠진 것 중에도 다른 기록에 믿을 만한 것은 종종 수록하였다.〈예컨대 명나라 초기에 여러 신하들이 주자를 국

---

51) 상동, 범례. "凡 義例書法 一從原編〈如明太祖卽位册后等書法 一准原編之漢高紀者 以三代以後 有天下 惟漢高祖明太祖 爲得其正也 餘皆倣此〉而其於續編則時或有出入者〈如元明宗 用未踰年 不成君之例 而明光宗 雖未踰年 不用此例 且八月以後 繫泰昌年號 據實直書 以見其變禮〉"

조로 삼자는 의견을 냈는데, 태조가 전사 주 아무개의 말을 듣고는 크게 깨달은 바가 있어 중론을 기각하였다는 기록이 있다. 또 이를테면 태조가 미행으로 신락관에 이르러 한 도사가 망건을 쓰고 있는 것을 보고, 십삼정 망건을 취하여 (전국) 13포정사에 내려보냈다는 기록이 있는데 이곳에 모두 수록하였다.)52)

④ 여러 신하의 졸기는 원편 속편의 예를 참용하였다. 그렇지만 마땅히 관직을 갖추어야 하는데 관직을 갖추지 않은 경우도 있고, 당연히 '졸(卒)하였다'고 써야 하는데 쓰지 않은 경우는 모두 그 의미를 드러내서 그 말의 뜻에 묻히지 않도록 한 것이다.〈예컨대 원편에 풍도의 경우는 관직과 성명을 쓴 뒤 졸하였다고 써서 그 인물을 폄하하고 비판한 것이다. 양영 양사기 영부 김유목 등은 모두 관직을 쓰지 않은 예는 모든 사람이 풍도와 매우 다르다는 의미이다. 단지 춘추에서 책비를 바란 뜻과 같은 용례이다. 다른 예를 들면 원편과 속편에서 현명한 재상이 업적이 있으면 모두 관직을 갖추고 졸하였다고 썼다. 그러나 섭향고는 기록할 만한 업적이 있으며 다른 하자가 없지만 졸하였다고 쓰지 않은 이유는 섭향고가 개인적인 친분이 있는 왕화정을 방자하게 내버려두어 변경의 흔단을 열어서 마침내 명나라의 운수가 끝나게 하였기 때문에 작은 업적으로 큰 죄를 가릴 수 없다는 비판이다.)53)

---

52) 상동, 범례. "凡 雜史之多 莫如明 其史之駁亂 亦莫如明 今悉掃淸 一從全史〈如太祖 爲吳王 親擊磬 使學士朱升 辨五音 升以宮爲徵 將殺之 賴熊鼎救解云云 而全史無將 殺救解等語 但曰 帝晒之 又如太祖欲黜孟子祀于學 敢諫者 射之 尙書錢唐但肩受射 太祖命太醫醫之云云 而全史無射之受射等語 但曰 帝不之罪 命勿罷祀〉或全史脫漏 外紀傳信者 亦往往收載〈如明初 諸臣議以朱子爲國祖 太祖聞典史朱某之言 大悟 却 衆議 又如太祖微行 至神樂觀 見一道士 結網巾 取十三項 頒十三布政司 凡若此類 乃是事實之大 而全史都不槪見 今悉收載〉"

⑤ 원편의 편찬은 본래 『자치통감』에서 촉한(유비의 한나라)을 정통으로 인정하지 않았기 때문에 그 실책을 교정하려는 뜻에서 비롯되었는데, 서명을 『자치통감강목』이라고만 한 것을 보면 그 은미한 뜻을 깨닫게 된다. 후일 강목을 이어서 편찬하는 자가 만약 이와 같은 예를 어기고 뛰어넘는다면 강목이 아닐 것이다. 강목이 아니면서 함부로 강목이란 명칭으로 강목의 뒤를 잇겠는가? 송나말 말기의 3명의 황제는 한 모퉁이 바다 산기슭을 옮겨다니기에 무상하여, 촉한의 편안을 회복할 수 없었다. 그렇지만 속편에서 반드시 정통으로 이은 것도 이런 뜻이다. 명나라 말기의 3명의 황제는 곧 속편의 송나라 말기의 세 황제이며, 원편의 촉한 2제다. 그러므로 원편 속편 모두 정통으로 이었다. 진실로 이것이 바로 강목을 읽을 때 제일 중요한 의미이다.[54]

⑥ 외국에서 명나라에 조공하는 나라는 많다. 이전 시대에 중국과 잘 통하지 않았던 나라에 대해 그 풍토와 물산을 모두 기재한다면 번잡함에 빠져 강목의 체를 잃게 된다. 기록하지 않는다면 너무 소략하여 강목의 빠진 부분을 보완하지 못한다. 그러므로 그 개요를 뽑아 목의 아래에 세주로 써서 견문을 넓히게 하였다.[55]

---

53) 상동, 범례. "凡 諸臣書卒 參用原續二編之例 然亦有當其官而不具官者 有當書卒而 不書卒者 是皆師其意 不泥其辭之義也〈如原編 馮道具官書卒 以譏貶 而楊榮楊士奇 楊溥金幼孜等 皆不具官者 以諸人與馮道迥異 但用春秋責備之義也 又如原續二編 賢相有事功者 皆具官書卒 而葉向高 多可紀之績 無他庇累 然不書卒者 以向高 故縱 其私人王化貞 開釁邊疆 卒致明運之訖 不可以小功掩大罪也〉"

54) 상동, 범례. "凡 原編之作 本因資治通鑑 不與蜀漢正統 而欲矯其失 但觀書名資治通 鑑綱目 則亦可得其微旨也 後之續成綱目者 若違越此例 則非綱目也 非綱目而其可 冒綱目之名 編綱目之後乎 宋末三帝 一隅海陬遷徙無常 非復蜀漢之偏安 然續編 必 繫之正統者 亦此意也 明末三帝 卽續編之宋末三帝 原編之蜀漢二帝 故亦遵原續二 編繫之正統 誠以爲此是綱目之開卷第一義也"

⑦ 주나라의 열국들의 조빙 맹회 침별 등은 비록 노나라와 관련
이 없어도 『춘추』에서 모두 삼가 기록하였다. 하물며 천조
(명)가 사해를 한 집안으로 여김에서랴? 또 하물며 천조가 조
선을 보살피고 이끎과 조선이 천조에 대해 각별히 삼가는 것
은 실로 내복(내지)과 같은 것이 아닌가? 전사(『명사』) 조선
전을 보면 '조선은 비록 속국이라 칭하지만 같은 지역과 다름
이 없다. 하사품도 많으나 이루 다 기록할 수 없다' 운운하였
는데, 서로 돕는 관계임을 알 수 있다. 그러므로 조선은 큰일
이 있으면 상세히 기록하여 다른 나라들과는 특별히 다르다
는 것을 드러내었다.56)

⑧ 논평을 한 유학자들은 다양하지만 명나라 조정에서 신하로 있
던 사람들이다. 비록 신하로 섬기지 않았다 하더라도 역시 모
두 다 명나라 조정의 유민이다. 그러므로 씨와 호를 칭하지 않
고 바로 성명을 썼다. 『명사』의 단론은 사신이라 하고 아울러
네모를 쳐서 본문과 뒤섞이지 않도록 하였다.57)

『강목삼편』은 정식으로 출간되지 않았으며 필사본으로 규장각(규
4210)에 20권 10책의 1질이 전한다. 그리고 보만재 잉간에 신축년에
서명응이 교정을 본 20권 10책 가운데 4책과 8책이 누락되고 총 8책
이 전한다.58) 규장각에는 비슷한 목차의 『황명강목』〈규1621〉이 전하

---

55) 상동, 범례. "凡 成周列國之朝聘盟會侵伐 雖無與於魯國者 春秋皆謹書之 況天朝之
以四海爲一家者乎 又況天朝之所以撫綏朝鮮 朝鮮之所以悟勤天朝 實同內服乎 觀全
史朝鮮傳 有曰 朝鮮雖稱屬國 無異域內 賜與便蕃 史不勝書云云 則其相須之殷可知
己 故朝鮮有大事詳載該著 以別異於他國"

56) 상동, 범례. "凡 外國入貢于明者多 前代微通中國之類 其風土物産該載 則傷煩而失
綱目之體 不載則太略而無以補綱目之闕 故撮其梗槩細註分目之下 以廣異聞"

57) 상동, 범례. "凡 立論諸儒類多 明朝臣事之人 雖非臣事 亦皆遺黎於明朝 故不稱氏號
直書姓名 其有出於全史斷論 則云史臣 並加匡圈 使不雜於本文"

는데 이 책이 『강목삼편』의 초고본, 즉 『강목신편』이라는 견해가 있다.[59] 그 주요 근거로 「강목신편서」에 '황명18조사실(皇明十八朝事實)', '270년(二百七十年)'이라는 기록을 제시하고 있다. 두 책의 목차를 비교하면 다음과 같다.

〈표〉 『황명강목』·『강목삼편』 비교

책수	권수	황명강목 〈규1621〉 10책 필사본 31X21.4cm	강목삼편 〈규4210〉 10책 필사본 34.6X22.3cm
1	권1	戊申明太祖洪武 원년 ~壬子明太祖洪武5년	戊申明太祖洪武 원년 ~壬子明太祖洪武5년
	권2	癸丑明太祖洪武6년 ~丙寅明太祖洪武19년	癸丑明太祖洪武6년 ~丙寅明太祖洪武19년
2	권3	丁卯明太祖洪武20년 ~戊寅明太祖洪武31년	丁卯明太祖洪武20년 ~戊寅明太祖洪武31년
	권4	己卯明建文 원년 ~己丑明成祖永樂7년	己卯明建文 원년 ~己丑明成祖永樂7년
3	권5	庚寅明成祖永樂8년 ~明仁宗洪熙 원년	庚寅明成祖永樂8년 ~明仁宗洪熙 원년
	권6	丙午明宣宗宣德 원년 ~癸亥明英宗正統8년	丙午明宣宗宣德 원년 ~癸亥明英宗正統8년
4	권7	甲子明英宗正統9년 ~丙子明景泰7년	甲子明英宗正統9년 ~丙子明景泰7년
	권8	丁丑明英宗天順 원년 ~庚寅明憲宗成化6년	丁丑明英宗天順 원년 ~庚寅明憲宗成化6년
5	권9	辛卯明憲宗成化7년 ~丁未明憲宗成化23년	辛卯明憲宗成化7년 ~丁未明憲宗成化23년
	권10	戊申明孝宗弘治 원년 ~乙丑明孝宗弘治18년	戊申明孝宗弘治 원년 ~乙丑明孝宗弘治18년
6	권11	丙寅明武宗正德 원년 ~辛巳明武宗正德16년	丙寅明武宗正德 원년 ~辛巳明武宗正德16년
	권12	壬午明世宗嘉靖 원년	壬午明世宗嘉靖 원년

58) 『보만재잉간』(청구기호 古 0270-9)은 올해 4월에 규장각 인터넷에 공개하여 이미지를 볼 수 있다.

59) 김문식, 1996, 「서명응 저술종류와 특징」 156~158쪽 참조.

		~乙未明世宗嘉靖14년	~乙未明世宗嘉靖14년
7	권13	丙申明世宗嘉靖15년 ~壬子明世宗嘉靖31년	丙申明世宗嘉靖15년 ~壬子明世宗嘉靖31년
	권14	癸丑明世宗嘉靖32년 ~壬申明穆宗隆慶6년	癸丑明世宗嘉靖32년 ~壬申明穆宗隆慶6년
8	권15	癸酉明神宗萬曆원년 ~辛卯明神宗萬曆19년	癸酉明神宗萬曆원년 ~辛卯明神宗萬曆19년
	권16	壬辰明神宗萬曆20년 ~壬子明神宗萬曆40년	壬辰明神宗萬曆20년 ~壬子明神宗萬曆40년
9	권17	癸丑明神宗萬曆41년 ~庚申明光宗泰昌원년	癸丑明神宗萬曆41년 ~乙丑明熹宗天啓5년
	권18	辛酉明熹宗天啓원년 ~丁卯明熹宗天啓7년	丙寅明熹宗天啓6년 ~乙亥明毅宗崇禎8년
10	권19	戊辰明莊烈帝崇禎원년 ~丙子明莊烈帝崇禎9년	丙子明毅宗崇禎9년 ~甲申明毅宗崇禎17년
	권20	丁丑明莊烈帝崇禎10년 ~甲申明莊烈帝崇禎17년5월	乙酉明桴皇弘光원년 ~己亥明永明帝永曆13년

* 음영 표시가 있는 부분은 서명응의 『보만재잉간』(규장각 소장)에 누락된 『강목삼편』을 의미함.[60]

『황명강목』은 숭정 17년(1544)으로 끝나지만 『강목삼편』은 서명응의 범례에서 살펴본 바와 같이 명나라 말엽의 3황제(홍광제, 융무제, 영력제)를 정통황제로 이어서 기술하였다. 더욱 흥미로운 사실은 『황명강목』〈규1621〉의 실제 내용은 청나라 고종(건륭제, 홍력)이 직접 일일이 교정을 하여 1746년(건륭 11)에 완성한 초기 20권본 『어찬자치통감강목삼편(御撰資治通鑑綱目三編)』과 거의 동일하다. 20권본이 청나라 관련 사항(주로 청나라 '황제명'과 '대청군大淸軍')은 줄을 바꾸고 광곽 가로줄 위로 황제명이나 대청군을 한 칸 올려 기술한 데 반하여, 『황명강목』은 이를 무시하고 명나라를 존중하고 명나라를 중

---

60) 혜종惠宗은 중국 간행본에는 혜제惠帝로 되어있다. 잉간 목차에서 『강목삼편』〈규4210〉과 다른 부분은 다음과 같다. 권7 明景帝景泰7년 =〉 明代宗景泰7년(잉간 목차) / 권8 丁丑明代宗景泰8년英宗天順원년~庚寅明憲宗成化6년(잉간 목차) / 권17 癸丑明神宗萬曆41년~庚申明光宗泰昌원년(잉간 목차).

심으로 서술하였다. 즉 내용은 그대로이지만 명나라를 정통 왕조의 관점에서 서술하기 때문에 높이는 대상과 서술 주체가 바뀌어서 형식과 용어가 다르다. 예컨대 '청나라 황제'는 '노주(虜主)'로, '아(我) 대청병(大淸兵)'은 '노병(虜兵)'으로 개서하는 등 몇 가지 특징이 있다.61) 이는 조선에서 존주(尊周) 의리의 관점에서 개정한 판본이라 할 수 있다. 또한 현토가 되어 있는 점으로 보아 경연에서 쓰인 어람용이었을 것이다.

『어찬자치통감강목삼편』은 1785년(정조 9) 40권본 『어정자치통감강목삼편(御定資治通鑑綱目三編)』으로 재편찬되는데 숭정 17년에 명나라가 망하는 것이 아니라 다음대인 복왕(홍광제)까지 정통으로 서술하였다. 그리고 당왕(융무제)과 계왕(영력제) 사적을 부록으로 붙인 점이 큰 특징이다. 개정의 주요한 명분은 사적이 누락되거나 잘못된 곳이 있으며, 요나라·금나라·원나라 등 북방민족의 이름과 지명이 실제음과 다른 한자로 표기된 점이다.62)

아래에 『강목삼편』 편찬 방향과 관련이 있는 사료를 하나 제시하는 것으로 이 절을 마친다. 안정복이 임진년(1772, 영조 48년)에 정조의 세자시절 서연에 있었던 강의 일기인 「임진계방일기」이다.

○ 강이 끝나고 동궁이 빈객(서명응)에게 이르었다. "우리나라의 문치(文治)와 속습(俗習)이 송(宋) 나라와 유사하기 때문에 내가 일찍이 『송사(宋史)』를 즐겨 보아 왔다. 근래에는 이를 발췌하여 한 질의 책을 만들려 하는데, 책 이름을 '송사초(宋史抄)'로 하자니 의

---

61) 부록 〈표 1〉 『황명강목』과 『어찬자치통감강목삼편』 비교 / 〈표 2〉 『황명강목』과 『어찬자치통감강목삼편』 비교 이미지 참조.

62) 『欽定四庫全書』史部二 御定資治通鑑綱目三編 編年類 提要. 何冠彪, 1999, 「淸高宗『御撰資治通鑑綱目三編』的編纂與重修」, 『中央硏究院歷史語言硏究所集刊』第七十本, 第三分出版 日期 : 民國八十八年九月. 何冠彪, 2000, 「淸高宗『御批歷代通鑑輯覽』編纂考釋」, 『嶺南學報』 新第二期.

미가 너무 단순한 듯하다. 어떻게 이름을 지어야 하겠는가?"

빈객이 말하였다. "송사진전(宋史眞詮)'이라고 하면 좋겠습니다."

그리고는 마침내 나를 바라보므로 내가 아뢰었다. "진전(眞詮)이니 진고(眞詁)니 하는 말은 도가(道家)의 글에서 나온 것이니, 이를 취하여 경사(經史)의 이름을 짓는다면 말뜻이 별로 전아(典雅)하지 않을 것 같습니다."

동궁이 자못 수긍하였으나 빈객은 무방하다고 하였다. 동궁이 또 이르었다. "『송감(宋鑑)』을 보면 제병(帝昺)은 쫓겨나서 항해한 지 이미 오래였는데, 그런데도 사가(史家)들이 반드시 이를 정통으로 귀결시킨 것은 무엇 때문인가?"

내가 아뢰었다. "정통의 뜻은 토지의 크고 적음이나 나라를 향유한 기간의 길고 짧음에 있지 않으며, 선왕(先王)의 통서(統緒)가 끊어지지 않았으면 아직 그 정통성이 남아있는 것입니다. 그러므로 비록 한 척의 땅도 말할 것이 없더라도 조씨(趙氏)의 일맥(一脈)이 아직 남아 있기 때문에 정통으로 귀결시킨 것입니다. 기필코 제병(帝昺)이 죽은 다음 조씨를 이을 자가 없게 되어서야 비로소 원씨(元氏)로서 정통을 이었으니, 이것이 사가(史家)의 관례입니다."

동궁이 이르었다. "그렇다면 홍광(弘光) 이후도 정통이 끊어지지 않은 것이 분명하다."

여러 사람들이 모두 그렇다고 하였다.[63]

---

63) 순암선생문집 제16권 잡저(雜著), 「임진 계방일기(壬辰桂坊日記)」 6월 1일. "○ 講罷. 東宮謂賓客曰. 我國文治. 俗習與宋相類. 故子嘗樂觀宋史. 比來欲抄爲一帙書. 而若名以宋史抄. 則其義甚短. 何以命名. 賓客曰. 名以宋史眞詮好矣. 遂視臣. 臣曰. 眞詮眞詁等字. 出於道家書. 取而名經史文字. 似不典雅. 東宮頗然之. 賓客曰. 無妨矣. 東宮又曰. 宋鑑. 帝昺航海已久. 而史家必以正統歸之者何也. 臣曰. 正統之義. 不以土地之大小享國之久近. 而先王之統緒不絕. 則其統猶在也. 是以雖無尺土之可言. 而趙氏之一脉猶存. 故正統歸焉. 必也帝昺死而趙氏無係屬者然後. 元氏始承正統. 此史家之例也. 東宮曰. 然則弘光以後正統之不絕明矣. 諸人皆曰然. 東宮仍命臣曰. 書籍之在于玉堂講院者. 可以取觀矣. 臣起伏而謝.

이 대화에서 정조는 우리나라 문화가 송나라와 유사함을 설파하고 송나라 역사를 재편찬하려는 의도를 밝히고 있는데 이는 실제로 이행되어『송사전』이라는 책명으로 최종 정서본이 간행되었다.[64] 서명응은 도교적 색채가 강한 유학자임을 알 수 있다. 그리고 남명 정통론에 대한 안정복의 견해와 당시의 정통론의 경향을 파악할 수 있다.

IV. 정통론의 시각에서 본 조선중화주의

조선후기 조선중화주의론에 대한 논쟁에 흥미를 갖고 이에 대한 글을 읽던 중 의외의 사료해석에 주목하게 되었다. 숙종이 명나라가 망한 숭정 갑자년(1644)의 60주갑 기념으로 대보단(大報壇)을 설치하고 명나라의 재조지은, 즉 임진왜란 때 구원군을 보내준 은혜에 보답하는 의미에서 천제를 지냈다. 조선 중화론의 중요한 근거인 대보단 제문(祭文)의 번역을 다음과 같이 하였다.[65]

조선국왕 신 이돈(李焞)은 감히 대명(大明) 의종 황제에게 소고(昭告)하오니 빛나는 황명(皇明)에 복(伏)하여 화이주[華夷主: 중화

안정복은 영조 48년(임진, 1772) 5월 15일부터 7월 20일까지 정조의 동궁시절 경희궁에 있던 계방에 나가 세자익위사의 익찬(翊贊)으로 서연에 참가하였다. 이때 빈객으로 있던 서명응과 함께 활동하였다. 2년 뒤 갑오년에 1월 16일부터 6월 23일까지 세자익위사 위솔(衛率)로 서연에 다시 참석하였다.

64) 이성규, 1980.6,「『宋史筌』의 編纂背景과 그 特色 : 朝鮮學人의 中國史編纂에 關한 一研究」,『진단학보』49; 김문식, 1999.10,「『송사전』에 나타난 이덕무의 역사인식」,『韓國學論集』33, 한양대학교 출판부. 정서된 필사본 1책만 규장각에 전하는데 간행되었다고 표현한 것은 인쇄를 위한 최종교정본이 완성되었다는 의미이다.

65) 정옥자, 1985,「대보단 창설에 관한 연구」,『변태섭박사 화갑기념사학논총』, 삼영사, 541쪽; 1998,『조선후기 조선중화사상 연구』, 일지사, 86쪽.

(中華)와 이적(夷狄)의 주인, 즉 당시 세계를 지칭하는 천하의 주인 가 되어 이제 몸소 제사를 행합니다. 이러한 일은 비록 예에 기록이 없으나 의(義)로써 세운 것이오니, 생각건대 황제께서 척강(陟降)하 시어 하토(下土)를 바라보실 제 고국(故國)은 융적(戎狄)의 것이 되 었으니 누가 제사를 받들겠습니까? 우리나라가 비록 누추하지만 우 리의 정성은 지극하고 오히려 감격(監格)을 바라고 이를 큰 기쁨으 로 삼는 것입니다.

그리고 이에 대한 역사적 의미를 "이는 곧 조선이 명의 후계자며 천하의 주인임을 공식적으로 발표하는 행위였다."고 하였다.
위 글의 원문과 『국역 숙종실록』의 번역은 다음과 같다.

> 崇禎七十七年歲次甲申三月庚子朔十九日戊午, 朝鮮國王臣李焞, 敢 昭告于大明 毅宗烈皇帝. 伏以, 於赫皇明, 爲華夷主, 功隆德厚, 不冒率 薄, 傳十四聖, 式至我帝. (중략) 乃躬其祀, 禮雖無文, 可起以義. 想帝 陟降, 臨睇下土, 故國爲戎, 誰奉邊豆? 我邦雖陋, 我誠則至, 尙冀監格, 右此人糈.
>
> 숭정(崇禎) 77년 세차(歲次) 갑신 3월 경자삭(庚子朔) 19일 무오 에 조선 국왕 신(臣) 이돈(李焞)은 감히 대명 의종 열황제(大明毅宗 烈皇帝)에게 밝게 고합니다.
>
> 삼가 아룁니다. 아! 빛나는 황명(皇明)이 화이(華夷)의 주인이 되 어 공덕(功德)이 융성(隆盛)하였으므로 온 천하를 널리 소유하였고, 14열성(列聖)을 전승하여 우리 황제(皇帝)에 이르렀습니다.(하략)[66]

즉 화이주(華夷主)의 주체가 전자의 해석에서는 조선이며, 후자는

---

66) 『숙종실록』 권39 숙종 30년 3월 19일 무오.

명나라로 달리 해석되고 있다. 필자는 후자의 해석이 옳다고 생각한다. 이때의 화이주는 명나라가 이적이라 여긴 원나라를 정복하여 통일하였기 때문이며, 태조 이후 14명의 황제[67]를 거쳐 의종까지 이르렀다는 뒷 문장과도 뜻이 연결된다. 필자는 몇 달 전 이 글을 읽고 강목체 역사서의 정통론의 입장에서 보면 대단한 선언이어서 곧바로 의문이 들어 실록 원문을 살펴보면서 오역으로 판단하였다. '조선중화'론의 중요한 근거가 되는 사료이기 때문에 혹 이에 대한 반론이 있는지 관련 논문을 찾아보았는데 아직 이 오역에 대한 지적은 찾을 수 없었다. 따라서 조선중화론은 강목체 역사서에 제일 중요한 의미인 정통론의 시각에서 새로운 논의가 필요하다는 점을 밝혀둔다.

V. 맺음말

본론에서 서술한 내용의 주요 요지를 정리하면 다음과 같다. 명나라 역사기록 가운데 이성계가 이인임의 아들이라 하고 두 부자가 고려왕 4명을 시해(弑害)하고 조선왕조를 세웠다는 종계의 오류와 왕조의 찬탈자라는 기록이 조선왕조의 정통성과 도덕성에 큰 약점을 안겼

---

67) 14명의 황제라 함은 혜종-성조-인종-선종-영종-대종-(영종-)헌종-효종-무종-세종-목종-신종-광종-희종으로 이어진 명나라 황제 계보에서 두 번 즉위한 영종을 1명으로 계산한 결과이다. 고려 시대 충숙왕과 충혜왕이 퇴위하였다가 복위하였지만 4대가 아니라 2대로 계산하여 고려는 34대 475년의 역사라고 통칭하는 예가 있다. 명나라 역사서의 대수 계산은 이와 같이 하지 않고 두 번 즉위한 영종을 각각 고유의 대수로 계산하여 희종까지를 16조라 하여 명나라 陳健의 『皇明16朝廣彙記』(『四庫禁燬叢書』 42책)라는 역사서가 있다. 앞서 정조와 서명응의 『강목신편』 서문에서 명나라의 황제 대수를 20조(정조) 또는 18조(서명응)로 다른 조수(대수)가 나오는 까닭이 이 때문인지 아니면 명나라 마지막 3왕의 정통 계보와 관련된 것인지 朝數와 代數는 다른 것인지는 좀 더 고찰이 필요하다.

다. 그리고 계해년 이른바 인조반정에 대한 중국 측 기록은 조카 인조가 광해군의 왕위를 찬탈하였다고 기록하였다. 이성계와 관련된 기록은 명태조가 절대 고쳐서는 안 된다는『조훈』에 있는 기록이어서 특히 문제가 되었다. 이 두 가지 역사 기록에 대한 조선 조정의 개정 노력은 상당히 오랜 기간 지속되어 종계관련 문제는 개정판『중수 대명회전』에서 일단락되었다. 문제는 사찬 기록에 개정된 역사기록이 아니라 처음에 잘못된 기록이 역사서에 다시 실리는 일이 있게 되고, 조선후기 왕들의 시조격인 인조를 찬탈자로 서술한 사찬사서들이 유통되기 시작하였다는 점이다. 사찬 사서이므로 이에 대한 역사 변무 및 개정에 그다지 적극적으로 나설 수 없는 측면도 있었다.

현종 14년(1673) 청나라에서 기전체 정사『명사』를 편찬한다는 소식을 들은 조선 조정에서는 이 정사에 잘못된 역사기록이 수록되면 두고두고 문제가 된다는 여론이 형성되어 올바른 역사기록이 수록되기를 바란다고 청나라 조정에 요청하게 되었다. 청나라 조정에서는 숙종 초반에야 반영하겠다는 회신을 받았으나 내용은 알 수 없어서 지지부진하였다. 영조 1년(1725)에 청나라에서 개정되기를 바라는 구체적 내용을 요구하여 '찬(簒: 찬탈)', '자립(自立)' 등의 글자를 제시하였으며 많은 뇌물도 뒤따랐다. 이런 과정을 거쳐 1739년(영조 15)에 간행된 기전체『명사』에는 조선의 요구사항이 잘 반영되었다고 할 수 있다.

그런데 영조 47년에 의외의 역사관련 옥사가 일어나 주린의『명기집략』을 소지하거나 유통시킨 서적상들이 대거 심문을 받고 효수되거나 외방의 노비로 전락한 사람들이 많았다. 그 과정에서『명기집략』의 저본으로 인식된 진건의『황명통기』도 문제가 되어 이 두 책은 불살라지게 되었고, 주린의 글을 인용하였다는 이현석의『명사강목』도 세초하고 불태워버리라고 명하였다. 그렇지만 모든 명사 관련 도서를 없애버리면 명사에 대한 지식을 얻을 수 없으므로 잘못된 부분을 수정 보완하여 출간하자는 결론에 이르러 영조의 어제가 실린『황명통기집략』이 간행되었고『황명통기』는 역사사실이 천계 7년에 끝나므로 그 뒤의 내용은 왕여남(王汝南)이 보정한『명기편년』으로 보완하였다. 이현석의『명사강목』도 홍계희의 주도하에 수정 간행되었다. 숙종·영조 대에『황명통기』와『명기편년』은 경연에서 강독된 역사서였다. 영조 47년에 경연에 사용될 두 책이 수정·보완되어 간행되고 현토도 되었다.

그런데 세손이었던 정조는 1년 뒤 이른바 '임진'년 운수론을 토대로 기전체『명사』를 대본으로 한 강목체 역사서 편찬을 기획하게 된다. 그 과정에서 그 다음 해에 정조는『명기제설』을 완성하였다. 정조는 서명응에게 범례를 주고 강목체 역사서를 편찬하게 하였다. 초고본은『강목신편』이라고 책명을 지었으나 재교본에서는『강목삼편』으로 바뀐다. 재교에 들어간 이유는 아마도 20권 본으로 편찬된『어찬자치통감강목삼편』을 입수하였을 가능성이 높다. 안정복은 임진년(1772) 서연에서 명나라 말 홍광제, 융무제, 영력제는 모두 핏줄로 이어졌으므로 혈연에 기반을 둔 정통론을 주장한 바 있는데 정조는 긍정적인 반응을 보였으므로 3왕의 정통론을 지지하였을 것이다.

청나라는 종족에 기반한 한족 중심의 정통론을 대체하기 위해 정통론을 전유하는 방법으로 강목체 역사서의 재편찬 과정을 거쳤던 것으로 판단된다. 성조(강희제)는 강목체 역사서 3종(강목전편, 본편, 속편)에 대해 황제의 비평을 거쳤다는 '어비(御批)' 시리즈, 즉『어비자치통감강목전편』·『어비자치통감강목』·『어비자치통감강목속편』을 간행하였다. 세종(옹정제)은 유가 경전에 입각하여 청나라가 문화적으로 볼 때 중국의 정통왕조임을 천명하여 증정이 이에 설복을 한다는 내용의『대의각미록(大義覺迷錄)』을 편찬하여 보급하였다.[68] 고종

(건륭제)은 강목체 역사서 편찬을 주도적으로 진행하여 자신의 의견을 반영하였다. 고종의 비평은 광곽 위에 두주 형식으로 조판되었으며 이 비평을 추려서 별도의 단행본『평감천요(評鑑闡要)』로 출간되었다. 고종은 20권본『어찬자치통감강목삼편』과 개정판 40권본『어정자치통감강목삼편』 그리고 중국 고대 황제로부터 명나라까지의 역사를 모두 포괄하는『어정자치통감집람』의 편찬에 모두 관여하였다. 20권본에서 40권본으로 개정하게 된 주요 동기는 20권본 기사의 오류나 누락을 보완하고 한문 인명·지명이 요나라·금나라·원나라 실제음과 다르다는 사실 때문이다. 그리고 명말 삼왕에 대한 정통관에 변화도 있었다. 청 고종은 천하 후세에 전할 수 있는 지극히 공정한 포폄(역사비평)을 가한 강목체 역사서를 편찬하였다고 자부하였다.

이러한 청나라 황제의 문화적 정통성에 대한 전유와 마찬가지로 소중화임을 자부하는 조선에서는 존주론에 기반하여 서술한 노나라 공자의『춘추』를 전유하여 존명사상에 기반한 역사서를 간행하는 측면이 활성화되었다. 정조가『강목신편』서문에 쓴 다음 글이 이를 잘 농축하고 있다. "우리나라와 중국의 관계는 노나라와 주나라의 관계와 같다. 공자가『춘추』를 지으면서 천명한 대의가 수십 가지나 되지만 가장 중시한 것은 존주대의였다. 이 때문에 '주나라의 예(禮)가 노나라에 있다'고 하는 것이니, 이 점에 있어서는『노사(魯史)』도 마찬가지일 것이다. 만일 주나라의 역사가 공자에 의해 지어졌더라면 그 필법의 근엄하기가 응당 어떠하였겠는가.『강목신편』은 명나라의 역사이다. 나는 사실 공자가『춘추』를 지은 것에 빗대려는 생각을 갖고 있었다. 이러한 생각이 없었다면 신편을 짓는 일은 없었을 것이다."

서명응의 세계관은 주역의 개념체계와 변화 원리를 적용하여 해석

---

68) 민두기, 1964,「『大義覺迷錄』에 대하여」,『진단학보』25; 김홍백, 2011,「『大義覺迷錄』과 조선 후기 華夷論」,『한국문화』56; 조성산, 2009,「18세기 후반~19세기 전반 '朝鮮學' 형성의 전제와 가능성」,『동방학지』148, 193-197쪽.

하는 측면이 강하다고 생각된다. 그러한 서명응의 세계관에서 강목의 정통론에 대하여 강한 찬동을 하였다는 점은 운수론의 관점과 더불어 시대적 추세에 따랐다고 평가할 수 있다.

본고는 『자치통감강목삼편』의 편찬배경과 시대적 의미에 주안점을 두고 서술하여 서명응이 실제 역사서술에 가한 포폄(역사비평)에 대해서는 언급할 수 없었다. 후속 논문에서 정조의 『명기제설』과의 비교를 통해 두 역사서의 의미와 특징에 대하여 살펴볼 계획이다.

부록

〈표 1〉『황명강목』과 『어찬자치통감강목삼편』 비교

번호	『어찬자치통감강목삼편』(국회도서관 古952ㅇ235, 이하 '어찬'으로 약칭)	비고
	『황명강목』(규1621) * 〈 〉 안은 분주 ** 밑줄은 필자 추가	비고
	서법의 의미	
1	권1 무신(1368) 〈元順帝至正28年 明太祖 高皇帝洪武元年〉 　　기유(1369) 明太祖 高皇帝洪武2年〈元順帝至正28年〉 　　경술(1370) 3년	분주기년 무통(無統) 대서기년(정통 시작)
	권1 무신(1368) 大明 太祖 高皇帝 洪武元年 　　기유(1369) 明太祖 高皇帝洪武2年 　　경술(1370) 3년	대서기년(정통 시작)
	어찬은 원나라가 망한 다음 해를 명나라 정통의 시작으로 봄. 황명강목에는 홍무 원년부터 정통이 시작됨.	
2	秋七月 高麗李成桂 逐其君瑤而自立	권3 홍무25년
	해당 기사 없음	권3 홍무25년
	어찬에는 이성계가 스스로 왕이 되었다는 기록이 있으나 황명강목에는 삭제함.	
3	春正月 我 <u>大淸</u>兵克松山洪承疇降遂下錦州 　(중략) 　〈初我 <u>太宗文皇帝</u>屢遺書議和兵部尙書陳新甲以國內南北交困…	권20 숭정15년
	<u>虜</u>兵克松山洪承疇降遂下錦州 　(중략) 　〈初<u>虜皇</u> 屢遺書議和 兵部尙書陳新甲 以國內南北交困…	권20 숭정15년
	어찬은 청황제 이름과 대청병은 강과 목에 관계 없이 줄을 바꾸어 광곽 위로 한 칸 올려 높였다. 황명강목에서는 太宗文皇帝를 虜皇, 大淸兵을 虜兵이라 개서하고 높임도 없다. 虜皇은 다른 기사에서는 대부분 虜主로 표기하였다.	
4	갑신 我 大淸 世祖 章皇帝順治元年〈是年3月流賊陷燕京 5月我 大淸兵定京師〉	권20 숭정17년
	갑신 17년〈<u>虜主</u>順治元年 是年3月流賊陷燕京 5月我 大淸兵定京師〉	권20 숭정17년
	어찬은 갑신년부터 청나라 정통이 시작된다고 보았으나 황명강목에서는 (숭	

	정)17년이라고 대서 기년하여 명나라가 망한 해에도 정통이 이어진다고 봄. 청나라 황제는 <u>虜主</u>라 격하함.	
5	李自成陷京師明帝崩於萬歲山... (중략) 夏4月 <u>大軍破李自成於山海關</u>	권20 순치원년 3월
	李自成陷京師帝崩於萬歲山... (중략) 夏4月 <u>虜軍破李自成於山海關</u>	권20 순치원년 3월
	어찬은 청나라를 정통기년(순치원년)으로 하였으므로 명나라 황제 앞에 '明' 자를 추가하였으며 '대군'도 '청대군'이 아니다. 황명강목에는 명나라가 정통 왕조이므로 황제 앞에 '明'자를 붙이지 않았으며 대군 역시 虜軍이라 격하하였다.	

〈표 2〉『황명강목』과 『어찬자치통감강목삼편』 비교 이미지(〈표 1〉 번호순)

번호	『어찬자치통감강목삼편』(국회도서관 古952ㅇ235)
	『황명강목』(규1621)
1	(상단 이미지: 50, 44, 36 / 하단 이미지)

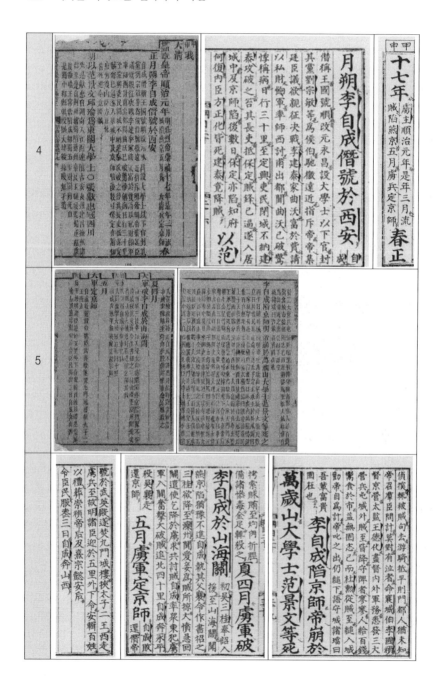

참고문헌

국사편찬위원회편, 1992, 『各司謄錄56 : 耆社慶會歷 외, 宗親府謄錄 1』.

김용관, 2012, 『한양의 기억을 걷다 : 서울에서 한양까지 다시 찾은 수도 육백 년사』, 인물과사상사.

이종묵, 2010, 『글로 세상을 호령하다』, 김영사.

정옥자, 1998, 『조선후기 조선중화사상 연구』, 일지사.

허태용, 2009, 『조선후기 중화론과 역사인식』, 아카넷.

김경록, 2007, 「조선후기 대중국 변무 연구」, 『공사논문집』 58 제1권, 공군사관학교.

김대경, 2019, 「조선후기 『皇明通紀輯要』의 간행과 유통」, 한국학중앙연구원 석사학위논문.

김문식, 1996, 「서명응 저술종류와 특징」, 『韓國의 經學과 漢文學』, 죽부 이지형교수 정년퇴직기념논총간행위원회, 태학사.

_____, 1997, 「18세기 후반 서명응의 기자인식」, 『韓國史學史研究』, 우송조동걸선생 정년기념 논총간행위원회, 나남.

_____, 1999, 「徐命膺의 생애와 규장각 활동」, 『정신문화연구』 Vol.22 No.2.

_____, 1999, 「『송사전』에 나타난 이덕무의 역사인식」, 『韓國學論集』 33, 한양대학교 출판부.

_____, 2004, 「1779년 정조의 능행과 남한산성」, 『한국실학연구』 8, 한국실학학회.

_____, 2006, 「18세기 徐命膺의 세계지리 인식」, 『한국실학연구』 11, 한국실학학회.

_____, 2006, 「『보만재총서』 해제」, 『보만재총서』 1, 서울대학교 규장각 한국학연구원.

김홍백, 2011, 「『大義覺迷錄』과 조선 후기 華夷論」, 『한국문화』 56.

민두기, 1964, 「『大義覺迷錄』에 대하여」, 『진단학보』 25.

민두기·오금성·이성규 공저, 1980, 『朝鮮學人의 中國史研究의 整理 및 評價』, 서울대학교 동양사학과.

박권수, 2006, 「『보만재총서』 속의 자연과학 지식」, 『보만재총서』 1, 서울대학교 규장각 한국학연구원.

_____, 2008, 「『保晚齋叢書』 속의 자연과학 지식」, 『규장각』 32.

_____, 2010, 「규장각 소장 『攷事新書』에 대하여」, 『규장각』 36.

_____, 2018.6, 「曆書와 歷史: 조선후기의 象數學的 年代記書와 時憲曆」, 『동국사학』 64.

박인호, 2003, 「『여사제강』 『공양왕기』의 산삭과 그 정치적 함의」, 『한국사학사학보』 7.

서명응, 2006, 『보만재총서』, 서울대학교 규장각 한국학연구원.

서인범, 2017, 「조선의 宗系와 倭事를 曲筆한 중국 文獻-명·청시대에 간행된 문헌을 중심으로」, 『동국사학』 62.

孫衛國, 2008, 「淸修『明史』與朝鮮之反應」, 『學術月刊』 第40卷 4月號.

송지원, 1999, 「서명응의 음악관계 저술 연구」, 『한국음악연구』 27.

_____, 2003, 「正祖의 音樂政策 硏究」, 서울대학교 박사학위논문.

_____, 2007, 『정조의 음악정책』, 태학사.

안소라, 2018, 「英祖代 史册辨誣에 관한 硏究 - 明史의 朝鮮記事를 中心으로 -」, 성균관대학교 박사학위논문.

염정섭, 2018, 「18세기 후반 徐命膺의 『本史』 편찬과 『本史』의 구성 체제」, 『한국학논총』 49, 국민대학교 한국학연구소.

吳金成, 1983, 「朝鮮學者之明史硏究」, 『中韓關係史國際硏討會論文集』, 中華民國韓國硏究學會.

이성규, 1980, 「『宋史筌』의 編纂背景과 그 特色 : 朝鮮學人의 中國史編纂에 關한 一硏究」, 『진단학보』 49.

_____, 1993, 「明·淸史書의 朝鮮 '曲筆'과 朝鮮의 '辨誣'」, 『李公範敎授停年記念 東洋史論叢』, 知識産業社.

임치균·허원기, 2003, 「『열성지장통기』에 나타난 왕과 왕비의 인물 형상」, 한국정신문화연구원 국학진흥연구사업추진회, 『列聖誌狀通紀』 1, 한국정신문화연구원.

장민영, 2011, 「조선 영조대 『명기집략』 사건의 정치적 성격」, 서강대학교 석사학위논문.

정병설, 2016, 「조선시대 대중국 역사변무의 의미」, 『역사비평』 116, 역사비평사.

정옥자, 1985, 「대보단 창설에 관한 연구」, 『변태섭박사 화갑기념사학논총』, 삼영사.

정형우, 1982, 「국조보감의 편찬경위」, 『동방학지』 33.

조성산, 2009, 「18세기 후반~19세기 전반 '朝鮮學' 형성의 전제와 가능성」, 『동방학지』 148.

何冠彪, 1999, 「淸高宗『御撰資治通鑑綱目三編』的編纂與重修」, 『中央硏究院歷史語言硏究所集刊』 第七十本, 第三分出版 日期 : 民國八十八年九月.

_____, 2000, 「淸高宗『御批歷代通鑑輯覽』編纂考釋」, 『嶺南學報』 新第二期.

한명기, 2002, 「17·8세기 한중관계와 인조반정·조선 후기의 '인조반정 변무' 문제」, 『한국사학보』 13; 2009, 「병자호란 이후 조선의 대청 '순치'과정」, 『정묘병자호란과 동아시아』, 푸른역사.

한민섭, 2009, 「서명응(徐命膺)의 『보만재사집(保晚齋四集)』의 편찬과정과 특징」, 『한국실학연구』 17.

허태용, 2007, 「영·정조대 중화계승의식의 강화와 송명역사서의 편찬」, 『조선시대사학보』 42.

〈인터넷 사이트〉

국립중앙도서관 http://www.nl.go.kr/

국사편찬위원회 http://db.history.go.kr/

국회도서관 전자도서관 http://dl.nanet.go.kr/index.do

서울대학교 규장각 http://e-kyujanggak.snu.ac.kr/ ; http://kyudb.snu.ac.kr/

한국고전번역원 http://db.itkc.or.kr/

한국학중앙연구원 장서각 http://jsg.aks.ac.kr/ ; http://dh.aks.ac.kr/jsg/index.php/

한국학중앙연구원 한국학도서관 https://lib.aks.ac.kr/index.ax

바이두 http://www.baidu.com/ ; https://www.sobaidupan.com/

하버드대학 도서관 https://hollis.harvard.edu

정약용의 역사의식과 개혁사상

조 성 을[*]

---

[*] 아주대학교 사학과 교수

I. 서언

정약용의 개혁사상은 인류역사 전체에 대한 거시적 이해와 중국사 및 우리역사에 대한 체계적 인식에 기반하고 있다. 본고에서는 그의 역사의식과 개혁사상의 상호 관련성이라는 문제에 초점을 맞추어 양자의 관계를 집중적으로 고찰하고자 한다.[1] 정약용의 역사의식에 대하여는 기존의 연구에서 약간 언급된 바 있다.[2]

첫째, 정약용의 개혁사상은 크게 보아 『상서(尙書)』, 『주례(周禮)』 등의 유교경전에 기초하였고 여기에 드러나는 제도들을 많은 부분 현재 시행할 수 있다고 생각하였다. 『상서』, 『주례』 등 유교 경전 이해가 그의 개혁사상의 토대를 이루고 있다는 관점에서의 연구는 오래 전부터 있어 왔으며[3] 최근에도 이를 잇는 연구가 이루어졌다.[4] 『상서』, 『주례』의 이념은 강력한 실천적 추동력을 행사할 수 있게 되었다. 본고는 요·순, 삼대 제도에 대한 그의 견해가 그때 실제로 시행되

---

1) 역사의식이라는 용어는 역사관과 구체적 역사내용 이해를 포괄하는 의미로 사용하고자 한다.
2) 조성을, 2000, 「정약용의 역사이론의 전개와 그 성격」, 『국사관논총』 93(『조선후기사학사연구』, 한울, 2004, 재수록)
   조성을, 「이익과 정약용의 고려시대 인식」, 위의 책.
   이 밖의 정약용 역사의식 관련 연구는 다음과 같다.
   고병익, 1965, 「다산의 진보관」, 『효성조명기박사화갑기념 불교사학논총』.
   한영우, 1983, 「다산 정약용의 사론과 대외관」, 『김철준화갑기념사학논총』.
   하우봉, 「정약용의 일본관」, 위의 책.
   정창렬, 1990, 「실학의 역사학」, 『민족사의 전개와 그 문화(하)』, 창작과비평사.
3) 조성을, 1992, 『정약용의 정치경제 개혁사상연구』, 연세대학교 박사학위논문.
4) 윤석호, 2018, 『정약용 경세학의 국가개혁론과 농자득전』, 연세대학교 박사학위논문.

었는지 여부를 따지는 것이 아니다. 요·순, 삼대의 제도에 대한 그의 견해가 개혁사상과 어떤 연관을 갖는지가 고찰 대상이다.

둘째, 근자 필자는 『상서』와 『주례』에 나타난 요·순(堯·舜), 삼대(三代)의 제도들에 대한 정약용의 견해는 경전 주석이면서도 역사적 이해라고 보아야 한다는 점, 즉 "육경개사(六經皆史)"라는 관점에서 보아야 한다는 점을 깨닫게 되었다. 이것은 요·순, 삼대 제도들에 대한 이해와 중국 및 한국의 역대 제도들에 대한 인식이 합쳐서 통일된 역사인식이 형성되고 이런 역사인식이 그의 기술적 진보사관과 합쳐져 "총체적 진보사관"이라는 "역사의식"이 형성되었다는 깨달음이다. 『상서』와 『주례』 이해가 정약용에게 있어서 개혁 이념의 모델로 작용한다는 관점은 타당하지만 이렇게만 보아서는 그의 개혁사상이 현실에 기초한다기보다 이념에서 개혁사상을 도출한다는 선험적 방법에 의거한 것이라는 오해를 갖게 할 수 있다.

셋째, 정약용이 생각한 인류역사 전체에 대한 거시적 관점은 그의 개혁사상과 밀접한 관련이 있다. 이것은 대체로 정치개혁사상의 근본적 이념과 관련되는 문제이다. 이것은 대략 곡산부사 후반기(1798년 무렵) 〈원목(原牧)〉에서 시작되어 강진 유배 전반기(1801~1809 무렵) 〈탕론(湯論)〉으로 발전하였고 최말년 합편 『상서고훈』의 〈요전(堯典) (1834년)과 〈일주서극은편변(逸周書克殷篇辨)〉(1834년 겨울)으로 완성되었다. 이 근본적 이념에 기초해서 정치개혁사상을 구체적으로 제시하지는 않았다. 그러나 우리는 이들 저작을 통해 그의 개혁사상의 궁극적 지향을 알 수 있다.

넷째, 삼대 이후 중국에서의 여러 제도들의 추이와 우리나라 역대 제도의 추이 등에 대한 이해와 그 문제점들에 대한 정약용의 고찰 역시 개혁사상과 밀접한 관련이 있다. 이를 통해 그의 개혁사상은 현실적 형세를 반영하는 역대 제도들의 현상까지 반영하게 되었다. 이것은 삼대 이후 제도들을 단지 퇴보로 보는 것이 아니라 현실의 상황에 따른 변화로 보고 그 의미를 인정하게 되었음을 뜻한다. 이렇게 봄으로써 우리는 상고적 관점에서 정약용의 사상을 보려는 견해를 철저하게 청산할 수 있다.

본고에서는 그의 역사의식을 거시적 시대구분, 총체적 진보사관, 중국 역대 제도의 인식, 우리나라 역대 제도의 인식으로 나누어 고찰하고 개혁사상과의 연관 문제를 살피기로 한다. 결어에서는 본론에서의 논의를 요약하고 정약용의 개혁사상의 역사적 성격과 현재적 의미에 대하여 생각해 보기로 한다.

Ⅱ. 역사관과 개혁사상

1. 인류역사의 거시적 시대구분과 개혁사상

인류역사에 대한 정약용의 거시적 시대구분은 〈원목(原牧)〉(1798년 무렵 추정)에서 엿볼 수 있다.5) 그는 〈원목〉의 서두에서 태고에는 지배자가 없이 백성만 있었다고 하였다. 〈원목〉에 따르면 인류역사는 군주가 없던 시대(제1단계), 백성에 의한 이정(里正), 당정(黨正), 주장(州長) 등의 추대와 주장(州長), 국군(國君), 방백(方伯)들의 단계적인 간접 선거 방식을 통해 황왕(皇王)이 선출되어 백성을 위해 통치하던 제2단계, 후세에 황제가 스스로 서서 제후 등을 임명하여 왕을 높이고 백성을 수탈하는 제3단계(진시황 이후)로 나뉜다.6)

다음으로 강진 유배기에 저술된 〈탕론(湯論)〉(1801~1810년 사이)

---

5) 조성을, 『조선후기사학사 연구』, 290쪽 이하 참조.
6) 위의 책, 291쪽.

에서는 인류역사를 고(古)와 금(今)의 두 단계로 구분하였다. 고에는 오제(五帝)·삼왕(三王)의 시대(아래로부터 위로 올라가는 백성을 위주로 하는 시대)가 모두 포함되고 금은 황제 출현 이후 정약용 당시까지(위로부터 아래로 내려가는 군주를 위주로 하는 시대)를 의미한다.7) 이런 고·금의 시대구분은 〈원목〉의 시대구분에 비하여 인류역사의 첫 단계(백성만이 있던 시대)가 생략된 것이다.

〈탕론〉에서는 오제와 삼왕을 하나의 고(古)라는 시대에 통합하였으나 합편『상서고훈(尙書古訓)』〈요전(堯典)〉(1834년)을 보면 오제와 삼왕의 시대를 명확히 구분하였고 〈일주서극은편변(逸周書克殷篇辨)〉(1834년 겨울)에서는 진(秦)나라 이후 단계를 금(今), 이전 오제·삼왕 단계를 고(古)라고 하여 〈탕론〉과 일치하는 시대구분을 보였다.8)

〈원목〉, 〈탕론〉, 합편『상서고훈』〈요전〉, 〈일주서극은편변〉에 나타난 인류역사의 거시적 시대구분들을 합쳐서 보면 그의 인류역사의 거시적 시대구분은 제1단계 군주가 없던 시대, 제2단계 오제의 시대, 제3단계 삼왕의 시대, 제4단계 황제시대로 구분할 수 있다. 대체로 정치사적 관점에서의 시대구분이다.

이렇게 볼 때 〈원목〉의 제2단계, 즉 백성에 이정, 당정, 주장 등의 추대와 주장, 국군, 방백들의 단계적 간접 선거 방식을 통해 황왕이 선출되어 민을 위해 통치하던 단계에는 하(夏)·은(殷)·주(周) 삼대(= 삼왕三王)의 세습제를 포함할 수 없다는 점이 문제된다. 〈원목〉을 저술하는 단계, 나아가 〈탕론〉을 저술하는 단계까지도 선양과 세습의 시대를 분리하여 보아야 한다는 인식을 명확하게 갖지는 않았다. 늦어도 1834년 합편『상서고훈』을 편찬 때에는 이런 견해를 가진 것이 분명하다. 이런 궁극적 지향은 구체적인 정치제도 개혁안으로 제시되

---

7) 위의 책, 294쪽.
8) 위의 책, 295쪽.

지는 않았다. 그러나 〈일주서극은편변〉에서 보면 그의 궁극적 정치적 지향은 "백성의 단계적 간선을 통한 군주의 선거"였다. 이것은 동아시아의 유학이 자체 발전의 최후에 단계에서 민본주의를 넘어서 민주주의에 도달한 것이다. 조선왕조를 인정한 전제 위에서 진행되는 『경세유표』 단계의 개혁을 넘어서서, 그것이 완료된 이후에서나 실시될 수 있다.

최근 정약용의 후기 신분관을 보수적으로 보려는 견해가 일부 나타나고 있다. 하지만 신분제에 관한 그의 최종적 입장 역시 폐지의 방향이었다. 『경세유표』, 『목민심서』 등에는 신분제 인정이라고 오해될 수 있는 언급이 일부 보인다. 그러나 그의 개혁안을 장기적이고도 점진적인 세습제 부정이라는 관점에서 접근한다면 이것도 설명 가능하다.

2. 총체적 진보사관과 개혁사상

인류역사를 거시적으로 보아서 제1단계 군주가 없던 시대, 제2단계 오제의 시대(선양), 제3단계 삼왕의 시대(세습), 제4단계(황제 시대)로 구분한 것은 상고사관으로 보이기도 한다. 오제에서 삼왕의 시대로, 삼왕의 시대에서 황제의 시대로, 시대가 내려올수록 점차 도덕적으로 보아 선양-세습-황제(폭정)의 단계로 퇴행하는 것처럼 보이기 때문이다. 유학자들은 대체로 상고사관을 갖고 있다. 「자찬묘지명」(1822)에서 자신의 학문을 "육경사서(六經四書), 이지수기(以之修己) 일표이서(一表二書) 이지치인(以之治人)"이라고 요약한 점에서 정약용 역시 유학자이다. 그도 위에서 살핀 바와 같이 시대가 내려올수록 도덕적으로 퇴행한다는 상고사관을 갖고 있다. 그러나 그는 인류역사의 진전에 따라 기술발전이 이루어진다고 보는 점에서 일반 유자와 다르다.[9) 정약용은 〈기예론(技藝論)〉(1799~1800년 무렵)에서 인류역

사의 진전에 따른 기술의 발전에 대하여 설명하였다.10) 덧붙여 시대
가 내려올수록 기술이 진보하는 것에 대하여 필연적 형세라고 이해하
였다.11)

〈기예론〉은 당시 형세상 조선보다 발전된 중국의 기술을 배워오자
는 것으로 귀결되었다. 정약용은 박제가에게서 직접 그의 『북학의』
를 차람할 수 있었으며 『경세유표』, 『목민심서』 등에 인용된 박지원
의 『열하일기』도 박제가를 통해 얻어 볼 수 있었다고 여겨진다. 『목
민심서』 등에 농업, 수공업, 광업 등 새로운 기술을 소개한 부분은 서
광계의 『농정전서』 영향도 있지만 박제가·박지원 등의 영향도 적지
않다. 정약용은 경세치용학파이면서도 북학파의 이용후생학을 받아
들였는데 그 선구를 이루는 것이 〈기예론〉이다. 뒤에 『경세유표』에서
는 이용감이라는 새로운 국가 기구의 설치를 통해 중국에서 새로운
기술을 체계적으로 수용할 것을 주장하였다. 이용후생학과 경세치용
학의 구조적 결합이다.12)

정약용은 정치적으로 접근한 거시적 시대구분에서는 역사의 퇴보
를 말하였다. 그러나 정치가 퇴보하는 가운데 기술은 꾸준히 진보하
여 왔다고 보았다. 이것을 그의 사관이 갖는 모순적 측면이라고 보아
야 할 것인지가 문제이다. 정치의 퇴보와 기술의 진보라는 두 가지 면
모가 결합된 하나의 총체적인 역사라는 각도에서 접근할 필요가 있
다. 즉 이상적인 정치제도가 상고에서 완성되어 후대에 타락하였지만
다시 여러 제도가 이상적으로 개혁되는 방향을 정약용은 추구한다.
미래의 시대는 이상적 제도(민주주의)와 발전된 기술이 결합된 시대

---

9) 정약용의 기술적 진보사관은 위의 책, 209쪽 이하 참조.
10) "雖聖人不能一朝而盡其美矣. 故人彌聚, 則其技藝彌精; 世彌降, 則其技藝彌工"『정
    본전서』2, 281쪽.
11) "此勢之不得不然者也"(위와 같음).
12) 조성을, 2012, 「유배이후 정약용의 이용후생학」, 『다산정약용연구』, 사람의무늬.

이다. 이것이 바로 "총체적 진보사관"이다.

총체적 진보사관은 (1)자연 상태[백성만 존재하며 무계급으로 평등하지만 낮은 생산력 단계], (2)권력의 발생과 비교적 이상적 정치 및 폭압정치[불평등한 신분제 사회, 점진적인 기술의 발전 단계], (3)민주주의[평등사회, 고도 기술 단계]로 정리할 수 있다. (3)단계는 평등의 관점에서는 (1)단계와 같지만 고도 기술 단계, 민주주의 사회라는 점에서 (1)단계와 차이가 난다. (2)단계는 평등의 관점에서는 (1)단계보다 후퇴이지만 불평등한 신분제 사회라는 과정을 매개로 하여 궁극적으로 민주주의가 이루어지며 (2)단계에서의 점진적인 기술 발전이 (3)단계인 고도 기술 단계로의 길을 닦는 점에서, (2)단계는 (3)단계를 위한 필연적 중간 단계이다. 이렇게 보면 역사는 총체적으로 진보하는 것이 된다.

Ⅲ. 역대 제도의 인식과 개혁사상

1. 중국 역대 제도의 인식과 개혁사상

『경세유표』는 『상서(尙書)』〈우공(禹貢)〉편을 인용하여 정전제에 대하여 언급하였다.[13] 이에 따르면 정전제는 요·순 때 시작되어 주(周)나라 때까지 지속되었다. 정전제는 전통적으로 유자들에 의해 진(秦)나라 때 폐지된 것으로 생각되어 왔다. 이것은 『사기(史記)』와 『한

---

13) "禹貢者, 堯舜之法也. 堯舜之法, 厥田九等 … .田者, 井地之出粟也 … 周禮大司徒, 以九等制天下之地征 … 地征者, 禹貢之所謂田也."(『경세유표』 권10, 지관수제 〈부공제〉1, 『정본전서』25, 284쪽).
〈방례초본서〉에서는 "夏后氏之禮, 非夏后氏之所獨制也. 卽堯·舜·禹·契·益·皐陶之等所聚精會神, 竭誠單智, 爲萬世立法程者也"라고 하였다(문집 권12, 『정본전서』2, 401쪽).

서(漢書)』〈지리지(地理志)〉의 기록들에 의거한 것이다.[14]

이들 구절 가운데 공통되는 "개천맥(開阡陌)"이라는 구절에 대하여 전통적으로 "진나라 상앙(商鞅)의 변법 때 천맥(阡陌)을 열어서(파괴하여) 정전제가 폐지되었다"는 식으로 이해하였다. 남송 주자가 〈천맥변(阡陌辨)〉에서 언급을 한 뒤 후대에 확고한 정설로 자리 잡았다.[15]

주자의 〈천맥변〉에 따르면 진(秦)의 "개천맥"을 통해 토지겸병의 길이 열렸다. 즉 중국 역대의 지주전호제는 진(秦)나라 때 시작된 것이 된다. 그러나 조선의 실학자 이익과 정약용은 다른 견해들을 제시하였다.[16] 이익에 따르면 천맥은 상앙이 만든 제도[개창開創]이고 상앙 당시에 일시적으로 행해졌다가 사라진 제도라는 것이다. 정약용에 따르면 천맥은 상앙 이전에도 있던 제도이고 상앙이 옛 천맥을 없애 새로운 천맥을 개창하기는 하였으나 양자는 대동소이하다. 정약용의 입장은 개천맥(開阡陌)의 개(開)를 파괴, 개창 두 가지 의미로 볼 수 있다는 절충안이다. 이익이 위와 같이 해석한 이유는 명확하지는 않

---

14) (1) 秦本紀曰"孝公三年, 衛鞅變法." …

　　(2) 商君列傳云" … 凡三十一縣, 爲田開阡陌·封疆, 而賦稅平."

　　(3) 蔡澤列傳云"商君決裂阡陌, 以靜生民之業."

　　(4) 漢書 地理志曰"商君制轅田·開阡陌."(轅田, 直田也)(『경세유표』 권5, 지관수
　　　　제 〈전제〉4, 『정본전서』25, 29~31쪽).

15) "漢志言, '秦廢井田, 開阡陌.' 說者之意, 皆以開爲開治之開, 言秦廢井田而始置阡陌也… 一旦奮然不顧, 秦開阡陌, 悉除禁限, 以聽民兼并…所謂開者, 乃破壞剗削之意, 而非創治建立之名. 所爲阡陌, 乃三代井田之舊, 而非秦之所制矣."

16) (1) "星湖李瀷曰…阡陌之法, 又廢於秦後也. 若如朱子之說, 悉除禁限, 聽民兼并 如今日之爲, 則史何云'開阡陌而賦稅平'乎? 阡陌者, 商鞅之新法, 行於一時, 古所無而今不傳也."

　　(2) "臣謹案 … 阡陌二字, 不見古經, 其爲商鞅之所創建, 明矣. 其法疑與遂人溝洫之制, 不甚相遠. 蓋千夫有澮, 則澮上之道, 謂之阡也, 百夫有洫, 則洫上之道, 謂之陌也. 民間俗稱, 原以道·洫, 謂之阡陌, 而商鞅因其名, 以立新法. 故據古名而言之, 則曰決裂阡陌, 據新法而言者, 則曰開阡陌. 治阡陌, 如匠人·遂人同有溝洫, 而別言遂人之法, 則曰謂之溝洫法. 商鞅之專阡陌之名, 亦猶是矣."(『경세유표』 권5, 지관수제 〈전제〉4, 『정본전서』25, 30~31쪽).

지만 토지겸병이 진나라 상앙 변법 이후 시작되었다는 전통적 주장을 부정하기 위한 것이라고 여겨진다. 정약용이 절충적 견해를 낸 이유는 정전제와 유사한 토지 구획이 여전히 지속되었음을 주장하기 위한 것이다.

　그러나 정약용은『한서』〈식화지〉에 근거하여 진(秦)나라 때에 토지겸병이 진행되었음을 인정하였다.17) 여기서 정약용의 안설을 보면 진나라 때 호민이 10분의 5를 갖는 데에 동의하는 것으로 보인다. 또 한고조(漢高祖)의 약법삼장에 따라 한대에 전세 15분의 1이었다는 것을 인정하기는 하지만 서민이 전주가 되어 10분의 5의 세(지대)를 걷는 것으로 보았다. 이것은 호민을 위한 10분의 5의 세(지대)에 대하여 "한나라가 일어났어도 그대로 진나라를 따랐다"고 하는『한서』〈식화지〉의 견해를 따르는 것이다. 따라서 정약용의 경우 2분의 1세(지대)를 받는 토지겸병 제도는 진나라에 이미 시행되고 있었고 한대에도 지속되고 있었다고 생각한 것이다. 다만 국가에 내는 전세는 15분의 1이며 이것은 적게 받은 것이라고 하였다. 이 견해는 전세를 대략 10분의 1로 하려는 그의 개혁사상과 연결된다.

　이것은 정약용이 정전제 폐지시기에 대하여 언제라고 생각하였을까 하는 문제와 연결된다. 명확히 언급하지는 않았으나 대략 진말(秦末)에는 폐지된 것으로 생각하였을 것이다. 토지겸병에 의한 2분의 1의 지대에 대하여 진법(秦法)이라고 하는 한편,『한서』〈식화지〉의 한대 호민에 의한 토지겸병의 폐단에 대하여 동의하고 있기 때문이다. 다만 앞에서 보았듯이 상앙 변법 이후에도 정전제의 도로 구획이 대

17) "漢書 食貨志云秦 … 或耕豪民之田, 見稅十五. 漢興, 循而未改. 又曰高祖約法省禁, 輕田租十五而稅一. 臣謹案 使庶民爲自爲田主, 稅十五於農夫者, 秦法也. 使天子退爲客官, 就十五而稅一者, 漢法也. 私家之稅, 重於大桀, 公家之稅, 輕於大貊. 於是, 豪廢九職而游閒, 農夫擔二世而困瘁. 用力者小, 而地利不興, 經費不足, 橫斂日增. 太阿一倒, 千古不還. 嗚呼, 其可哀也已."(『경세유표』권5, 지관수제〈전제〉4,『정본전서』25, 31~32쪽).

체로 비슷하게 유지된 것으로 보므로, 정전제와 유사한 토지 구획이 상앙 변법 이후에도 일정 기간 지속된 것으로 보았을 것으로 여겨진다. 정전제와 유사한 토지 구획이 상앙 변법 이후에도 일정 기간 지속된 것으로 보는 이유는 정전제를 다시 부활하는 것이 어렵지 않음을 주장하기 위해서이다.

중국에서는 한대 이후 역대에 걸쳐 토지개혁론이 제시되었다. 이것은 진·한(秦·漢) 이후 토지겸병이 확대되어 갔기 때문이다. 이의 효시를 이루는 것이 한무제 때 동중서(董仲舒)의 〈한민명전제(限民名田制)〉 개혁론이다.[18] 오늘날로 말하면 등기를 통해 토지소유 상한제를 실시하자는 것이다. 이에 대한 정약용의 평가는 부정적이다(후술). 중국역사상 가장 획기적인 토지개혁은 전한을 멸망시키고 황위를 찬탈한 왕망(王莽)에 의해 행해졌다. 정약용은 『한서』의 기사를 인용하여 왕망의 정전 부활 시도를 소개하고 이에 대하여 비판하였다.[19]

왕망의 개혁이 실패한 것에 대하여 농부 외에도 토지를 분급한 것이 그 원인이라고 하였다. 만민(萬民)은 9직(職)을 갖고 9직 가운데 농부에게만 토지를 주어야 하는데 그렇지 않아서 실패한 것이라고 하였다. 이 주장에 일리가 없는 것은 아니지만 왕망의 실패는 기본적으로 토지를 겸병하고 있던 호족들의 반발에 있었다.[20]

---

18) "漢武帝時, 董仲舒說上曰秦改帝王之制, 除井田, 民得賣買. 富者田連阡陌, 貧者亡立錐之地. 漢興, 循而未改. 古井田法, 雖難猝行, 宜少近古, 限民名田, 塞兼并之路, 然後可善治也."(『경세유표』 권5, 지관수제 〈전제〉4, 『정본전서』25, 32쪽).

19) "漢書云王莽篡位, 下令曰'秦廢井田, 是以兼并起. 强者規田以千數, 弱子曾無立錐之居. 漢氏輕減田租, 三十而稅一, 而豪民侵凌, 分田劫假, 厥名三十, 實什稅五也 … 其男口不過八而田滿一井者, 分餘田與九族·鄕黨.' 犯令法至死, 制度又不定, 吏緣爲姦, 天下譬譬然, 陷刑者衆. 後三歲 莽知民愁, 下詔罷之. 臣謹案 先王之法, 唯農夫受田百畝 王莽之法, 毋論農與不農, 凡八夫受田一井. 其非先王之法, 又拂當世之心, 其終於不立而己. 先王以九職任萬民, 九職農居一焉."(『경세유표』 권5, 지관수제 〈전제〉5, 『정본전서』25, 37쪽).

20) 중국역사상 토지개혁을 포함한 여러 개혁이 대체로 실패한 것은 기본적으로 기

이어서 정약용은 왕망을 타도하고 후한을 건국한 광무제(光武帝)가 전세 조서를 내린 것을 소개하고 전한과 후한의 전세에 대하여 30분의 1이라고 한 마단림(馬端臨)의 견해를 덧붙였다.[21] 정약용이 마단림의 견해에 대하여 별 언급이 없는 것은 그에 동의한다는 뜻으로 해석된다. 정약용은 양한의 전세를 30분의 1로 이해한 것이다. 다만 앞에서 살핀 바와 같이 한고조 때는 15분의 1이라고 하였다. 한고조 이후 전한의 어느 시점에서 30분의 1이 되었고 이것이 후한까지 지속된 것으로 보는 것이 정약용의 견해이다. 15분의 1인 전세도 적은 것이라고 보았으므로 30분의 1은 더욱 적은 것으로 평가하였을 것이다.

한편 서진(西晉)의 무제는 오(吳)나라를 평정한 뒤 호조식(戶調式)을 제정하여 토지 분급을 명령하였는데 중국역사에서 흔히 이것을 균전제의 기원으로 여긴다. 이에 대하여는 정약용은 다른 견해를 표명하였다.[22] 마단림은 호조식 조치로 무전호(無田戶)가 해소된 것으로 보았으나 정약용은 실제로 시행되지 않았다고 보았다. 즉 마단림은 호조식을 균전제의 기원으로 보고 이것이 북위(北魏)의 균전제 시행으로 연결된다고 보았으나 정약용은 호조식이 계구분전(計口分田) 방식이므로 실제로 시행될 수 없었다고 하였다. 농민에게만 토지를 주어야지 모든 사람에게 토지를 주는 방식으로는 토지개혁을 실시할 수

득권 세력의 반발이 있었고 개혁을 뒷받침할 세력이 충분히 성숙되어 않았으며, 개혁에 수반되는 예상치 못한 부작용에 대한 섬세한 대비가 부족했던 데에 있었다. 정약용도 토지개혁 실패 요인의 하나로 기득권 세력의 반발을 인정하였다.

21) "光武 建武六年, 詔曰頃者師旅未解, 行什一之稅, 今糧諸差積, 其令田租三十而稅一, 如舊制. 馬氏曰 兩漢之制, 三十而稅一者, 田賦也 …"(『경세유표 권』5, 지관수제 〈전제〉5, 『정본전서』25, 37~38쪽).

22) "晉武帝平吳之後, 置戶調之式. 男子一人占地七十畝, 女子三十畝; 其外丁男課田五十畝, 丁女二十畝; 次丁男半之, 女則不課. 又限王公田宅·給品官占田. 馬氏曰 晉法如此, 則無無田之戶矣. 此戶調所以可行歟. 臣謹案 戶調之法, 必有議而無行. 何以知其然也? 悉天下之民, 而計口分田者, 堯·舜之所不能也; 周禮之所不然也."(『경세유표』권5, 지관수제 〈전제〉5, 『정본전서』25, 38쪽).

없다는 것이 정약용의 일관된 입장이다.

다음으로 후위(後魏＝북위北魏) 효문제(孝文帝)에 의해 토지가 분급되었다. 이것을 흔히 균전제의 시작으로 본다. 이에 대하여 정약용은 이견을 표명하였다.[23] 앞서 언급한 바와 같이 마단림은 호조식이 서진(西晉) 무제 때 반포된 것을 근거로 이를 균전제의 기원으로 본다. 하지만 정약용은 호조식이 의논만 되었지 실제로 행해지지는 않은 것으로 보았으며 균전제는 후위 효문제 때에 처음 시행된 것으로 보았다. 그러나 국가 전체 차원에서 시행된 것이 아니라 유배호(流配戶)나 절호(絶戶)의 토지 수천 경을 얻어 잠정적으로 그 지역에 십일세를 시행한, 매우 제한적인 것으로 보았다.

또 북위 이래의 균전이라는 것은 개인이 소유하고 경영하는[자농자自農者] 토지에 대하여 분급의 형식을 취하든가, 지주(不自農者)의 토지를 사람 수에 따라서 나누어 경작하게 하되 지주가 2분의 1인 지대를 받는 방식에 지나지 않았으므로, 양한의 토지겸병 제도와 같아서 언급할 만한 것이 못 된다고 하였다.[24] 균전제에 따라 토지를 관(官)이 주도하게 되었다는 유자들의 일반적 평가에 반하여 사전의 소유권을 인정하여 이주시에 매매를 허락한 점, 여러 직업을 갖는 만민 가운데 농민에게만 토지를 주는 것이 아니라 모든 사람에게 토지를 방식을 취한 점 등에서 실패한 것으로 보았다.[25]

---

23) "後魏孝文帝 太和九年, 下詔均給天下人田, 諸男夫十五以上, 受露田四十畝, 婦人二十畝, 奴婢依良 … 諸官各隨所給公田 … 賣者坐如律 …"均田之制始於此' 馬氏曰 … 晉武帝時, 而有戶調之課, 則亦非始於後魏也 … 臣謹案 … 後魏之所小試者, 得流配絶戶之田數千頃, 暫行什一之稅而已. 何足道哉? 何足道哉?"(『경세유표』권5, 지관수제〈전제〉5, 『정본전서』25, 38~40쪽).

24) "臣謹案 後魏以來, 蓋有公田幾頃, 若行受田之法. 又籍諸州之私田, 其自農者, 以其田授之; 其不自農者, 調丁而授之, 名之曰均田 … 然不農者, 坐受十五, 躬耕者, 仍輸十六, 此非先王之法. 與兩漢之一任貧富者, 所差未遠 不足道也."(『경세유표』권5, 지관수제〈전제〉5, 『정본전서』25, 41쪽).

25) "臣謹案 元魏以來, 限田以均田, 北齊因之, 民山粗均. 故隋·唐以降, 天子亦得詔諭天

아울러 유자들에 의하여 정전제가 복구될 수 없다는 주장이 지속되어 왔다. 그 근거는 지세가 정전을 실시하기에 불편하며, 인민 수가 일정하지 않다는 두 가지 점에 있었다.[26] 먼저 지세가 불편하다는 주장에 대하여 해명하였다.[27] 굳이 모든 토지를 정(井)자 형태로 억지로 만드는 것이 지형적으로 가능한 곳에서는 행하고 불가능한 곳에서는 지형에 따르되 토지 구획의 비율을 정전에 맞게 하면 된다고 하였다. 다음 인민의 수가 일정하지 않은 문제에 대하여는 만민의 직업을 9직으로 세분화, 전문화하고 농민에게만 토지를 주는 방식으로 해결하고자 하였다.[28] 이리하여 계구분정(計口分定)에 따른 문제도 해결할 수 있었다.

그러나 토지개혁을 제대로 실시할 수 있기 위해서는 역대 토지개혁이 실패한 근본인 사유권 문제의 해결책이 마련되어야 한다. 이 문제에 대하여 정약용은 다음과 같이 확고하게 언급하였다.[29] 근본 문

下, 儼稱計丁給田. 後儒遂謂'此時之田, 官得主之.'臣愚獨以爲不然也. 所謂一夫一頃, 若是官給之田, 及其徒也, 許其賣去, 有是理乎? 原初立法之時, 以其所本有之私田, 截取一頃, 以二十畝, 許其永業, 八十畝名之曰口分. 故及其徒也, 許其竝賣耳 … 限田·均田之法, 苟取私田, 官立程限. 太阿之柄, 猶倒在下, 欲於此時, 計口分田, 以之均萬民之産業, 臣知其必不能也. 先王之法, 以九職任萬民, 九職農居一焉. 農者受田, 不農者受田, 悉天下之民, 而計口分田者, 迂儒之謬義也."(『경세유표』 권5, 지관수제 〈전제〉5, 『정본전서』25, 42~44쪽).

26) "井田者, 聖人之經法也. 經法可通於古今 … 今言井田不便者, 其大端有二. 其一曰地勢不便, 其一曰民無恒數"(『경세유표』 권5, 지관수제 전제1, 〈정전론〉1, 『정본전서』24, 298쪽).

27) "顧何必墮山塡壑, 斬嶺實沼, 盡天下而爲之井, 然後快於心哉, 其可井者井之, 其不可井者 … 一冒之以井之率, 乘除切補, 束之以井田之總 … 於是其不井者, 亦數之以井"(『경세유표』 권5, 지관수제 전제1, 〈정전론〉2, 『정본전서』24, 301쪽).

28) "冢宰以九職任萬民, 唯可農者, 任之以農, 九職農居一焉, 盡天下之民而計口分田, 有是理乎? 父母有十子, 其可農者農之, 可工者工之, 可賈者賈之. 其職事旣分, 其生理以贍, 冢宰以九職任萬民 何以異是?"(『경세유표』 권5, 지관수제 전제1, 〈정전론〉3, 『정본전서』24, 303쪽.

29) "均田之法, 自古屢行而屢廢, 雖晝思夜度, 設之爲千方百計, 終於潰裂而後已 … 堯傳

제는 여전히 토지가 민전(民田=사유지)이고 국유가 아니기 때문이라는[仍是民田, 非官田] 것이다. 근본적인 해결책은 토지국유에 있음을 위에서 주장하였다.

이것은 20세기 현실 사회주의 국가에서 행해졌던 국유와는 다른 것으로 "사회적 소유"라고 부르는 것이 타당하다. 토지 및 자연에서 산출되는 이익을 당과 국가 관료 같은 특정 계급이 과점하는 것이 아니라 사회 전체가 공유하는 것(농업의 경우 소농층)을 말한다. 정약용은 길면 수백 년 걸릴 정전제의 점진적 실시를 통해(사유가 유상매입을 통해 해소되는 〈정전의[井田議]〉라는 과도적 단계) 소농민 계층 전체에 의한, 농지의 사회적·소농적 소유를 지향하였다. 즉 정전세를 제외하고 농지에서 나오는 이익을 소농민이 전유하는 형태이다. 농토 이외의 다른 토지, 즉 왕성(王城) 지역의 육향(六鄕) 등에 대하여도 정약용은 〈장인영국도(匠人營國圖)〉, 향수제(鄕遂制) 논의 등을 통해 점유 제한 등 엄격한 규제를 구상하였다. 기타 자연이 가져오는 재부에 대하여는 산택지부(山澤之賦) 등의 부세를 통해 사회적으로 공유하도록 구상하였다(후술).

다음으로 중국 상고의 조세 제도에 대한 정약용의 견해에 대하여 살펴보기로 한다. 그는 중국 상고의 조세 제도에 대하여 전(田)과 부(賦)의 두 종이 있었던 것으로 이해하였다. 그는 『경세유표』에서 『상서』〈우공〉편에 대하여 같이 언급하였다.[30] 요·순(堯·舜) 시대에는 토지를 대상으로 하는 전(田=전세)과 부가(夫家)를 대상으로 하는

舜紹, 本自不易, 其功豈有成哉? 雖使如意大均, 仍是民田, 非官田也. 太阿之柄, 依舊倒授, 將何益矣?"(『경세유표』권5, 지관수제 〈전제4〉, 『정본전서』25, 33쪽).

30) "禹貢者, 堯舜之法也. 堯舜之法, 厥田九等, 厥賦九等. 田者, 井地之出粟也; 賦者, 夫家之斂財也. 周禮 大司徒, 以九等制天下之地征; 以九等斂天下之財賦 '地征者, 禹貢之所謂田也; 財賦者, 禹貢之所謂賦也'. 一田·一賦 兩起雙立, 爲國家經用之本, 爲人主馭衆之權. 自秦以來, 典籍散亡 … 於是儒子注經, 田曰土品, 賦曰田稅. 於是田有賦, 而賦則亡矣."(『경세유표』권10, 지관수제 〈부공제〉1, 『정본전서』25, 284쪽).

부(賦=부세) 2종에 각기 9등급의 조세가 있었으며 이것은 주(周)나라의 제도에도 지정(地征)과 재부(財賦)라는 명칭으로 계승되었으나 진(秦)나라 이후 제도가 무너지고 후세의 유자들이 전(田)을 전품, 부(賦)를 전세로 오해하여 부(賦=부세)가 사라지게 되었다고 하였다.[31]

이어서 정약용은 중국 상고에는 직업이 9직으로 전문화되어 있었고 농부는 그 가운데 하나에 지나지 않았는데 후대에 9직 가운데 농부만이 조세를 부담하게 되어 국가의 경비가 부족하게 되고 토지가 황폐해지고 농민은 살기 어렵게 되었다고 하였다. 앞서 토지개혁 부분을 언급할 때 9직 논의를 정전제 시행 가능 문제와 관련하여 논하였다. 이하에서는 9부(賦) 문제와 관련하여 언급하기로 한다.

9직에 대하여 정약용은 『주례』를 인용하였다.[32] 9직에는 삼농(三農), 원포(園圃), 우형(虞衡), 수목(藪牧), 백공(百工), 상고(商賈), 빈부(嬪婦), 신첩(臣妾), 한민(閒民)이 있는 것으로 설명하였다. 9직에 사(士)가 없는 것에 대하여 특별히 언급하였다.[33] 사(士)를 서민(庶民=만민)으로 보아 9직과 사(士)가 상호 전화할 수 있는 것으로 보았다. 이것은 궁극적으로 하나의 신분으로서의 사(士)를 부정하는 것을 의미한다. 학교, 과거 제도 등에 대한 견해에 따르면 궁극적으로 그가 지향하는 것은 신분제가 철폐된 사회이다.

한편 부(賦=부세)의 세부 항목에 대하여는 『주례』에 근거하여 언

---

31) 『상서』〈우공〉편에는 "冀州, 厥賦惟上上錯, 厥田唯中中 … 六府孔修; 庶土交正, 底愼財賦, 咸則三壤, 成賦中邦…"(『경세유표』 권10, 지관수제 〈부공제〉1, 『정본전서』 25, 286~287쪽) 등의 언급도 있다.

32) "天官大宰 以九職任萬民. 一曰三農 … ;二曰園圃 … ;三曰虞衡 … ;四曰藪牧 … ;五曰百工 … ;六曰商賈… ;七曰嬪婦 … ;八曰臣妾 … 九曰閒民, 無常職轉移執事."(『경세유표』 권10, 지관수제 〈부공제〉1, 『정본전서』25, 299쪽).

33) "九職不言士者, 任職將以徵貢, 士無所徵, 故不在計也. 卿·大夫·士·府·肯·徒·皁隸之屬, 皆士也. 學道不成, 不沾官祿, 庶民也. 轉而爲九職則有職貢, 遂閒無事則有夫布."(『경세유표』 권10, 지관수제 〈부공제〉1, 『정본전서』25, 300쪽).

급하였다.[34] 이에 따르면 주(周)나라 때 부(賦)는 1)방중지부(邦中之
賦), 2)사교지부(四郊之賦), 3)방전지부(邦甸之賦), 4)가삭지부(家削之
賦), 5)방현지부(邦縣之賦), 6)방도지부(邦都之賦), 7)관시지부(關市之
賦), 8)산택지부(山澤之賦), 9)폐여지부(幣餘之賦)의 9종이 있었던 것
으로 보았다. 그러나 여기에서 1)방중지부, 2)사교지부, 3)방전지부,
4)가삭지부, 5)방현지부, 6)방도지부는 지역 단계별로 방중(왕성), 사
교, 방전, 가삭, 방도라는 6지역의 조세를 말한다. 이 6지역에는 성격
상으로는 각기 부가지정(夫家之征), 택전지정(宅廛之征), 옥속지정(屋
粟之征) 3종이 있고 다른 조세는 없다. 이 3종의 부(賦)는 9직을 갖는
만민에게 걷는 것이다.[35]

이 3종의 부 이외에 다시 관시지부(關市之賦)·산택지부(山澤之
賦)·폐여지부(幣餘之賦)가 있는데 이것은 만민에게서 걷는 것이 아니
다.[36] 관시지부는 관시에서 걷는 것이고 산택지부는 산택에서 걷는
것으로서, 이들은 농부에게 걷는 전세에 상응한다. 농부에게 부가지
정, 택전지정, 옥속지정 3종의 부(賦)와 더불어 정전세(전세)가 있는
것처럼, 관시(商賈)에 대하여는 관시지부, 산택(虞衡)에 대하여는 산
택지부가 있다.[37] 폐여지부는 1년간 관청에서 쓰고 남은 물품을 걷는

---

34) "周禮 天官'冢宰 以九賦斂財賄. 一曰邦中之賦; 二曰四郊之賦; 三曰邦甸之賦; 四曰
家削之賦; 五曰邦縣之賦; 六曰邦都之賦; 七曰關市之賦; 八曰山澤之賦; 九曰幣餘
之賦."(『경세유표』 권10, 지관수제 〈부공제〉1, 『정본전서』25, 288쪽).

35) "臣謹案 王畿之制, 總有六重, 王城在中, 五重在外也. 六重之賦, 只有三種, 一曰夫家
之征, 一夫一婦, 與之成家, 則有所賦也; 二曰宅廛之征, 一畝五畝, 受宅爲家, 則有所
賦也; 三曰屋粟之征 民受九職, 各貢厥物, 農者以粟, 三三相束, 是亦賦也. 夫家之征,
名曰夫布 … ; 廛之征, 名曰里布 … ;屋粟之征, 名曰職貢, … 此三者萬民之所同賦
也."(『경세유표』 권10, 지관수제 〈부공제〉1, 『정본전서』25, 289쪽).

36) "若所謂關市之賦·山澤之賦·幣餘之賦, 此三者, 是又賦之於官府·都·鄙, 非直賦之於
萬民者也."(『경세유표』 권10, 지관수제 〈부공제〉1, 『정본전서』25, 290쪽).

37) "關市者, 商賈之井地也; 山澤者, 虞衡之井地也. 井地九收其九一, 商賈·山澤, 別有
大稅, 以當公田之助粟, 然後其義理均平."(『경세유표』 권10, 지관수제 〈부공제〉1,
『정본전서』25, 291쪽).

것이다. 알뜰한 재정 지출을 위한 것이라고 하겠다.[38]

이상 중국 상고의 조세제도를 정약용은 전(田=전세, 토지대상)과 부(賦=부세, 빈부차이)의 이원 체계로 이해하고 이것이 요·순(堯·舜) 이래 하·은·주(夏·殷·周) 삼대에 걸쳐 시행된 것으로 보았다. 주나라의 조세제도에 대하여는 『주례』에 근거하여 부가지정, 택전지정, 옥속지정, 관시지부, 산택지부, 폐여지부로 나누어 『경세유표』에서 비교적 상세히 언급하였다. 이런 논의는 조선후기의 조세제도에서 전세의 비중을 줄이고 다른 조세의 비중을 높임으로써 한편으로는 농민의 부담을 줄이고 다른 한편으로는 국가의 재정을 확충하기 위한 의도에서 제기된 것이다(후술). 이런 9부에 따른 조세 제도를 『경세유표』에서 구체적으로 구상하지는 않았다.

이런 전(田)과 부(賦), 이원체계 조세제도의 자취는 후대에도 남아 있는 것이라고 보고 진(秦)나라의 조세제도에 대하여 언급하였다.[39] 진시황이 실전(實田=양전)한 것에 대하여 전통적으로 가혹한 조세 수탈을 위한 것이라고 비판하여 왔다. 정약용은 진나라가 실전한 것은 민의 빈부를 파악하여 부(賦)의 조세를 실현하기 위한 것으로 보고 긍정적으로 평가하였다. 즉 진나라의 조세제도를 가혹한 수탈이 아니며 부라는 조세가 진나라에서 관철되었다고 해석한 것이다.

한편 『한서』의 고조(高祖) 4년 "초위산부(初爲算賦)"의 기사를 호구세의 시작이라고 해석한 마단림의 언급에[40] 대하여 정약용은 비판

---

38) "天官大府云'幣餘之賦, 以待賜子', 而職幣之臣, 斂邦幣而晉餘財, 以詔王之賜子', 則所謂幣餘, 明是此物. 特以九賦之中, 其八賦皆似似斂之於下民, 惟獨幣餘之賦, 斂之於官府·都·鄙."(『경세유표』 권10, 지관수제 〈부공제〉1, 『정본전서』25, 292쪽).

39) "漢書云 秦田租, 九賦·鹽鐵之利, 二十倍於古 始皇三十一年, 使黔首自實田 … 臣謹案 欲定賦法 不可不察民貧富, 欲察貧富, 不可不自實其田, 不可以秦法非之也. 兼并既是秦法, 安得不實田乎? 井地不均, 則實田之法, 不可以不講也."(『경세유표』 권10, 지관수제 〈부공제〉1, 『정본전서』25).

40) "戶口之法始於此. 古之治民者, 有田則稅之; 有身則役之, 未有稅其身者也."(『경세

적이었다.41) 이 비판에 따르면 호구세는 한나라 때 시작된 것이 아니라 이미 요·순, 삼대에 시행된 부(賦) 가운데 하나이다. 이에 의거해 마단림 이하 여러 유자들의 일반적 주장을 반박하였다. 부 가운데 하나인 호구세는 역사적으로 한대 이후의 조세제도에 관철되어 왔다는 입장이다. 다음으로 한무제 때에 실시된 상업세와 선세에42) 대하여도 『주례』에 근거하여 긍정적으로 평가하였다.43)

그러나 당나라 때 균전제가 실시되었다고 하면서, 이와 더불어 시행된 조용조(租庸調) 제도에 대하여 부정적으로 평가하였다.44) 이에 따르면 당나라 제도는 호(戶)는 9등으로 구분되었으나 조용조에는 등급이 없으므로 양법이 아니라는 것이다. 이에 비해 조용조 제도의 붕괴라고 보아 전통적으로 유자들이 부정적으로 평가하여 왔던 당말의 양세법(兩稅法)에 대하여는 긍정적으로 평가하였다.45) 이에 따르면

유표』 권10, 지관수제 〈부공제〉2, 『정본전서』25, 308쪽).

41) "古者, 戶口之賦, 經有明文. 宅廛之稅, 今之所謂戶調也; 夫家之征, 今之所謂口錢也. 二者之外, 又有職貢 … 先儒每云 戶賦始於此; 口賦始於此; 舟車之算始於此; 商賈之算始於此; 關市之征始於此; 鹽鐵之利始於此. 然則堯舜·三王之稅, 凡賦貢爲名者, 都無一錢之徵, 唯於農夫, 斂其田稅? … 戶口之賦, 始於漢氏, 有是理乎?"(『경세유표』 권10, 지관수제「부공제」2, 『정본전서』25, 308~309쪽).

42) "武帝元光六年, 初算商賈, 始稅商賈車船, 令出算."(『경세유표』 권10, 지관수제 〈부공제〉3, 『정본전서』25, 341쪽.)

43) "周禮鄕遂諸職, 豈算車輦·六畜, 條條皆此說, 不可諱也."(위와 같음).

44) "唐武德七年, 始定均田賦稅 … 玄宗開元八年, 頒租·庸·調法于天下 … 臣謹案 … 唐制, 戶分九等, 而租·庸·調無九等之文, 何以謂之良法?"(『경세유표』 권10, 지관수제 〈부공제〉2, 『정본전서』25, 318~319쪽).

45) "德宗建中元年, 楊炎爲相, 遂作兩稅法 … 臣謹案 兩稅者, 夏稅·秋稅也. 夏稅則二麥登場, 蠶絲新成, 綾絹之屬, 以此時徵之也. 秋稅則五穀登場, 麻績新成, 絁布之屬, 以此時徵之也. 田稅二石, 在兩世之外也 … 堯舜·三王之世, 賦分九等 … 先王之察民貧富, 以定賦斂之差如是 … 租庸調之法, 成於唐高祖武德七年. 當此之世, 秦王世民, 未及當國, 中外危疑, 未有遠慮, 其所制法, 豈必如堯舜·三王之典? … 雖非天寶之亂, 此法之久而潰裂, 其勢然夜 … 兩稅之法, 人多毁之, 其實善變也 … 兩稅之法, 都不可詳, 意子與大曆九等之制, 不甚相遠也."(『경세유표』 권10, 지관수제 〈부공제〉2, 『정본전서』25, 320~324쪽).

당나라 조용조법은 원래 요·순과 삼대와 부(賦)와 같이 등급을 두는 좋은 법이 아니므로 형세상 오래 지속될 수 없는 것이었다고 하면서 양세법으로 변화는 좋은 것이라고 평가한 것이다.

그러나 위에서는 양세법은 구체적으로 알 수 없는 것이라고 하였다. 그러면서도 대력(大曆) 9년의 제도와 비슷할 것이라고 하면서 대력 9년의 제도에 대하여 언급하였다.[46] 이에 따르면 양세법은 재산의 다과의 따라서 징수한 것이 다. 즉 요·순, 삼대의 전, 부 이원체계의 부와 유사한 것이 된다. 이러한 양세법이 오대를 거쳐 송(宋)나라에 이르기까지 변하지 않았다고 하였다.[47]

이어서 명(明)나라의 하세(夏稅)·추량(秋糧) 역시 양세법을 계승한 것이라고 하였다.[48] 아울러 청(淸)나라의 조세제도(地丁銀)에 대하여는 전세(田稅)·민부(民賦)가 합쳐진 것이라고 하였다.[49] 이상은 양세법 이래 중국 역대의 조세제도에 실질적으로 부(賦)가 있었다고 주장한 것은 당시 조선에 부가 없는 실정에서 부에 해당할 수 있는 새로운 조세원을 포착하기 위한 것이다. 이것은『경세유표』에서 새로운 세원 포착 시도로 나타났다.

다음으로 중국 역대의 진휼(賑恤=창름倉廩), 호적(戶籍), 교민(敎民), 과거(科擧), 고적(考績), 군현분등(郡縣分等) 제도 등에 대한 언급을 살펴보기로 한다. 먼저 주(周)나라의 진휼제도와 관련하여

---

46) "陸贄奏議云 … 今創兩稅之制 … 每州各取大曆中一年科律錢穀數最多者, 便爲兩稅定額 … 兩稅之立 … 資産少者則其稅少; 資産多者則其稅多 …"(『경세유표』권10, 지관수제〈부공제〉2,『정본전서』25, 323쪽).

47) "臣謹案 兩稅之法, 歷五季而至於宋, 因而不變也(『경세유표』권10, 지관수제〈부공제〉3,『정본전서』25, 331쪽).

48) "又按 大明之制, 亦稱夏稅·秋糧, 則兩稅之遺法也. 其云民無常調者, 謂不用二十日役之舊例也."(『경세유표』권10, 지관수제〈부공제〉3,『정본전서』25, 333쪽).

49) "今中國之制, 亦以田稅·民賦, 合之爲一, 地有五等, 其斂以差….臣謹案 五等之地, 其率倍差, 則賈逵井收九等之遺意".(『경세유표』권10, 지관수제〈부공제〉3,『정본전서』25, 333~334쪽).

서 『주례』 지관 〈여사(旅師)〉를 인용하였다.[50] 이어서 주나라의 춘반
추렴 제도에 대하여 언급하였다.[51] 주나라의 춘반추렴 제도를 후대의
사창제와 유사한 것으로 이해한 것이다.

이어서 당·송의 의창제에 대하여 언급하였다.[52] 의창곡의 징수와
환급은 요호(饒戶)에게만 적용되고 진휼의 대상자는 빈민만이라고
이해하였다. 주나라와의 차이는 주나라는 관곡을 나누어주는 데 비
해, 당·송은 요호의 곡식을 거두어서 빈민에게 주고 나중에 관곡을
요호에게 돌려주는 데에 있다고 보았다. 당·송의 의창제도 진휼로 본
것이다. 북송에서는 마침내 의창이 폐지되었고 남송 초에는 의창의
흔적이 있으나 제대로 행해지지 못한 것으로 이해하였다.[53]

또 명나라는 사창제가 제대로 행해지지 못하였으며 시행된 일부
주현의 폐단은 조선의 환곡처럼 극심하였다고 보았다.[54] 청나라 사창
제에 대하여도 설명하였다.[55] 청나라의 사창제 역시 당·송과 같이 요
호에게 걷고 나중에 환급하였다는 것이다. 민간의 곡식을 거두어 진
휼하는 방식이며 관에서는 간여하지 않았다고 하였다. 다만 징수와
환급 시에 식곡(息穀＝모미耗米)을 1석당 1두를 걷지만 이것은 당·송
과 조선에 비해서는 매우 낮은 것이라고 하였다.[56]

---

50) "聚野之助粟·屋粟而用之, 以質劑致民平……春須而秋斂之"(『경세유표』 권12, 지관
　　수제 〈창름지저〉1, 『정본전서』26, 80쪽).

51) "如後世社倉之法, 似乎相類. 然施其惠散其利, 而無取耗爲義之法, 此其異也."(위와
　　같음).

52) "唐宋義倉之法, 方其輸粟之時, 唯饒戶納之; 及其頒糧之時, 唯饒戶受之. 至於賑恤
　　之日, 唯貧蒙惠, 故議者以爲便利. 今還上之法, 果有此意乎?"(『경세유표』 권12, 지
　　관수제 〈창름지저〉1, 『정본전서』26, 82~83쪽).

53) 『경세유표』 권12, 지관수제 〈창름지저〉1, 『정본전서』26, 83쪽.

54) "終明之歲, 社倉不大行矣. 然其所行州縣, 其弊極甚…. 臣謹案… 與吾東之法, 殆無
　　異焉."(『경세유표』 권12, 지관수제 〈창름지저〉1, 『정본전서』26, 86쪽).

55) "大淸社倉之法, 範民間每歲收穫時, 地方官勸扁紳衿·士庶, 收其所贏, 聽出粟麥存貯.
　　務期歲有加增, 毋用定額 … 臣謹案 … 不委吏奴之手也."(『경세유표』 권12, 지관수
　　제 〈창름지저〉1, 『정본전서』26, 87쪽).

결론으로 정약용은 중국의 진휼제에 대하여 총괄적으로 언급하였다.[57] 중국의 진휼 제도(의창, 사창)에 대한 고찰은 조선이 환곡으로 백성을 수탈하는 것을 비판하고 청나라처럼 새로운 재원, 예컨대 염창(鹽倉) 같은 것을 마련해야 한다는 주장으로 귀결되었다. 그러나 정약용은 환곡의 폐지를 주장하지는 않았다. 조선의 현실적 상황을 고려한 것이다.

다음으로 정약용은 중국의 호적제도에 대하여 삼대에서부터 엄격하였다고 보았다.[58] 여기에서 삼대란 하·은·주를 말하는 것이므로 이때 호적제도가 철저히 시행되었음을 주장하는 것이다. 호적제도는 직업(9職)과 연결되어 농부는 호적에 올라야 농토를 받고 나머지 직업도 호적에 올라야 자연 자원을 이용할 수 있었다는 것이다. 9직 제도는 정전 분배, 전·부 조세제도와 연관되어 있었다고 본 것이다. 그러나 자료가 미비하여 하나라와 은나라의 호적제도에 대하여는 구체적으로 언급하지 못하고 『주례』에 근거하여 주나라의 제도만 언급하였다.[59] 호적은 주나라 이래로 3년에 한 번 정비하였으며 이것은 전과 부의 두 조세를 위한 것이므로 세등(歲登, 추수 이후)에 하였다는 것이다. 결론적으로 중국의 호적제도는 남정의 다소와 전량의 빈부를 파악하는 것인데 조선은 아주 빈궁한 백성만을 군적에 파악하는 것이라고 비판하였다.[60] 현실을 인정하여 당장 철저한 호구파악을 주장하

56) 『경세유표』 권12, 지관수제 〈창름지저〉1, 『정본전서』26, 88쪽.

57) "總之, 中國之法, 常平倉·和糴倉, 常爲經費之本. 社倉·義倉, 不過賑濟之費而已. 豈若吾東之專辜還上乎? 京通倉·旗倉·鹽倉, 又淸人之大藏也."(위와 같음).

58) "三代之時, 皇秉五福之權, 尺土寸木, 莫非王物. 故民不入王籍, 則寸土不可耕, 寸木不可用. 故獻民數者, 咸得其實. 後世王者, 皆赤子無所操, 恩澤無可以下逮, 故民不欲入於王籍. 今乃以齟齬不驗之法, 禁民之邪志, 豈有濟乎?"(『경세유표』 권12, 지관수제 〈호적법〉, 『정본전서』26, 164~165쪽).

59) "中國之法, 歲登戶口日帳, 三年大比王籍. 蓋自周禮, 其法如此矣. 此時田役·賦役必欲調均, 不得不歲登也."(『경세유표』 권13, 지관수제 〈호적법〉, 『정본전서』26, 150쪽).

60) "臣謹案 中國戶籍之規, 自古以來, 以丁·糧爲重. 丁者, 男丁之多少也; 糧者, 田糧之

지는 않았다.

이어서 중국의 교민지법(학교 제도)에 대하여 순임금과 주나라 이래로 국자(國子)를 위한 태학(太學)과 만민을 위한 사도(司徒)의 이원 체제로 진행되어 왔다고 하였다. 한편 『예기』〈왕제〉편에 근거하여 한나라 때부터는 만민도 선발되면 태학에 들어갈 수 있었으나(국자는 선발 과정 없이 입학), 송나라 때에 이르러 오히려 종실은 태학에 들어갈 수 없게 되었다고 하였다.[61] 명나라는 종학을 두어 별도로 가르쳤으며 조선도 처음에는 명나라 제도를 따랐으나 정약용 당시는 이미 폐지되었다.[62]

정약용의 학교제도 개혁안은 주나라의 태학과 사도의 이원적 제도를 염두에 두면서도, 신분적 차이를 두지 않는 방식을 취하였고 이에 대하여 구체적으로 언급하였다.[63] 이에 따르면 국왕과 가까운 왕족 외에는 "부마(駙馬)·국구(國舅)·원훈(元勳)·대신지자(大臣之子)"라고 하더라도 모두 만민을 담당하는 사도에게 교육을 맡기도록 하여 사환지족(仕宦之族)도 만민에 속하게 한다고 하였다.

또 정약용은 주나라 때의 학교제도는 왕성 내의 6향에는 사(士)·공·상만이 살게 하고 이들에게만 사도에 의한 만민 교육이 있었으나 왕성 바깥의 수(遂) 지역에는 농민만 살게 하고 교육이 없게 하여 6

貧富也 … 吾東於戸籍之册, 不載丁·糧, 唯選至窮至貧可憐之民, 簽于軍保, 徵其布米, 以助國用."(『경세유표』 권12, 지관수제 〈호적법〉, 『정본전서』26, 171쪽).

[61] "虞·周之法, 國子敎于太學, 萬民敎于司徒, 國子者, 王公大夫之子也. 漢儒巽王制, 稍變其法, 國子·萬民同入太學. 唯萬民選而升之, 國子不待選擧, 直入太學… 宋太宗既殺德昭, 貶抑宗室, 使不得與邦人齒. 下逮皇命, 其法益嚴, 麟趾貴族, 生而固之, 外戚·宦官, 專執國命."(『경세유표』 권12, 지관수제 〈교민지법〉, 『정본전서』26, 172쪽).

[62] "我朝一遵明制, 乃於太學之外, 別置宗學, 以敎王族, 今亦廢之, 甚可傷也."(위와 같음).

[63] "今擬太學以宗學爲主人, 以處國子, 其餘悉歸司徒, 選而升之, 乃入太學. 雖非虞·周之舊, 庶乎王制之面目也. 卿大夫之子, 雖亦國子, 古者世卿, 今興替無常, 不可以泥古也. 貴近公族之外, 雖駙馬·國舅·元勳·大臣之子, 皆當敎之於司徒也. 此所謂敎萬民者, 非謂皁隷之賤, 皆悉敎之也. 國子之外, 雖仕宦之族, 皆謂之萬民也."(위와 같음).

향의 거주민과 농민은 뒤섞이지 않게 하였다고 보았다.[64] 그러나 그의 개혁안에서는 수(遂) 지역도 향 지역의 6부에 소속시켜 6향 지역과 동일하게 교육과 취사(取士)의 기회를 주어야 한다고 하였다.[65] 주나라의 제도를 그대로 따르면 신분제 사회를 유지, 혹은 강화하는 것이 된다. 『경세유표』에서는 신분제 폐지를 명시적으로 언급하지는 않았으나 만민(9직)에게 동등하게 교육과 취사의 기회를 줌으로써 점진적으로 신분제를 해체시켜 나가려 한 것이다. 또 앞서 언급한 바와 같이 9직에 사(士)를 넣지 않고 다른 9직과 상호 전화할 수 있는 방안을 구상한 것 역시 궁극적으로 신분으로서의 사(士)의 폐지를 지향한 것이다. 또 9직 가운데 한민(閒民, 자유노동자)을 하나의 직업으로 포함시킨 것은 궁극적으로 노비제의 철폐를 염두에 둔 것이다.

다음으로 정약용은 중국 역대의 과거제도에 대하여 언급하였다.[66] 이에 의거하면 중국의 과거제도는 삼대에 시작된 것이 아니다. 한나라 때 조짐을 보였고 수양제에 의해 시도된 바 있으며 당나라 때 성립되었고 송·원 때까지 제도가 대략 같았으며 명나라 때 크게 정비되어 청나라는 그것을 따르게 되었다는 것이다. 정약용은 과거제가 상대가 아니라 한대 이후에 기원하는 것임을 인정하면서도 그 폐지가 아니라 개혁을 주장하였다. 이 역시 현실을 고려한 것이었다. 과거제

---

64) "臣謹案 周禮敎民之法, 止於六鄕, 而六鄕之外, 絶無敎民之說. 蓋先王之法, 士農工商爲四類, 士與士處, 農與農處, 百工居肆, 商賈坐市, 不相混雜. 故公卿·大夫·元士·庶士·府·史·吏·徒之屬, 皆士類也, 處王城之內. 百工·諸賈, 亦居業於王城之內, 唯農夫處王城之外, 以治田畝, 農夫不可責之以德行·道藝, 故六遂以往, 無敎法也."(『경세유표』권12, 지관수제〈교민지법〉, 『정본전서』26, 173~174쪽).

65) "今以其在於城外者, 名之曰六遂, 屬之於六部, 其說敎之法, 亦同之於六部. 外達郡縣, 亦皆說敎以取士. 此非先王之法, 唯酌古今而爲權宜之政也, 尙怒之哉."(위와 같음).

66) "科擧之法, 兆於左雄(漢順帝), 朕於鴻都(漢靈帝), 試於隋場, 成於唐初(太宗時), 貞觀之初, 已令鄕擧, 終唐之世, 逮宋及元, 其法皆然. 以至大明之世, 條例大備, 今淸人所用選擧之制, 皆其遺也."(『경세유표』권15, 춘관수제〈과거지규〉1, 『정본전서』26, 262쪽).

도 개혁론은 청나라의 제도를 참고하였다(후술).

이어서 중국의 고적(考績) 제도에 대하여 『주례』에 근거하여 언급하였다.[67] 이에 따르면 주나라는 연말에 고공하여 3년에 한 번 고적하였다. 그러나 이것은 이미 여러 제도가 완비된 주나라 단계에서였고 이에 앞서 새로이 제도를 만들어가야 할 요·순 시대에는 3년에 한 번 고적하고, 삼고(9년)에 한 번 출척했다고 하였다.[68] 아울러 요·순 당시에는 삼공도 고적을 했다고도 하였다.[69] 이에 근거하여 조선에서도 삼공과 같은 대신에 대하여도 고적해야 한다고 한 것이다. 요·순 때 고적의 증거로는 『상서』 우서(虞書)의 기사를 인용하였다.[70]

끝으로 중국의 군현 분등에 대하여 언급하였다.[71] 이에 따르면 후주(後周)에서 호수를 근거로 군현의 등급을 정하고 이어 송나라 때 역시 호수를 근거로 군현의 등급을 정한 것이다. 이런 중국의 예를 참

---

67) "周禮 百官·群吏, 皆歲終則考功. 考天官太宰云 歲終則令百官府, 各正其治, 受其會, 聽其致事, 而詔王廢置 … 周禮 太宰云 三年則大計群吏之治而誅賞之. 此則聖王之令典也."(『경세유표』 권4, 천관수제 〈고적지법〉, 『정본전서』24, 265쪽).

68) "臣謹案 唐虞之際, 三載考績, 三考黜陟. 蓋此時, 神聖相承, 功庸奮發, 其所作爲, 皆開闢以來初有之大擧措. 若治水·經田·平賦·作貢諸事, 皆非三年之所能定功者, 故必九年以後, 乃行黜陟. 三代相承, 天下之事, 皆有故常, 則小小功罪, 不必九年而乃著. 故三年變爲一年, 九年變爲三年."(위와 같음).

69) "舜之考績, 雖元勳大臣, 莫之饒焉 … 三載必考, 三考必黜陟, 曾無毫髮之寬貸者 … 臣故曰 三公雖尊, 不可不考也."(『경세유표』 권4, 천관수제 〈고적지법〉, 『정본전서』24, 266쪽).

70) "虞書, 虞自奏其績曰"洪水滔天 … 子決九川距四海 … 皐陶乃於帝前, 考禹之績曰"師汝昌言. 由是觀之, 皐陶考禹之績 … 皆於帝前爲之也. 其謂之奏績者, 何也? 有奏而後 可以有考 … 禹自奏其績曰"子決九川距四海."(『경세유표』 권4, 천관수제 〈고적지법〉, 『정본전서』24, 267~268쪽). 다만 이것을 역사적 사실로 보기는 어렵다. 『상서』의 우서 같은 부분은 대체로 중국 전국시대 무렵 유자들이 자신들의 이념을 투영한 것으로 생각된다.

71) "柴周之制, 三千戶以上爲望縣, 二千戶以上爲緊縣, 一千戶以上爲上縣, 五百戶以上爲中縣, 不滿五百戶爲下縣. 太祖開寶九年, 調更定縣望. 以戶四千以上爲望, 此爲緊, 爲上·爲中·爲下, 凡五等."(『경세유표』 권4, 천관수제 〈군현분등〉, 『정본전서』24, 252쪽).

고하여 당시 조선의 군현의 등급을 민호와 전결의 수에 따라 정하자고 주장하였다.[72]

2. 우리나라 역대 제도의 인식과 개혁사상

정약용은 기자(箕子)에 의해 우리나라 평양에 정전제가 실시되었다고 생각하였다. 『고려사』〈지리지〉를 그 근거로 들었다.[73] 그러나 이것이 성중(내성)의 구획을 정(井)자 모양으로 9구획으로 하여 도시계획을 한 것을 의미하는 것으로 해석하였고 정전 자체를 의미하는 것으로 보지는 않았다.[74] 그러나 『여지승람』에는 "기자 정전은 평양부 남쪽 외성 안"이라고 했으며 동월(董越) 〈조선부〉와 왕기(王圻)『삼재도회(三才圖會)』〈조선편〉에서도 바로 정전이라고 했다고 하였다.[75]

조선에서 본격적으로 기자 정전에 관심을 가진 것은 한백겸에서 시작되며 그는 직접 평양을 답사하여 〈기자정전설〉을 짓기도 하였다.[76] 하지만 한백겸이 생각한 기자 정전은 정자(井字)형 9구획이 아니라 전자(田字)형 4구획이었다. 이익은 이것을 주나라가 아니라 은나라의 제도로 보았다.[77]

---

72) "中國之法, 府最大, 州次之, 郡則無之, 縣有五等, 以次陞遷. 吾東之法, 州府之殘, 或不能成聚; 列縣之雄, 或至於劇務 … 今宜八路諸邑, 竝以民戶·田結, 別其大小."(위와 같음).

73) "平壤府有古城基二. 一箕子所築, 城內區畫, 用井田制. 一高麗成宗所築."(『경세유표』 권6, 지관수제 전제고6, 〈방전의〉, 『정본전서』25, 57쪽).

74) "中爲王宮, 面朝·後市 左右六鄕, 兩兩相嚮."(위와 같음). "臣謹案 城中區畫, 用井田之制者, 一城方九里, 畫爲九區, 中爲王宮, 面朝·後市左右六鄕, 兩兩相嚮, 亦井田九區之法也, 若箕子不都平壤, 無緣平壤有此制度, 聖人遺跡, 三千年不泯 嗚呼至矣."(위와 같음).

75) 위와 같음.

76) "久菴韓百謙, 作箕子井田說云 其所區畫, 皆爲田字形, 分爲四區, 區各七十畝 … 含毬·正陽兩門之間, 益分明. 乃作圖以記之."(『경세유표』 권6, 지관수제 전제고6, 〈방전의〉, 『정본전서』25, 57~58쪽).

정약용은 한백겸과 이익이 주나라와 은나라의 토지제도가 달랐다고 본 것을 비판하고 은나라도 주나라와 같이 정자형이었다고 보았다.[78] 요·순 때부터 삼대에 정전제가 일관되게 시행되었다고 보는 그의 입장에 따른 것이다. 이것은 당시 조선에 궁극적으로 정전제를 복구하려는 개혁사상과 연결되어 있다. 아울러 이익은 경주에도 기자정전이 있었다고 보았는데 정약용 역시 여기에 찬동하였다.[79] 이 역시 정전제 개혁을 강력히 원하는 그의 입장과 연결된다.

한편 우리나라의 원래 토지 측정 단위에 대하여 조선에서 실시되고 있던 결부법이 아니라, 『고려사』에 근거하여 신라, 고려 시대에는 면적을 기준으로 하는 경무법이었다고 주장하였다.[80] 이것은 토지 단위를 경무법으로 개혁하려는 입장과 연관되어 있다.[81]

다음으로 우리나라 역대 조세제도에 대한 견해를 살펴보기로 한

---

77) "星湖李瀷曰 箕子井田其實非井田也. 一頃方七十步, 四頃爲區, 如田字樣. 整齊不錯. 愚謂, 夏后氏之井九區, 各區四夫, 合三十六夫也. 一區爲四夫之田, 如田字樣 … 箕子不因夏制, 而別治田畝, 故一頃七十步之制."(『경세유표 권』6, 지관수제 전제고6, 〈방전의〉, 『정본전서』25, 58쪽).

78) "臣謹案 儒臣韓百謙, 考殷·周尺度之差, 計其區畫, 遂作井田說, 以明殷制·周制之不同, 然殷制·周制之不同, 臣嘗疑之."(위와 같음).

79) "星湖李瀷曰 箕子東而劃定於平壤. 秦末避秦者至嶺南, 立田制於慶州, 雖歲久漫滅, 遺跡可見. 今慶州邑中之田, 勿論大小長短, 皆悉方直, 而無橫斜, 意者其因必以秦法施之也. 按漢書地理志'商君制轅田, 開阡陌', 轅田者, 直田也. 0臣謹案 商鞅雖破壞井田, 其法旣曰阡曰貊, 則明亦十十爲數, 至于千百也. 若然, 其田必井井方方, 與遂人之法, 不相深遠, 故避秦東來之人, 亦能疆理如是也.(『경세유표』 권6, 지관수제 전제고6, 〈방전의〉, 『정본전서』25, 59~60쪽).

80) "今人以結負解田之法, 爲羅·麗古俗. 而今高麗之志曰'一結之田, 方三十三步', 不復云'各等之田, 其步數有差' 則一結仍是一頃, 非今日差等之一結也."(『경세유표』 권6, 지관수제 전제고6, 〈방전의〉, 『정본전서』25, 61~62쪽).

81) "又按 量田者, 天下之鉅役也. 中國以頃畝經田, 此致察於有形之大小也. 吾東以結負經田, 此致察於無形之肥瘠也 … 法曰'二十年改量', 而今至百年未改量, 斯何故也? 改量則吏奸舞, 民詛興則官謗作 … 此所以百年未改量也 … 結負經田之法未善也."(『경세유표』 권6, 지관수제 전제고6, 〈방전의〉, 『정본전서』25, 63~64쪽).

다. 『경국대전』에 규정된 전세는 토지 6등급이었는데 이에 대하여 정약용은 요·순의 법에 따라 9등급제로 해야 한다고 주장하였다.[82] 또 양전척(量田尺)에 대하여는 처음 조선에서 수등이척(隨等異尺)이던 것을 인조 때 단일 양전척으로 바꾼 것에 대하여 극찬하였다.[83]

한편 중국 상고의 전(田)·부(賦) 이원체계를 이상적 조세제도를 보는 입장에서 조선에서는 부가 없고 토공(土貢, 공납)만 있는 것을 비판하였다. 원래 이것은 국가의 오례를 위한 것이었으며 연산군 이래 쓸데없이 늘어나게 되었고 이것은 조종의 구법이 아니라고 하였다.[84] 아울러 임란 이전 공납은 토지를 단위로 하여 부과되는 것으로 보았다.[85]

정약용은 조선 중·후기 공납제의 대동법으로의 개혁을 적극 찬성하였으나 시행 과정이 지난했다고 하였다.[86] 그 장기적 과정을 다음과 같이 설명하였다. 그는 처음 대동을 주장한 것은 임란 중(1594)의 류성룡이지만[87] 1608년(광해군 즉위년)의 경기 대동에서 처음 시행된 것으로 보았다.[88] 다음으로는 1623년(인조 원년)의 강원도 대동

---

82) "經國大典曰 凡田分六等, 每二十年改量成籍, 藏於本曹·本道·本邑 … 臣謹案 田分六等, 恐不如九等之爲中理也 … 堯舜之法, 田分九等(『경세유표』 권6, 지관수제 전제고, 〈방전의〉, 『정본전서』25, 62~63쪽).

83) "又按 原典六等之尺, 今所不用 … 至我仁祖大王甲戌之年, 始改其法. 於戱, 盛矣." (『경세유표』 권6, 지관수제 전제고, 〈방전의〉, 『정본전서』25, 64~65쪽).

84) "我邦之法, 有貢而無賦. 凡百土貢上之物, 皆收土貢, 自郡縣輸之. 0臣謹案 土貢之法, 不可詳. 然五禮所用之外, 其猥雜諸物, 多起於燕山荒淫之時, 非祖宗之舊定也."(『경세유표』 권11, 지관수제〈방부고〉, 『정본전서』26, 62쪽).

85) "宣祖十五年(壬午)秋九月, 右贊成李珥上疏, 請改貢案 … 臣謹案 當時貢法, 亦必以田結爲本, 故所奏如此, 及其改法也, 又以田結收米."(『경세유표』 권11, 지관수제〈방부고〉, 『정본전서』26, 62~64쪽).

86) "土貢之變而爲大同, 此天下之善變者也. 然其戛戛難行如此."(『경세유표』 권11, 지관수제〈방부고〉, 『정본전서』26, 66쪽).

87) "宣祖二十七年(甲午;1594)春, 命詳定貢案, 不果行 … 臣謹案 … 相臣柳成龍上疏, 請詳定貢案 … 臣謹案 柳文忠所言, 則大同也, 大同之議, 其自文忠始也."(『경세유표』 권11, 지관수제〈방부고〉, 『정본전서』26, 64~65쪽).

88) "光海君卽位之年(戊申), 相臣李元翼請設宣惠廳, 行大同法, 先施於京畿."(『경세유

실시,[89] 1651년(효종 원년)의 호서 대동 실시,[90] 1658년(효종 9년)의 호남 대동절목 상정,[91] 1660년(현종 원년)과 1663년(현종 4년)의 전라도 대동 실시,[92] 1677년(숙종 3년)의 영남 대동 실시,[93] 1708년(숙종 34년)의 황해도 대동 실시[94] 등 100년간의 장구한 과정을 거쳐 이루어졌음을 설명하였다. 이 고찰을 통해 국가제도를 개혁한다는 것이 얼마나 어려운 것인지 깊이 깨달을 수 있었다.

다음으로 우리나라 역대 진휼 제도에 대한 견해를 살펴보기로 한다. 정약용은 우리나라 진휼 제도의 기원을 고구려 고국천왕 16년(194년)으로 잡았다.[95] 이것은 우리나라 진휼 제도의 연원이 장구함을 말하는 것이다. 이어 고려 이래의 의창을 진휼 제도로 보고 고려 초의 흑창(黑倉=의창義倉), 성종 및 충렬왕·공민왕 때의 의창 설치에 대하여 언급하였다.[96] 다만 고려 때의 의창은 상시적인 기구가 아니라 수

표』 권11, 지관수제 〈방부고〉, 『정본전서』26, 65~66쪽).

89) "仁祖元年(癸亥)秋九月, 領議政李元翼奏, 設三道大同廳, 置郞廳四員, 分掌其事. 先試於江原道 臣謹案 土貢之變而爲大同, 此天下之善變者也. 然其憂憂難行如此." (『경세유표』 권11, 지관수제 〈방부고〉, 『정본전서』26, 66쪽).

90) "孝宗二年(辛卯)秋八月, 始用相臣金堉之議, 行大同法于湖西"(『경세유표』 권11, 지관수제 〈방부고〉, 『정본전서』26, 67쪽).

91) "孝宗九年(戊戌)春二月, 命領議政鄭太和, 倣湖西大同法, 講定湖南大同節目."(『경세유표』 권11, 지관수제 〈방부고〉, 『정본전서』26, 70쪽).

92) "顯宗元年(庚子)秋七月, 行大同法於全羅山郡. 四年春三月, 行大同法於全羅道."(위와 같음).

93) "肅宗三年(丁巳), 因吏曹判書李元禎之言, 嶺南行大同法."(『경세유표』 권11, 지관수제 〈방부고〉, 『정본전서』26, 71쪽).

94) "肅宗三十四年(戊子), 命黃海道, 倣大同之規, 行詳定法."(『경세유표』 권11, 지관수제 〈방부고〉, 『정본전서』26, 74쪽).

95) "高句麗故國川王十六年, 命有司, 每年春自三月至秋七月, 出官穀, 以百姓家口多少, 賑貸有次, 至冬還納, 以爲恒式, 內外大悅."(『경세유표』26, 권12, 지관수제 〈창름지저〉1, 『정본전서』26, 88~89쪽).

96) "高麗之初, 創置黑倉, 賑貸窮民. 至成宗五年, 益米一萬石, 改名義倉 … 忠烈王時, 洪子藩言 … 宜於中外, 創置義倉, 戶斂米穀, 以時收積, 以備乏急. 0恭愍王時, 命復忠宣王常平·義倉之制."(『경세유표』26, 권12, 지관수제 〈창름지저〉1, 『정본전서』

시로 설치하는 것이며 재원 마련은 호렴에 의거하였고 조선의 환곡처럼 상시적으로 설치하고 총액을 늘려 이자를 가혹하게 수탈하는 폐단을 갖는 것은 아니라고 하였다.[97]

　조선 초의 의창 제도는 고려와 같으나 고려의 호렴과는 달리 관포(官布)로 재원을 마련했으며 의창의 모곡 한 톨도 국가의 경비로 쓴 적이 없다고 하였다.[98] 그러나 임란 이후 의창과 상평창(물가 조절) 외에 여러 아문과 군영의 수요에 따라 각종 창고를 설치하고 환곡의 이자를 받게 되었다고 하였다.[99] 즉 원래의 진휼 제도가 조세로 변질되었다는 것이다. 또 정약용은 영조 때까지 남아 있던 진휼곡이란 명칭은 원래 의창곡에서 유래한다고도 하였다.[100]

　다음 상평창 제도에 대하여는 보통 이회(李悝)·경수창(耿壽昌)에 의해 시작된 것으로 보지만 이미 요·순과 삼왕 때에 시작되었을 것이라고 추정하였다.[101] 이리하여 중국의 제도를 모방하여 실시하되 청나라의 호부칙례(戶部則例)에서 법도를 취해야 한다고 하였다.[102] 이

26, 89~90쪽).

97) "臣謹案 戶租者, 以戶斂也 … 然義倉之法, 時斂時發, 旋又廢之, 故忠烈之時, 又言倉置, 恭愍之時, 又言復設 … 其恒久不變, 網利增額, 爲生民切骨之弊, 不似今日之還上也."(『경세유표』26, 권12, 지관수제 〈창름지저〉1, 『정본전서』26, 90쪽).

98) "國朝始制, 亦有義倉, 若如高麗之法 … 臣謹案 我朝義倉之穀, 本皆以官布貿入, 非科斂民戶如前朝之法. 又其設倉, 一粒之粟, 未嘗以爲經費之補用."(『경세유표』26, 권12, 지관수제 〈창름지저〉1, 『정본전서』26, 90~91쪽).

99) "一自萬曆倭寇之後, 國用虛竭, 軍需浩廣, 於是有常平·賑恤二倉之外, 層層添出色色增設者, 皆戶曹·及諸營門·諸衙門之所需用也. 倉廩之設, 本爲救民, 今爲斂民."(『경세유표』26, 권12, 지관수제 〈창름지저〉1, 『정본전서』26, 91쪽).

100) "英宗庚寅, 宣惠提調趙弘淳奏曰 常平穀·賑恤穀, 穀則通用, 簿則分二, 不便, 請合爲一, 名曰常賑穀. 臣謹案 賑恤穀不知所始, 蓋自義倉之穀, 轉而爲救荒穀, 又轉而爲賑恤穀, 非近世之所創設也."(『경세유표』26 권12, 지관수제 〈창름지저〉1, 『정본전서』26, 91쪽).

101) "常平者, 先王之良法也. 常平之法, 今因皆以爲本起於李悝·耿壽昌. 臣竊思之, 如此良法, 不起於堯舜·三王之世, 無是理也."(『경세유표』26 권12, 지관수제 〈창름지저〉3, 『정본전서』26, 144쪽).

렇게 새로이 상평창을 설치하는 것은 당시 곡가의 변동이 심한 상황에서 이에 대비하기 제시한 방안이었다고 여겨진다.

끝으로 정약용은 우리나라의 과거제도에 대하여도 언급하였다.[103] 우리나라 과거제도는 고려 광종 때 후주 사람 쌍기에 의해 시작되었지만 제대로 받아들이지 못하여 당시 조선의 과거제도는 중국(청나라)과 다른 것이 10가지나 되므로 급히 개혁해야 한다고 하였다. 청나라를 본보기로 하여 조선의 과거제도를 개혁하고자 한 것이다. 정약용은 당시 과거제도의 폐단, 그리고 그것이 중국 삼대에는 없던 제도임을 잘 알고 있었음에도 불구하고 과거제도를 폐지하려고 하지는 않고 과거제도를 학교제도와 결합하여 개혁하고자 하였다. 이것 역시 대체로 당시 조선의 현실을 반영한 것이기도 하다.

IV. 결어

이상 본론에서의 논의를 요약하면 다음과 같다.

첫째, 〈원목〉, 〈탕론〉, 합편 『상서고훈』〈요전〉, 〈일주서극은편변〉에 보이는 3종의 인류역사의 거시적 시대구분을 합쳐서 보면 정약용의 인류역사의 거시적 시대구분은 제1단계 군주가 없던 시대, 제2단계 오제의 시대(선양), 제3단계 삼왕의 시대, 제4단계(황제 시대=진시황 이후)로 구분할 수 있다. 합편 『상서고훈』〈요전〉(1834년) 단계에서는

---

102) "常平條例, 宜倣中國之法, 乃無疏漏. 漢·唐·宋常平條例, 今無傳者, 唯今戶部則例, 詳列條約, 此大明之遺法, 非新創也. 凡法令條例, 宜於久行之地, 往而取法."(『경세유표』 권12, 지관수제 〈창름지저〉3, 『정본전서』26, 145쪽).

103) "吾東古無科擧, 至高麗光宗之時, 柴周人雙冀, 隨使而來, 因病未還, 留授科擧之法. 顧學焉而未詳, 效焉而未精, 但聚士試文, 以爲進士而已. 其規模節目, 未之移也. 今計吾東科擧之法, 與中華不同者十 … 利弊者, 當今之急疾先搐者也."(『경세유표』 권15, 춘관수제 〈과거지규〉1, 『정본전서』26, 262쪽).

세습군주제의 부정이 명백히 자리 잡게 되었다.

둘째, 이익에 따르면 천맥은 상앙이 만든 제도[개창開創]이고 상앙 당시에 일시적으로 행해졌다가 사라진 제도이다. 정약용에 따르면 천맥은 상앙 이전에도 있던 제도이고 상앙이 옛 천맥을 없애고 새로운 천맥을 개창하였으나 양자는 대동소이하다. 정약용이 절충적 견해를 낸 이유는 정전제와 유사한 토지 구획이 여전히 지속되었음을 주장하기 위한 것이다.

셋째, 중국 토지개혁론의 효시를 이루는 것은 한무제 때 동중서의 〈한민명전론〉이다. 이에 대한 정약용의 평가는 부정적이다. 중국 역사상 가장 획기적인 토지개혁은 전한을 멸망시키고 황위를 찬탈한 왕망에 의해 행해졌다. 왕망의 개혁이 실패한 것에 대하여 만민의 9직 가운데 농부에게만 토지를 주어야 하는데 그렇지 않아서 실패한 것이라고 보았다. 아울러 중국 역사상의 토지개혁을 포함한 여러 개혁이 대체로 실패한 것은 기본적으로 기득권 세력의 반발이 있었기 때문이다.

넷째, 균전제에 대하여 토지를 관이 주도하게 되었다는 일반적 평가에 대하여 정약용은 비판적이었다. 원래의 사전의 소유권을 인정하여 이주 때에 매매를 허락한 점, 여러 직업을 갖는 만민 가운데 농민에게만 토지를 주는 것이 아니라 모든 사람에게 토지를 방식을 취한 점 때문에 중국 역대의 토지개혁이 실패한 것으로 보았다.

다섯째, 역대 유자들에 의해 정전제가 복구될 수 없다는 주장이 지속되어 왔다. 우선 지세가 불편하다는 주장에 대하여는 굳이 모든 토지를 정(井)자 형태로 억지로 만드는 것이 지형이 가능한 곳에서는 행하고 불가능한 곳에서는 지형에 따르되 토지 구획의 비율을 정전에 맞게 하면 된다고 하였다. 인민의 수가 일정하지 않고 변한다는 주장에 대하여는 만민의 직업을 9직으로 전문화하고 농민에게만 토지를 주는 방식으로 해결하고자 하였다.

여섯째, 중국 상고의 조세제도를 정약용은 전과 부의 이원 체계로 이해하고 이것이 요·순 이래 삼대에 걸쳐 시행된 것으로 보았다. 주나라의 조세제도에 대하여는 『주례』에 근거하여 부가지정, 택전지정, 옥속지정, 관시지부, 산택지부, 폐여지부로 나누어 언급하였다. 이런 논의는 조선후기의 조세제도에서 전세의 비중을 줄이고 부세의 비중을 높임으로써, 한편으로는 농민의 부담을 줄이고 한편으로는 국가의 재정을 확충하기 위한 의도에서 제기되었다.

일곱째, 진시황이 양전한 것에 대하여 유자들이 전통적으로 조세 수탈을 위한 것이라고 비판하여 온 것에 대하여 진나라가 양전한 것을 민의 빈부를 파악하여 부(賦)의 조세를 실현하기 위한 것으로 보고 긍정적으로 평가하였다.

여덟째, 당나라 조용조법은 원래 요·순, 삼대의 부와 같이 등급을 두는 좋은 법이 아니므로 오래 지속될 수 없는 것이었다고 하고 양세법으로 변화는 좋은 것이라고 평가하였다. 양세법은 재산의 다과에 따라서 징수한 것이므로 요순, 삼대의 전·부 이원체계의 부와 유사하다고 보았다. 이러한 양세법이 오대를 거쳐 송나라에 이르기까지 변하지 않았다고 하였다. 이어서 명나라의 양세법의 하세·추량 역시 양세법을 계승한 것이라고 하였다. 아울러 청나라의 조세제도(지정은)에 대하여는 전세·민부가 합쳐진 것이라고 하였다. 양세법 이래 중국 역대의 조세제도에 실제적으로 부가 있었다고 한 것은 중국 역대의 변화된 조건 속에서 전·부의 이념이 실현되고 있었다는 말이다.

아홉째, 당·송의 의창제도 진휼로 보았다. 중국의 진휼 제도에 대한 고찰은 조선이 환자로 백성을 수탈하는 것을 비판하고 청나라처럼 재원, 예컨대 염창 같은 것을 마련해야 한다는 것으로 귀결되었다.

열째, 삼대에 호적제도가 철저히 시행되었고 직업(9직)과 연결되어 농부는 호적에 올라야 농토를 받고 나머지 직업도 호적에 올라야 자연 자원을 이용할 수 있었다고 하였다. 9직 제도는 정전 분배, 전·부 조세제도 모두와 연관되어 있었다. 주나라의 제도에 대하여는 좀더 구체적으로 3년에 한 번 정비하였으며 이것은 추수 이후에 했다고 하였다. 중국의 호적제도는 조세 균등을 위한 것인데 조선은 아주 빈궁한 백성만을 군적에 파악하는 것이라고 비판하였다.

열한째, 중국의 교민지법에 대하여 순임금과 주나라 이래로 국자를 위한 태학과 만민을 위한 이원 체제로 진행되어 왔다고 하는 한편, 한나라 때부터는 만민도 선발되면 태학에 들어갈 수 있었으나 송나라 때에 이르러 오히려 종실은 태학에 들어갈 수 없게 되었다고 하였다. 아울러 주나라 때의 학교제도는 왕성 내의 6향에는 사·공·상만 살게 하여 이들에게만 사도에 의한 만민 교육이 있었으나 농민에게는 교육이 없었으며 6향의 거주민과 농민은 뒤섞이지 않게 하였다. 그러나 정약용은 학교 제도 개혁 방안으로, 당시 수 지역도 향 지역의 6부에 소속시켜 6향 지역과 동일하게 교육과 취사의 기회를 주는 것을 제안하였다. 만민(9직)에게 동등하게 교육과 취사의 기회를 줌으로써 점진적으로 신분제를 해체시켜 나가려 하였다.

열두째, 중국의 과거제도는 한나라 때 조짐을 보였고 수양제에 의해 시도된 바 있으며 당나라 때 성립되었고 송·원 때까지 제도가 대략 같았으며 명나라 때 크게 정비되어 청나라는 그것을 따르게 되었다고 했다. 정약용의 과거제도 개혁론은 청나라의 제도를 참고하는 방안이다.

열셋째, 주나라는 연말에 고공하여 3년에 한 번 고적하였으나 이것은 이미 여러 제도가 완비된 주나라 단계에서였다. 새로이 제도를 만들어가야 할 요·순 시대에는 3년에 한 번 고적하고, 9년에 한 번 출척을 했다고 하였다.

열넷째, 중국의 군현 분등에 대하여는 후주에서 호수를 근거로 군현의 등급을 정하고 이어 송나라 때 역시 호수를 근거로 군현의 등급을 정했다고 하면서 이런 중국의 예를 참고하여 당시 조선의 군현의 등급을 민호와 전결의 수에 따라 정하자고 하였다.

열다섯째, 정약용은 은나라도 주나라와 같이 정(井)자형이었다고 보았다. 요·순, 삼대에 정전제가 일관되게 시행되었다고 보는 것이 그의 입장이다. 이것은 당시 조선에 궁극적으로 정전제를 복구하려는 개혁사상과 연결되어 있다. 한편 우리나라 토지 측정 단위에 대하여 『고려사』에 근거하여 원래 신라, 고려 시대에는 면적을 기준으로 하는 경무법이었다고 주장하였다. 이것은 토지 단위를 경무법으로 개혁하려는 입장과 연관되어 있다. 또 『경국대전』에 규정된 전세는 토지 6등급이었으나 정약용은 요순의 법에 따라 9등급제로 해야 한다고 주장하였다.

열여섯째, 중국 상고의 전·부 이원체계를 이상적 조세제도를 보는 입장에서 조선에서는 부가 없고 공납만 있는 것을 비판하였다. 대동법으로의 개혁을 적극 찬성하였으나 시행 과정이 지난했다고 하였다.

열일곱째, 선초의 의창 제도는 고려와 같으나 고려의 호렴과는 달리 관포로 재원 곡식을 마련했으며 모곡 한 톨도 국가의 경비로 쓴 적이 없다고 하였다. 그러나 임란 이후 의창과 상평창(물가 조절 기능) 외에 여러 아문과 군영의 수요에 따라 각종 창고를 설치하고 환곡의 이자를 받게 되었다고 하였다. 환곡의 폐지를 주장하지는 않고 전국의 환곡 총수와 호구 총수를 산출하고 각 호에 균등하게 부과하자고 하였다.

열여덟째, 우리나라 과거제도는 고려 광종 때 후주 사람 쌍기에 의해 시작되었지만 제대로 받아들이지 못하여 당시 조선의 과거제도는 청나라와 다른 것이 10가지나 되므로 급히 개혁해야 할 것이라고 하였다. 정약용은 당시 과거제도의 폐단과 그것이 중국 삼대에는 없던 제도임을 잘 알고 있었음에도 불구하고 과거제도를 폐지하려고 하지는 않았다. 그 폐단을 시정하는 가운데 과거제도를 학교제도와 결합하여 개혁하고자 하였다.

정약용 개혁사상의 역사적 성격과 현재적 의미에 대하여 생각해 보기로 한다. 그의 역사의식은 형세를 중시하고 시대에 따른 변화의 감각을 갖는 것이었으며 그런 가운데 현실적 조건 가운데 역사의 연속성도 고려하는 것이었다.[104] 그의 개혁사상은 요순, 삼대의 제도를 이상시하면서도 그 자체 내에서도 변화가 있었음을 인정하였고 또 후대의 제도들의 문제점들을 인식하면서도 그 가운데에서 관철되는 이상적 면모와 현실적·타당성을 찾고자 하였다. 그에게서 이념이란 영원불변하는 것이 아니며, 어떤 이념이 선험적으로 현실을 규정하는 것도 아니다. 구체적 역사의 전개 속에 이념이 내재 혹은 제시되며, 기술(생산력)의 꾸준한 발전 속에서 각 단계마다의 이념이 이루어진다고 보는 역사의식에 기초한 것이다. 이것이 바로 앞에서 말한 "총체적 진보사관"이다.

정약용의 개혁사상을 좀 더 체계적으로 설명하면 30대 말의 〈전론〉·〈원목〉을 집필하는 단계에서 당시 조선후기의 지주전호제, 신분제, 전제군주제에 대하여 근본적으로 부정하거나 회의하는 생각에 도달하였다. 그러나 아직 구체적 실천 방안이나 그를 위한 담당층 등에 생각을 갖지 못하였고 개혁사상에 대한 경전적, 역사적 근거를 명확히 갖지도 않았다. 그러나 강진 유배 이후 『상서』, 『주례』의 연구를 통해 개혁사상의 경전적 토대를 갖추게 되고 또 중국과 우리나라의 역대

---

104) "殷人代夏, 不能不有所損益, 周人代殷, 不能不有所損益. 何則? 世道如江·河之推移, 一定而萬世不動, 非理之所能然也. 秦人之法, 是秦人之法, 非天聖百王之所傳流也. 然而漢興悉因之, 故曾不敢動其一毛, 甚則以十月爲歲首, 以挾書爲極律, 以至百年, 得武帝以後始微變其一二. 若是者何也? 殷·周之人, 哲謨叡聖, 其才識所及, 雖堯·舜之所作爲, 能損益以合宜, 漢人齷齪愚益, 其才識所及, 雖軮·斯之所作爲, 一冒之而不知脫."(문집 권12, 〈방례초본서〉, 『정본전서』2, 399쪽).

제도들의 고찰 등을 통해, 이념을 추구하면서도 현실적인 개혁사상을 갖게 되었다. 이를 체계적으로 정리한 것이 『경세유표』이며 『경세유표』의 개혁안은 크게 보아 다시 당장 실시할 수 있는 제1국면의 개혁방안과, 장기간 점진적으로 시행될 제2국면(신분제와 지주전호제가 보다 구체적으로 해소되는 국면)이라는 두 개의 국면으로 되어 있다.105) 이 것은 당시 조선의 현실적 여건을 충분히 고려한 것이다.

『경세유표』는 일단 조선왕조를 인정한 위에서 장구한 세월에 걸쳐 점진적 토지개혁, 신분제 개혁, 상공업·광업 및 기술의 발전 등 꾀하는 과정(제1국면과 제2국면)이다. 그러나 이런 온건한 개혁조차 실시할 수 없는 상황에서 지방관의 양심에 호소해 지방행정 운영을 개선하고자 한 것이 『목민심서』이다. 그의 입장이 『경세유표』에서 후퇴한 것은 아니며 『목민심서』 단계에서 『경세유표』의 개혁 과정을 준비한다. 『경세유표』 두 국면의 개혁이 완료된 다음에는 자연스럽게 〈일주서극은편〉에 따른 민주적 정치제도로 이행할 수 있을 것이라고 생각하였을 것이다. 전체적으로 정약용의 개혁사상은 "『목민심서』-『경세유표』제1국면-『경세유표』제2국면-민주주의"라는 4단계로 구성되며 후기로 갈수록 그의 개혁사상이 점점 구체성, 현실성을 띠게 되었다.

정약용의 개혁사상의 현재적 의미를 생각해 보기로 한다. 기본적으로 그의 사상은 사유 재산과 시장 경제를 인정한다. 그러나 강력한 사회적 통제를 전제로 하면서 소농민, 중소상공인과 같은 소민 위주의 경제를 생각하고 평등 사회를 지향한다. 이것은 대한민국 초대헌법의 지향과 일치하며106) 민족해방투쟁의 막바지인 중경시절 대한민국임시정부의 기본강령과도 일치한다.

---

105) 조성을, 2017, 「경세유표 연구의 제문제」, 『다산학』31, 48쪽.
106) 조성을, 위 논문, 55쪽.

참고문헌

조성을, 2004, 『조선후기사학사 연구』, 한울.

고병익, 1965, 「다산의 진보관」, 『효성조명기박사화갑기념 불교사학논총』.
윤석호, 2018, 「정약용 경세학의 국가개혁론과 농지득전」, 연세대학교 박사학위논문.
정창렬, 1990, 「실학의 역사학」, 『민족사의 전개와 그 문화(하)』, 창작과비평사.
조성을, 2017, 「경세유표 연구의 제문제」, 『다산학』31.
_____, 2012, 「유배이후 정약용의 이용후생학」, 『다산정약용연구』, 사람의무늬.
_____, 2000, 「정약용의 역사이론의 전개와 그 성격」, 『국사관논총』 93.
_____, 1992, 「정약용의 정치경제 개혁사상연구」, 연세대학교 박사학위논문.
하우봉, 1983, 「정약용의 일본관」, 『김철준화갑기념사학논총』.
한영우, 1983, 「다산 정약용의 사론과 대외관」, 『김철준화갑기념사학논총』.

연암 박지원의 세계관에 나타난 역사의식
- 『열하일기』를 중심으로 -

김 인 규*

* 영산대학교 자유전공학부 교수

I. 머리말

한 사람의 사상은 그가 처한 시대 상황과 밀접한 연관 속에서 형성된다. 18세기의 조선 사회는 점층하는 사회 모순과 권력층의 무능과 부패, 삶의 현실과 괴리된 학문 풍토는 왕조의 말기적 현상을 드러내고 있었다. 이러한 시대 상황에 살았던 연암(燕巖) 박지원(朴趾源, 1737~1805)은 그 시대를 대표하는 사상가였을 뿐 아니라 독특한 필치와 재치로 사회 모순을 날카롭게 비판한 작가였다.

박지원의 학맥은 서인(西人) 노론계(老論系)로 인물성동론(人物性同論)을 주장하는 낙론(洛論) 계열에 속한다. 그는 조부의 상을 마친 16세 때, 이보천(李輔天)의 딸과 결혼한 후 처삼촌인 이양천(李亮天)에게 학문을 익힌 만학도로, "학문의 길은 다른 것이 없다. 모르는 것이 있으면 길 가는 사람이라도 붙잡고 묻는 것이 옳다. 종(僕)이라도 나보다 한 글자라도 많이 알면 우선 그에게 배워야 한다. 자기가 남과 같지 않은 것을 부끄러워해서 자기보다 나은 사람에게 묻지 않는다면, 이는 종신토록 고루해서 아무 방법도 없는 그런 곳에 스스로 갇히고 만다."[1]라고 한 데서도 알 수 있듯이 학문하는 자세와 열의를 짐작할 수 있다.

박지원은 학문에 대한 열정 못지않게 학문에 임하는 태도도 눈여겨 볼 필요가 있다. 그는 일찍이 독서와 학문에 대해, "대개 독서와 학문에는 쓸모 있는 것과 쓸모 없는 것이 있다. 우리나라의 선현들 중

---

1) 『燕巖集』 卷7, 「北學議序」 "學問之道無他, 有不識, 執塗之人而問之, 可也. 僮僕多識我一字, 姑學汝. 恥己之不若人, 而不問勝己, 則是終身自固於固陋, 無術之地也."

조중봉(趙重蜂: 조헌趙憲)이 쓴 「동환봉사(東還封事)」 같은 글은 오로지 사람들을 이롭게 하는 데[사업事業] 관심을 쏟았다."[2]고 하여 세상에 쓸모 있는 학문에 뜻이 있었으며, 그가 쓸모 있다고 여긴 학문은 당시 조선 사회를 풍미하였던 성리학이 아니라, "글을 읽고서 실용(實用)을 알지 못하는 것은 학문 연구가 아니다. 학문의 연구를 귀중히 여기는 것은 실용을 하기 위한 것이다. 만일 성(性)·명(命)이나 요란히 떠들고 리(理)·기(氣)나 시비(是非)하여 각기 자기 견해가 옳다고 하고, 그 의견으로 통일시키려 애쓴다면, (…) 이는 학문연구의 해독이다."[3]라고 한 데서 알 수 있듯이 실용학문, 즉 실학이었다.

박지원은 이러한 학문관을 바탕으로 보다 객관적인 방법으로 세계를 바라보았다. 그는 동료인 홍대용의 지구설과 지전설 등 과학사상을 일정 부분 수용하여 과학적인 세계관을 보여주었으며, 이러한 과학사상을 기반으로 중국 중심의 중화의식을 탈피하고 새로운 화이론을 제시하였다. 이러한 화이론을 바탕으로 청(淸)을 새롭게 인식하고, 청의 선진문물을 배워야 한다는 북학론을 주장하였다. 따라서 이 논문에서는 먼저 박지원의 세계관에 대해 고찰하고, 이러한 세계관이 어떻게 역사의식으로 연결되어 전개되는가에 주안점을 두고 살펴보고자 한다.

---

2) 『過庭錄』 권4, "大槪讀書爲學, 亦有致用不致用之分, 我東諸賢, 如趙重峯東還封事, 專專以事業爲心."
3) 『燕巖集』 卷10, 雜著, 「原士」: "(…) 讀書而不知實用者, 非講學也. 所貴乎講學者, 爲其實用也. 若復高談性命, 極辨理氣, 各主己見務欲歸一, (…) 此講學害之也."

Ⅱ. 박지원의 세계관

1. 우주관

박지원은 이기론(理氣論)을 공론(空論)으로 간주하여 이기론에 대한 언급은 만년작인 「답임형오논원도서(答任亨五論原道書)」한 편만 유일하게 전해지는데, 그의 존재론은 기일원론(氣一元論)으로 특정지어진다. 박지원에 의하면,

> 만물이 생겨나는 데 기(氣) 아닌 것이 없다. 천지는 큰 그릇이다. 차 있는 것은 기(氣)며 차게 하는 까닭이 이(理)다. 음양이 서로 움직이는데, 리는 그 가운데 있고 기가 감싸고 있다.[4]

라고 하여 만물이 생겨나는 것은 기(氣)지만, 기가 생겨날 수 있도록 하는 소이연을 이(理)라고 하여 이를 기의 속성으로 보았다. 이러한 논리는 다음의 설명에서도 그대로 적용되고 있다.

> 심(心)을 바로 가리키면 기(氣)가 왕성하여 바탕이 있는 것이요, 성(性)을 오로지 말하면 이(理)가 온전해도 형태가 없는 것이다. 까닭에 심이 아니면 성이 살 곳이 없고 기가 아니면 이가 살 수 없으니, 이것은 성이 심의 다음이고 이가 기를 따르는 것과 같다. 그러나 성이 없으면 심은 빈 집이 되고, 이가 없으면 기는 이의 지나가는 손님일 뿐이다.[5]

---

4) 『燕巖集』 卷2, 「答任亨五論原道書」, "萬物之生, 何莫非氣也. 天地大器也. 所盈者氣, 則所以充之理也. 陰陽相蘯, 理在其中, 氣而包之."

5) 『燕巖集』 卷2, 「答任亨五論原道書」, "心直指則氣之盛, 而有質者也. 性專言則理之全, 而無形者也. 故非心則性無所主, 非氣則理無所活, 此似乎性次於心, 而理聽於氣.

즉 박지원은 이와 기의 관계를 심과 성의 관계로 비유하여 '성이 없으면 심은 빈집이 되고 이가 없으면 기는 이의 과객에 불과하다.'고 하였다. 그는 또한 "심(心)은 비유하면 종(鍾)이고, 성(性)은 비유하면 소리이며, 물(物)은 비유하면 정(梃)이다. 그러므로 종이 진동하지 않으면 소리가 어디에 있으며, 정으로 치지 않으면 오음(五音)을 어찌 분별하며 육률(六律)을 어찌 분간하겠는가?"[6]라고 하여, 성을 심의 속성으로 파악하고 있다.

이처럼 박지원은 이와 기의 관계에 대해서 불가분리(不可分離)를 말하면서도 기(氣)의 선재성(先在性)을 인정하였으며, 아울러 기(氣)가 질(質)을 이룬 다음에 만물이 생성된다고 보고 있다.

> 대저 물이 형체를 이루는 데는 반드시 그 질(質)이 있는 것이다.
> 형체는 비록 허물어졌으나 질(質)은 오히려 남아 있다.[7]

박지원에 의하면, 이 세계의 형체를 가진 모든 것은 반드시 질이 있다고 하였다. 그리고 이 질은 형체가 없어진다고 해서 없어지는 것이 아니라 남아 있다는 것이다. 이는 다음의 문장에서 쉽게 확인된다.

> 나무가 타거나 쇠가 녹거나, 물이 흐르거나 흙이 무너져도 질
> (質)은 일찍이 없어지지 않는다. 지금 불이 탈 때 빛이 있으나 꺼지
> 면 자취도 없어 만져도 걸리는 것이 없고 잡아도 잡히는 것이 없으
> 나, 그 근본을 궁구하면 천지(天地) 사이에 가득하다.[8]

然無性則心爲空舍, 無理則氣是過客."

6) 『燕巖集』卷2, 「答任亨五論原道書」, "心譬則鍾也, 性譬則聲也, 物譬則梃也. 故鍾之
不動, 聲在何處, 梃之不擊, 五吾何辨, 六律何分."

7) 『燕巖集』卷2, 「答任亨五論原道書」, "大凡物之成形也, 必有其質, 形雖毁矣, 質猶存焉."

8) 『燕巖集』卷2, 「答任亨五論原道書」, "木燒金鑠, 水流土潰, 而其質未嘗無也. 今夫火
也, 燃時有光, 息時無跡, 摸之而不礙, 執之而無獲, 原其本則盈天地間矣."

박지원은 모든 만물이 형체가 없어지더라도 질(質)은 없어지지 않는다고 보았다. 이러한 논의는 이미 홍대용(洪大容, 1731~1783)에게서도 확인된다. 홍대용은 일찍이 "물(物)의 체질(體質)이 있는 것은 끝내 허물어지고 만다. (氣가) 응집해서 그 질(質)을 이루고 융해해서 (천지 사이로) 돌아가니 땅이 닫히고 열림[폐벽閉闢]이 있음은 이치로 보아 당연하다."9)고 하여, 물의 본체와 형질이 있는 것은 반드시 소멸하지만, 이것은 다시 '기(氣)로서 천지(天地) 사이에 가득 차게 된다.'고 하여 기(氣) 불멸을 주장하였다. 이러한 것이 박지원에게 와서 기(氣)가 아닌 질(質)이 천지 사이에 가득 차 있다고 본 것이다.

특히 박지원의 이러한 이기관(理氣觀)은 중국인 혹정(鵠汀)과의 대화에서 '물질적으로만 따져 본다면 만물은 다 같은 것으로 이루어져 있다.'고 하여, 물질의 생성에 대해 일원론적 사상체계를 전개시키고 있다. 이는 월세계(月世界)가 어떤 것으로 이루어져 있느냐는 혹정의 물음에 대해

아직 월궁(月宮)에 가서 한 번도 구경한 적이 없으니, 그 세계가 어떻게 된 것인지 어찌 알겠습니까마는, 다만 우리들 티끌 세계의 사람으로서 저 월세계를 상상한다면, 역시 어떤 물건이 쌓이고 모여 한 덩어리가 이룩되었으되, 마치 이 큰 땅덩이가 한 점 작은 티끌[미진微塵]이 모인 것과 같을 것이니, 티끌과 티끌들이 서로 의지하되 티끌이 어린 것은 흙이 되고, 티끌의 추한 것은 모래가 되며, 티끌의 굳은 것은 돌이 되고, 티끌의 진액은 물이 되며, 티끌의 따스한 것은 불이 되고, 티끌의 맺힌 것은 쇠가 되고, 티끌이 번성한 것은 나무가 되고, 티끌이 움직이면 바람이 되고, 티끌이 찌면 기(氣)가 맺혀서 이에 벌레로 화하는데, 지금 대저 우리 사람이란 이에 여러 벌레 중

---

9) 『湛軒書』內集 卷4, 「毉山問答」: "然, 物之有體質者, 終必有壞. 凝以成質, 融以反氣, 地之有閉闢, 其理固也."

에 한 족속에 불과합니다.10)

라고 하여, 만물의 생성 근원을 티끌이라는 아주 작은 물질로 보았다. 즉 박지원은 만물을 구성하는 가장 기본 원소를 티끌이라고 주장하고, 이러한 만물생성의 원인에 대해 "아아, 세간 사물 중에 털끝같이 작은 것이라도 하늘이 내지 않은 것이 없다고 한다. 그러나 하늘이 어찌 다 명령해서 냈을까 보냐."11)라고 하여 스스로 반문하고,

> 맷돌은 밀을 갈 때 작고 크거나 가늘고 굵거나 할 것 없이 뒤섞여 바닥에 쏟아붓는 것이니, 무릇 맷돌의 작용이란 도는 것뿐인데, 가루가 가늘고 굵은 데야 무슨 마음을 먹었겠는가.12)

라고 하여, 만물의 생성변화를 맷돌의 작용에 비유하여 천주재설(天主宰說)을 부정하였다. 이는 사물의 생성변화를 자연적인 현상으로 파악하고, 어떤 외부의 주재(主宰)에서 비롯된 것이 아니라고 하였다.
  이러한 박지원의 사상형성에 있어서 가장 큰 영향을 끼친 것은 바로 홍대용과의 토론에서 얻은 과학사상이라 하겠다. 이는 일찍이 홍대용이 박지원에게 지전설에 대한 저술을 해보라고 한 데서도 쉽게 짐작할 수 있다.13) 박지원의 지구설에 대한 입장은 〈태학유관록(太學

---

10) 『燕巖集』 卷14, 「熱河日記」 〈鵠汀筆談〉, "余笑曰, 旣未及月宮一走, 則安能知何樣開界. 但以吾等塵界, 想彼月世則亦當有物積聚凝成, 如今大地一點微塵之積也. 塵塵相依塵凝爲土, 塵麤爲沙, 塵堅爲石, 塵津爲水, 塵煖爲火, 塵結爲金, 塵榮爲木, 塵動爲風, 塵烝氣鬱, 乃化諸蟲. 今夫吾人者, 乃諸蟲之一種也."

11) 『燕巖集』 권14, 「熱河日記」 〈象記〉, "噫, 世間事物之微, 僅若毫末莫非稱天, 天何嘗一命之哉."

12) 『燕巖集』 권14, 「熱河日記」 〈象記〉, "麵家磨麥細大精粗雜然撒也, 夫磨之功轉而已, 初何嘗有意於精粗哉."

13) 『燕巖集』, 「熱河日記」 〈鵠汀筆談〉, "洪亦未曾著書, 鄙人嘗信他地轉無疑, 亦嘗勸戎代爲著說."

留館錄)〉에서 과학적인 접근을 시도하고 있다.

> 땅껍질에 붙어 있는 가지가지의 만물은 어떤 것이고 모양이 모
> 두 둥글둥글할 뿐, 하나도 네모진 것은 볼 수가 없는데, 다만 방족
> (方竹)과 익모초(益母草) 줄기가 네모졌지만, 이것 역시 네모반듯한
> 것이라고 할 수 없은즉, 네모반듯한 물건은 과연 찾아볼 수 없다. 무
> 엇 때문에 땅에 대해서만 네모난 물건이라고 하였을까? 만약 땅덩
> 이가 네모졌다고 하면, 저 월식 때 달을 검게 먹어 들어가는 변두리
> 가 왜 활등처럼 둥글게 보일까?14)

박지원은 지구가 둥근 이유를 월식 때 달에 비친 지구의 그림자가
둥글기 때문에 이로 미루어 보아 지구가 둥근 것은 틀림없다고 생각
하였다.15)

박지원은 지구가 네모나다고 주장하는 사람은 무엇이나 방정(方
正)해야 된다는 대의(大義)에 입각해서 사물을 이해하기 때문이며,
지구가 둥글다고 주장하는 사람은 실제 보이는 형태를 믿고 다른 뜻
에 염두에 두지 않기 때문에 대지(大地)의 실체는 둥글지만, 의리에
입각해 보면 모난 것[방정方正]이라고 할 수 있다는 것이다.16)

아울러 박지원은 "자연에 존재하는 만물은 대체로 둥글며, 둥근 물
건은 반드시 돈다."고 하여, 지구의 자전(自轉)에 대해 확신을 갖고

---

14) 『燕巖集』 卷12, 「熱河日記」 〈太學留館錄〉, "地膚所傳種種萬物, 形皆團圓無一方者.
　　獨有方竹及益母草, 雖其四楞方則未乎. 求物之方果無一焉, 何獨於地, 議其方乎. 若
　　謂地方, 彼月蝕時, 闇虛邊影, 胡成弧乎."
15) 홍대용도 "달이 해를 가릴 때 일식이 되는데, 반드시 가리워진 체가 둥근 것은
　　달의 체가 둥글기 때문이며, 땅이 해를 가릴 때, 월식이 되는데, 가리워진 체가
　　둥근 것은 땅의 체가 둥글기 때문이다."(『湛軒書』 內集 卷4, 「毉山問答」).
16) 『燕巖集』 卷12, 「熱河日記」 〈太學留館錄〉 "謂地方者, 論義認體, 說地毬者, 信形遺
　　義. 意者, 大地, 其體則圓, 義則方乎."

맷돌에 비유하여 다음과 같이 설명하고 있다.

> 땅덩이의 본바탕이란 둥글둥글 허공에 걸려, 사방도 없고 아래
> 위도 없이 마치 쇠기 돌 듯 돌다가 햇빛을 처음 받은 곳을 날이 밝
> 아진다고 말하는 것이 아닐까. 지구가 더 돌아 처음에 해와 마주 대
> 하는 데서 차차 어긋나며 멀어져서, 정오도 되고 해가 기울기도 하
> 여 밤과 낮이 되는 것이 아닐까. 비유해서 말하면, 창에 구멍이 뚫어
> 진 곳으로부터 햇살이 새어 들어와 콩 낱알만하게 비친다고 하자.
> 창 아래는 맷돌을 햇살 비치는 곳에 놓고, 바로 햇살 비치는 곳에 먹
> 으로 표시를 해둔 다음에 맷돌을 돌리면 먹 자국은 햇살 비치는 곳
> 에 그대로 남아 있을 것인가, 그렇지 않고 서로 떨어져 사이가 멀어
> 져 갈 것인가. 맷돌짝이 한 바퀴를 돌아 다시 그 자리에 돌아오면,
> 햇살 비치는 자리와 먹 자국은 잠시 마주 포개졌다가 또 다시 떨어
> 지게 될 것이니, 지구가 한 바퀴 돌아 하루가 되는 것도 이런 이치가
> 아닐까.[17]

박지원은 자전에 의해 정오도 되고, 해가 기울어 밤과 낮이 번갈아
바뀌는 것은 마치 맷돌짝이 한 바퀴 돌아 다시 그 자리에 돌아오는
것과 같다는 것이다. 그리고 "만약 지구가 허공에 자리 잡은 채 움직
이지 않고 자전하지도 않고 그대로 공중에 매달려 있으면 즉시 물은
썩고 흙은 죽고 당장에 모두가 썩어 산산이 흩어져 버리게 될 것이
다."[18]라고 하여, 지구의 자전에 의해 자연계에 존재하는 모든 물질은

---

17) 『燕巖集』 卷12, 「熱河日記」 〈太學留館錄〉, "地之本體, 團團掛空, 無有四方, 無有頂
底, 亦於其所旋如楔子, 日初對處爲朝噉乎. 地毬益轉, 與初對處, 漸違漸遠, 爲中爲
昃爲晝夜乎. 譬諸牕眼, 漏納陽光, 如小荳子, 窓下置磨, 對光射處, 以墨識之. 于是轉
磨, 墨守其陽不遷徙乎. 抑相逶迂不相顧乎, 及磨一周復當其處, 陽墨纔會, 瞥然復別,
地毬一周而爲一日, 亦若是乎."
18) 『燕巖集』 卷14, 「熱河日記」 〈鵠汀筆談〉 참조.

끊임없이 생성 변화한다는 것이다. 따라서 박지원은 "하늘과 땅이 아무리 오래되었다 하더라도 끊임없이 새로운 것으로 존재하고, 해와 달이 아무리 오래 되었다 하더라도 그 빛은 날마다 새롭다."[19]고 하여, 존재하는 모든 것은 새롭게 변하지 않는 것은 없다고 하였다.

이처럼 박지원에게 있어서 자연 인식은 바로 형이상학적 자연관과 과학적 자연이 동시에 존재하고 있음을 알 수 있다.

2. 사물관

서론에서 언급한 바와 같이 박지원의 학맥이 기호학파의 낙론(洛論)에 속했기 때문에 낙론의 동론(同論)을 계승하여 "물에 나아가 나를 본다면 나도 또한 물의 하나에 불과하다(卽物而視我 則我亦物之一也)."라고 하여, 가치상대론적 입장에서 객관세계를 인식하였다. 그는 사물 인식에 있어 어떤 선입견이나 편견을 제거한 사물의 객관 인식을 주장하였다.

아하! 저 까마귀를 보건대 그 날개보다 더 검은 빛도 없는 것은 사실이지만 언뜻 비치어 엷은 황색도 돌고 다시 비치어 연한 녹색으로도 되며, 햇빛에서는 자기빛으로 번쩍이다가 눈이 아물아물해지면서 비취색으로도 변한다. 그러한즉 푸른 까마귀라 일컬어도 좋고 붉은 까마귀라 일컬어도 좋다. 저 물건은 본래 정해진 색깔이 없는데, 내가 먼저 눈으로 정해버리고 말며, 눈으로 정하는 것이야 그래도 괜찮지만, 보지도 않고 마음속으로 정해버린다.[20]

---

19) 『燕巖集』 卷1, 「楚亭集序」, "天地雖久, 不斷生生, 日月雖久, 光輝日新"
20) 『燕巖集』 卷7, 「菱洋詩集序」, "噫, 瞻彼烏矣. 莫黑其羽. 忽暈乳金, 復耀石綠, 日映之而騰紫, 目閃閃而轉翠. 然則烏雖謂之蒼烏可也, 復謂之赤烏亦可也. 彼旣本無定色, 而我乃以目先定. 奚特定於其目? 不親而先定於其心."

즉 박지원은 사물을 주관적인 관점에서 사물을 관찰하는 것이 아니라 사물을 있는 그대로의 객관인식을 주장하였다. 그에 의하면 사물은 고정불변한 것이 아니라 끊임없이 변하기 때문에 사물 인식에 먼저 얻어들은 지식으로 한정해버리면 끊임없이 변화하는 사물을 객관적으로 인식할 수 없다고 여겼다. 따라서 박지원은 변화하는 사물을 보다 객관적으로 인식하기 위해 선입견이나 편견을 버리고 있는 그대로의 사물을 관찰하는 객관 인식을 확보하고자 하였다.

박지원의 이러한 사물인식은 결국 사람들이 일상생활에서 유용하게 이용해야 하는 '이용대상으로서의 물(物)'을 인식하는 데 있다. 그는 음양오행(陰陽五行)에 대해 성리학적 가치체계를 지양한 물적(物的) 대상으로 보았다. 박지원에 있어서 사물관의 특징은 음양오행에 대한 새로운 해석이라고 할 수 있다. 그는 〈호질(虎叱)〉에서 창귀와 범의 입을 빌어 음양론에 대해 신랄하게 비판하고 있다. 그는 창귀들이

> 일음(一陰)·일양(一陽)을 도(道)라 하는데, 저 유자(儒者)가 이를 꿰뚫으며, 오행(五行)이 서로 낳고, 육기(六氣)가 서로 이끌어 주는데 저 유자가 이를 이끌어 주니 먹어서 이보다 더 맛 좋은 것은 없으리라.21)

라고 하여, 유자라고 일컬어지는 성리학자들이 음양오행론에 대해 꿰뚫고 있을 뿐 아니라 이를 조화시키기 때문에 다른 짐승들보다 맛이 있을 것이라고 하자 범은 화를 내면서

> 음과 양이란 것은 일기(一氣)의 사라짐과 생김인데, 그들이 둘로 나뉘었으니 그 고기가 잡될 것이요, 오행은 자리가 정해져서 비로소

---

21) 『燕巖集』 卷12, 「熱河日記」 〈虎叱〉, "一陰一陽之謂道, 儒貫之, 五行相生, 六氣相宣, 儒導之, 食之美者, 無大於此."

서로 낳는 것이 아니거늘 이제 그들은 구태여 자(子)·모(母)로 나누
고 심지어 짠맛·신맛에 이르기까지 분배시켰으니 그 맛이 순하지
못할 것이며, 육기는 제각기 행하는 것이어서 남이 이끌어 줌을 기
다릴 것이 없거늘, 이제 그들이 망령되이 재성보상(財成輔相)이라
일컬어서 사사로이 제 공을 세우려 하니, 그것을 먹는다면 딱딱해서
가슴에 체하거나 구역질나서 순화되지 않음이 없겠는가?[22]

라고 하였다. 음양을 일기의 사라짐과 자라남으로 보고, 오행도 서로
낳는 것이 아니며, 육기도 또한 제각기 행하는 것이지 어떤 외부의 작
용에 의해 이루어지는 것은 아니라는 것이다. 이처럼 박지원은 그 당시
성리학자들이 허위의식에 사로잡혀 있는 것을 신랄하게 비판하였다.
　아울러 오행에 대해서도 박지원은 「홍범우익서(洪範羽翼序)」에서,
"『서경(書經)』 「홍범(洪範)」편이 원래 읽기 어려운 책이 아니었는데
지금 읽기 어려운 것은 다름이 아니라, 세상의 유학자들이 어지럽혔
기 때문"이라고 하고, 오행을 상생·상승하는 생성원리로 보는 것이
아니라 실생활에서 이용·후생할 수 있는 다섯 가지 물질로 보고 있
다. 그는 다음과 같이 말했다.

　오행(五行)이란 하늘이 부여하고 땅이 쌓은 바로서 사람이 힘입
는 것이다. 우(禹)가 차례를 매기고 무왕(武王)과 기자(箕子)가 문
답한 바의 일인즉, 정덕(正德)·이용(利用)·후생(厚生)의 도구에 불
과하고 그 쓰임은 세상이 잘 다스려지고 만물이 이루어지는 공능
(功能)에서 벗어나지 않을 따름이다.[23]

22) 『燕巖集』 卷12, 「熱河日記」 〈虎叱〉, "陰陽者 一氣之消息也 而兩之 其肉雜也 五行
　　定位 未始相生 乃今强爲子母 分配鹹酸 其味未純也 六氣自行 不待宣導 乃今妄稱財
　　相 私顯己功 其爲食也 無其硬强滯逆而不順化乎"
23) 『燕巖集』 卷1, 「洪範羽翼序」, "夫五行者, 天之所賦, 地之所蓄, 而人得以資焉. 大禹

이처럼 박지원은 오행을 사람들이 일상생활에서 이용·후생할 수 있는 다섯 가지 물질로 보고 있다. 이는 생성원리로서 상생(相生)·상승(相勝)하는 것이 아니라 상자(相資)하는 관계로 파악하고, 오행 자체를 선용(善用)의 대상물로서 '총만물이칭기덕행(總萬物而稱其德行)'으로 파악하였다.

그런데 한대의 유학자들이 화복을 굳게 믿고 허망한 것을 즐겨하여 음양복서(陰陽卜筮)의 학문을 꾸미고 참위(讖緯)의 글을 만들어 삼성(三聖: 우禹·무왕武王·기자箕子)의 뜻과 크게 어긋났는데, 오행이 서로 낳는다는 말에 이르러서 극에 달하였다는 것이다.[24]

박지원에 의하면 삼성(三聖)이 오행을 발명한 것은, 이를 실생활에 유익하게 이용하려고 한 것이지 오행을 우주의 생성원리로 설명하고자 한 것이 아니라는 것이다. 이러한 예로 그는 우(禹)를 들고 있다.

> 예전에 하우씨(夏禹氏)는 오행을 잘 이용하였다. 산을 따라 나무를 베어 낸 것은 굽고 곧은 나무의 쓰임을 터득한 것이요, 토목공사를 크게 벌인 것은 곡식을 심고 거두는 농사의 방법을 터득한 것이요, 금, 은, 동 세 가지를 공물로 받은 것은 모양을 마음대로 변형할 수 있는 쇠의 성질을 터득한 것이요, 산을 태우고 늪을 태운 것은 위로 타오르는 불의 덕을 터득한 것이요, 하류를 터서 물을 끌어들인 것은 적시고 내려가는 물의 공을 터득한 것이니, 백성과 만물이 살 수 있도록 서로 도움을 받은 것이 이렇듯 막대하다.[25]

之所第次, 武王箕子之所問答, 其事則不過正德利用厚生之具, 其用則不出乎中和位育之功而已矣."

24) 『燕巖集』 卷1, 「洪範羽翼序」, "漢儒篤信休咎 乃以某事必爲某事之徵 分排推演 樂其誕妄 流而爲陰陽卜筮之學 遁而爲星曆讖緯之書 遂與三聖之旨 大相乖謬 至於五行相生之說而極矣")

25) 『燕巖集』 卷1, 「洪範羽翼序」, "昔者夏禹氏 善用其五行 隨山刊木 曲直之用得矣 荒度土功 稼穡之方得矣 惟金三品 從革之性得矣 烈山焚澤 炎上之德得矣 疏下導水 潤

이처럼 우(禹)는 나무의 성질을 잘 이용해 굽고 곧은 것을 성질에 맞게 이용하였으며, 땅의 성질을 잘 헤아려 토질에 알맞게 심고 거두었으며, 금속·불·물의 성질을 잘 파악해 그 성질에 알맞게 헤아려 사용하였다. 그러나 후대로 내려오면서 오행의 학문이 왜곡되어 "물의 성질을 잘 이용하는 자는 성(城)에다 물이 쏟아들게까지 심하게 하고, 불의 성질을 이용하는 자는 불을 전쟁에까지 이용함으로써 지나치게 사용하였으며, 금(金)을 뇌물로 이용하고, 나무를 궁궐을 짓는 데 사치스럽게까지 이용하고, 땅을 지나치게 차지하는 데까지 이르렀던 것이다. 이로 말미암아 구주(九疇)[26]의 학문이 세상에 끊어졌다."[27]고 하였다. 이러한 원인은 실용의 학문을 일삼지 않고 공허한 학문에 힘썼기 때문이라는 것이다.

> 대저 표준을 세운 자는 당연히 이를 바에 반드시 이르면서 이치에 맞기를 기약하였다. 후세의 학자들은 그렇지 않아서 명백하게 알기 쉬운 이륜(彝倫)과 정사(政事)는 버려두고 반드시 어렴풋하고 고원한 도상(圖像)을 잡아서 논설(論說)하고 쟁변(爭辨)한다. 끌어다 맞추고 억지로 붙여서 먼저 스스로 어지럽힌다.[28]

실학으로 일컬어지는 알기 쉬운 윤리와 정사를 내버려두고, 성리

下之功得矣 民物之相資焉 以生者 如此其大也 何莫非物也 獨以行言者 統萬物而稱其德行也"

26) 구주(九疇) : 중국 하(夏)나라 우왕(禹王)이 남겼다는 정치 도덕의 아홉 가지 원칙으로, 오행, 오사, 팔정, 오기, 황극, 삼덕, 계의, 서징 및 오복과 육극이다. 『서경』「주서(周書)」〈홍범〉에 수록되어 있다.

27) 『燕巖集』卷1,「洪範羽翼序」, "後世用水之家, 淫於灌城, 用火之家, 淫於攻戰, 用金之家, 淫於貨賂, 用木之家, 淫於宮室, 用土之家, 淫於阡陌, 由是而世絶九疇之學矣."

28) 『燕巖集』卷1,「洪範羽翼序」, "夫建極者 必至其所當至 而期中於理也 後之學者不然 舍其明白易知之彝倫政事 而必就依稀高遠之圖像 論說之爭辨之 牽合傅會 先自汨陳."

학의 고원하고 모호한 도상에 사람들이 얽매여 있기 때문에 오행을
이롭게 쓸 수가 없고, 오행을 이롭게 쓸 수 없기 때문에 백성의 생활
을 윤택하게 할 수 없으며, 백성의 생활을 윤택하게 해줄 수 없기 때
문에 덕을 바로잡을 수 없다는 것이다.[29] 그러므로 박지원에 있어서
오행이라는 개념은 백성의 생활에 유용하게 이용해야 할 다섯 가지
물질로 보았으며, 이는 '이용대상으로서의 물'을 확보하는 데 있었다.

이러한 박지원의 사물관은 필경 인물성동론(人物性同論)에 기인하
며, 인물성동론은 결국 인물균론(人物均論)으로 확장된다. 전통 성리
학에서 인물성이론(人物性異論)을 주장한 호론은 물론이요, 인물성동
론(人物性同論)을 주장한 낙론에서도 '인간은 귀하고 동물은 천하다
[인귀물천人貴物賤]'는 입장을 견지하였다.[30] 이는 존재론적으로 '기
의 청탁'에 의해 설명되고, 가치론적으로 '윤리도덕의 유무'에 의해 설
명된다.[31] 즉 성리학에서는 인간 존엄성의 근거를 '인륜'으로 설정하
고, 그것이 인간과 동물의 본질적인 차이임을 강조하여 마침내 인륜
사회의 건설을 인간의 당위적 목표로 정당화하려고 했던 것이다. 그
러나 홍대용의 「의산문답」이나 박지원의 「호질」에서의 인물균론은
기존의 인간중심주의 내지 인간우월주의를 여지없이 비판한다.

너는 진실로 사람이다. 오륜(五倫)과 오사(五事)는 사람의 예의
다. 떼를 지어 다니면서 서로 불러 먹이는 것은 금수의 예의며, 떨기
에서 생겨나 줄기로 뻗어나는 것은 초목의 예의다. 사람의 입장에서

---

29) 『燕巖集』 卷1, 「洪範羽翼序」 참조.
30) 『巍巖遺稿』 卷12, 「雜著」 〈未發有善惡辨〉, "天下之物, 莫不有心, 而明德本體, 則惟
   人之所獨也. 天下之性, 亦莫不善, 而人皆堯舜, 則非物之所與也. 是謂天地之性人爲貴
   者, 而所貴, 非性也, 乃心也. 人貴物賤, 所較者此心."; 『渼湖集』 卷14, 2b-3a, 「雜記」,
   "人之性無不全, 而物有拘之者, 氣之塞也. 塞則不通, 不通則不變. 通故能反之而同於
   天, 塞故終於物而已. 此所以貴人而賤物也."
31) 이상익, 1998, 『기호성리학연구』, 한울, 제6장 「호락논쟁의 근본문제」 참조.

사물을 보면 사람이 귀하고 사물이 천하지만, 사물의 입장에서 사람을 보면 사물이 귀하고 사람이 천하다. 하늘의 입장에서 보면 사람이나 물이 균등하다[인물균人物均]. (物은) 대저 지혜가 없는 까닭에 거짓이 없고, 깨달음이 없는 까닭에 인위적인 것도 없다. 그렇다면 물이 사람보다 훨씬 귀하다. 또 봉황은 높이 천 길을 날고, 용은 날아서 하늘에 있으며, 시초와 울금초는 신(神)에 통하고, 소나무와 잣나무는 재목으로 쓰인다. 사람의 유(類)와 견주어 어느 것이 귀하고 어느 것이 천한가?[32]

대체 자기 것 아닌 것을 취함을 도(盜)라 하고 남을 못살게 굴고 그 생명을 빼앗는 것을 적(賊)이라 하나니, 너희들이 밤낮을 헤아리지 않고 쏘다니며 팔을 걷어붙이며 눈을 부릅뜨고, 함부로 남의 것을 착취하고 훔쳐도 부끄러운 줄 모른다. (…) 잔인하고 박덕함이 사람보다 더할 자 있겠는가.[33]

하늘과 땅이 사물을 낳아서 기르는 인(仁)으로 논한다면 호랑이와 메뚜기·누에·벌·개미와 사람이 모두 함께 길러져서 서로 거스를 수 없는 것이요, 선악으로 따진다면 뻔뻔스레 벌과 개미의 집을 노략질하고 긁어 가는 놈이야말로 천하의 큰 도둑 아니겠으며, 함부로 메뚜기와 누에의 살림을 빼앗고 훔쳐가는 놈이야말로 인의(仁義)의

---

32) 『湛軒書』 內集 卷4, 18b 「毉山問答」, "爾誠人也. 五倫五事, 人之禮義也. 群行呴哺, 禽獸之禮義也. 叢苞條暢, 草木之禮義也. 以人視物, 人貴而物賤, 以物視人, 物貴而人賤. 自天而視之, 人與物均也. 夫無慧故無詐, 無覺故無爲, 然則物貴於人亦遠矣. 且鳳翔千刃, 龍飛在天, 蓍糵通神, 松栢需材, 比之人類, 何貴何賤."

33) 『燕巖集』 卷12, 43b 「熱河日記」 〈虎叱〉, "不非其有而取之, 謂之盜. 殘生而害物者, 謂之賊. 汝之所以日夜遑遑, 揚臂努目, 拏攫而不恥, 甚者呼錢爲兄, 求將殺妻, 則不可復論於倫常之道矣. 乃復囊食於蝗, 奪衣於蚕, 禦蜂而剽甘, 甚者醢蟻之子以羞其祖考, 其殘忍薄行, 孰甚於汝乎."

큰 도적이 아니겠는가? 그리고 호랑이가 표범을 먹지 않음은 실로 차마 제 겨레를 해칠 수 없는 까닭이다. (…) 호랑이가 사람을 잡아 먹는 것을 헤아려도 사람이 저희끼리 서로 잡아먹는 것만큼 많지는 않을 것이다.34)

즉 「의산문답」이나 「호질」에서 공통으로 확인할 수 있는 것은, 인간의 윤리의식이 담보되지 못한다면 인간은 동물보다 더 존엄하지도 더 우월하지도 않다는 것이다. 「의산문답」과 「호질」에서의 인물균론은 '이인시물(以人視物)'이나 '이물시인(以物視人)'이라는 상대적인 관점을 떠나 '이천시물(以天視物)'이라는 객관적 입장에서 성립된 이론으로 '인귀물천'은 부정된다.

이러한 인물균의 논리는 관점의 객관화에 있으며, 관점의 객관화는 관점의 상대화에서 유래된다. 이는 「낭환집서(蜋丸集序)」에 나오는 임백호(林白湖)의 고사(故事)를 통해 알 수 있다.

임백호가 막 말을 타려는데 하인이 나서며 말하길, "나으리! 취하셨습니다. 가죽신과 나막신을 한 짝씩 신으셨습니다." 하자 백호가 꾸짖으며 말하였다. "길 오른편에 있는 자는 나보고 가죽신을 신었다 할 것이고, 길 왼편에 있는 자는 나보고 나막신을 신었다 할 것이니, 내게 무슨 상관이란 말이냐" 이로 말미암아 논하건대 천하에 보기 쉬운 것에 발 만한 것이 없지만, 보는 바가 같지 않게 되면 가죽신인지 나막신인지 분별하기 어렵다. 그런 까닭에 참되고 바른 견해는 진실로 옳다 하고 그르다 하는 그 가운데에 있다.35)

---

34) 『燕巖集』 卷12, 43b 「熱河日記」〈虎叱〉, "自天地生物之人而論之則, 虎與蝗蠶蜂蟻
與人, 並畜而不可相悖也. 自其善惡而辨之則, 公行剽刦於螽蟻之室者, 獨不爲天地之
巨盜乎. 肆然攘竊於蝗蠶而資者, 獨不爲仁義之大賊乎. 虎未嘗食豹者, 誠爲不忍於其
類也. (…) 計虎之食人, 不若人之相食之多也."

즉 보는 사람의 관점에 따라 가죽신도 되고 나막신도 될 수 있다
는 관점의 상대화는 결국 관점의 객관화를 요구한다. 박지원은 다음
과 같이 말했다.

> 나로서 저를 본다면 고르게 기(氣)를 받아서 한 점 헛되고 거짓
> 됨이 없으니, 어찌 천리의 지극한 공평함이 아니겠는가? 물(物)에
> 즉하여 나를 본다면 나 역시 물의 하나다. 그러므로 물을 체득하여
> 그것을 돌이켜 나에게 구해 보면 만물이 모두 나에게 구비되어 있으
> 니, 나의 본성을 완전히 발휘하는 것이 바로 물의 본성을 완전히 발
> 휘하는 것이다.36)

> 대저 천하의 이치는 하나다. 호랑이의 본성이 악하면 사람의 본
> 성 또한 악하다. 사람의 본성이 착하면 호랑이의 본성 또한 착하다.
> (…) 그대가 이(理)와 성(性)을 논하면서 걸핏하면 하늘을 일컬으
> 나, 하늘이 명한 바로써 본다면 호랑이와 사람은 곧 물의 하나다.37)

'이아시피(以我視彼)'라는 인간중심적 관점을 떠나 '즉물시아(卽物
視我)', '자천소명이시지(自天所命而視之)'라는 관점에서 본다면 인간
도 만물의 하나에 불과하다는 것이다. 즉, '물에 즉하여 나를 본다면

---

35) 『燕巖集』卷7, 2a「蜋丸集序」, "林白湖將乘馬, 僕夫進曰, 夫子醉矣. 隻履鞾鞋, 白湖
　　叱曰, 由道而右者, 謂我履鞾, 由道而左者, 謂我履鞋, 我何病哉. 由是論之, 天下之易
　　見者, 莫如足而所見者, 不同則鞾鞋難辨矣. 故眞正之見, 固在於是非之中."
36) 『燕巖集』卷2, 「答任亨五論原道書」, "以我視彼, 則勻受是氣, 無一虛假, 豈非天理之
　　至公乎. 卽物而視我, 則我亦物之一也, 故體物而反求諸己, 則萬物皆備於我, 盡我之
　　性, 所以能盡物之性也."
37) 『燕巖集』卷12, 「熱河日記」「虎叱」, "夫天下之理一也. 虎性惡也, 人性亦惡也. 人性
　　善, 則虎之性亦善也. (…) 汝談理論性, 動輒稱天, 自天所命而視之, 則虎與人乃物之
　　一也."

[即物視我]' 또는 '하늘이 명한 것으로부터 본다면[自天所命而視之]' '사람과 만물은 결국 하나'라는 것이다. 이는 만물중심적 관점으로 홍대용이 '이천시물(以天視物)'과 같은 맥락이라고 하겠다. 아울러 이러한 '인물균'의 논리는 마침내 '물(物)로부터 도움을 받아야 한다[자법어물資法於物]'는 주장이나 '만물을 스승으로 삼아야 한다[사만물師萬物]'는 주장으로 연결되며,38) 이는 필시 '중화와 오랑캐는 하나[화이일야華夷一也]'라는 역사의식으로 연결된다.

Ⅲ. 박지원의 역사의식

1. 화이관

위에서 언급한 바와 같이 '즉물시아(即物視我)', '자천소명이시지(自天所命而視之)'라고 하는 가치상대론적 입장에서 객관세계를 인식하려는 박지원의 세계관은 역사인식에 있어서 그대로 원용된다. 즉 박지원의 인물균의 논리는 기존의 가치관은 부정되고 상대주의적 관점에서 새로운 가치관을 제기한 것으로 이는 장자가 말하는 '모든 것은 절대평등하다.'는 개념과 유사하다고 하겠다. 따라서 대외인식에 있어서 중국 중심의 화이론적 세계관이 비판의 대상이 되고 있다. 이러한 비판의 이론적 근거는 지원설(地圓說)이라고 하는 자연과학과 인물성동론의 낙론적 심성론에서 한 걸음 더 나아가 인물균론과 깊은 관계가 있다.

이러한 논리는 이미 홍대용의 「의산문답」에서 주장했던 것으로,

---

38) 『湛軒書』 內集 卷4, 「毉山問答」, "故人之澤民御世, 未嘗不資法於物. 君臣之儀, 盖取諸蜂. 兵陣之法, 盖取諸蟻. 禮節之制, 盖取諸拱鼠. 網罟之設, 盖取諸蜘蛛. 故曰, 聖人師萬物, 今爾曷不以天視物, 而猶以人視物也."

홍대용은 '사람이 귀하고 물은 천하다.'는 허자의 물(物)의 차별성(差別性)에 대해 "하늘의 입장에서 보면 사람이나 물은 같다."[39]는 인물균의 논리를 주장하였다. 즉 객관세계인 자연계[천지]의 입장에서 보면 물은 귀천이 없이 동등하다는 인간중심의 가치 기준을 배제한 상대적 가치 기준을 확립하였다. 그러나 인물성동론(人物性同論)을 주장한 낙론계 학자들이 북학파와 같이 북학론을 주장하지 않은 것은 그들 대부분이 순수사유[관념]에 집착하여 그들의 이론을 객관세계[과학]로까지 지평을 확대하지 못했기 때문이다. 이러한 의식의 차이는 바로 역사(歷史)를 보는 인식의 차이에서 비롯되었다고 할 수 있다.

이들 북학파 학인들은 '이천시물(以天視物)'이라고 하는 가치상대론에 입각하여 객관세계를 인식하고, 이러한 인식을 통해 중국 중심의 세계관인 '화이론'을 부정하였으며, 이러한 부정은 '화이론의 극복'이라고 하는 명제로서 북학론(北學論)이 대두되었다. 이러한 논리는 북학파에 있어서 매우 의미 있는 작업이라고 할 수 있다. 왜냐하면 이론적 뒷받침 없는 주장은 북학론의 논리적 근거가 미약할 수밖에 없기 때문이다.

따라서 인물균론(人物均論)은 북학사상의 형성에 중요한 논리적 근거가 된다. 이는 '이천시물'을 통한 '인물균'을 강조한 홍대용과 박지원은 역사의식에 있어서 중국 중심적 세계관인 '화이론'의 부정이라는 성리학적 사유체계를 뛰어넘는 북학파 철학의 한 단면을 드러내고 있다. 박지원은 다음과 같이 말했다.

> 하필 중국에만 임금이 있고, 중국 밖의 땅에 임금이 없으란 법이
> 있는가. 천지는 넓고 커서 한 사람이 주재할 것이 아니요, 우주는 광
> 대하여 한 사람이 독차지할 바가 아니다. 천하는 천하 사람의 천하

---

39) 『湛軒書』 內集 卷4, 「毉山問答」, "以人視物, 人貴而物賤, 以物視人, 物貴而人賤, 自天而視之, 人與物均也."

요, 한 사람의 천하가 아니다.[40]

즉 '넓고 넓은 천하는 한 사람이 차지할 수 없고', 또 '중국만이 이 넓은 세계의 중심이 될 수 없다.'는 것은 어떠한 국가도 세계의 중심이 될 수 있다는 논리로, 이는 홍대용이 "중국인은 중국으로서 정계(正界)를 삼고 서양으로서 도계(倒界)를 삼는다. 서양은 서양으로서 정계를 삼고 중국으로서 도계를 삼는다. 사실 하늘을 이고 땅을 밟고 계(界)를 따름이 모두 이와 같다. 횡(橫)도 없고 도(倒)도 없으며 다 같이 정계"[41]라고 지적한 것과 일맥상통하다. 중화(中華)와 이적(夷狄)의 구분에 대해 "우리 동방이 '이(夷)'가 된 것은 지계(地界)가 그러한 때문이니, 어찌 숨길 필요가 있겠는가?",[42] "사람이 처한 것으로 볼 것 같으면, 곧 화하(華夏)와 이적(夷狄)이 진실로 나눔이 있다."[43]고 한 바와 같이, 중국을 중심으로 보았을 때 그렇다는 것이지 절대적인 것은 아니다.

원래 '중화(中華)'라는 말은 하(夏)·화(華)·화하(華夏)·중하(中夏)·제하(諸夏)라는 말과 더불어 한대(漢代) 이전 중국 민족국가 형성기에 한(漢) 민족이 자신들의 거주하고 있는 지역의 범칭으로 사용한 말이다.[44] 더욱이 한족의 자존 의식은 중화야말로 지리적·문화적으로 세계의 중심을 이룬다는 의식으로 확대되어, 그 결과 중국인의 대

---

40) 『燕巖集』 卷14, 「熱河日記」〈口外異聞〉, "豈特中華之有主, 而抑亦夷狄之無君乎. 乾坤浩蕩, 非一人之獨主, 宇宙曠大, 非一人之能專. 天下乃天下人之天下, 非一人之天下也.".

41) 『湛軒書』 內集 卷4, 21a~21b 「毉山問答」, "中國之人, 以中國爲正界, 以西洋爲倒界. 西洋之人, 以西洋爲正界, 以中國爲倒界. 其實戴天履地, 隨界皆然. 無橫無倒, 均是正界."

42) 『湛軒書』 內集 卷3, 15a 「又答直齋書」, "我東之爲夷, 地界然矣, 亦何必諱哉."

43) 『燕巖集』 卷12, 「熱河日記」〈虎叱 後識〉, "自人所處而視之, 則華夏夷狄, 誠有分焉."

44) 邢波利貞, 『中華思想』(岩波講座 『東洋思想』 제7권) 7~20쪽 및 박충석, 유근호 공저, 1980, 『조선조의 정치사상』, 평화출판사, 99쪽 참조.

외 인식을 규정하는 관념의 핵으로 기능하게 되었다. 특히 중국인에 있어서 세계는 천하와 사방으로 양분되며, 천하는 한민족(漢民族)의 지배자인 천자의 도덕 정치가 실시되고 있는 지역을 가리키는 것으로, 그곳이 바로 세계의 중심이요, 주변은 아직 천자의 덕이 미치지 못하는 이민족 즉 이(夷)·만(蠻)·융(戎)·적(狄)이 살고 있는 사방이라는 것이다.[45] 그러나 금(金)이 중원을 차지한 이후 '지리적 차원의 중화의식'은 차츰 퇴색하고, '인륜과 도덕'을 중심으로 하는 '문화적 중화의식'이 핵심을 이루게 된다. 그러나 박지원은,

> 사람이 처한 것으로 볼 것 같으면, 곧 화하(華夏)와 이적(夷狄)이 진실로 나눔이 있다. 하늘이 명한 것으로 볼 것 같으면, 은의 관과 주의 면류관이 각각 때의 제도를 따른 것인데, 하필 청나라 사람의 홍모만 의심하겠는가?[46]

라고 하여, '은의 관과 주의 면류관이 각각 당시 제도를 따른 것'이기 때문에 '청의 홍모'만을 문제 삼을 수 없다는 것이다. 이는 홍대용이 '장보(章甫: 은殷의 갓)나 위모(委貌: 주周의 갓)로 대변되는 '중화(中華)'의 문화나 문신(文身)이나 조제(雕題)와 같은 '오랑캐'의 문화가 모두 자기 나름의 습속이라는 점에서 마찬가지라고 한'[47] 것과 동일한 논리다. 즉, 새로운 화이론을 제시한 것이다. 이러한 화이관을 바탕으로 박지원은 청을 선진국으로 받아들인다. 따라서 박지원은 "장차 학문을 하려고 하면 중국을 배우지 않고 어떻게 할 것인가."라고

45) 박충석·유근호 공저, 1980, 『조선조의 정치사상』, 평화출판사, 100쪽 참조.
46) 『燕巖集』卷12, 「熱河日記」〈虎叱 後識〉, "自人所處而視之, 則華夏夷狄, 誠有分焉. 自天所命而視之, 則殷冔周冕, 各從時制, 何必獨疑於淸人之紅帽哉."
47) 『湛軒書』內集 卷4, 「毉山問答」, "實翁曰, 天之所生, 地之所養, 凡有血氣, 均是人也. 出類拔莘, 制治一方, 均是君王也. 重門深濠, 謹守封疆, 均是邦國也. 章甫委貌, 文身雕題, 均是習俗也. 自天視之, 豈有內外之分哉."

전제한 뒤, 〈일신수필(馹汛隨筆)〉에서 다음과 말했다.

> 천하를 위해 일하는 사람은 진실로 백성에게 이롭고 국가에 도
> 움이 된다면, 비록 그 법이 오랑캐에서 나왔다 할지라도 이를 취해
> 본받아야 할 것이다.[48]

즉 박지원은 백성과 나라에 도움이 된다면 오랑캐 나라라 하더라
도 가서 배워야 한다는 것이다. 이러한 박지원의 논리는 북벌론(北伐
論)이 팽배하던 당시 사회에서 매우 진보적이라고 할 수 있다. 아울
러 이러한 북학론의 주장은 박지원의 현실인식에서 비롯된다. 박지원
은 당시 허위의식에 사로잡혀 있는 도학자들이 '춘추대의(春秋大義)'
라는 헛된 명분과 자존심에 사로잡혀, 우리나라를 소중화(小中華)로
자처하고 청(淸)을 금수(禽獸)만도 못한 민족이라고 무턱대고 멸시하
며 배척하는 태도에 대하여,

> 우리를 저들에 비교해 보면 정말 한 치도 나은 것이 없다. 그런데
> 유독 한 줌의 상투머리를 가지고 스스로 세상에서 제일인 체 뽐내
> 며, '지금의 중국은 옛날의 중국이 아니다.'라고 한다. 그리하여 그
> 산천은 비린내와 누린내가 난다고 탓하고, 인민들은 개나 양 같은
> 족속이라고 욕하며, 언어는 야만인의 말이라고 모함하여 중국 고유
> 의 좋은 법과 훌륭한 제도마저 아울러 배척하니, 그렇다면 장차 어
> 디를 본받아서 행할 것인가.[49]

---

48) 『燕巖集』卷12,「熱河日記」〈馹汛隨筆〉, "爲天下者, 苟利於民, 而厚於國, 則雖其法
之或出於夷狄, 固將取而則之."
49) 『燕巖集』卷7,「北學議序」, "如將學問, 舍中國而何. 以我較彼, 固無寸長. 而獨以一
撮之結, 自賢於天下, 曰:今之中國, 非古之中國也. 其山川則罪之以腥羶, 其人民則
辱之以犬羊, 其言語則誣之以侏離, 竝與其中國固有之良法美制襄斥之, 則亦將何所
倣而行之耶."

라고 공박한다. 그리고 이민족인 청(淸)이 중원(中原)을 지배한 데 분
격한 나머지 고유의 화하문화(華夏文化)까지 청의 것인 양 혼동하여
무턱대고 배척하는 어리석음을 비판한 것이다.[50] 박지원은 감정적인
배청의식에서 탈피하여 청의 문물이 곧 중화문화의 유산임을 인식할
것과 청조의 우수한 문물을 받아들여 낙후된 조선의 내실을 기할 것
을 주장하였다.

> 이제 사람들이 진실로 이적을 물리치고자 하면 중화의 끼친 법
> 을 모조리 배워서 먼저 우리나라의 유치한 문화를 열어서 밭 갈기,
> 누에치기, 그릇 굽기, 풀무불기 등으로부터 공업, 상업에 이르기까지
> 배우지 않음이 없으며, 남이 열을 하면 우리는 백을 하여 먼저 우리
> 백성에게 이롭게 한 다음에 그들로 하여금 회초리를 마련해 두었다
> 가 저들의 견고한 갑옷과 날카로운 무기를 매질할 수 있도록 한 후
> 에야 중국에는 볼 만한 것이 아무것도 없다고 이를 수 있다.[51]

이는 당시 사대부들이 춘추대의에 사로잡혀 현실을 직시하지 못하
고 임진왜란에 대한 명(明)의 보은과 병자호란 때 당한 수치심만 앞
세운 맹목적인 북벌(北伐)보다 당시 청의 선진문물을 남김없이 받아
들여 우리의 잘못된 풍속을 일신하고 백성의 생활을 윤택하게 한 후
에 청에 대해 복수를 해도 늦지 않다는 것이다.
  이러한 논리는 「옥갑야화(玉匣夜話)」 중의 〈허생전(許生傳)〉에서
도 그대로 드러난다. 비록 소설이긴 하나 여기에는 박지원이 가슴 속

---

50) 『燕巖集』 卷12, 「熱河日記」 〈馹汛隨筆〉, "聖人之作春秋, 固爲尊華而攘夷. 然未聞
   憤夷狄之猾夏, 並與中華可尊之實, 而攘之也. 故今之人, 誠欲攘夷也, 莫如盡學中華
   之遺法, 先變我俗之稚魯."
51) 『燕巖集』 卷12, 「熱河日記」 〈馹汛隨筆〉, "故今之人, 誠欲攘夷也, 莫如盡學中華之
   遺法, 先變我俗之稚魯. 自耕蠶陶冶, 以至通工惠商, 莫不學焉. 人十己百, 先利吾民,
   使吾民制梃, 而足以撻彼之堅甲利兵然後, 謂中國無可觀也."

에 품고 있었던 그의 북학사상(北學思想)의 단면을 엿볼 수 있다. 이는 당시 북벌론의 군사적 총책을 맡고 있는 효종조의 어영대장인 이완(李浣)에게 허생이, "첫째, 와룡선생(臥龍先生)과 같은 이를 천거하면 임금이 그에게 삼고초려를 하는 것, 둘째, 우리나라에 있는 명(明)의 유민(遺民)들에게 종실(宗室)의 딸들을 내어 골고루 시집보내고 김류(金瑬)와 장유(張維) 등의 집을 징발해서 살림살이를 차려 주는 것, 셋째, 국내의 자제(子弟)를 뽑아서 머리를 깎고 되놈의 옷을 입혀서 지식층은 빈공과에 응시하고 세민(細民)들은 장사로 나서 그들의 모든 허실을 엿보게 할 것" 등 세 가지 계책을 제시한 것에 대해 이완이 모두 거절하자, 허생은 목소리를 높여 다음과 같이 일갈하였다.

> 이놈, 소위 사대부란 도대체 어떤 놈들이야. 이(彛)·맥(貊)의 땅에 태어나서 제멋대로 사대부라고 뽐내니 어찌 앙큼하지 않느냐. 바지 저고리를 온통 희게만 하니 이는 실로 상인(喪人)의 차림이요, 머리털을 한 데 묶어서 송곳 같이 짜는 것은 곧 남만(南蠻)의 방망이 상투에 불과하니, 무어가 예법(禮法)이니 아니니 하고 뽐낼 게 있느냐. (…) 이제 너희들은 대명(大明)을 위해 원수를 갚고자 하면서 오히려 그까짓 상투 하나를 아끼며, 또 앞으로 장차 말달리기·칼쓰기·창찌르기·활쏘기·돌팔매하기 등에 종사해야 함에도 불구하고 그 넓은 소매를 고치지 않고서 자기 딴에는 이를 예법이라 한단 말이냐.[52]

박지원에 의하면, 진정으로 청에 대해 복수를 하고자 한다면 상투

---

[52] 『燕巖集』卷14, 「熱河日記」〈玉匣夜話〉, "所謂士大夫, 是何等也. 産於穢貊之地, 自稱曰, 士大夫, 豈非骯乎. 衣袴純素, 是有喪之服. 會撮如錐, 是南蠻之椎結也, 何謂禮法. 樊於期欲報私怨, 而不惜其頭, 武靈王欲强其國, 而不恥胡服. 乃今欲爲大明復讐, 而猶惜其一髮, 乃今將馳馬擊釰刺鎗弥弓飛石, 而不變其廣袖, 自以爲禮法乎."

를 자르고 오랑캐 복장 입는 것을 부끄러워하지 말아야 하며, 또 간편한 옷차림으로 군사훈련에 힘써야 함에도 불구하고 넓은 소매를 고집하는 등 사대부란 자들이 한갓 예의를 앞세워 이런저런 핑계로 실질적으로 아무것도 하지 않으면서 입으로만 대의(大義)를 외쳐대는 당시 허위의식에 대한 신랄한 비판이었다.

2. 대청의식

박지원은 청(淸)의 선진문물을 배워야 한다는 것에서 한 걸음 더 나아가 '청왕조 정통론'을 주장하였다. 박지원의 청 왕조 정통론은 『열하일기』「관내정사(關內程史)」'8월 1일(丁未) 일기'에 잘 나타나 있다. 8월 1일 일기는 박지원이 북경성에 들어선 날 쓴 일기의 일부분으로, 그 내용은 "중화문화의 변천에 대한 개략, 번화한 거리를 본 소감, 순천부(順天府: 북경성이 속한 지역)의 연혁, 황성(皇城)의 소개, 청 왕조에 대한 정보 등"으로 이루어져 있으며, 내용면에서 "하나는 중화문화의 기초를 성인(聖人)이 닦았고, 우인(愚人)이 이를 계승하고 발전시켰다는 것과 다른 하나는 중화문화를 집대성한 황성의 모습과 천하를 다스리는 청 왕조의 위상"[53]이라는 두 부분으로 이루어져 있다. 즉, 박지원은 청 왕조가 실질적인 중화문화의 계승자이자 천하의 지배자라는 것이다.

박지원은 중화문화에 대해 성인(聖人) 창시론과 우인(愚人) 계승론을 주장하고, 성인 창시론에 대해 다음과 같이 말했다.

> 아아, 슬프다. 옛 역사에 이르기를, "문자(文字)가 생기기 전엔 연대(年代)와 국도(國都)를 상고할 수 없다."고 하였으나, 문자가 생긴

---

53) 이현식, 2009, 「『열하일기』의 〈皇城記〉, 청 왕조 정통론」『국어국문학』 제152호, 국어국문학회, 331쪽· 332쪽 참조.

이후 21대(代) 3천여 년 동안에 천하를 다스림에 있어서 과연 어떠
한 방법으로 하였을까? 이는 곧 그들의 이른바 유정(惟精)·유일(惟
一)이란 심법(心法)으로 했을 것이다. 그러므로 나는 천하를 다스림
에 요·순(堯舜)이 있음을 알고, 물을 다스림에 하우(夏禹)가 있음을
알며, 정전(井田)의 시행함에 주공(周公) 있음을 알고, 학문엔 공자
(孔子)가 있음을 알고, 재정과 세금엔 관중(管仲)이 있음을 알았다.
나는 알지 못하겠다. 그 밖에 몇몇 성인이 마음과 생각을 다하고, 몇
몇 성인이 그 시력을 기울였으며, 몇몇 성인이 그 청력을 다했는가?
21대 3천여 년 동안 문자(文字)가 창제되기 전에 몇몇 성인이 처음
만들고, 몇몇 성인이 윤색했으며, 몇몇 성인이 아름답게 꾸몄던가.[54]

　박지원은 먼저 요·순, 하우, 주공, 공자, 관중을 성인이라고 평가하
고, 성인으로서 역할에 대해 요·순은 유정유일(惟精惟一)의 심법으로
천하를 다스렸고, 우 임금은 치수를 통해서 홍수를 다스려 백성의 삶
의 터전을 확보했으며, 주공은 정전법을 시행하여 백성의 삶을 안정
시켰고, 공자는 학문을 세워 나라를 다스리는 도리를 가르쳤으며, 관
중은 재부(財賦)를 통해 부국강병을 이룬 업적을 들었다.[55] 특이한
것은 공자가 별로 탐탁하게 여기지 않았던 관중을 성인의 반열에 올
려놓은 것이다. 아울러 이들을 성인의 반열에 올려놓은 것은 자신의
능력을 최대한 발휘해 백성의 삶의 안정시키고, 그 성과를 자신의 것

---

54) 『燕巖集』 권12, 『熱河日記』 「關內程史」 8월1일 일기, "噫! 古史稱, 書契以前, 年代
　　國都不可攷. 然自有書契以來, 二十一代三千餘年, 治天下, 將以何術也. 豈非所謂性
　　精惟一之心法乎. 故治天下者, 吾知其有堯舜氏, 治水吾, 知其有夏禹氏, 井田, 吾知
　　其有周公氏, 學問, 吾知其有孔子氏, 財賦吾知其有管仲氏, 吾未知復有幾聖人竭其心
　　思焉, 幾聖人竭其目力焉, 幾聖人竭其耳力焉, 幾聖人剙刱之, 幾聖人潤色之, 幾聖人
　　修飾之於二十一代三千餘年書契未造之前耶."
55) 이현식, 2009, 「『열하일기』의 〈皇城記〉, 청 왕조 정통론」 『국어국문학』 제152호,
　　국어국문학회, 331쪽·339쪽 참조.

으로 하지 않고 백성과 함께 나누었다는 데 있다고 본 것이다.

> 뭇 성인들이 생각[심사心思]을 다하고, 청력과 시력을 다하며, 처음 만들고 윤색하며 아름답게 꾸미는 것이 장차 이것으로 자기의 사리(私利)를 위한 것인가? 아니면 만세토록 백성과 더불어 복을 누리기 위한 것인가?[56]

즉, 성인이 자신의 능력을 다해 성취한 것을 자신 혼자만의 것으로 하지 않고 만세토록 백성과 더불어 누리는 것이 중화문화의 본질이라는 것이다. 그리고 성인의 이룩해 놓은 중화문화를 계승한 이를 우인(愚人)이라고 박지원은 보았다.

> 그 중에 한 사람이라도 마음 씀씀이가 다르고 한 일이 다르면 이를 곧 '우인(愚人)'이라 지목하였을 뿐더러, 그를 일찍이 집과 나라를 망친 자라고 시종 헐뜯었다. 그러나 그들은 대체로 마음의 음탕함과 귀와 눈의 영리함이 도리어 성인을 능가하므로, 더욱이 후세 사람들에게 환영을 받았다. 그리하여 겉으론 그의 몸을 배격하면서도 은근히 그의 공훈을 본받고, 또 겉으론 그 사람을 욕하면서도 속으론 그 이익을 누리니, 천하의 온갖 기이한 기술과 음탕한 솜씨가 날로 늘어났다.
> 보라, 대개 궁궐을 옥과 구슬로 꾸민 자는 이른바 걸(桀)·주(紂)가 아니었으며, 산을 허물어 골을 메우고 만 리의 장성을 쌓은 자는 이른바 몽염(蒙恬)이 아니었으며, 천하에 곧은 도로를 닦은 자는 이른바 진시황(秦始皇)이 아니었으며, 천하의 일이 법(法)이 아니고는 아니 된다 해서 드디어 나무를 옮겨 보기도 하고, 또는 쓰레기를 버

---

56) 『燕巖集』 권12, 『熱河日記』 「關內程史」 8월1일 일기, "群聖人竭所以竭其心思耳目 艸勵潤色修飾者, 將以自利乎, 抑欲與萬世共享其福耶."

리는 것까지 간섭하여 제도를 통일시킨 자는 이른바 상앙(商鞅)이
아니었던가.

대개 이 네댓 사람들은 그의 역량과 재주, 정신과 기백, 계획과
시설이 천지를 움직이지 않음이 없었기 때문에 애초에 많은 성인들
과 함께 이 우주 사이에서 나란히 설 수 있으련마는, 불행히 문자[서
계書契]가 이미 이룩된 뒤에 나왔기 때문에, 그들의 공로와 이익의
누림은 오로지 뒷사람에게로 돌아가고, 그 몸은 재앙의 실마리가 되
어 영원히 어리석은 사람이라는 이름을 듣게 되었으니, 어찌 슬픈
일이 아니겠는가.

나는 더욱 알지 못하겠다. 저 21대(代) 3천여 년의 사이에 몇 명
의 걸·주와 몇 명의 몽염과 몇 명의 진시황과 몇 명의 상앙이 있어
서, 그 문자가 이룩된 이후의 것을 본받았던 것인가.[57]

위의 글에 의하면 걸주, 몽염, 시황제, 상앙은 어리석은 사람이다.
그 이유는 "걸·주는 옥과 구슬로 화려한 궁전을 지었고, 몽염은 진나
라를 지키려고 산을 깎고 골을 메워 만리장성을 축조했다. 진시황은
구원(九原)에서 운양(雲陽)까지 직도(直道)를 닦아서 함양과 흉노 지
역을 연결했다. 상앙은 편법으로 상을 주고 가혹하게 처벌하는 방식
으로 법치 개념을 세웠다. 이들도 성인처럼 위대한 업적을 남겼지만,

---

57) 『燕巖集』 권12, 『熱河日記』 「關內程史」 8월 1일 일기, "一有心術不同, 事業各殊, 則
目之爲愚人而未始不凶國害家也. 然而其所以竭心思之淫, 耳目之巧, 反有過於聖人,
則尤爲後世之所喜, 顯斥其身, 而暗收其功, 陽怒其人, 而陰享其利, 天下之奇枝淫巧,
由是而日滋矣. 夫瓊其宮而瑤其臺者, 登非所謂桀紂乎. 夫塹山塡谷, 築城萬里者, 豈
非所謂蒙恬乎? 除天下之直道者, 豈非所謂始皇乎? 天下之事, 非法不立, 於是, 立法
於徙木棄灰, 而以一其制度者, 豈非所謂商鞅乎? 夫此四五諸公者, 其力量才智, 精神
氣魄鋪排施設, 莫不震天動地, 而未始不欲與群聖人對頭並立乎宇宙之間矣. 不幸首
出於書契既造之後, 功利之享, 獨歸後人, 而身爲禍首, 長蒙愚夫之名, 豈不哀哉! 吾
又未知二十一代三千餘年之間, 幾桀紂, 幾蒙恬, 幾始皇, 幾商鞅, 效尤於書契既造之
後耶."

오히려 자신이 세운 업적 때문에 비난을 당하고 재앙을 입었다. 이들
은 자신들의 힘과 도량, 재주와 지혜, 정신과 기백, 안배와 실행으로
천지를 진동시켰으나 그것을 자기 이익을 추구하는 데 썼다.[58] 이러
한 사람을 박지원은 우인이라 하였는데, 여기서 우인이란 뜻과 능력
은 성인과 같으나 마음 씀씀이가 달랐기 때문에 재앙을 당했고, 어리
석다는 평가를 받은 것이다.

그러나 박지원은 이들이 이룩해 놓은 '궁전의 건축, 장성의 수축,
직도의 건설, 법제의 확립과 같은 것은 큰 성과이고 후대에 큰 이익이
되었음을 인정'하고 있다. 그러나 처음 이러한 것을 시작할 때의 마음
가짐이 공익(公益)이냐 사익(私益)이냐의 문제로, 공익을 추구하는
것이 바로 중화문화의 본질이라는 것이다. 이미 화이론에서도 지적된
바와 같이 중화문화는 종족의 문제가 아니라 누가 중화문화를 올바르
게 누리느냐에 달려 있다는 것이다. 즉 박지원은 이미 청이 중화문화
를 향유하고 있음으로 청이 중화문명의 정통이라는 것이다.

> 내가 조양문에 들어서자, 곧 저 요·순의 이른바 유정·유일의 마
> 음씨가 이러하고, 하우씨의 홍수 다스림이 이러하고, 주공의 정전이
> 이러하고, 공자의 학문이 이러하고, 관중의 이재(理財)가 이러하였
> 음이 눈에 선하게 띄었으며, 걸·주가 옥과 구슬로 궁궐을 세운 것도
> 이런 방법에 지나지 않고, 몽염이 산을 허물어서 골을 메운 것도 이
> 런 방법에 지나지 않으며, 진시황이 곧은 길을 닦은 것도 이런 방법
> 에 지나지 않고, 상앙이 제도를 통일시킨 것도 이런 방법에 지나지
> 않음을 깨달았다. (…) 성인이 일찍이 문인(門人)의 물음에 대답하
> 여 나라를 다스리는 법을 말씀하셨으나, 이는 다만 말로만 하였을
> 뿐 몸소 행한 것은 아니었다. 그러나 후세의 임금들이 반드시 그 학

---

58) 이현식, 2009, 「『열하일기』의 〈皇城記〉, 청 왕조 정통론」 『국어국문학』 제152호,
국어국문학회, 341쪽 참조.

문이 성인보다 나은 것이 아니로되 곧 이를 행할 수 있었다. 그러니 이 역시 어찌 중화(中華)의 민족만이 그러하리오. 이적(夷狄)의 출신으로서 중원의 임금이 된 자 치고, 일찍이 도(道)를 물려받아서 행하지 않는 이가 없었으며, 또 의식(衣食)이 넉넉한 뒤에 예절을 지킬 수 있다 하였은즉, 후세의 임금 중에 나라를 튼튼히 하고 군사를 굳세게 하고자 한 자가, 차라리 각박하고 인정머리 없다는 이름을 무릅쓸지언정, 어찌 자신을 위해서 사리를 탐했다고 이를 수 있겠는가."59)

박지원은 황성의 조양문에 들어서 "요·순의 유정유일의 심법, 하우의 치수, 주공의 정전, 공자의 학문, 관중의 이재, 걸·주의 찬란한 궁전, 몽염의 거대한 토목, 진시황의 곧은 도로, 상앙의 술법 등 성인과 우인이 남긴 모든 것들을 보았다."고 하였다. 그리고 이러한 모든 것이 바로 중화문화이며, 이러한 중화문화를 계승한 나라가 바로 청(淸)이라고 본 것이다. 뿐만 아니라 박지원은 공자의 『춘추(春秋)』의 뜻을 재음미하면서 다음과 같이 말했다.

　　성인이 『춘추』를 지은 것은 진실로 존화양이(尊華攘夷)를 위한 것임에 틀림없다. 그러나 이적이 중화를 어지럽힌 것에 분개하여 중화의 존숭할 만한 내용까지 한꺼번에 물리쳤다는 사실은 들어보지 못했다. 그러므로 요즘 사람들이 진실로 오랑캐를 물리치고자 한다

---

59) 『燕巖集』 권12, 『熱河日記』 「關內程史」 8월1일 일기, "吾入朝陽門, 而可以見夫亮舜精一之心如此也, 夏禹之治水如此也, 周公之井田如此也, 孔子之學開如此也, 管仲之理財如此也, 桀紂之瓊宮瑤臺不過是法, 蒙恬之塹山堙谷不過是法, 始皇之除直道不過是法, 商鞅之一其制度不過是法. (…) 聖人嘗咨門人以爲邦之道矣, 是特設於其辭, 而未能躬行之, 然後世繼天立極之君, 未必其學問勝於聖人, 而一朝能擧而行之, 亦奚特中華之族如此哉? 夷狄之主函夏者, 未嘗不襲其道而有之矣. 衣食足而知禮節, 則後世之欲富其國而强其兵者, 寧冒刻薄小恩之名, 豈適私利於其身哉?"

면, 중화의 유법(遺法)을 남김없이 배워 우리 우둔한 풍속을 변화시
켜야만 할 것이니, 경잠도야(耕蠶陶冶)로부터 통공혜상(通工惠商)에
이르기까지 모조리 배워야 한다.[60]

박지원은 공자가 『춘추』를 지은 것은 실로 중화를 높이고, 이적을
물리치기 위한 것임이 틀림없으나, 이적이 보존하고 있는 중화의 존
숭할 만한 내용까지 물리치라는 것은 아니라고 단정하였다.[61] 그는
청의 문물을 중화의 유법(遺法)으로 파악하고, '진실로 양이(攘夷)를
위해서 중화의 남아 있는 제도를 모두 배워 우리나라 풍속을 변화시
킨 뒤에 해도 늦지 않다.'고 하여, 맹목적으로 숭명배청(崇明排淸)의
의리에 사로잡혀 있는 당시의 풍조를 비판한 것이다. 특히 박지원은
당시 청의 문물이 공익에서 나왔기 때문에 비록 그들이 이적(夷狄)일
지라도 '유정유일의 심법'이며, 위대한 중국을 만들었다고 하였다.

마음 씀씀이가 도심에서 나왔는지 인심에서 나왔는지 따지고, 그

---

60) 『燕巖集』 卷12, 「熱河日記」〈馹汛隨筆〉, "聖人之作春秋, 固爲尊華而攘夷. 然未聞憤
夷狄之猾夏, 竝與中華可尊之實, 而攘之也. 故今之人, 誠欲攘夷也, 莫如盡學中華之
遺法, 先變我俗之稚魯. 自耕蠶陶冶, 以至通工惠商, 莫不學焉." 이는 홍대용의 "『춘
추』란 주나라 사기(史記)인 바 안과 밖에 대해 엄격히 한 것이 마땅하지 않겠는
가? 그러나 가령 공자가 바다에 떠서 구이(九夷)에 들어와 살았다면, 중국 법을
써서 구이의 풍속을 변화시키고 주나라 도를 역외(域外)에 일으켰을 것이다. 그
런즉 안과 밖이라는 구별과 높이고 물리치는 의리에 있어 스스로 마땅히 역외춘
추(域外春秋)가 있었을 것이다.(『담헌서』 권4, 「의산문답」)"고 한 내용과 일맥상
통하다.
61) 박수밀은 "홍대용과 박지원이 현실에서는 중화와 이적의 구별을 인정했지만 이
론상으로는 중화와 이적의 부별을 부정했다."(박수밀, 2011, 「조선후기 대청(對
淸) 의식과 문화 수용 논리」, 『한국한문학연구』 제47집, 한국한문학회)고 한 지
적은 매우 타당하다. 그러나 홍대용과 박지원, 박제가 모두 '현실에서는 중화와
이적의 구별'한 것은 당시 사대부들의 대청 인식을 반영해 그들을 이해시키고
설득하기 위한 방편이라고 하겠다.

사업이 공익을 위한 것인지 사익을 위한 것인지 가린다면, '유정유일의 심법'이란 저를 두고 말한 것이 아니다. 그러나 공과 이익을 누리는 일 같은 것은 그 법이 비록 이적에게서 나왔을지라도 여러 장점을 모았으니 '유정유일의 심법'을 배우지 않은 것이 없었다. 그러므로 옛날 이른바 재주와 지혜, 힘과 도량이 하늘과 땅을 흔든 사람, 그것으로 위대한 중국을 만들었으니, 21대 왕조 3천여 년 사이의 만든 법과 남긴 제도를 상고할 수 있을 것이다.[62]

즉, 박지원은 그것이 비록 이적의 법에서 나온 것이지만 여러 장점을 모았으니, 그것들은 유정유일의 심법을 본받은 결과이며, 이러한 청 왕조의 성취는 이적의 법과 중화문화가 결합된 결과라고 한 것이다. 그것은 성인이 만들고 우인이 계승했던 바로 그 성과로, 비록 청 왕조의 문화가 이민족이라는 흠결은 있으나 그 성과를 중화문화의 흐름이라는 틀 속에서 수용할 수 있다는 것이 박지원의 생각이었던 것이다.

Ⅳ. 맺음말

이상에서 살펴본 바와 같이 박지원의 세계관과 그의 역사의식의 특징은 다음과 같이 정리할 수 있다. 먼저 박지원은 세계관에 있어 형이상학적 자연관과 과학적 자연관 동시에 존재하고 있다. 형이상학적 자연관에서는 기일원론에 입각하여 만물의 생성변화를 설명하고, 최

---

62) 『燕巖集』권12, 『熱河日記』「關內程史」 8월1일 일기, "論其心術於危微之際, 辨其事業於公私之間, 則精一之法, 非彼之謂也. 然若其功利之享, 雖其法之出乎夷狄, 集其衆長, 莫不以精一爲師也. 故向所謂才智力量震天動地者, 所以成中國之大, 而二十一代三千餘年之間, 成法遺制, 可得以攷焉."

소단위를 먼지라고 하는 물질로 파악하였으며, 과학적 자연관에 있어서 지원설과 지구자전설을 주장하고 지구자전에 의해 자연계에 존재하는 모든 만물은 끊임없이 생성 변화한다고 하였다.

박지원의 이러한 세계관은 사물인식에 있어 주관인식을 배제하고 객관인식을 통해 사물을 새롭게 파악하고자 하였으며, 이는 사물을 인식하는 데 목적이 있는 것이 아니라, '이용대상으로서의 물(物)'을 확보하는 데 있었다.

특히 박지원에게 물의 이용은 바로 그의 심성론에 있어 인물성동론이라고 하는 낙론적 영향에서 한 걸음 더 나아가 인물균(人物均)의 논리로 나아갔고, 이미 밝힌 바와 같이 '자천소명이시지(自天所命而視之)'라고 하는 객관 인식을 통해 사물의 가치상대론을 주장한 것이다.

이러한 인식을 통해 박지원은 역사관에 있어서도 '중화와 이적은 같다'는 새로운 화이론을 제시하였는데, 이는 기존 중국 중심의 역사관인 화이론을 극복하고 주체성을 확립하는 데 기여하였다. 그리고 이러한 주체성의 확립은 바로 대외인식에 있어서 자국(自國)에게 유리한 방향으로 길을 모색하게 하였다. 그러므로 박지원은 그 당시 야만시하던 청(淸)에 대해서도 그들의 우수한 과학기술을 적극적으로 수용[북학北學]해서 백성의 생활을 윤택하게 하는 이용후생론을 전개하였을 뿐 아니라 청왕조 정통론을 주장하였다.

물론 이러한 북학론은 박지원의 독창적인 사상은 아니다. 홍대용은 지원설 및 지전설을 바탕으로 모든 국가가 세계의 중심이라는 과학적 인식을 근거로 역사인식에 있어서 자주성을 확보한 '역외춘추론(域外春秋論)'을 지어 북학의 이론적 토대를 마련했으며, 이러한 이론적 토대를 발판으로 박지원과 박제가(朴齊家, 1750~1805)는 북학론으로 확장시켰던 것이다. 즉, 홍대용이 북학의 이론적 근거를 마련하였다면, 박지원은 홍대용의 북학의 이론적 근거를 확장하여 북학을 주장하고, 이러한 박지원의 북학을 보다 체계적이며 철저하게 주장한 사람이 박제가라고 하겠다.

이처럼 박지원의 세계관은 그의 역사관과 긴밀한 연관을 가지며, 이러한 상호 연관 속에서 박지원은 그의 사상의 특징이라고 할 수 있는 북학론인 이용후생을 전개시켰다. 이러한 영향을 받은 박제가는 농업중심적 가치관을 뛰어넘어 상업중심적 가치관을 확립하여 상업의 중요성을 역설하고, 이러한 상업의 활성화는 결국 해외무역을 통한 개방화로 나아가는 실마리가 되었다. 이러한 북학파의 실학사상은 뒤에 개화사상(開化思想)으로의 이행이라고 하는 사상사적 연관성과 함께 근대적 성격을 지닌다고 하겠다.

참고문헌

『湛軒書』

『燕巖集』

『貞蕤閣集』

『春秋』

『論語』

김명호, 1990, 『열하일기 연구』, 창작과비평사.

김문식, 2009, 『조선 후기 지식인의 대외인식』, 새문사.

김인규, 2017, 『북학사상연구』, 심산.

박수밀, 2007, 『18세기 지식인의 생각과 글쓰기 전략』, 태학사.

安炳㤦, 1987, 『儒敎의 民本思想』, 성균관대학교 대동문화연구원.

李家源, 1965, 『燕巖小說研究』, 을유문화사.

이상익, 1998, 『기호성리학연구』, 한울.

_____, 2001, 『儒家 社會哲學 硏究』, 심산.

정옥자, 1998, 『조선 후기 조선중화사상 연구』, 일지사.

崔英成, 1995, 『韓國儒學思想通史』 Ⅰ~Ⅴ, 아세아문화사.

김문식, 1994, 「18세기 후반 서울 學人의 淸學認識과 청 문물 도입론」, 『규장각』 제17집, 서울대학교 규장각.

김인규, 1998, 「北學思想硏究」, 성균관대학교 박사학위논문.

_____, 2004, 「조선후기 實學派의 自然觀 형성에 끼친 漢譯西學書의 영향 -『空際格致』와 『談天』을 중심으로」, 『한국사상과 문화』 제24집, 한국사상문화학회.

_____, 2008, 「조선후기 신분제 개혁론의 새로운 지평 -신분주의에서 직분주의에로의 패러다임의 전환」, 『동양고전연구』 제30집, 동양고전학회.

박성순, 1998, 「조선후기의 대청인식과 北學論의 의미」 『史學志』 제31집, 단국대학교 박수밀, 2011, 「조선후기 대청(對淸) 의식과 문화 수용 논리」, 『한국한문학연구』 제47집, 한국한문학회.

유봉학, 1988, 「18,9세기 大明義理論과 對淸意識의 推移」 『한신논문집』 제5집, 한신대학교.

이경구, 2009, 「조선 후기 주변 인식의 변화와 소통의 가능성 -18세기 연행록과 북학파를 중심으로」 『개념과 소통』 제3호, 한림대학교 한림과학원.

이상익, 2008, 「조선시대 中華主義의 두 흐름」, 『한국철학논집』 제24집, 한국철학사연구회.

이현식, 2009, 「『열하일기』의 〈皇城記〉, 청 왕조 정통론」 『국어국문학』 제152호, 국어국문학회.

「뇌뢰낙락서」를 통해 본 이덕무의 역사인식

손 혜 리*

---

* 성균관대학교 동아시아학술원 연구교수

I. 머리말

이덕무(李德懋, 1741~1793)는 조선 후기 정조 대 규장각 검서관을 역임하고 방대한 분량의 『청장관전서(靑莊館全書)』를 저술한 바 있다. 이른바 연암그룹의 일원으로 북학파 문인 학자로 평가받는 인물이기도 하다. 그런데 실상 이덕무를 북학파 문인 학자로 규정할 수 있을지에 대해서는 이론의 여지가 있다.[1] 그가 연행을 체험하고 기록한 「입연기(入燕記)」에서 북학(北學)에 대한 의지와 지향은 그리 부각되지 않는다. 서책에 대한 애호를 확인할 수 있지만, 이를 제외하고는 청의 선진 문물 등에 대한 관심이나 언급은 드문 형편이다. 나아가 『청장관전서』에서도 조선 후기 사회의 제 모순과 문제점을 포착하고 이에 대한 개혁안을 적극적으로 개진하는 등 북학파 실학자로서의 면모를 확인하는 일은 간단치 않다.

한편 박지원(朴趾源, 1737~1805)은 이덕무의 의론과 저술이 법령과 제도에 치력하여 백성을 구제하는 것을 요점으로 삼았다고 평한 바 있다.[2] 기실 이덕무는 일찍부터 일본에 대한 남다른 관심을 바탕

---

1) 최근 이덕무의 시와 비평, 필기소품과 산문, 학문의 특징, 학술사상 즉 대외인식과 윤리관 등이 규명된 『청장관 이덕무 연구』(안대회·정우봉·김대중·김문식·정호훈, 2019, 학자원)가 간행된 바 있는데, 이 책을 통해 이덕무 연구의 현황을 파악할 수 있다. 안대회 교수는 책의 머리말에서 "다수의 실학자와는 다르게 이덕무는 사회와 경제, 정치 등의 분야에서 제기한 학문적 성과는 약하고 오히려 문학의 영역을 중심으로 박물학, 편찬사업, 고증의 분야에서 그만의 독특한 업적이 빛을 발산하였으며, 그동안 학계에 제출된 연구 성과도 이런 결론과 다르지 않다는 평가를 받는다."(위 책, 10쪽)라고 하였으니, '북학파 이덕무'로서의 위상에 대해 시사하는 바가 있다.

2) 朴趾源, 『燕巖集』 卷3, 「炯菴行狀」. "自在韋布, 亦嘗惓惓於生民之困悴, 才俊之沉

으로 1763년(영조 39) 계미사행에 종사한 원중거(元重擧)와 성대중 (成大中)에게 전해들은 지식 정보를 수용하여 「청령국지(蜻蛉國志)」 를, 그리고 1778년(정조 2) 연행 뒤 「입연기(入燕記)」를 저술하였다. 지금까지 「청령국지」와 「입연기」를 중심으로 자료 개관을 하고 서술 및 내용상 특징을 고찰한 뒤 이를 바탕으로 이덕무의 대외 인식을 규 명한 연구 결과가 축적되어 있다.3) 이를 제외하면 이덕무의 북학파 실학자로서의 면모가 상당 부분 소거된다. 이 지점에서 필자의 고민 도 깊어진다.

그러나 이덕무가 수만 권의 독서와 삼천여 책의 초록을 통해 방대 한 지식을 습득하고 또 견문한 바에 의거하여 충실한 고증을 통해 사 실에 즉한 글쓰기를 지향했던 것처럼, 필자 역시 그의 글을 충실히 따 라가면서 사실의 규명과 전달에 집중하고자 한다. 이 작업이 성공적 으로 수행된다면 이덕무의 세계관과 역사관의 또 다른 일면을 파악할 수 있을 것으로 기대된다.

이를 위해 그의 저술 중 「뇌뢰낙락서(磊磊落落書)」를 주목하고자 하는데, 그 이유는 다음과 같다. 첫째, 「뇌뢰낙락서」는 제목에서 짐작 할 수 있듯이 저술의도가 비교적 선명하다. '뇌뢰낙락'은『진서(晉書)』 「석륵재기(石勒載記)」에 출전을 둔 "대장부의 행사는 뇌뢰낙락하여 일월처럼 명백해야 한다[大丈夫行事, 當磊磊落落, 如日月皎然.]."에서 원용한 것이다. 즉 뇌뢰낙락한 인물의 훌륭한 사적을 기록하여 역사 에 길이 전함으로써 고평하려는 것이다. 이때 '뇌뢰낙락한 인물의 훌

沒, 慨然有志於經濟. 其議論記述, 尤致意於典章制度, 以救民濟物爲要. 然則其憂國 憂民之意, 未嘗須臾忘也. 固宜擧而試之, 將無所不可.'

3) 이와 관련한 주요 논문으로는, 하우봉, 1985, 「이덕무의『청령국지』에 대하여」, 『전북사학』9, 전북대 사학회 ; _____, 1987, 「이덕무의 일본관에 대한 연구」, 『인문논총』17, 전북대 인문학연구소 ; 최박광, 1992, 「이덕무의 중국체험과 학 문관」,『대동문화연구』27, 성균관대 대동문화연구원 ; 이혜순, 1998, 「이덕무의 「입연기」소고」,『고전산문연구1』, 국어국문학회, 태학사 등이 있다.

류한 사적'이란 명말 청초 시기 명나라에 대한 의리를 저마다의 방식으로 지킨 사람의 행적을 말한다. 이덕무가 편찬해 둔 10권에다 아들 이광규(李光葵, 1765~1817)가 보충한 상하 보편(上下 補編) 2권까지 합하여 모두 12권에 720여 명이 수록되어 있다. 이를 통해 이덕무의 명청 교체와 명 유민에 대한 인식을 엿볼 수 있을 것이다.

둘째, 「뇌뢰낙락서」는 자료의 특성상 연구자들의 접근성이 여의치 않다. 『청장관전서』는 일찌감치 번역이 되어 학계에서 많은 연구를 파생시켰던 바, 그 중에서 「기년아람(紀年兒覽)」과 「뇌뢰낙락서」는 국역에서 누락되어 있다. 아마 방대한 분량에 비해 학술적 가치가 소략하다고 판단되어서인 듯하다. 다음 장에서 상술하겠지만, 이덕무는 분명한 목적 아래 대거 자료를 수집하여 「뇌뢰낙락서」를 편찬하였으나 생전에 미처 산정하지 못하였다. 이 때문에 조선 후기 지식인들의 번잡하다는 평을 피할 수 없었다. 즉 체재가 갖추어지지 않아 번잡한 데다 중국에 거주한 명의 유민에 대한 방대한 기록을 번역하는 데 드는 시간과 비용을 마련할 명분을 찾지 못한 것으로 보인다. 이러한 이유로 「뇌뢰낙락서」는 연구자들의 시선에서 벗어나 있었던 것이 아닌가 한다. 그런데 이는 달리 생각하면 번잡한 것을 잘라내고 체재를 마련하지 않은 원텍스트이기 때문에 이덕무의 처음 기획 의도를 파악하기에 더할 나위 없이 좋은 자료이기도 하다.

본고는 이러한 의도에서 「뇌뢰낙락서」를 중심으로 이덕무의 명청 교체와 명 유민에 대한 기록 및 대청인식과 그 변화의 추이에 대해서 살펴보고자 한다.

II. 명청 교체와 명 유민에 대한 기록

이덕무는 39세가 되던 1779년(정조 3)에 유득공(柳得恭)·박제가(朴齊家)·서이수(徐理修) 등과 함께 초대 검서관이 된 후 죽기 직전까지 15년 동안 (겸)검서관으로 재임하면서, 『국조보감(國朝寶鑑)』·『갱장록(羹墻錄)』·『문원보불(文苑黼黻)』·『대전통편(大典通編)』·『규장전운(奎章全韻)』 등 많은 국고문헌의 편찬 작업에 참여하고,4) 『무예도보통지(武藝圖譜通志)』와 『해동읍지(海東邑誌)』 등의 편찬을 주도하였다. 이덕무가 죽자, 국왕 정조는 그의 죽음을 애도하여 유고를 간행하도록 하고 비용을 주선하였으며, 아들 이광규를 검서관에 특채하였다. 그리고 윤행임(尹行恁, 1762~1801)에게 유고 간행을 주관하도록 명하였으니, 윤행임은 유고의 간본(刊本)을 뽑고 서문(序文)과 묘갈명(墓碣銘)을 지었으며, 남공철(南公轍, 1760~1840)은 서문과 묘표(墓表), 박지원(1737~1805)은 행장(行狀), 이서구(李書九, 1754~1825)는 묘지명(墓誌銘), 성대중(成大中, 1732~1809)은 발문(跋文), 이광규는 유사(遺事)를 지었다.5) 이들이 이덕무의 저술을 평한 부분을 살펴보기로 한다.

---

4) 朴趾源, 위의 글. "每有文獻編摩之役, 懋官輒與焉. 如國朝寶鑑·羹墻錄·文苑黼黻·大典通編之類也. 又嘗承命編進韻書, 名曰奎章全韻. 字畵皆以六書, 註釋參以諸家, 韻書叶韻通韻, 無不詳備, 竣其事而沒焉."; 李光葵, 『靑莊館全書』 卷71, 「先考積城縣監府君年譜[下]」. "六月初一日, 上來單子入啓, 連進壯勇營編纂武藝通志, 而日子多未詳. 十五日, 進院. 巡營考績居最, 題曰不以報瓜. 或懈求芻. 十七日, 編纂海東邑誌"

5) 李光葵, 『靑莊館全書』, 『刊本 雅亭遺稿』 卷8, 附錄, 〈先考府君遺事〉. "乙卯四月初三日. 上教曰, 今因韻書印役事, 思之故檢書李德懋之才識, 尙今不忘, 其子聞已闋服, 李光葵特差檢書官. 以上出邸報. 車五山集, 朝家猶且印給, 況李德懋之文與勞乎? 渠之家力, 何以辦得印稿乎? 印書次留置錢五百兩特給."; "命賤臣入侍, 教曰: '印稿之需, 俄已區劃, 而汝家甚貧云, 印稿之餘, 可作契活之資. 遺稿抄選之役, 亦命閣臣尹行恁, 使之句管矣.' 命退去. … 時直閣尹公行恁, 承命抄選遺稿刊本, 作序弁卷, 又撰墓碣銘, 直閣南公公轍, 又作序及墓表, 燕岩朴公趾源, 撰行狀, 參判李公書九, 撰墓誌銘, 靑城成公大中, 撰跋, 不肖光葵, 泣血撰次遺事, 幷附錄于遺稿下篇."

① 「뇌뢰낙락서」는 많은 서적을 열람하면서 명나라 말 유민들의 행적을 편집한 것인데, 미처 원고를 정리하지 못하였다.[6]

② 「뇌뢰낙락서」는 명나라 말 유민들의 행적을 편집한 것인데, 미처 원고를 정리하지 못하였다.[7]

③ 일찍이 연경에 들어가 오랑캐가 되어버린 중국을 보자 술을 마시고 슬픈 노래를 부르며 일사(逸史)와 비승(祕乘)을 수집해 가지고 돌아와 명 말의 유민전을 지었으니, 이것이 바로 「뇌뢰낙락서」이다.[8]

④ 「곡례」와 『소학』의 뜻을 취하여 『사소절』 3권을 지어 자신의 몸을 수양하였다. 명 말의 일을 많이 습득하여 일찍이 나에게 편지하기를, "나는 명나라 백성으로 융경·만력·천계·숭정 연간의 명신 처사와 교유를 맺었다. 눈앞에서는 아첨하다가 돌아서서 눈 흘기는 요즈음 세상과 비교해 볼 때 어찌 훌륭하지 않은가?"라고 하며, 갑신년 이후의 유민을 채록하여 「뇌뢰낙락서」 7권을 지어 자신의 뜻을 폈으니, 이 두 저서에서 무관을 알 수 있다.[9]

⑤ 저서에는 『청장관고』·『사소절』·『기년아람』·『청령국지』·『앙엽기』·『송사보전』·『명유민전』 등 몇 권이 있다.[10]

---

6) 朴趾源, 위의 글. "曰磊磊落落書, 繙閱群書, 編輯明末遺民, 未及刪定也."

7) 李光葵, 위의 글. "曰磊磊落落書, 編輯明末遺民, 未及刪定."

8) 尹行恁, 『碩齋集』 卷19, 「李懋官墓碣銘 并序」. "嘗入燕見中州爲戎, 飲酒悲歌, 蒐購逸史秘乘踓, 著明季遺民傳, 命曰磊磊落落書."

9) 李書九, 『惕齋集』 卷9, 「李懋官墓誌銘」. "取曲禮小學遺意, 著士小節三卷, 以律其身. 最習明季事, 嘗寄余書曰: '我明民也, 結交隆曆啓禎間名臣處士, 視世之眼前婢娿, 背後睢盰, 豈不賢哉?' 遂採甲申後遺民, 著磊磊落落書七卷, 以托其意. 觀此二書, 可以知懋官也."

10) 南公轍, 『金陵集』 卷18, 「積城縣監兼奎章閣檢書官李君墓表」. "所著有靑莊舘薰, 士小節·記年兒覽·蜻蛉國志·盎葉記·宋史補傳·明遺民傳幾卷."

①은 박지원이 지은 이덕무의 행장으로, 그의 저술 12종을 개괄하면서 「뇌뢰낙락서」의 성격과 원고 상태를 소개하였다. ②는 이광규가 부친 이덕무의 유사(遺事)를 기록한 것으로 ①과 내용이 대동소이하다. 박지원 등은 이광규의 유사를 바탕으로 글을 썼기 때문에 대략적인 개요는 비슷하되 각자 이덕무와 관련된 추억이나 특기할 사항을 개별적으로 서술하였다. 이는 비슷한 시기 같은 상황에 처한 이들이 이덕무를 다채롭게 묘사하는 동인이 된다. ③은 윤행임이 지은 이덕무의 묘갈명으로, 연행에서 오랑캐가 되어버린 중국을 보고 일사(逸史)와 비승(祕乘)을 수집해 돌아와 명 말의 유민전을 짓게 된 정황을 알려준다.

④는 이서구가 지은 이덕무의 묘지명으로, 이 또한 「뇌뢰낙락서」의 저술 배경을 짐작케 한다. 여기서 이서구가 이덕무의 대표 저술로 『사소절(士小節)』과 「뇌뢰낙락서」를 거론한 사실과 "나는 명나라 백성이다."라고 천명한 이덕무의 명에 대한 인식을 엿볼 수 있다. 이덕무는 1775년(영조 51)에 『사소절』을 편찬하였는데, '선비가 생활 속에서 지켜야 할 작은 의례'라는 의미로 「사전(士典)」과 「부의(婦儀)」, 「동규(童規)」 등으로 구성되었다. 그가 「사전」에서 제시한 독서법 중 '중설(衆說)을 모두 참고하여 차이점을 밝히고 장단점을 비교해야 한다.'[11]라고 한 대목을 주목할 만하다. 이는 청나라 초기 이광지(李光地, 1642~1718)의 독서법을 인용하였던 바, 이광지는 강희제의 명을 받아 『주자대전(朱子大全)』과 『주자어류(朱子語類)』를 편집하고 『주자전서(朱子全書)』를 편찬한 주자학자이다. 주자학에 대한 이덕무의 생각을 가늠할 수 있는 대목이다. 즉 『사소절』은 이덕무가 주자학을 실천의 문

---

11) 李德懋, 『靑莊館全書』 卷29, 「士小節」, 〈士典〉 3. "四書六經及濂洛關閩之書, 人須終身藝之, 如農夫之藝五穀也. 每藝一經, 必盡自家分量, 務令徹底麥方休. 一曰: '熟誦經文也.' 二曰: '盡參衆說, 而別其同異, 較其長短也.' 三曰: '精思以釋所疑, 而猶未敢自信也.' 四曰: '明辨以去所非, 而猶未敢自是也.'"

제로 받아들이고 있었음을 보여준다.[12) 한편 이서구는 연행하는 이덕무를 전송하며 7언 고시를 지어 주었는데, 그 중 "고염무와 위희 같은 유민을 보지 못하면, 슬픈 노래 부르며 누구와 흉금 터놓으리[不見遺民顧魏輩, 悲歌誰與開胸臆.]"[13)라는 구절이 있다. 그 주석에 "고염무와 위희는 명 말 유민 중에 뛰어난 자들이다[顧炎武魏禧, 明末遺民之傑然者.]"라고 하였던 바, 이 역시 「뇌뢰낙락서」의 저술 배경을 이해하는 데 도움이 된다.

⑤는 남공철이 지은 이덕무의 묘표이다. 그의 저술을 소개하고 있는데, 마지막의 『명유민전』이 눈길을 끈다. 문맥상 이 책은 「뇌뢰낙락서」인 듯하니, 이는 이덕무가 성대중에게 보낸 편지를 통해서 확인할 수 있다. "족하가 찬한 3종의 글은 떠나려고 할 때 던져주었으니, 감히 평론하지 않을 수 있겠습니까? 『청정국지』는 옥당 이강산의 집에 있고, 「황명유민전」은 지금 정리하지 못하고 난초 그대로 있으므로 드리지 못합니다. 편집이 끝나면 서문 한 편 써 주시기 바랍니다."[14) 즉 『청령국지』는 이서구의 집에 있고, 「황명유민전」은 아직 편집을 하지 못해 보여줄 수 없다는 말이다. 아마 성대중이 이덕무에게 『청령국지』와 「황명유민전」을 보여달라고 요청한 모양이다. 여기서 「황명유민전」은 「뇌뢰낙락서」임이 분명하다. 그러니 ⑤의 『명유민전』은 「뇌뢰낙락서」를 의미한다. 이서구는 1786~1787년 경에 홍문관교리와

---

12) 배우성, 2015, 『독서와 지식의 풍경』, 돌베개, 117~121쪽 참조. 정호훈 교수도 "『사소절』 규범의 스펙트럼은 송대 학문과 명청대의 학문적 감각을 두루 포괄하지만 주자학의 틀 내에서 머무르고 있다."라고 하여, 『사소절』의 사상적 기저가 주자학임을 다시 한 번 확인시켜 준다. 이에 대해서는 정호훈, 2019, 「『사소절』의 문제 의식과 도덕 세계」, 『청장관 이덕무 연구』, 학자원, 320쪽 참조.

13) 李書九, 『惕齋集』 卷3, 「送李懋官隨蕉齋沈丈念祖入燕」.

14) 李德懋, 『靑莊館全書』 卷16, 『雅亭遺稿』 8, 「成士執大中」. "盛撰三種, 濱行投贈, 則敢不評騭之耶? 蜻蜒國志, 在李畺山玉堂家, 皇明遺民傳, 方在亂草不整齊, 不堪持贈, 姑俟編完, 弁以一序, 千萬企企."

수찬을 역임한 바 있으니,[15] 이 글은 그 즈음에 지어진 것이다. 이덕무는 1778년 연행 직후부터 「뇌뢰낙락서」를 저술하기 시작하여 죽을 때까지 편집을 마무리하지 못한 것이다. 남공철은 16세가 되던 1775년부터 이덕무가 죽을 때까지 친밀하게 지낸 인물이다. 그의 대명의리론은 이덕무와 연동되는 점이 적지 않은 만큼 그 영향을 받아 형성되었을 가능성이 크다.[16]

이상 박지원 등은 이덕무의 유고 간행 작업에 중요한 역할을 담당하였으며, 이덕무와 가장 절친한 사이이기도 하다. 이들의 말을 요약하면, 「뇌뢰낙락서」는 이덕무가 연행 길에 오랑캐가 되어버린 중국을 목도하고 탄식하여 명에 관한 일사와 비승을 수집하고 돌아와 지은 명 말의 유민전으로, 미처 편집을 끝내지 못한 미완성 유고이다. 그 자신 명나라의 백성이라 하여 이념적 지향을 분명하게 밝혔다.

이제 이덕무의 후속 세대 인물들의 평을 들어보기로 한다. 먼저 「뇌뢰낙락서」를 수정 보완하여 「황명유민전(皇明遺民傳)」을 저술한 성해응(成海應, 1760~1839)은 『사소절』과 「뇌뢰낙락서」가 세상에 도움되는 것이 많다고 하였다.[17] 이서구의 발언과 비슷한데, 특히 「뇌뢰낙락서」의 경세서로서의 가치를 높이 평가한 것이 흥미롭다. 홍직필(洪直弼, 1776~1852)은 이종우(李鍾愚, 1801~?)에게 편지를 보내 「뇌뢰낙락서」를 빌려달라고 부탁하였다.[18] 명 의종을 위해 절개를 지킨 유

---

15) 『日省錄』 正祖 10년(1786) 2월 8일. "以閔鍾顯爲副提學, 鄭萬始爲應敎, 洪義浩·李書九爲校理, 李敬五爲副校理…"; 4월 1일. "以金啓洛·李勉兢爲校理, 申馥·沈晉賢爲副校理, 成種仁·李書九爲修撰…"; 12월 15일. "應敎 申耆, 修撰 李書九等上疏, 賜批."; 12월 18일. "應敎 申耆, 修撰 李書九聯疏, 賜批."; 正祖 11년(1787) 1월 14일. "前春桂坊僚屬判府事 黃景源等聯疏, 賜批. 禮曹判書 李命植… 修撰 李書九…." 참조.

16) 이에 대한 자세한 것은, 안순태, 2017, 「남공철의 연행 체험과 대청의식」, 『국문학연구』 36, 국문학회, 218~221쪽 참조.

17) 成海應, 『研經齋全集』 卷49, 「世好錄」, 〈李德懋〉. "公所著書甚衆, 而士小節及磊磊落落書, 於輔世也爲多."

민들의 사적을 기록하여 잊지 않고자 한 의도에서였다. 제목 옆에 간기가 부기되어 있어, 1842년(헌종 8)에 기록된 글임을 알 수 있다. 한편 홍직필은 이보다 3년 전에 성해응의 「황명유민전」을 읽고 자료적 가치를 고평한 바 있다.[19] 「황명유민전」을 읽고 나서 이덕무의 「뇌뢰낙락서」를 널리 구한 것으로 보인다.

　다음으로 김정희(金正喜, 1786~1856)는 막냇동생 김상희(金相喜, 1794~1861)에게 보낸 4번째 편지에서 「뇌뢰낙락서」를 보내달라고 하였다.[20] 이어지는 6번째 편지에서 해상에 머무른 지 9년이 되었다[21]는 언급이 있는 것으로 미루어, 김정희가 제주에 유배된 지 9년째 되던 해인 1848년(헌종 14) 이전에 쓴 것이며, 서울에 있는 아우에게 이덕무의 「뇌뢰낙락서」를 제주도 유배지로 보내줄 것을 요청한 것이다. 이 무렵 김정희는 서울 집에 자주 편지를 보내 읽고 싶은 책들을 부탁하였다. 「뇌뢰낙락서」도 그 중 하나로, 김정희의 집에 등사해 둔 「뇌뢰낙락서」가 있으며, 체재가 번잡하고 소략한 곳이 많으나 명나라 말 유민에 관한 자료로는 참고할 만하다는 내용이다.[22] 「뇌뢰낙락서」의 자료적 가치가 부각된 셈이다. 마지막으로 이덕무의 손자인 이규경(李圭景, 1788~1856)의 글을 살펴보기로 한다. 「뇌뢰낙락서」의 편찬

18) 洪直弼, 『梅山集』 卷16, 「與李大汝鍾愚 壬寅孟夏」. "雅亭李德懋所輯磊磊落落書, 卽崇禎忠臣傳也. 載籍以還, 亡國正終, 未有如毅宗者, 以故鼎湖天墜, 到處攀髯, 望帝魂歸, 自然暗血, 穆滿之一軍, 田橫之五百, 皆從而殉, 其所以致命遂志者, 與日月爭光. 而生者自靖, 東海之蹈, 西臺之哭, 雖歷萬世, 光景常新. 每勞寤寐, 如見其人於九京, 凜凜有生氣, 欲從之遊而不可得也. 聞貴所見藏是書, 可蒙借示否? 謹當傳寫後卽完也."
19) 洪直弼, 『梅山集』 卷30, 「書皇明遺民傳後 己亥」. "右皇明遺民傳七卷, 卽研經齋居士成公海應龍汝所著也. 居士纘厥葉文獻, 專精詞章, 晚更斂華就實, 晦身嵁巖, 慥慥乎勖經研禮, 所撰述甚富閑. 又裒輯甲申鼎革以後遺文故事爲書, 遺民傳是已. 居士顯闡微之苦心, 於是焉可見矣. 嗚呼! 皇朝立國之正, 待士之隆, 載籍所未有者."
20) 金正喜, 『阮堂全集』 卷2, 「與舍季四」. "磊磊落落書, 家有謄本, 幸於後便覓付如何?"
21) 金正喜, 『阮堂全集』 卷2, 「與舍季六」. "歲新而海上, 恰是九年矣."
22) 金正喜, 『阮堂全集』 卷2, 「與舍季四」. "明末遺民事, 尙有可考於此, 而其蕪襍太甚. 又其疏漏處甚多, 然亦奈何? 大抵著書之難, 有如是耳."

의도가 선명하게 드러나는 만큼 전문을 소개한다.

> 대저 『명사』는 한 사람의 손에서 나온 것이 아니다. 그러므로 비
> 록 주이존과 모기령의 박학으로도 잘못했다는 비웃음을 면치 못하
> 고, 또 왕조가 바뀐 숭정의 일에 대해서는 숨기고 완곡하게 하여 사
> 실과 맞지 않는 것이 많았으니, 당시 세상이 그러해서였다. 더구나
> 유민전을 만들지 않아 충신과 열사들이 인멸되어 전하지 못하였다.
> 이 때문에 중국 사람들이 『배민록』 등을 지었으니, 그 뜻을 알 수 있
> 다. 나의 조고 청장관 선생께서 이를 탄식하여 「뇌뢰낙락서」를 지으
> 셨으며, 선군 은휘공께서는 『보편』을 만드셨고, 현감 성해응은 『존
> 주록』을 지었으며, 이보다 먼저 척암 이서구도 『존주록』을 만들어
> 깊이 묻혀 알려지지 않은 사실을 드러내었다. 청장관 선생은 또 명
> 나라가 망할 때의 사실로는 『삼번기사』가 있긴 하지만 너무 소략하
> 여 증명하기 어렵다 하시고 『삼번기사증보』 한 편을 지으셨으니, 뒤
> 에 다시 『명사』를 바로잡는 자가 나온다면 이것을 취하여 고거해야
> 한다.[23]

『명사(明史)』에 명나라 말 유민에 대한 기록이 없어 충신열사들의
사적이 전하지 않게 된 작금의 상황을 통탄하여, 이덕무가 「뇌뢰낙락
서」를 편찬하게 된 속내를 파악할 수 있다. 이러한 의도 아래 이광규
는 「뇌뢰낙락서」 보편(補編)을 만들고, 이서구와 성해응은 정조의 명

---

23) 李圭景, 『五洲衍文長箋散稿』, 「經史篇」 4, 〈史籍類〉 1, 〈史籍總說〉, 〈二十三代史及
東國正史辨證說〉. "大抵皇明史, 非出一手, 故雖朱毛之博, 亦未免紕謬之譏. 且於崇
禎革世之際, 事多微婉失實, 時世當然, 且不立遺民一傳, 忠魂毅魄, 泯沒無傳. 故中
原人有排悶錄等書, 可見其志也. 我王考靑莊館先生, 爲之慨然有磊磊落落書, 先君恩
暉公, 有補篇, 成知縣海應, 有尊周錄. 先此, 李惕菴書九, 亦有尊周錄, 以爲發潛闡
幽. 靑莊館先生, 又以皇明末造事實, 雖有三藩紀事, 太略難徵, 撰三藩紀事增補一篇,
後有更正明史者, 取以考據焉."

을 받아 『존주휘편(尊周彙編)』을 편찬하게 된 사실도 알 수 있다. 이
덕무가 저술하였다고 하는 『삼번기사증보(三藩紀事增補)』는 현재 전
하지 않아 자세한 정보를 확인할 길이 없다. 다만 숭정제 사후, 홍광
제(弘光帝)와 융무제(隆武帝), 영력제(永曆帝)가 청나라에 맞서 싸웠
으나 1662년 영력제가 살해됨으로써 남명이 멸망되자, 청은 이들 세
황제에 대한 사적을 『삼번기사(三藩紀事)』라 명명하여 청나라의 번신
(藩臣)으로 규정하였다. 이덕무는 이 부분에 대한 기술을 수정 보완
하여 세 황제의 정통성을 확보한 것으로 짐작된다. 이규경의 발언이
긴 하되, 조부 이덕무의 명나라와 명 유민에 대한 인식으로 확장시켜
보아도 무리가 없을 것이다.

　홍직필과 김정희는 특히 「뇌뢰낙락서」의 자료적 가치를 주목하여
필사를 위해서 벗에게 빌려달라고 하거나 서울에 있는 아우에게 제주
도로 보내줄 것을 청하는 등 「뇌뢰낙락서」를 열람하는 데 적극적이었
다. 김정희의 말처럼 번잡하고 소략한 곳이 많음에도 명나라 말 유민
에 관한 지식 정보를 얻기 위해서는 이 책을 열람해야 하는 것이다.
이덕무가 연행한 이후 미처 산정하지 못한 미완의 상태로 1848년까지
조선 후기 지식인들의 열독서가 된 사실을 확인하였다. 이덕무의 유
고를 간행하는 데 참여한 이들뿐만 아니라 19세기 전반 홍직필과 특
히 김정희의 「뇌뢰낙락서」의 공과(功過)에 대한 평가는 그 자료적 가
치를 한층 드높였다.

〈표 1〉「磊磊落落書」에 수록된 인물

목차	「磊磊落落書」 수록 인물	인원수	「磊磊落落書」에만 수록된 인물
「磊磊落落書」 1	朱議雱 朱由欑 朱茂暉 朱茂曙 朱茂晥 石 濤和尙 八大山人 麗公 槎菴和尙 李倣機 性休 方以智 方中德 方中履 熊開元 姜埰 姜安節 姜實節 姜垓 葉廷秀 許譽卿 成勇 林蘭友 李世祺 王象晉 仇維禎 倪嘉慶 薛 寀 周齊曾 章正宸	30	9
「磊磊落落書」 2	吳有涯 葉紹袁 鄭龍采 吳本泰 蕭士瑋 周 之璵 華允誠 高承埏 張可仕 張鹿徵 呂潛 張有譽 朱國梓 盧世漼 楊士聰 王時敏 蔣 臣 葛世振 周燦 李淸 涂斯皇 涂大訒 錢 邦芑 譚貞良 徐柏齡 謝泰宗 張利民 王玉 藻 文可紀 周奭其 林增志 鄧凱 余增遠 張 居 黎元寬 周敏成 徐芳 吳日㬌 陳濟生 黃 翼聖 黃孔昭 趙 唐允甲 朱日燦 黃藎卿 申 用嘉 秦四器 何弘仁 黃周星	49	4
「磊磊落落書」 3	梁以樟 陳弘緖 萬日吉 王岱 胡周鼒 沈中 柱 顧夢麒 邱上儀 劉若宜 陳素 喬可聘 蔡 元宸 沈壽嶽 沈壽民 金堡 李延是 徐枋 徐 柯 巢鳴盛 李確 馬嘉楨 邢昉 顧夢游 戴冠 萬壽祺 閻爾梅 顧炎武 歸昌世 歸莊 金俊 明 金侃 吳䎗 吳翻 陳貞慧	34	7
「磊磊落落書」 4	冒襄 錢秉鐙 沈士柱 黃瀓之 趙士喆 宋繼 澄 董樵 李煥章 李鳳祚 史兆斗 林古度 徐 波 魏允枏 魏允札 左國材 李遜之 周茂蘭 黃宗羲 熊兆行 劉汋 劉茂林 盧象晉 沈自 炳 顧夢麟 顧湄 吳蕃昌 凌文然 祁班孫 申 涵光 徐柱臣 姜廷梧 黃睎 戴本孝 戴迻孝 吳祖錫 楊彭齡 汪渢 韓洽 張次仲 徐孚遠 薛正平 華時亨 張穆 湯燕生 陳宗之 楊補 楊炤 李長科 李沛 李沂 李淦 李濯 李顒 應撝謙	54	16
「磊磊落落書」 5	萬泰 萬斯大 蕭詩 楊无咎 孫奇逢 孫博雅 彭大壽 苗君稷 范路 葉襄 張芳 方文 馮愷 愈 龔賢 蔣易 張昉 張翮 謝遴 刁包 党成	65	13

	高鎬 韓甾 曹鑑徵 朱扉 彭萬垣 吳鉬 吳濩 孔尙舉 孔鼑 顔伯璟 張霖 張四箴 張紱 朱鶴齡 侯泓 湯傳楹 芮城 徐遠 葉尙高 談遷 陸啓泓 錢士馨 李標 沈起 祝洵文 談允謙 毛晉 姚佺 蔣之翹 徐開任 俞汝言 包捷 劉城 吳騏 王㘡 周篔 繆永謀 王光承・李麟友 屠廷楫 金是瀛 諸九鼎 王猷定 戴笠 屈大均		
「磊磊落落書」6	陸圻 徐介 柴紹炳 孫治 張綱孫 毛先舒 沈謙 陶澂 徐延壽 陳允衡 徐白 孫永祚 陳洪綬 崔丹 黃雲 邵潛 胡承諾 張仁熙 顧天錫 顧景星 余 余思復 沈嘉客 費密 錢肅潤 魏兆鳳 魏禧 魏禮 魏世傑 魏世俲 魏世儼 彭士望 李騰蛟 彭任 曾傳燦	35	9
「磊磊落落書」7	邱維屏 邱維寧 姜荃林 李灌谿 謝大茂 劉永錫 李魁春 沈欽圻 陳三島 徐樹丕 徐晟 陸元泓 文點 譚宗 嚴煒 沈蘭先 恂日初 恂格 吳參 徐時勉 陳朝典 陳瑚 雷士俊 余懷 陸世儀 陳恭尹 陶窳 宋時旌 孫爾禎 黨湛 夏道一 紀靑 紀映鍾 陸琏 張屺 杜濬 陳梁 祁駿佳 張弨 馮延年 劉文炳 劉文炤 王世德 楊懷玉 張紀 張蓋 劉逢源 呼谷 潘江 曹大復 李中馥 吳雲 喩指	53	10
「磊磊落落書」8	宋曹 張果中 彭之凡 理鬯和 李柏 趙瑾 欽蘭 張自烈 閔麟嗣 張若羲 胡介 徐夜 朱明鎬 陸嘉淑 張實居 宋徵璧 吳時德 吳懋謙 吳宗潛 吳宗漢 吳宗泌 鉏柴 吳磐 陳鴻 黃鼎 周永年 錢允治 吳夢暘 吳鼎芳 范泗 徐允錄 吳拭 丁元公 韓繹祖 張宗觀 朱士稚 方其義 許友 吳嘉紀 鍾曉 王巖 屠爌 董說 楊文彩 黃子錫 顧柔謙 顧祖禹 劉參 趙一桂 閔遵古 蕭倫 洪瀾 徐謙尊 任濟世 安璜 費誓 楊益介 宋之盛 王燁 李世熊 程邃 黃逐 閻修齡 陰宜登	64	7
「磊磊落落書」9	宗元豫 時琚 胡琛 吳昌文 顧苓 汪价 孫夢簡 葛芝 丁之賢 朱國漢 朱用純 徐繼恩 盛應奎 張梯 張士榑 陳佐才 陳南箕 邱嘉	75	5

	彩 謝文洊 李其聰 楊敏芳 甘京 顧玘徵 儲欣 顧有孝 安夏 潘陸 王邦畿 徐緘 徐士俊 史玄 夏古丹 褚連時 程家摯 路澤農 趙瀚 俞南史 王炘 林小眉 林佳璣 潘凱 潘章 吳炎 徐桐 鄭瀣師 張履祥 徐之瑞 袁徵 蔡德馨 陸坦 欽楫 吳統持 查崧繼 彭孫貽 韓純玉 陸蒓 葉大疑 林珽 宋呂 張印頂 劉蓼雪 黃鍾 潘問奇 蔡海寧 秦時霖 胡長庚 趙茂之 謝璣 武恬 張盟 鄒名世 鄒元檄 楊毓奇 楊志達 陳龍正		
「磊磊落落書」 10	陳潔 唐昇 倪允中 孫爽 張嘉玲 林雲鳳 高斗魁 查雍 勞以定 管諧琴 劉廷鑾 吳天放 湯纘禹 王潢 徐增 宋之繩 趙起元 韓曾駒 錢其恒 劉世斗 王蔚 行發 王汸 嚴啓隆 李无垢 王宏度 高笠先生 畫網巾先生 高百戸 湯氏傭 王偉士 活死人 雌雌兒 孝丐 髯叟 雲間道人 乾元道人 朱衣道人 愛鐵道人 煎海和尚 幻闍梨 剩人 海明 戒顯 成回 讀徹 道盛 明盂 弘儲 同揆 澌江 退翁 嚻嚻和尙 無名和尙 大育頭陀 良琚和尙 呱呱和尙 頓修上人 大方上人 曹靜照 沈雲英 岑太君 李節婦 丁孺人 彭夫人 李夫人 黃夫人 蕭夫人 尼涵光	69	5
「磊磊落落書」 11 (補編 上)	王台輔 王纘 王士和 祝淵 王毓蓍 盧象觀 曾嗣宗 吳鍾巒 余煌 賀昌明 彭錕 李應開 顧咸受 沈壽嶢 顧杲 項禹揆 厤三衡 黃毓祺 王若之 戴重 殷淵 張翊 項嘉謨 錢應金 何剛 吳易 陳邦彦 郭符甲 睦明永 睦本 侯峒曾 侯岐曾 林坴 許王家 許用 汪參 黎遂球 龔用圓 黃嘉搢 江天一 寥應兆 曾奉初 魏殷臣 劉泰兆 吳昞 薛大觀 高復卿 孫臨 韓默 高孝纘 任源邃 范箴聽 王崇圖 許德溥 陳子龍 錢栴 徐爾穀 吳應箕 楊廷樞 朱集璜 黃淳耀 鄺露 張煌言 夏允彝 夏完淳 馬純仁 賀向峻 許琰 顧所受 湯文瓊 顧維寳 張孝起 盧渭 劉曙 李幹才 毆敬竹 石士鳳 髯樵叟 狗屠 賣餠叟 搖船客 金陵	84	73

	乞兒　西安丐者　徐烈母		
「磊磊落落書」 12 (補編 下)	周世孫 吉王慈煃 榮王慈炤 益王由本 惠王常潤 定王慈炯 永王慈炤 淮王常淸 岷王子 朱術桂 朱重容 朱誼㳉 十三王 朱之瑜 錢龍錫 錢士升 黃景昉 吳甡 范復粹 易應昌 鄭三俊 金光辰 李長庚 方士亮 詹爾選 方孔炤 張愼言 解學龍 毛士龍 高斗樞 熊明遇 丁啓睿 張鏡心 鄭同元 郭之奇 魯㮚 陸符 余正元 杜文煥 陳啓新 沈通明 惲本初 焦之雅 房廷詳 鄒之麟 曹履泰 顧朱 范養民 李㮮鼊 李實 朱治升 周容 張長灣 張采 沈巨儒 李光祀 黃宗炎 朱朝瑛 宋振麟 趙天騏 徐開禧 項聖謨 樊圻 卜舜年 文明 張風 蕭從雲 宋珏 陳應麟 趙甸 査士標 黃家舒 蕭顯 張致中 朱明德 王璣 常延齡 龍在田 譚先 魏菁 周有鳳 董升 顧大綱 劉應期 樊夢斗 李先生 謝秀才 康世爵 田好謙 李應仁 麻舜裳 文可尙 胡克己 王鳳崗 黃功 馮三仕 陳鳳儀 鄭先甲 裵三生 王俊業 韓登科 劉太山 金長生 張道士 弘瑜 秦良玉 童夫人 屈氏 崔回姐 柔姐 緊姐 王烈母	108	17
합계		720	175

〈표 1〉을 통해 「뇌뢰낙락서」의 체재와 규모를 확인할 수 있다. 「뇌뢰낙락서」는 전술하였듯이 권1~10은 이덕무가 기록한 것이고, 보편 상하는 이광규가 부친의 사후 추가로 편입한 것이다. 「뇌뢰낙락서」에 기록된 인물은 720여 명이다.[24] 이 중 권1~10에 528명이 수록되어 있으니, 이광규가 보충해 넣은 것은 192명으로 비중이 큰 편이다. 「뇌뢰낙락서」에만 수록된 인물은 175명인데 보편 상하를 제외하더라도 85명으로, 성해응의 「황명유민전」에만 수록된 인물의 두 배가 넘는다.

24) 권1의 구유정(仇維禎)은 비슷한 행적을 지닌 서일승(徐日升)이 작은 글씨로 옆에 부기되어 있는데, 이 경우 구유정을 대표로 산출하였다. 이하도 마찬가지이다.

「황명유민전」이 「뇌뢰낙락서」의 범례를 정리하고 번잡한 것을 산삭하겠다고 표방한 만큼 그 의도가 구체적으로 입증된 부분이다.[25]

「뇌뢰낙락서」는 주의방(朱議㵵)·주유잠(朱由欖)·주무휘(朱戈暉)·주서(朱戈曙)·주무환(朱戈烷) 등 명나라 황실의 후예로부터 시작되니, 이덕무의 시선이 향하는 곳을 짐작할 수 있다. 다음은 석도화상(石濤和尙)과 팔대산인(八大山人)으로 명나라 말의 유명한 화가들이다. 권1과 2에 각각 수록된 30명과 49명의 인적사항 및 행적을 살펴본 결과 생몰년이 파악되지 않는 인물이 많고, 「뇌뢰낙락서」를 제외하곤 다른 문헌에서 이름조차 확인되지 않는 이가 대부분이다. 그 중 주의방·석도화상·팔대산인·화윤성(華允誠)·왕시민(王時敏)·전방기(錢邦芑)·황주성(黃周星) 등의 인적사항과 행적 및 시문, 저술 등이 구체적으로 밝혀져 있고, 비교적 분량이 긴 편이다. 남은 인물 중에서는 유독 승려가 많은데, 명 말의 혼란한 시국에 머리를 깎고 절이나 천하를 주유하면서 자취를 감추었기 때문으로 보인다. 이처럼 권1과 2를 중심으로 살펴보았으나, 나머지 권을 일별하여도 이 범주에서 크게 벗어나지 않는다.

마지막 권인 보편의 하권에 강세작(康世爵)·전호겸(田好謙)·이응인(李應仁)·마순상(麻舜裳)·문가상(文可尙)·호극기(胡克己)·왕봉강(王鳳崗)·황공(黃功)·풍삼사(馮三仕)·진봉의(陳鳳儀)·정선갑(鄭先甲)·배삼생(裵三生)·왕준업(王俊業)·한등과(韓登科)·유태산(劉太山)·김장생(金長生)·최회저(崔回姐)·유저(柔姐)·긴저(緊姐) 등 19인의 간략한 전기가 수록되어 있다. 「황명유민전」은 이와 순서가 약간 바뀌고 공자의 후손 공지수(孔枝秀)에 관한 사적이 추가되었을 뿐 「뇌뢰낙락서」와 일치하며, 또 행적이 소략한 진봉을 제외하고 『존주휘편』

---

25) 손혜리, 2014, 「18세기 후반~19세기 전반 조선 지식인들의 명 유민에 대한 기록과 편찬의식」, 『한국실학연구』 28, 한국실학학회, 335~336쪽 참조. 이하 「뇌뢰낙락서」의 체재와 규모에 대해서는 이 논문을 바탕으로 수정 보완하였다.

「제신사실(諸臣事實)」의 마지막에 그대로 전재(全載)되었다. 이들 저술 사이에 상관성을 시사하는 부분이다. 한편 한인들의 손에 의해 직접 저술된 것도 있으니, 왕이문의 5대손인 왕덕구는 1818년(순조 18)에 왕이문·양복길·풍삼사·왕미승·배삼생·왕문상·정선갑·황공 등 8인의 가승(家乘)을 정리하여 『황조유민록(皇朝遺民錄)』을 편찬하였다. 이 책은 『존주휘편』 등에 비해 한인들의 행적 자체에 초점을 맞추어 훨씬 풍부하고 상세한 내용을 담고 있다.[26]

〈표 2〉 「磊磊落落書」 인용 서목

明史。啓禎野乘。大淸一統志。盛京通志。畿輔通志。江南通志。嘉興府志。揚州府志。東林傳。留溪外傳 陳鼎。明儒學案 黃宗羲。有學集 錢謙益。列朝詩輯 錢謙益。篋衍集 陳維崧。檢討集 陳維崧。說鈴 汪琬。堯峯集 汪琬。文苑異稱 王晫。今世說 王晫。明詩綜 朱彝尊。明詩綜詩話 朱彝尊。靜志居詩話 朱彝尊。曝書亭集 朱彝尊。池北偶談 王士禛。居易錄 王士禛。古懽錄 王士禛。皇華紀聞 王士禛。亭林集 顧炎武。金石文字記 顧炎武。帶經堂集 王士禛。漁洋前集 王士禛。漁洋詩話 王士禛。感舊集 王士禛。明詩別裁集 沈德潛。國朝詩別裁集 沈德潛。歸愚集 沈德潛。西河集 毛奇齡。詩話 毛奇齡。藏弆集 周亮工。因樹屋書影 周亮工。感舊集補傳 盧見曾。質亡集 呂留良。詩源 姚佺。遺民詩 卓爾堪。觚賸 鈕琇。翁山詩外 屈大均。東山詩外 趙士喆。味外軒集 余懷。板橋雜記 余懷。榕城詩話 杭士駿。東癡詩選 徐夜。鶴巢詩選 顧大申。射堂詩鈔 吳夢暘。東苑詩鈔 毛先舒。語小 毛先舒。東湖唱和集 吳易。攜李詩繫 沈季友。寄菴詩存 韓洽。攬蕙堂偶存 劉文炤。浮山集 方以智。汗靑閣集 方中履。古今釋疑 方中履。遂上居集 方中履。壯悔堂集 侯方域。四憶堂集 侯方域。伯子集 魏祥。叔子集 魏禧。季子集 魏禮。梓室藁 魏世傑。昭士集 魏世傚。敬士集 魏世儼。平菴詩集 李沛。鸞嘯堂集 李沂。升恒堂集 吳翺。荻水遺詩 吳翺。茶村集 杜濬。變雅堂集 杜濬。悔齋集 汪楫。待軒遺集 王次中。遷聊集 葉紹袁。海粟堂集 吳本泰。鐵橋山人藁 張穆。同凡集 正嵓。梅村集 吳偉業。商歌集 湯燕生。蜃園集 李天植。寒松齋集 萬泰。龠山集 方文。愚山集 施閏章。艸香堂集 龔賢。西堂集 尤侗。遂初堂集 潘耒。瓠客遺詩 張昉。愚菴集 朱鶴齡。掌亭集 侯泓。節必居藁 劉曙。尊水園集 盧世漼。耻齋集 林垐。安雅堂集 宋琬。颺頜集 吳騏。陶菴集 黃淳耀。湘眞閣集 陳子龍。南冠艸 夏完淳。西樵集 王士祿。榕村集 李光地。西齋集 吳璟。賡笳集 錢士馨。影山樓集 祝洵文。樹蕿草堂集 談允謙。愚谷詩藁 徐開任。大滌山房集 俞汝喆。西山集 包捷。嶧桐集 劉城。從同集 陸圻。從野堂集 張綱孫。東江集 沈謙。草堂集 陶澂。尺木集 徐延壽。石臼集 邢昉。燕峯集 費密。十峯草堂集 錢肅潤。耻躬堂集 彭士望。釣臺集

26) 이에 대한 자세한 것은, 우경섭, 2012, 「조선후기 귀화 漢人과 皇朝遺民 의식」, 『한국학연구』 27, 인하대 한국학연구소, 354~357쪽 참조.

戴冠。世儀堂集 吳日炅。朵山堂集 周篔。秋槐堂集 王翹。水鄉集 顧湄。田間集 錢秉鐙。獨
漉堂集 陳恭尹。碻菴集 陳珃。餘生詩藁 戴本孝。濕西草堂集 萬壽祺。白耷山人集 閻爾梅。
芻狗齋集 黃周星。白門集 錢梅。醒公集 張屈。眞冷堂詩藁 紀映鍾。四照堂集 王猷定。織簾
居集 顧夢麟。土音集 沈士柱。靑箱堂集 王崇簡。澤畔吟 周燦。東有堂集 萬斯吉。詠性堂遺
藁 韓繹祖。時術堂集 方世義。米友堂集 許友。陋軒集 吳嘉紀。罍菴集 屠爌。荇谿集 繆永謀。
邛否集 梁以樟。紀乇集 邱象隨。靑門集 邵長蘅。讀書臺藁 顧玘徵。九龍山樵詩 安夏。可菴
集 王岱。耳鳴集 王邦畿。歲星堂集 徐鹹。胡蘆藏藁 夏亥丹。稼室遺藁 程家璞。橫秋堂藁
徐之瑞。危齋集 吳統持。茗齋集 彭孫貽。庚除詩藁 陸坦。蓬廬集 韓純玉。涉江集 馮愷愈。容
菴集 孫爽。悟雪齋集 韓曾駒。笛漁小藁 朱彝田。河村集 戴重。聰山集 申涵光。滋蘭詩藁
沈元滄。旅堂集 胡介。芥軒詩集 李崧。俟齋集 徐枋。蕭亭集 張居實。槃菴集 張紀。

「뇌뢰낙락서」의 인용 서목은 176종이며, 저자는 142명이다. 이 중 2종 이상의 서목이 인용된 인물은 전겸익(錢謙益)·진유숭(陳維崧)·왕완 (汪琬)·왕탁(王晫)·주이존(朱彝尊)·왕사진(王士禛)·고염무(顧炎武)· 심덕잠(沈德潛)·모기령(毛奇齡)·주량공(周亮工)·여회(余懷)·모선서 (毛先舒)·방중리(方中履)·후방역(侯方域)·두준(杜濬) 등 15명이다. 가장 많은 서목이 인용된 인물은 왕사진(1634~1711)으로, 『지북우담(池北偶 談)』·『거이록(居易錄)』·『고환록(古懽錄)』·『황화기문(皇華紀聞)』·『대 경당집(帶經堂集)』·『어양전집(漁洋前集)』·『어양시화(漁洋詩話)』·『감 구집(感舊集)』 등 8종이 인용되었다. 이어 주이존(1629~1709)이 『명시종 (明詩綜)』·『명시종시화(明詩綜詩話)』·『정지거시화(靜志居詩話)』·『폭 서정집(曝書亭集)』 4종이고, 덕잠(1673~1769)과 방중리(1638~?)가 『명 시별재집(明詩別裁集)』·『국조시별재집(國朝詩別裁集)』·『귀우집(歸愚集)』, 『한청각집(汗靑閣集)』·『고금석의(古今釋疑)』·『수상거집(遂上居集)』 등 각 3종씩 인용되었다.

전겸익의 『열조시집』과 『유학집』의 인용횟수가 39건이며, 모기령 (1623~1716)의 『서하집』과 『시화』 2종이 인용된 것은 흥미롭다. 이덕 무는 명나라 말의 유민으로 항청 운동을 했던 굴대균(屈大均)과 김보 (金堡)에 견주어 전겸익을 강하게 비난한 바 있다.[27] 명나라의 재상

출신인데 청나라에 항복하고, 나중에는 청나라까지 배반하여 작품 속에 청나라를 비난하는 글이 있었다는 것이다. 모기령도 명나라 출신으로 항청 운동에 참여했다가 훗날 청나라에서 벼슬했다는 이유로, 조선 후기 지식인들에게 가장 많은 비판을 받은 인물 중 한 사람이다.[28] 그럼에도 불구하고, 이덕무가 명나라 말 유민을 취재할 때 전겸익의『열조시집』과『유학집』및 모기령의『서하집』과『시화』등을 적극적으로 활용한 사실을 통해 명나라에 대한 의리를 견결하게 지킨 인물을 취재하는 데 치력하여 역사에 길이 전하고자 한 의식을 다시금 확인할 수 있다.

　이상의 인용 서목을 통해 이덕무가 당대 중국 학술사를 조망하고 있었음을 알 수 있다. 명나라 유민이 기록된 자료를 대거 수집하기 위한 기본적인 데이터베이스를 가지고 있었다는 의미인데, 이는 그가 중국 문인 학자들의 계보를 통섭하였기에 가능하다. 전겸익·주이존·왕사정 등으로 이어지는 지금도 여전히 유효한 청대 주류 문학사의 핵심인물과 저작을 파악하고 있었으며, 그 배경에는 방대한 독서량과 초서가 주요한 동인이 되었을 것이다.

　　顧炎武字寧人, 吳之長洲人. 自幼博涉强識, 好爲蒐討辨論之學, 十三
　　經諸史, 旁及子集稗野, 列代名人著述, 微文碎義, 無不考究. 騎驢走天
　　下, 所至荒山頹址, 有古碑版遺蹟, 必披蓁菅. … 然近代博雅淹洽, 未見
　　其比. **李光地 榕村集 傳**
　　　顧絳字寧人, 後更名炎武, 崑山人, 終於山西. 肆力於學, 自天文地理

---

27) 李德懋,『靑莊館全書』卷56,「四庫全書」. “戊戌遊燕時, 見坊曲揭黃紙詔書,嚴禁錢謙
　　益屈大均金堡三人遺集, 毀板焚燒, 勿遺片言, 藏者抵罪. 蓋謙益則以明朝宰相, 投降
　　淸朝, 而其述詩文, 侵斥不已. 大均堡革世後, 托跡編流, 亦斥淸朝故也.”
28) 李德懋는『靑莊館全書』卷11,『雅亭遺稿』3,「讀顧亭林遺書」에서 고염무의 충절
　　에 대비하여 모기령의 훼절을 비판한 바 있다. “亭林天下士, 明亡獨潔身. 今世尊
　　周者, 不識有斯人. 烈皇殉社稷, 捐生多布衣. 天下無不有, 毛甡忍能譏.”

古今治亂之跡, 以及金石銘碣音韻字書, 無不窮極根柢, 韻語其餘事也.
然詞必己出, 事必精當, 風霜之氣, 松栢之質, 兩者兼有. 就詩品論, 亦不
肯作第二流人. **沈德潛 明詩別裁集**

寧人早年入復社, 與同邑歸莊齊名. 兩人皆耿介不混俗, 鄕人有歸奇
顧怪之. 自兵後, 盡粥其産, 寄居章邱, 別治田舍. … 寧人歿後, 遺書悉爲
弟子潘未刊行, 獨肇域志散失, 良可惋惜. 詩無長語, 事必精當, 詞必古
雅. … **朱彝尊 靜志居詩話**

亭林先生, 貌極醜怪, 性復嚴峻. 鼎革後, 獨身北走, 凡所至之地, 輒
買膝婢, 置庄産, 不一二年, 卽棄去, 終已不顧, 而善於治財. … 陸舒城常
言, 人眼俱白外黑中, 惟我舅祖, 兩眼俱白中黑外, 非習見, 不知其形容
之確. **鈕琇 觚賸**

「뇌뢰낙락서」 권3에 수록된 고염무에 관한 기록을 일례로 들어 둔
다. 명나라 말의 충절을 표상하는 대표적 인물인 만큼 많은 분량이 할
애되어 있다. 이덕무가 관련 자료를 광범위하게 수집하여 기록해 둔
채 미처 편집하지 못한 사정을 잘 보여준다. 이덕무는 훗날 이 자료들
을 정리하고 편집하기 위해 인용 서목과 저자를 밝힌 뒤 관련 자료를
모두 기록해 둔 것이다. 예컨대 논문을 쓰기 위해 자료를 모으고 독서
카드를 작성만 해 둔 상태에서 그친 셈이다. 따라서 분량이 방대하고
중복된 내용이 많은데다 문체가 혼재되어 있다. 첫 번째 인용문의 원
자료와 비교해 보면 이광지(李光地)의 『용촌집(榕村集)』「소전(小傳)」
에서 많은 구절을 삭제한 사실이 확인된다. 이덕무가 판단하기에 분
량이 많은 경우 내용 전개상 없어도 되는 구절은 기꺼이 삭제한 것으
로 보인다. 그러나 이를 제외한 대부분은 글자의 출입만 있을 뿐 전재
했다고 보아도 무방하다. 또 제한된 시간에 많은 분량을 전사하다보
니 글자의 오류가 종종 확인된다. 「뇌뢰낙락서」의 편찬 체재에 있어

공과가 선명하게 드러나는 지점이다.

Ⅲ. 대청인식과 변화의 추이

이덕무가 1778년 연행하기 이전 중국에 관하여 쓴 글을 읽어보기로 한다. 1759년(영조 35) 겨울에 복건(福建) 상인 황삼(黃森) 등 43인이 표류하여 전라도 강진에 도착했다. 이들은 다음해 서울에서 머물고 있었는데, 이덕무는 그 소식을 듣고 찾아가 궁금한 사항을 질문하였다. 그 중 흥미로운 대목이 있다. 이덕무가 황삼에게 아직도 명나라를 생각하느냐고 묻자, 황삼은 지금은 청나라의 시대이니 명나라는 모른다고 대답하였다. 이덕무가 비슷한 질문을 반복하였으나 황삼은 계속 회피하였다. 마침내 이덕무는 국가에서 금지하여 대답을 피하는 것이라 여기고 화제를 바꾼다.[29] 조선에 표류해 온 한족 출신 중국인을 직접 찾아가 학적 역량을 시험하고, 치발좌임(薙髮左衽)이라는 그들의 머리와 복식을 확인한 뒤 천하가 모두 오랑캐라 조선만이 예의를 숭상하니 조선에 태어난 것이 다행이라고 말한다.[30] 이덕무의 나이 스무 살 때의 일화이다. 중국에 대한 인식과 관련하여 그의 문집에서 확인되는 가장 이른 시기의 글이다. 명나라가 망한 후 조선이 명나라를 계승하여 역사적 정통성을 확보하였다는 의미이다. 스무 살 청년 이덕무의 청나라에 대한 인식의 단초인 셈이다.

다음은 절의를 지킨 이들의 사적을 읽고 감동하여 지은 시이다. 제목이 「비오는 집에서 좋은 술을 마시다가 주대에서 명나라 말까지의

---

29) 李德懋, 『靑莊館全書』 卷3, 『嬰處文稿』 1, 「記福建人黃森問答」. "問: '爾能思大明否?' 遂掉頭微哂曰: '不知不知, 今之世大淸爾.' 時時探問明事, 仍循忌諱, 意有禁歟."
30) 李德懋, 위의 글. "顧今六合之內, 渾爲戎夷, 薙髮左衽, 無一乾淨地. 獨我東, 尙禮義而冠帶之, 於今覺幸生東國也."

절사(節士)와 기인(畸人)의 뇌락강개한 유사(遺事)를 안주삼아 술을 넘기고 붓 가는 대로 쓰다」인데, 앞 4구를 소개한다. "이소를 대하자 실컷 마시고 신음하듯 읽으니, 창자 굽이 꿈틀거리며 백 번이나 돌고 도네. 경사에선 멀리 천고의 선비 찾고, 도장엔 대명의 백성이라 깊이 새겼네[離騷痛飮讀如呻, 腸裡車輪轉百巡. 經史遙尋千古士, 圖章深刻大明民.]"31) 4구에서 '대명민(大明民)'이라 하여 다시 한 번 명나라에 대한 의리를 강조하였다.

이런 의식의 흐름 속에서 명나라에 대한 의리를 견결하게 지킨 고염무를 고평하고 훼절한 모기령을 비판하기에 이른다. "정림은 천하의 선비다, 명이 망하자 홀로 깨끗이 했네. 지금 세상에 존주하는 사람은, 이 사람이 있는 줄도 모르네. 열황이 사직을 위해 죽으니, 많은 선비가 목숨을 바쳤네. 천하에는 없는 것이 없으니, 모신이 능히 기롱을 하는구려[亭林天下士, 明亡獨潔身. 今世尊周者, 不識有斯人. 烈皇殉社稷, 捐生多布衣. 天下無不有, 毛甡忍能幾.]"32)

고염무는 명나라가 멸망하자 두 차례의 무장투쟁과 비밀결사에 참여한 뒤 청조에 대한 출사를 거부하고 죽을 때까지 전국을 유람하여 독서와 저술에 몰두한 인물이다. 왕부지(王夫之), 황종희(黃宗羲)와 더불어 청초의 3대 유로(遺老)로 일컬어진 절의의 표상이기도 하다. 이러한 이유로 조선 후기 지식인들은 고염무의 절의를 숭상하고 높이 평가하였다.33) 그 중 이덕무와 성해응이 고염무와 관련하여 가장 많

31) 李德懋, 『靑莊館全書』 卷11, 『雅亭遺稿』 3, 「雨屋適飮名酒, 讀自周世至明季節士畸人遺事, 磊落慷慨, 以爲下酒, 信筆書之」.
32) 李德懋, 위의 책, 「讀顧亭林遺書」.
33) 丁若鏞(1762~1836)은 「古詩二十四首」에서 "씩씩하고 꼿꼿한 고정림, 홀로 명의 유민이로세[矯矯顧亭林, 獨作明遺民.]"(『與猶堂全書』 卷1)라고 하였고, 金邁淳(1776~1840)은 고염무의 절의가 후세에 잊혀질까 염려하여 「顧亭林先生傳」(『臺山集』 卷9)을 입전하였다. 또 洪翰周(1798~1868)는 康熙帝가 博學鴻詞科를 설치하고 고염무를 회유하려고 했으나 끝내 거부한 사실을 특기한 바 있다.(『智水拈

은 기록을 남기고 있는데, 각각 「뇌뢰낙락서」와 「황명유민전」에서 많은 지면을 할애하여 고염무의 충절을 자세히 기록한 바 있다. 이 시는 이덕무가 고염무의 유고를 읽고 느낀 소회를 5언 율시로 묘사한 것이다. 명나라가 망한 이후 고염무 홀로 외로이 절개를 지킨 사실을 말하고, 그의 행적이 후세에 잘 알려지지 않은 사실을 안타까워하였다. 명나라 유민에 대한 인식과 「뇌뢰낙락서」를 저술한 의도가 드러난다.

　이제 이덕무가 연행에 즈음하여 지은 글을 살펴보기로 한다. 이 또한 중국에 대한 인식을 엿볼 수 있을 것이다. 1778년 연행사를 따라 임진강을 건너면서 지은 「임진을 건너며 서장관 초재 심공의 운에 화답하다」 중 뒤의 4구를 소개한다. "평생의 안목을 넓히고 싶어, 애오라지 만리길을 떠났네. 사방의 뜻을 지닌 남자, 갈수록 용기 꺾이지 마소[不負平生眼, 聊憑萬里蹄. 男兒四方志, 去去莫摧低.]"[34] 당시 이덕무는 서장관 심염조(沈念祖)의 수행원으로 연행에 참여하였는데, 평생의 안목을 넓히고 싶다는 포부를 밝히고 있다. 그런데 이 말을 예사로이 넘길 수 없는 이유가 있다. 그는 「농암과 삼연이 중국을 그리워하다」에서도 농암(農巖) 김창협(金昌協)의 시 중 "진시황의 만리장성 보지 않고는, 남아의 의기 높아지지 못하리[未見秦皇萬里城, 男兒意氣負崢嶸.]"와 삼연(三淵) 김창흡(金昌翕)의 시 중 "사람 왕래 빈번한 만국의 중심부라, 낙타며 코끼리 산악처럼 서 있네. 인생은 시야를 좁혀서는 안 되니, 그를 넓혀야 흉금이 넓어지리. 우리나라는 도 강론키 비좁으니, 사해의 영준들과 추축하기 원일세[肩摩轂擊輳萬國, 駝巨象峙山岳. 人生不可小所見, 大目方令胸肚擴. 鴨江以東講道窄, 四海英俊願追逐.]"를 특기하고, "두 선생의 도학과 문장은 우리나라의 표준이

筆』 卷1) 조선 후기 문인들의 고염무에 대한 인식에 대해서는, 손혜리, 2011, 「조선 후기 문인들의 고염무에 대한 인식과 수용」, 『대동문화연구』 73, 성균관대 대동문화연구원, 36~45쪽 참조.

34) 李德懋, 『靑莊館全書』 卷11, 『雅亭遺稿』 3, 「渡臨津, 奉和書狀官蕉齋沈公韻」.

될 뿐 아니라 형제 두 분이 다 이름난 문장으로 밖에서 구할 것이 없었는데도 중국을 끊임없이 사모하였으니, 예로부터 많은 책을 읽고 뜻이 넓어진 분들은 반드시 이런 생각을 갖는 모양이다."라고 언급한 바 있다.[35] 평생의 안목을 넓히고 싶다는 포부는 김창협과 김창흡에게서 어느 정도 영향을 받은 것으로 보인다.

이어 연경에 도착한 이덕무는 태학(太學)을 방문한 뒤 시를 지었다. 다음 시는 「태학에서 감회가 있어」인데, 앞 4구를 소개한다. "공자를 겉으로만 높인 지 오래되었으니, 태학엔 온통 풀이 우거졌구나. 만주 글씨로 현판을 붙였고, 원나라 비석이 뜰 앞에 우뚝 섰네[夫子陽尊久, 黌宮遍綠蕪. 滿書輝殿額, 元碣屹庭隅.]"[36] 황폐해진 태학을 목도하고 비탄에 잠겨 지은 시이다. 태학의 황량함도 문제이지만, 태학의 현판 글씨가 만주어로 되어 있고 원나라 비석이 뜰 앞에 세워진 것을 보고 적잖은 충격을 받은 듯하다.

「입연기(入燕記)」 5월 22일자 기록에 이에 대한 자세한 정보가 수록되어 있어 참고할 만하다. 즉 건륭 초에 태학의 전액(殿額)과 문편(門扁)에 장총(張璁)이 쓴 옛 이름을 모두 황제의 글씨로 바꾸어 금으로 대성문(大成門)이라 쓰고 문 옆마다 만주 글자를 써 놓고, 전중(殿中)의 모든 위판(位板)에도 똑같이 하였다고 한다. 명의 옛 제도를 일신하고자 한 것이다. 이에 대해 이덕무는 "오랑캐의 글자를 어찌 성현의 신판에 썼단 말인가? 만약 신이 있다면 이 신판에 편히 머물지 않으리라."[37]라고 하여 강한 어조로 비판하였다. 그의 꾸짖음은 이어

---

35) 李德懋, 『靑莊館全書』卷35, 『淸脾錄』4, 「農巖三淵慕中國」. "兩先生道學文章, 表準東國, 家庭之內, 塤唱篪和, 不假外求, 而俱慕中國, 津津不已, 終占讀書萬卷, 胸襟恢蕩者, 必具此想."

36) 李德懋, 『靑莊館全書』卷11, 『雅亭遺稿』3, 「太學有感」.

37) 李德懋, 『靑莊館全書』卷67, 「入燕記」下. "二十二日辛巳. 夕雨, 留館. 往東安門, 謁太學. 太學在北城內, 有皇帝粉修文廟碑. 乾隆初年, 出內帑金二十餘萬兩, 一新前朝舊制, 改聖殿黃瓦, 御書殿額門扁, 盡易, 張舊名金書, 大成門門旁, 輒書滿州字, 殿中

진다. 존(尊)에 도금한 목지(木芝)를 꽂아둔 것은 옳지 못하고, 금으
로 쓴 긴 주련이 기둥에 걸린 것은 성인이 취하지 않을 것이며, 유자
(有子)와 주자(朱子)를 십철(十哲)의 반열에 올려놓은 것 역시 본받
을 만하지 않고, 전우(殿宇)가 넓고 크며 색채가 찬란한 것은 고상하
고 바른 것이 못 된다. 문지기가 본분을 잃고 조선 부채를 구하는 데
급급하고, 대머리에 웃웃을 벗은 자와 어린 아이들이 함부로 태학에
들어와 절도가 없는 것을 순차적으로 기록하였다. 오사모에 단령을
입고 사배(四拜)의 예를 행하는 조선 사신들을 손가락질하며, 명의
옛 의관을 입고 연희하는 것 같다고 비웃는 대목[38]에 이르러서는, 견
문한 바에 의거하여 담담히 서술하였지만 이덕무가 느낀 분노와 모멸
감이 여실히 전해진다. 19세기 연행록 중 가장 뛰어나다는 평가를 받
는 『계산기정(薊山紀程)』의 저자 이해응(李海應, 1775~1825)도 1803
년(순조 3) 태학을 방문하고 기록을 남긴 바 있다. 그러나 전액과 문
편에 쓰인 장총의 글씨를 황제의 것으로 바꾼 사실만 기록하였을
뿐[39] 이덕무처럼 분노를 표출하지는 않았다.

　다시 시로 돌아가서, 이러한 현실을 체험한 이덕무는 이어지는 구
절에서 『춘추(春秋)』를 지어 주나라를 높이고 이적을 물리친 공자가
배척된 상황을 탄식하고 존주(尊周)에 대한 의지를 고취한다.[40] 명나
라에 대한 의리가 존주로까지 거슬러 올라가 그의 이념적 지향을 더

諸位版, 亦然. <u>蕃人之書, 胡爲乎聖賢之神版? 如有明神, 必不安靈.</u>"

38) 李德懋, 위의 글. "尊凡二揷, 塗金木芝, 甚不典. 揭金書長聯于柱, 亦同神祠佛宇, 聖
人之所不取也. 躋有子朱子于十哲之列, 亦係文具, 不足取法, 殿宇宏敞, 金碧照爛,
俱非雅. 正殿中, 恰鋪棕毛席, 赤黑如馬鬣筆帖式, 一人前導, 而守門者, 到處索扇藥.
殿門旣開, 光頭赤身者, 及童男女, 攔入無節. 使臣烏帽團領, 行四拜於大門之稍東邊,
觀者皆指點而笑曰: '場戲一樣.' 場戲者, 演戲之人, 皆着占衣冠故也."

39) 李海應, 『薊山紀程』卷3, 「留館. 癸亥十二月 二十六日 丁亥」. "晴. 玉河關留. 乾隆
碑槃云: '乾隆初, 出內帑金二十餘萬兩, 一新舊制, 殿額門扁以御筆, 易張璁舊書.'

40) 李德懋, 위의 글. "攘狄功無報, 居夷兆始符. 宣王餘獵鼓, 猶可愍從周."

욱 공고히 한 것이다.

다음 시 「사아보에서 가 노인을 노래하다」에서 이러한 의식은 극대화된다. 사아보(沙阿堡)는 사와포(沙窩鋪)라고도 부르는데 준화현 땅이다. 연행 노정에서 북경 근처 영평부 야계둔(野鷄屯)에서 조장(棗庄)으로 가는 길에 위치한 작은 고을이다. 이덕무는 연행에서 돌아오는 길에 사아보에서 가 노인을 만난다.[41] 가 노인은 평생 동안 이 곳에서 외출을 삼간 채 책 읽고 나무 심는 일에 몰두하였으니, 행적이 범상치 않다. 그는 조선에서 온 사신을 만나자 자신의 속내를 터놓는다.

見我欣然如舊交	나를 보자 옛 친구같이 반가워하여
雪桃淪茗談津津.	복숭아와 차를 내고 얘기가 시작됐네
暗挑崇禎年間事	가만히 숭정 때 일을 끄집어내니
以手拊膺激觸頻	손을 들어 수없이 가슴을 치네
長吁一聲不敢哭	한숨만 길게 쉬고 감히 울지 못하며
寸髮鬖鬆空自循.	공연히 흩어진 머리만 긁적이네
詎耐口中銜石闕	입 안에 석궐이 걸린 걸 어찌 참나
但道腸裡碾車輪.	다만 창자 속에서 수레바퀴가 굴러간다네
自言人父指揮使	할아버지 벼슬은 지휘사였으니
仕窀依俙記甲申.	그때는 갑신년으로 어렴풋이 기억하오
傳聞束髮如君髻	머리는 당신의 상투같이 꽂았고
蟒龍緞衣虎坐巾.	망룡 단의에 호좌건 썼단 말을 들었소
漢兒身手女眞裝	중국 사람이 여진의 옷을 입었으니
不肖如今丁不辰.	나는 아주 나쁜 시기에 태어났지요

---

[41] 이덕무의 문집은 대부분 시기 순으로 편차되어 있는데, 이 시에 뒤이어 귀국하여 潘庭均·李鼎元·李驥元·唐樂宇 등을 그리워하는 시가 수록된 것으로 미루어 귀로에 지은 시임이 분명해 보인다.

嗚呼不忘烈皇帝	아! 열황제는 잊을 수 없소
口誦遺詔稱聖神.	유조를 외며 신령한 임금이라 칭하네
淋漓手寫十數行	이렇게 수십 줄을 줄줄 내려 쓰고는
停毫飮泣仍悲呻.	붓을 멈추고 훌쩍훌쩍 울곤 하네

이번에도 이덕무가 먼저 가 노인에게 숭정 때의 일을 언급하니, 가 노인은 스무 살 때 만난 황삼과는 사뭇 다른 반응을 보인다. 가 노인은 조용히 숭정 연간의 일을 언급하면서 눈물 흘리며 가슴 아파하였다. 그의 조부는 명나라 말의 고위 관리로 상투를 틀고 망룡(蟒龍) 단의(緞衣)에 호좌건(虎坐巾)을 쓰는 등 명나라 전통 복식 차림이었는데, 명 의종이 1644년에 이자성(李自成)의 난을 피하다가 자결하고 망하게 되자 더 이상 명의 복식을 고집할 수 없게 된 것이다. 가 노인은 이처럼 기휘(忌諱)되는 내용을 터놓은 뒤 의종을 생각하며 다시금 눈물을 흘렸다.

이 시는 7언 40구로 이루어진 고시인데, 위에서 인용한 11~24구는 이 시에서 가장 중요한 대목으로 가 노인의 대화를 그대로 인용함으로써 생동감과 비장미를 더해 준다. 가 노인은 조선으로 떠나는 사신 일행에게 양계성(楊繼盛, 1516~1555)의 『초산집(椒山集)』을 선물로 주었다. 양계성은 명나라 가정(嘉靖) 연간의 신하인데 간신 엄숭(嚴嵩)의 죄를 탄핵하다가 죽음을 당한 인물로, 명을 대표하는 충신 중 한 명이다. 이덕무에게는 따로 백개자(白芥子)를 주었으니, 백개자는 허준(許浚)의 『동의보감(東醫寶鑑)』에 의하면 흰 겨자로 가슴에 담이 있을 때 효과가 있고 씁쌀함을 지나 얼얼하기까지 한 매운 약초라고 한다. 가 노인이 조선 사신 일행에게 『초산집』과 백개자를 준 것은 남다른 의미가 있다. 절의를 지키다 죽은 양계성의 문집이 표상하는 바와 그 절의를 지킴으로써 백개자와 같은 고통을 견뎌내고 있는 현실을 중의적으로 표현한 것이다.

이 시의 마지막 4구를 살펴보자. "가련타 중국의 그 많은 명사들은, 때나 만난 듯이 홍모 쓰고 양탄자에 앉았네. 제아무리 글을 많이 안다 한들 무엇에 쓸 것이냐? 초야에 묻힌 유민만 못하네[可憐中原多名士, 得得紅帽坐絨氈. 縱饒詩書奈爾何, 不及草澤一遺民.]"라고 하여, 가 노인 의 행적과 견주어 훼절하고 청조에서 벼슬하고 있는 관리들을 비판하 였다. 여기서 가 노인은 명나라 유민임이 분명하다. 이처럼 이덕무는 청나라 치하가 되어버린 중국을 개탄하여 명나라 말 유민들에 관한 사적을 널리 모아 훗날의 기록을 대비한 것이다.

앞 장에서 조선 후기 지식인들의 평을 중심으로 「뇌뢰낙락서」의 편찬 의도를 살펴보았다면, 이 장에서는 이덕무의 자취를 따라가며 「뇌뢰낙락서」를 저술하게 된 동인에 대해서 살펴보았다. 「뇌뢰낙락 서」는 비록 완정한 상태로 세상에 모습을 드러내지 못했지만, 체재가 잡히지 않아 번잡하더라도 명나라 말 유민을 대거 취재하여 수록하였 다는 그 자체만으로 일정한 의미가 있다. 그리고 이덕무의 작업은 「뇌 뢰낙락서」에서 그치지 않았다.

『송사전(宋史筌)』은 정조의 세손 시절에 편찬되기 시작하여 수 차 례의 수정과 증보를 거쳐 1791년(정조 15)에 최종 완성되었다.[42] 정 조는 원나라 탈탈(脫脫)이 지은 『송사(宋史)』가 쓸데없이 번잡한 곳 이 많다 하여 신하들에게 산정을 명하였다. 이 작업은 1784년(정조 8) 에 이덕무가 적성현감으로 부임하면서 시작되었다. 그는 적성의 임지 에서 『송사전』의 개찬에 몰두했고 4년 만에 이 일을 완성하였다. 「유 민열전」·「고려열전」·「요열전」·「금열전」·「몽고열전」은 보충해서 찬술 하고, 본기(本紀)와 열전(列傳) 등의 논(論)이나 찬(贊)은 직접 저술

---

42) 『宋史筌』의 편찬 과정에 대해서는, 김문식, 1999, 「『宋史筌』에 나타난 이덕무의 역사인식」, 『한국학논집』 3, 한양대 동아시아문화연구소, 30~35쪽 참조.

하였으며, 정조의 명을 받아 의례(義例)를 고치기도 하였다.[43)]

『송사전』은 본기(本紀)·지(志)·세가(世家)·열전(列傳)으로 이루어
졌는데, 그 중 열전은 『송사전』의 편찬 의도가 가장 잘 드러나는 부분
이다.[44)] 특히 「유민열전」을 눈여겨볼 필요가 있다. 「유민열전」은 송
나라에 대한 충절을 지키고 원조(元朝)에 출사를 거부한 119인의 열
전으로 『송사』는 물론이고 이전의 정사(正史)에는 없던 것을 추가한
것이다. 이 작업을 담당한 사람이 바로 이덕무이다. 그는 송렴(宋濂)
의 『원사(元史)』, 여유량(呂留良)의 『송시소전(宋詩小傳)』, 조정동(曹
廷棟)의 『송시존(宋詩存)』, 고사립(顧嗣立)의 『원시선(元詩選)』, 도구
성(陶九成)의 『철경록(輟耕錄)』, 주밀(周密)의 『계신잡지(癸辛雜識)』,
왕기(王圻)의 『절의고(節義考)』, 조맹부(趙孟頫)의 『송설집(松雪集)』
등에서 산견되는 송나라 유민의 사적을 입전하였다.[45)] 송의 사대부
중에는 원이 건국되었을 때 출사하지 않고 은둔한 이가 많았는데, 그
들은 송이 멸망한 뒤에도 살아 있었으므로 『송사』에 수록되지 못했
고, 그렇다고 명의 송렴이 편찬한 『원사』에도 들어가지 못한 것을 안
타깝게 여겼다. 이러한 이유로 그는 여러 서적에 산견되는 자료를 모
아 유민전을 편찬한 것이다. 원래 품었던 뜻이 가상했다고 하더라도
원의 치하에서 관리 생활을 한 인물은 실신(失身)하였다고 하여 포함
시키지 않았다.[46)]

---

43) 李德懋, 『靑莊館全書』 卷21, 『編書雜稿』 1, 「宋史筌編輯義」. "先是, 上以宋史煩冗,
命諸臣刪定. 沈直學念祖, 撰義例一卷, 猶未告訖. 甲辰公除積城, 命携至官, 凡四秊,
書始成, 爲四十册. 其遺民高麗遼金蒙古列傳, 皆公所補撰, 而本紀列傳等諸論贊, 大
約多公之筆云. 義例中, 亦有承命追改者, 并見下."

44) 『宋史』 열전의 제일 앞에 있던 后妃와 宗室은 본기와 세가로 격상되고, 五賢列傳
과 遺民列傳이 추가되며, 道學列傳은 儒林列傳에 포함되었으며, 方技列傳은 藝術
列傳으로, 송이 건국되기 이전의 九氏를 다룬 世家列傳은 九氏列傳으로 이름이
바뀌었다. 이는 모두 송의 정통성을 강조하기 위한 일련의 작업이다. 이에 대한
자세한 것은 김문식, 위의 글, 37쪽 참조.

45) 正祖, 『御定宋史筌』 卷首, 「御定宋史筌義例」, 서울대 규장각한국학연구원 참조.

그런데『송사전』「유민열전」의 편찬 의도는 이미 살펴본 바가 있는 듯하니, 즉「뇌뢰낙락서」의 편찬 의도와 송과 명의 왕조명만 바뀌었을 뿐 모든 상황이 비슷하다. 이덕무가 1778년 연행에서 자료를 취재하여 편찬하기는 했으나 마무리를 하지 못하고 죽었기 때문에「뇌뢰낙락서」의 시작은「유민열전」보다 빠르되,『송사전』「유민열전」은 완성시기가「뇌뢰낙락서」보다 빠르다. 이를 통해 이덕무는 송과 명의 유민으로 절의를 견결하게 지켰으나 사적이 인멸될 처지에 놓인 이들을 입전하는 데 오랫동안 치력한 사실을 확인할 수 있다. 또 이덕무는 자신이 만든「유민열전」을 읽고 눈물을 흘리지 않는 사람은 충신지사(忠臣之士)가 아니라고 하여 의리론에 입각한 역사인식을 다시 한 번 피력하였다.[47] 이러한 인식은 미완의「뇌뢰낙락서」에서도 확인한 바 있다.

정조는 송나라의 풍기와 인물을 본받기 위해『송사전』을 편찬하고자 한 의도를 밝혔으니,[48] 이는 송의 학문과 인물을 중시한 발언이다. 국왕 정조의 편찬 의도가 실무를 담당하는 검서관 이덕무에게 직접적으로 영향을 끼쳤을 것임은 분명하다. 그런데 이덕무는 검서관이 되어『송사전』을 편찬하기 전부터 이미「뇌뢰낙락서」를 편찬하고 있었다. 그가 중요시한 것은 송과 명의 '뇌뢰낙락한 인물'들이었던 것이다.

---

46) 李德懋,『靑莊館全書』卷20,『雅亭遺稿』3,「宋史遺民補傳序」."宋室亡而胡元主中國, 士大夫隱遯不仕, 死而靡悔者, 較前代尤多, 其死也後, 旣不入宋史. 則明太史宋濂之作元史也, 不侫舊史周三臣之例, 別立宋遺民傳, 只以若而人, 散置雜傳, 反有愧於脫脫矣. 謝翶竆思肯王炎午, 義例已論之, 而如山陵收骨之唐珏, 不負知己之張千里, 衰服終身之許月卿, 童年守義之潘音, 見幾先隱之劉揚祖, 此其著者, 又或不應徵辟, 或謀復帝室, 或不紀虜年, 或不改宋服, 或隱居講學, 混跡湖山, 或爲浮屠, 或爲道士, 其義一而其事不一. 今取諸書所見, 以類彙篇, 爲遺民傳. 至若趙復馬端臨輩, 其志固可尙, 而州學敎授亦失身也. 故不采錄, 惜乎其見義不明矣."

47) 李德懋,『靑莊館全書』卷21,『編書雜稿』1,「宋史筌編凡義」."嗚呼! 宋社己屋, 而版圖盡爲虜有, 惟遺民者, 隱忍畏約, 孤行孑立, 嘻嘻咄咄, 如痴如狂而隱然爲蒙古之勁敵, 何其壯歟! 護遺民而不歔欷飮泣者, 非忠臣志士也."

48) 正祖,『弘齋全書』卷179,「群書標記」1."予嘗謂有宋之風氣人物, 與我朝相近, 其爲鑑戒, 比他史尤切, 故刪正正史, 而有史筌焉. 節略編年, 而有撮要焉."

송 왕조의 정통성을 강화하기 위해 「유민열전」을 편찬하였다면, '나는 명나라 백성이다'라고 거듭 천명한 만큼 「뇌뢰낙락서」는 대명의리론에 입각하여 편찬하였다고 할 수 있다. 물론 그 근원에는 존주의식이 자리하고 있다. 「유민열전」이 어명이라는 큰 프레임 속에 저술된 것이라면 「뇌뢰낙락서」는 이덕무의 자발적인 의지에 기인한 것이다. 기본적인 인적사항조차 파악되지 않는 수많은 무명씨의 사적을 거칠게나마 기록하여 역사에 전한 데서 이덕무의 역사인식은 오롯이 표출되었다고 평가할 수 있다.

한편 이덕무의 대명의리는 다른 연암그룹 문인들에 비해 훨씬 보수적이다. 박제가와 이희경을 제외한 연암그룹은 기본적으로 존명배청의식을 지니고 있다.[49] 그러나 이덕무는 명나라 백성임을 거듭 설파하였고, 태학에 만주 글씨의 현판이 걸려 있는 것을 보고 분노한 뒤 사아보에서 만난 가 노인과 같은 명 유민의 사적을 입전하기 위해 자료를 대거 취재하였다. 그의 대명의리는 다른 연암그룹 문인들에 비해 강도가 크고 「유민열전」에서도 확인한 바 있듯이 지속적이다. 물론 그 역시 변방 지역인 구요동(舊遼東) 시장을 구경하다가 눈이 휘둥그레지고 말문이 막혀 정신을 잃을 지경이었다고 토로하기도 하고,[50] 화호(火壺) 등에 지대한 관심을 보이기도 하였으나,[51] 전반적으로 청나라 문물에 대한 관심은 크지 않았다. 대신 중국 서책을 열람

하고 구입하는 데 치력하였다. 여러 차례 유리창의 서책방을 방문하여 조선에 없는 책과 희귀본의 목록을 기록하였으니,[52] 그 중에는 『절강서목(浙江書目)』과 주이존(朱彝尊)의 『경해(經解)』나 마융(馬融)의 『역사(繹史)』 등 희귀본이 있었다.[53] 4차례에 걸쳐 서책방 12곳에서 136종의 서목을 작성하였으니,[54] 서책에 대한 관심을 여실히 확인할 수 있다.

이덕무는 일찍이 1766년(영조 42)에 김희문(金希文)에게 보낸 글에서 언어·의복·풍속·법제는 우리 것을 따라야 하고 생각과 도량은 중국 것을 버릴 수 없지만 그러한 것들은 경서를 통해 배울 수 있으므로 꼭 중국에 가서 배울 필요는 없다고 말한 바 있다.[55] 청년기의 이러한 인식은 1778년 연행을 비롯하여 그 후로도 오랫동안 지속되었다. 그러다가 1792년(정조 16)에 지은 「연경으로 떠나는 박감료와 이장암 건영에게 주다」[56]에서 인식의 전환이 이루어지고 있다. 이 시는 5언 절구 13수로 이루어진 연작시인데, 그 중 제9수와 제10수가 중요하다.

---

52) 李德懋, 『靑莊館全書』 卷66, 「入燕記」 下, 1778년 5월 19일. "燕市書肆, 自古而稱, 政欲繙閱, 於是余與在先及乾粮官, 往琉璃廠. 只抄我國之稀有及絶無者, 今盡錄之."

53) 李德懋, 위의 글, 1778년 5월 25일. "歷觀象圓, 出順城門, 過琉璃廠. 又搜向日未見之書肆三四所, 而陶氏所藏, 尤爲大家, 揭額曰五柳居. 自言書船, 從江南來, 泊于通州張家灣, 再明日, 當輸來, 凡四千餘卷云. 因借其書目而來, 不惟吾之一生所求者, 盡在此, 凡天下奇異之籍甚多, 始知江浙爲書籍之淵藪. 來此後先得浙工書目, 近日所刊者見之, 已是瓌觀, 陶氏書船之目, 亦有浙工書目所未有者." 5월 28일. "與在先, 往琉璃廠五柳居, 閱南船奇書, 書狀囑余沽數十種, 其中朱彝尊經解, 馬驌繹史, 稀有之書, 而皆善本也."

54) 이덕무가 유리창의 서책방에서 열람한 서목은 『靑莊館全書』 卷66, 「入燕記」 下, 1778년 5월 19일자에 자세하게 기록되어 있다.

55) 李德懋, 『靑莊館全書』 卷48, 「耳目口心書」 1. "大抵吾輩, 朝鮮國人也. 語音衣服, 風俗法制, 一從我國, 若欲超脫區俗, 非妄人則狂夫也. 然其意思度量, 則中原不可舍也. 何必躬到中原然後可也? 今經籍莫非中原人所爲, 若善讀則吾之意思度量, 始不局縛耳."

56) 李德懋, 『靑莊館全書』 卷12, 「雅正遺稿」 4, 〈奉贈朴惠寮李莊菴建永之燕十三首〉.

中原毀何損	중원을 헐뜯은들 무엇이 손해이며
中原譽何尊.	중원을 칭송한들 무엇이 높아지리
東人眼如荳	우리의 안목 콩알 같이 작으니
中原自中原.	중원은 절로 중원일세

朝鮮亦自好	조선도 장점 있으니
中原豈盡善.	중원만 어이 다 좋을 것인가
縱有都鄙別	도회와 변두리 구분 있을지언정
須俱平等見.	모두 평등으로 보아야 하네

　박감료(朴憨寮)는 영조의 부마인 금성도위(錦城都尉) 박명원(朴明源)의 장남인 박종선(朴宗善, 1759~1819)이고, 장암(莊菴) 이건영(李建永)은 참판 이택증(李澤曾)의 손자로 박명원의 사위이다. 즉 박종선과 이건영은 처남 매부 간으로, 모두 서얼이며 당시 검서관을 지냈다. 이 시는 종형인 정사 박종악(朴宗岳)의 자제군관으로 1792년 10월 삼절연공겸사은사행(三節年貢兼謝恩使行)에 참여하게 된 이들을 전송하며 써 준 것이다. 이덕무가 죽기 한 해 전인 52세 때의 일로 그 자신의 연행으로부터 14년이 지난 시기였다. 한족 출신의 문인을 만날 때마다 명나라에 대한 인식을 궁금해하고, 태학에 만주 글씨가 쓰여 있던 것을 크게 분노하던 그였다. 중국 서책과 문인을 제외하곤 청나라의 선진 문물에 그다지 관심을 보이지 않던 그이기도 했다.

　그러나 위 시를 통해 그동안 대명의리를 기반으로 한 대청인식에 전환이 이루어졌음을 분명하게 확인할 수 있다. 특히 두 시의 마지막 구인 '중원은 절로 중원일세[中原自中原]'와 '모두 평등으로 보아야 하네[須俱平等見]'는 13수 연작시의 주제의식이 부각된 바 타자를 객관화·상대화하여 인식하고 있음이 선명하게 드러난다. 청나라를 비난한

들 자아와 타자 모두에게 하등 변화가 없다는 말인데, 타자를 상대화
하여 객관적으로 바라보아야 한다는 인식의 소산인 것이다. 그렇다고
해서 조선이 마냥 소국인 것은 아니다. 저마다 장점이 있으니 대국은
대국대로 소국은 소국대로 각자 처한 상황을 이해해야 한다는 것이
다. 그 결론은 평등견이다. 대청인식이 비교적 객관적 시선을 지향하
고 있음을 확인할 수 있다.57)

그런데 이처럼 대청인식이 전환되고 있음을 뚜렷하게 보여주는 작
품을 찾기가 녹록치 않은 만큼 보다 많은 논거를 확보하여야 오랜 간
극동안 점층적으로 이루어진 인식의 전환 과정을 보다 면밀하게 파악
할 수 있을 것으로 보인다.

Ⅳ. 맺음말

본고는 명나라 말 유민 720여 명을 입전한 「뇌뢰낙락서」를 중심으
로 이덕무의 명청 교체와 명 유민에 대한 기록 및 대청인식과 변화의
추이에 대해 살펴보았다. 이덕무는 대명에 대한 의리를 견결하게 유
지하여 「뇌뢰낙락서」뿐만 아니라 『송사전』「유민열전」을 저술하였다.
송나라의 정통성을 강조하면서 명나라에 대한 의리를 천명하여 그 근
원은 존주(尊周)로까지 거슬러 올라가는 역사인식을 보여주고 있다.

---

57) 김대중 교수는 이덕무가 청조 사회에 대해 비교적 객관적 거리를 유지할 수 있
었던 이유로 명나라에 대한 태도를 꼽고, 이덕무에게 대명의리론은 과거의 역사
뿐만 아니라 현재적 삶에 대한 시각을 형성하며, 그 결과 이념적 가치를 존중하
는 토대 위에 실용적 가치를 추구한다고 언급한 바 있다.(2013, 「'내부 ⇄ 외부'
에 대한 두 개의 시선」, 『한국사연구』 162, 한국사연구회, 173~174쪽 참조) 또
위 시 중 제9수에 대해서는 중국에 대한 찬반의 이분법을 지양하는 사고를 보여
주고, 제10수에 대해서는 청나라와 조선의 현실적 차이를 인정하면서도 양쪽 모
두의 가치를 승인하는 시선을 열어간다고 결론을 도출한 바 있으니, 참고할 만
하다. 이 시에 대한 자세한 분석은, 위 논문, 188~191쪽 참조.

이러한 역사인식은 동시대에 활동했던 연암그룹 문인들과 결을 달리한다. 박제가와 이희경 등을 제외하고 박지원을 위시한 이들은 대부분 존명배청 의식을 견지하고 있다. 그럼에도 이덕무의 의리론은 그 강도와 지속적인 측면에서 훨씬 보수적이라고 평가할 수 있다.

물론 그 역시 만년에 지은 「연경으로 떠나는 박감료와 이장암 건영에게 주다」를 통해 대청인식의 전환이 이루어진 사실을 확인하였다. 또 연행 당시 청나라의 선진 문물보다는 서책과 문인에 많은 관심을 보인 한편 냉기를 피하기 위해 높은 다리의 침상을 직접 만들고 작은 수레를 제작하여 성묘 때 타고 다니기도 하였다.[58] 박지원의 말대로 제도를 적극적으로 활용한 셈이다. 이 부분에 대해서는 차후 지면을 달리하여 논의하기로 한다.

---

58) 이에 대해서는 朴宗善의 「三哀詩 李積城」의 5~6구, 즉 "온돌 지피고 물러나 高脚榻에 의지하고 성묘를 하러 오갈 때 曲轅車를 탔다네[溫窩退憑高脚榻, 掃墳行返曲轅車.](『菱洋詩集』 卷5)를 참고할 만하다. 박종선은 선배 검서관인 이덕무·박제가·서이수의 죽음을 애도하여 세 수의 연작시를 지었는데, 이 시는 그 중 이덕무에 관한 것이다. 이덕무는 집이 가난하여 부모의 방만 불을 때고 자신의 서재에는 높은 다리의 침상인 高脚榻을 두어 냉기가 올라오지 못하도록 하고, 또 曲轅車와 같은 작은 수레를 제작하여 성묘할 때 타고 다닌 바 있다. 이 시에 대한 자세한 분석은, 이종묵, 2017, 「菱洋 朴宗善 한시의 창작 방법과 미학」, 『대동문화연구』 99, 성균관대 대동문화연구원, 337쪽 참조.

참고문헌

金邁淳, 『臺山集』, 한국문집총간 294, 한국고전번역원.

金正喜, 『阮堂全集』, 한국문집총간 301, 한국고전번역원.

南公轍, 『金陵集』, 한국문집총간 272, 한국고전번역원.

朴趾源, 『燕巖集』, 한국문집총간 252, 한국고전번역원.

成海應, 『研經齋全集』, 한국문집총간 274~275, 한국고전번역원.

尹行恁, 『碩齋集』, 한국문집총간 289, 한국고전번역원.

李圭景, 『五洲衍文長箋散稿』, 민족문화추진회.

李德懋, 『靑莊館全書』, 한국문집총간 257~259, 한국고전번역원.

李書九, 『惕齋集』, 한국문집총간 270, 한국고전번역원.

李海應, 『薊山紀程』, 『燕行錄選集』, 한국고전번역원.

丁若鏞, 『與猶堂全書』, 한국문집총간 281, 한국고전번역원.

正祖, 『御定宋史筌』, 서울대 규장각한국학도서관.

____, 『弘齋全書』, 한국문집총간 267, 한국고전번역원.

洪直弼, 『梅山集』, 한국문집총간 295, 한국고전번역원.

洪翰周, 『智水拈筆』, 아세아문화사.

배우성, 2015, 『독서와 지식의 풍경』, 돌베개.

안대회·정우봉·김대중·김문식·정호훈, 2019, 『청장관 이덕무 연구』, 학자원.

김대중, 2013, 「'내부 ⇄ 외부'에 대한 두 개의 시선」, 『한국사연구』 162.

김문식, 1999, 「『宋史筌』에 나타난 이덕무의 역사인식」, 『한국학논집』 3.

노대환, 2014, 「18세기 후반 연암 일파의 연행과 청조 정세 인식」, 『대동문화연구』 85.

손혜리, 2011, 「조선 후기 문인들의 고염무에 대한 인식과 수용」, 『대동문화연구』 73.

____, 2014, 「18세기 후반~19세기 전반 조선 지식인들의 명 유민에 대한 기록과

편찬의식」, 『한국실학연구』 28.

안순태, 2017, 「남공철의 연행 체험과 대청의식」, 『국문학연구』 36.

우경섭, 2012, 「조선후기 귀화 漢人과 皇朝遺民 의식」, 『한국학연구』 27.

이종묵, 2017, 「菱洋 朴宗善 한시의 창작 방법과 미학」, 『대동문화연구』 99.

박제가(朴齊家)의 세계관과 역사관

박 성 순[*]

* 단국대학교 자유교양대학 교수

I. 머리말

초정(楚亭) 박제가(朴齊家, 1750~1805)는 아버지 박평(朴坪)과 어머니 전주이씨 사이에서 태어난 서자 출신이다. 원래 당색은 소북(小北)이었으나 노론북학파로 전향하였다. 박제가는 네 차례에 걸친 청나라 사행(使行)을 통해 100명이 넘는 중국 지식인들과 교유하면서 개방적 안목을 갖춘 국제적 지식인으로 명성을 떨쳤으며, 청나라의 선진 문물 수용과 중상주의 경제 정책을 주장했다.

1778년 청나라에 사은사로 파견되는 채제공의 수행원으로 청나라에 다녀온 후 1779년 3월 정조에 의해 규장각 검서관으로 특채되었다. 이후 전설서 별제, 군기시정 등을 거쳐 1794년(정조 27) 2월 춘당대무과(春塘臺武科)에 장원으로 급제, 오위장, 양평현감, 영평현령, 부여현감 등을 역임하였다.

상행위와 무역을 적극 장려하고 밀무역에 대한 제재를 줄이며, 화폐를 유통할 것, 서양인들을 조선으로 초빙하여 화포 제작, 성곽 축조, 선박 건조, 양잠 등의 신기술을 적극 도입, 유치하자고 주장했다. 또한 맹목적인 근검절약은 병폐임을 지적하고, 상업·수공업·농업 전반의 생산력 발전을 적극적으로 추진하여 국가경제를 일으킬 것을 역설하였다.

그동안 박제가에 대한 연구는 다양한 주제로 진행되어 왔다. 범박하게 구분하여 보면, 박제가의 생애를 다룬 연구에서부터[1] 경제사

---

1) 박제가에 대한 연구성과는 실학연구 개설서 등은 제외하고, 박제가가 표제로 등장한 대표적인 연구성과만을 정리한 것이다. 김용덕, 1961, 「정유 박제가 연구: 제1부 박제가의 생애」, 『중앙대학교논문집』 5; 김길환, 1975, 「박제가의 생애와

상,2) 『북학의』 분석,3) 사회사상,4) 실학사상5) 등에 대한 연구 성과들
이 선보였다. 분야별 연구성과 중 경제사상 분야와 실학사상 분야의
연구성과 비율이 높은 것으로 나타났다. 조선후기 실학사상 연구의
기조 속에서 박제가가 제기한 파격적인 해외통상론, 상업유통론 등이
크게 주목을 받았던 것으로 해석된다.

이밖에 북학파는 물론이고 조선후기 실학의 근대지향성에 큰 영향
을 끼친 한역서학서나, 북학론자들이 연행에서 확인한 청구(淸歐) 문
명에 관한 연구도 상당히 축적되어 있으나 본고에서는 직접적으로 다
루지는 않았다. 다만 그것들이 천원지방(天圓地方)을 기본으로 하는

사상」, 『실학논총』, 전남대출판부; 정옥자, 1981, 「문화사적 측면에서 본 정유집」,
『진단학보』 52, 진단학회.

2) 이성무, 1970, 「박제가의 경제사상」, 『이해남박사화갑기념사학논총』; 김용덕,
1977, 「박제가의 경제사상: 기적의 선각자」, 『진단학보』 44, 진단학회; 이춘령,
1981, 「진북학의를 통하여 본 박제가의 농업론」, 『진단학보』 52, 진단학회; 조동
성, 1983, 「박제가의 해외통상론」, 『한국의 종합무역상사』 하권, 법문사; 홍덕기,
1983, 「정유 박제가의 경제사상: 상업론을 중심으로」, 『호남문화연구』 13; 이상
태, 1984, 「박제가의 통상개국론」, 『소헌남도영박사화갑기념사학논총』; 오세영·
윤일현·김성준 편, 2004, 『초정 박제가의 실학사상과 해운통상론』, 신서원.

3) 이석호, 1972, 「북학의 해설」, 『북학의』, 대양서적; 이성무, 1973, 「박제가의 북학
의」, 『실학연구입문』; 김용덕, 1981, 「박제가의 북학의」, 『한국의 실학사상』, 삼
성출판사; 박충석, 1981, 「초정의 사상적 위치: 북학의를 중심으로」, 『진단학보』
52, 진단학회; 안대회, 2003, 「열린 사회를 위한 개혁개방론, 박제가의 북학의」,
『북학의』, 돌베개.

4) 신용하, 1997, 「박제가의 사회신분관과 사회신분제도 개혁사상」, 『조선후기실학
파의 사회사상연구』, 지식산업사.

5) 김용덕, 1961, 「정유 박제가 연구: 제2부 박제가의 사상」, 『사학연구』 10; 김용
덕, 1962, 「박제가의 사상」, 『한국사상』 5; 한우근, 1965, 「정조 병오소회 등록의
분석적 연구」, 『서울대논문집』 11; 손승철, 1982, 「북학의의 존주론에 대한 성격
분석」, 『강원대학교논문집』 17; 黑岩直樹, 1983, 「朴齊家思想」, 『近代朝鮮社會思
想』, 未來社; 송석구, 1988, 「정유의 실학사상」, 『조선후기문화: 실학부문』, 단국
대학교 출판부; 나우권, 1996, 「박제가의 실학사상」, 『실학의 철학』, 예문서원;
박성순, 2005, 「朴齊家의 北學論과 그 역사적 함의」, 『동양고전연구』 23, 동양고
전학회.

성리학의 전근대적 우주관을 깨고, 조선후기의 실학자들을 지구 구체와 지동설을 기본으로 하는 근대적 우주관과 과학적 사고로 이끌어 새로운 세계관을 갖게 한 중요한 원인이었다는 점은 기본적 배경으로서 미리 부기해둔다.[6]

본고는 박제가의 세계관과 역사관이라는 주제를 다루고자 한다. 기존의 연구성과에서 이미 언급된 부분도 없지 않을 것이나, 기존의 연구성과를 참작하되 최대한 주제와 관련된 요체를 전달할 수 있도록 노력하고자 한다. 특히 기존에 이미 언급된 내용들을 또다시 세세하게 파고들어 중언부언하기보다는 오늘 우리가 이 시점에서 왜 박제가의 세계관과 역사관을 돌아보아야 하는지 그 목적의식에 충실함으로써 박제가의 이용후생론이 오늘의 우리에게 던져주는 뜻깊은 함의를 잘 전달하는 데 주력하고자 한다.

II. 중화주의적 세계관의 내용 변화

1. 북학론의 태동

두 차례에 걸친 호란의 여파로 북벌의 대상으로만 인식되던 청이 더 이상 정벌의 대상이 아닌 배움의 대상이라고 하는 북학론은 조선후기 지식인들의 세계관이 파격적으로 전환되고 있었음을 상징한다. 중국에 대한 화이론적 세계관을 바탕으로 청을 오랑캐로서 무시하고 조선을 소중화로서 자부하고 있었던 것이 지배적 분위기였던 조선후기 사회에서 북학론은 어떻게 등장할 수 있었을까?

---

6) 李元淳, 1980, 「韓國近代文化의 西歐的 基礎」, 『韓國史學』 1, 한국정신문화연구원, 51~53쪽.

북학론의 성립은 홍대용(洪大容, 1731~1783)에서부터 비롯되었다. 그는 1765년(영조 41) 서장관으로 청나라에 가는 숙부 홍억(洪檍)을 자제군관(子弟軍官)의 명목으로 따라가 3개월 동안 연경에 체류했다. 이때 중국인 학자 엄성(嚴誠)·반정균(潘庭均)·육비(陸飛) 등과 친교를 맺고, 독일계 선교사로 흠천감정인 할러슈타인(유송령劉松齡)과 부정인 고가이슬(포우관鮑友官) 등과 면담하면서 청나라 고증학과 서양의 문물을 접하고 사상체계에 큰 변화를 겪게 되었다.

그의 연경행은 당시 교우관계에 있던 박지원·이덕무·박제가 등에게 영향을 주어 북학파를 형성하게 되었다. 특히 그가 1774년 선공감(繕工監) 감역(監役)으로 관계에 진출한 뒤 곧 세손익위사(世孫翊衛司) 시직(侍直)이 되었을 때 세손에게 박제가와 같은 서얼 출신이라는 신분적 제약으로 세상에 빛을 보지 못하는 지식인들에 관해서 들려준 이야기들이 정조 즉위 후 서얼허통 조치(1777년, 정조 1)와 연행사 파견으로 이어졌던 사실은 부단한 인과관계를 통해서 발전하는 역사에 대한 경외감을 불러일으키는 대목이다.

연행에 오를 당시에도 홍대용은 기존의 화이론적 세계관에서 완전히 벗어나지 못한 상태였다. 그의 부친 홍력(洪櫟)으로부터 받은 전별시 일곱 수 가운데에도, 지금 '황조(皇朝)'(중국)는 오랑캐의 굴혈에 빠져 있으니 열사(烈士)로서 대보단(大報壇)과 만동사(萬東祠)를 세운 의리를 잊지 말 것과 오랑캐와 한인(漢人)이 섞여있을 것이나 변발함을 부끄러이 여겨 세속에 몸을 숨기고 비분강개하는 한인이 필히 있을 것이니 그런 선비를 찾을 것 등과 같은 당부가 들어 있었고, 홍대용도 이런 내용을 당연하게 받아들였다.[7]

홍대용이 연행 내내 김창업(金昌業)이 지은 『가재연행록(稼齋燕行錄)』을 안내서로 참고하였다는 점도 김창업의 소중화의식이 그에게

---

7) 홍대용 저, 소재영 외 주해, 1997, 『주해 을병연행록』, 태학사, 20~23쪽.

영향을 주었을 것이라는 점을 시사한다. 부사(副使)가 홍대용에게 조참(朝參)하는 것이 큰 구경거리이니 '호정(胡庭)'에 같이 들어가자고 권했을 때에도 홍대용은, "『가재일기(稼齋日記)』를 보니 稼齋(김창업의 호)는 들어가지 않았다"는 핑계로 거절한 적도 있었다.[8]

그러나 그의 배타적인 반청인식은 연행 체류 기간 동안에 큰 변화를 겪게 된다. 청나라의 발전된 모습을 보고 큰 감명을 받은 것이다.

> 연경의 번성함은 전일에 익히 들었고, 『가재연행록』을 보아도 거의 짐작할 듯했지만, 진실로 귀에 들음이 눈으로 봄만 같지 못한지라 이 지경에 이를 줄은 어찌 생각하였겠는가.[9]

홍대용은 이와 같이 연행 이전부터 청나라의 발전상에 대해서 알고 있었고, 그것을 두 눈으로 확인해 보고자 하는 기대감을 갖고 있었다.

> 청나라가 비록 더러운 오랑캐이나 중국에 웅거하여 백여 년 태평을 누리니 그 규모와 기상을 한 번 봄직 하지 않은가. 만일 이적(夷狄)의 땅은 군자의 바랄 바가 아니요, 호복(胡服)한 인물은 족히 더불어 말을 못하리라 하면, 이는 고체(固滯)한 소견이요, 인자(仁者)의 마음이 아니다.[10]

이런 개방적 태도가 홍대용으로 하여금 발전된 청나라의 문물제도를 수용하게끔 하는 좋은 토대가 되었다. 연경에 있던 천주당을 방문해서 서양 선교사들과 대화를 나누려고 노력했던 것도 그 연장선에서 바라봐야 할 것이다. 홍대용은 연경에 머물던 두 달 동안 4일을 서양

---

8) 『주해 을병연행록』, 194쪽.
9) 『주해 을병연행록』, 184쪽.
10) 『주해 을병연행록』, 19쪽.

선교사들을 찾아가 만나는 데 사용했다. 홍대용이 서양 선교사들을 만나려 애쓴 것은 그들과 서양 과학에 대해 토론해 보려던 뜻이었다.[11]

홍대용은 연행 전에 이미 조선에 수입된 한역서학서를 통해서 서양의 과학 수준을 가늠하고 있었다. 그리고 집 안에 농수각(籠水閣)을 만들어 서양의 과학기술을 모방한 여러 가지 관측기구를 직접 만들어 보관하였다.[12] 그러므로 홍대용이 인물균(人物均)의 심성론(心性論)을 정립하여 물성연구(物性研究), 즉 자연과학에 관심을 지니게 된 것은 전통적인 낙론(洛論)의 학풍을 계승했기 때문이라는 설명은 당시 한역서학서가 가진 문화적 위력을 너무 도외시한 견해가 아닌가 한다.[13] 그보다는 오히려 홍대용이 당시 서양천문학에 대한 관심과 영향으로 기존의 비실증적이고 가치중심적인 성리학적 세계관에서 실증적이고 과학적인 세계관을 형성하여 인물균(人物均)이라는 몰가치적 심성론으로 나아갔다고 보는 것이 사실에 더 가까울 것이다.[14]

지구 구체설을 기본으로 하는 서양 제작의 세계지도가 조선에 유입되면서, 중국을 세상의 중심으로 보는 지리적·종족적 화이관이 불식된 것이 사실이다. 1603년 한역서학서와 세계지도가 처음 조선에 건너온 이래 정부에 의해서 역법에만 한정되었던 서기 수용의 풍조는 정조대에 들어와 본격화하여 북학의 풍조를 만개시켰다. 북학파 홍대용과 박지원은 연경에서 천주당을 방문하거나 서양 성직자와 접촉하며 서양과학의 실체를 목격하였고, 박제가는 청나라 흠천감의 서양 성직자들이 기하에 밝고 이용후생의 방법에 정통하므로 그들을 초청하여 천문·역산·농상·의약·조벽(造甓)·건축·채광·조선 등의 과학기술을 배울 것을 주장했을 만큼 서양과학 유입에 적극적이었다.[15]

---

11) 朴星來, 1995, 「洪大容『湛軒書』의 西洋科學 발견」, 『震檀學報』 79, 진단학회, 250쪽.
12) 朴星來, 위의 글.
13) 劉奉學, 1995, 『燕巖一派 北學思想 研究』, 一志社, 90~91쪽.
14) 許南進, 1994, 『朝鮮後期 氣哲學 研究』, 서울대학교 박사학위논문, 125쪽.

아무튼 홍대용은 연행 직후 저술한 『의산문답』(1766년)에서 중화
사상의 중요한 근거였던 지리적·종족적 화이관을 완전히 벗어던져
버렸다.16) 혹자는 이것을 지리적·종족적 화이관에서 문화적 화이관
으로의 전변으로 해석한다. 홍대용의 논리는 이제 화(華)의 문화를
실현하기만 하면 어느 종족이고 화(華)가 될 수 있다는, 중화사상에
있어서 내용상의 중요한 변화를 보여주었다는 것이다.17)

　　그런데 주목해야 할 점은 문화적 화이관도 화이를 구분하는 척도
가 달라졌을 뿐 화이관을 완전히 극복한 것은 아니었다는 점이다. 홍
대용이 청나라의 발달된 문명은 찬탄했어도, 조선만이 여전히 예학
(禮學)의 전통을 간직하고 있는 중화의 적통임을 표방한 것도 그러한
일면을 보여준다. 홍대용이 연경에 갔을 때 "중국은 천하의 종국(宗
國)이고 교화의 근본으로 의관제도와 시서문헌(詩書文獻)이 사방의
준칙이 되는 곳인데도 불구하고, 청의 입관으로 성현의 자손들이 다
머리털을 베이고 호복(胡服)을 무릅써 예악문물을 다시 상고할 곳이
없게 되었다."고 탄식한 것이나, 한인(漢人)들에게 변발 대신 조선의
의관제도를 좇도록 권유한 것은 아직도 그가 화이관을 고수하고 있었
음을 보여준다.18)

　　이와 같이 홍대용으로부터 비롯된 문화적 화이관의 특징은 북학파
들이 함께 공유하였다. 북학파의 핵심 인물 중 한 명인 박지원(朴趾
源, 1737~1805)도 연행 당시 중국인들에게 조선만이 주자가례와 유교
를 숭상하고 있음을 자랑하였다.19) 그리고 변발에 대한 거부감과 함

---

15) 朴性淳, 2005, 「조선후기의 서양역법 수용과 道器分離論의 정립」, 『한국사상사학』
　　24, 한국사상사학회, 155~156쪽.
16) 洪大容, 『湛軒書』 內集 권4, 「毉山問答」. "中國之人 以中國爲正界 以西洋爲到界 西
　　洋之人 以西洋爲正界 以中國爲到界 其實戴天履地 隨界皆然 無橫無到 均是正界."
17) 趙誠乙, 1995, 「洪大容의 역사인식－華夷觀을 중심으로－」, 『震檀學報』 79, 진단학
　　회, 229쪽.
18) 『주해 을병연행록』, 19·166쪽.

께20) 명 멸망 이후 그 의관제도가 배우들의 잡극 속에나 남아 있음을 탄식하였다.21)

그러나 박지원은 중화의 적통이 조선에 남아있다는 자부심을 견지하면서도 청나라로부터 받아들여야 할 것은 규모 있고 범절 있는 이용후생의 제도임을 역설하였다.22) 박지원은 청나라가 복수설치해야 할 오랑캐인 것은 분명하지만,23) 그들의 제도가 이용후생에 유리한 것이 있다면 이를 수용해야 한다는 입장을 견지했다. 왜냐하면 이용후생의 법은 중국 사람들만 할 수 있었던 것이 아니라 오랑캐의 임금으로서 중국을 정복한 자는 모두 이 법도를 계승하고 있는 보편적 양태로서, 이러한 점은 당연히 배워야 한다고 생각했다.24)

박제가의 이용후생론은 존주론(尊周論)에 의해서 뒷받침되었다. '명의 복수를 한다면서 실용보다는 헛된 예의나 차리고 있다.'는 박지원의 조선 현실에 대한 비판은 이용후생론의 강한 논거가 되었다.25) 박제가는 "지금 청은 진실로 호족이며, 빼앗긴 것은 중국이고, 명나라를 위해 원수를 갚으려면 먼저 힘써 중국을 배워야만 한다."고 주장하였다.26)

북학론은 중화문명의 정수와 오랑캐 청을 구분했다는 점에서 조선 후기의 전통적인 대청인식과 유사함을 보여준다. 그러나 이들은 전통적 중화사상에 안주하는 대신에 청으로부터 이용후생의 제도를 수용

---

19) 朴趾源, 『燕巖集』 권12, 「熱河日記」, 太學留館錄.

20) 朴趾源, 『燕巖集』 권14, 「熱河日記」, 鵠汀筆譚.

21) 朴趾源, 『燕巖集』 권12, 「熱河日記」, 馹汛隨筆, 橋梁.

22) 朴趾源, 『燕巖集』 권11, 「熱河日記」, 渡江錄.

23) 朴趾源, 『燕巖集』 권12, 「熱河日記」, 馹汛隨筆; 권15, 「熱河日記」, 銅蘭涉筆.

24) 朴趾源, 『燕巖集』 권12, 「熱河日記」, 關內程史.

25) 朴趾源, 『燕巖集』 권14, 「熱河日記」, 玉匣夜話(許生傳).

26) 朴齊家, 『北學議』, 「尊周論」. "今淸固胡矣 胡狃中國之可利 故至於奪而有之 我國以其奪之胡也 而不知所奪之爲中國…若夫爲前明復讐雪恥之事 力學中國二十年後 共議之未晩也."

하여 국력을 신장시키고, 그것을 통해서 청을 뛰어넘을 수 있는 현실적인 방안을 용감하게 주장했던 것이 특징이다.

그러므로 북학론자들이 이용후생지물(利用厚生之物)을 중시한 것은 종래의 심성론 위주의 사상적 분위기와는 분명히 차별성을 갖는다. 실학의 집대성자였던 정약용(丁若鏞)이 연행사로 떠나는 이기양에게 부연서를 지어주면서, 지금까지 연경에 가서 이용후생지물을 얻어 돌아온 이가 한 사람도 없음을 한탄하고, 오로지 이로써 힘쓸 것을 당부한 것27) 역시 당시 주류사회의 분위기와 대비되는 실학적 지성들의 특징이라고 말할 수 있을 것이다.

2. 북학파의 형성

박제가는 1778년(정조 2) 국왕 정조의 배려에 힘입어 첫 번째 사행길에 올랐다. 그와 동행했던 이덕무(李德懋, 1741~1793)는 박제가와는 둘도 없던 친구 사이였다. 이덕무는 박제가보다 아홉 살 연상이었지만, 두 사람은 조선후기 사회에서 서얼이라는 신분적 한계 속에서 동병상련의 심정으로 나이를 뛰어넘는 우정을 쌓았다. 두 사람의 우정을 더욱 결속시킬 수 있었던 것은 그들의 중심에 박지원이라는 북학파의 거두가 있었기에 가능한 일이었다.

박제가가 박지원을 처음 만난 것은 그가 18, 19세 나던 해인 무자년(1766), 기축년(1769) 어간이었다. 박지원의 문장이 뛰어나서 당대의 명성이 있다는 소문을 들은 박제가가 백탑(원각사지 10층 석탑) 북쪽에 살던 박지원을 찾아갔다. 어릴 적부터 수재 소리를 듣던 박제가는 시·서·화에 뛰어난 소질을 발휘하며 널리 이름을 떨쳤다. 그러나 정서적으로 고독한 생활을 즐기던 박제가는 박지원이라는 인물이

---

27) 丁若鏞, 『與猶堂全書』 제1집, 「詩文集序」, 送李參判基讓使燕京序.

야말로 자신의 흉금을 터놓고 학문을 논할 수 있는 고매한 인격과 식견을 소유하고 있을 것이라는 확신을 갖게 되었다. 박제가가 젊은 시절 그의 인생관과 가치관을 드러낸 「소전(小傳)」(1776년)이란 글에서

> 고독하고 고매한 사람만을 골라서 남달리 친하게 사귀고, 권세
> 많고 부유한 사람은 멀리서 보기만 해도 사이가 멀어진다. 어려서는
> 문장가의 글을 배웠고, 장성해서는 국가를 경영하고 백성을 구제하
> 는 학문을 좋아하였다. 수개월을 귀가하지 않고 노력하지만, 지금
> 사람은 아무도 알아주지 않는다.[28]

라고 한 내용을 보면, 박제가가 스스로에 대한 자긍심이 상당히 높았던 인물이었음을 짐작할 수 있다. 박지원도 젊은 수재 박제가가 찾아온다는 소식에 기꺼웠던 모양이다. 박제가는 두 사람의 상봉 당시를 "선생은 내가 온다는 말을 듣고 옷깃을 채 여미지도 못한 채 나와 맞으며 악수를 하는 것이 마치 옛 친구를 만난 듯이 하였다."라고 기술하였다.[29] 박지원 또한 후에 "제가는 나이 열아홉에 문장에 능통했다."고 평한 바 있어 어린 박제가의 실력을 높이 평가하고 있었음을 알 수 있다.[30]

이렇게 박제가가 박지원을 만나게 되었는데, 공교롭게도 두 사람과 친교를 맺고 있던 인물들은 백탑 주변에 모여 살고 있었다. 박제가와 가까웠던 이덕무의 집은 백탑 북쪽, 이서구의 집은 그 서쪽, 수십보 떨어져서 서상수의 집, 다시 그 근처에 유득공의 집이 있었다. 이와 같이 박지원을 중심으로 하는 일군의 지식인들은 백탑, 즉 지금의 탑골공원 안에 있는 원각사지 10층 석탑을 중심으로 서로 인근하여

---

28) 朴齊家, 『貞蕤閣集』 권3, 「小傳」.
29) 朴齊家, 『貞蕤集』, 「文集」 권1, 白塔淸綠集序.
30) 朴齊家, 『貞蕤閣集』 권1, 「朴趾源序」, "朴氏子齊家 年十九 能文章."

하나의 동인집단을 형성하고 있었다.

학계에서 북학파라는 용어 이외에도 연암그룹, 연암일파, 또는 백탑파 등으로 불리는 이 동인집단의 구성 인물들은 주로 다음과 같다. 연암 박지원과 동년배의 친구들인 홍대용·정철조(1730~1781)·서상수(1735~1793), 약간 연하의 후배인 유련(1741~1788)·이덕무(1741~1793), 그리고 연암의 제자인 박제도(1743~1819)·이희경(1745~?)·유득공(1748~1807)·박제가(1750~1805)·원유진(1751~1826)·이서구(1754~1825)·서유본(1762~1822)·서유구(1764~1845) 등으로 대별할 수 있다. 박제도는 박제가의 이복 맏형으로 박제가와 함께 북학파의 시회에 자주 어울렸다.[31]

이외에도 이들 그룹 내의 젊은 지식인들에게 '어르신'으로 받들어진 인물로 김용겸(1702~1789)·임배후(1718~1784)·원중거(1719~1790) 등이 있었다. 이들은 꼿꼿한 성품과 풍류기질을 겸비하여 젊은이들에게 지사(志士)로 인식되었다. 특히 임배후는 "과거는 장사꾼이나 하는 짓"이라고 하여 당시의 모순된 과거제도와 사회현실을 비판하는 기개를 보여주었다.

이들 가운데 이덕무·서상수·유득공·유련·박제가는 모두 서출(庶出) 신분이었으나, 이들 사이에서 신분적 차별의식은 존재하지 않았다. 박제가는 신혼 첫 날 밤에도 북학파 친구들이 보고 싶어 그들이 모여 사는 백탑 주변을 찾아갈 만큼 그들의 우정은 매우 돈독하였다.[32] 박제가는 1777년 봄에 지은 시에서 친구를 '기질 다른 형제[형제야비기兄弟也非氣], 혹은 '한방에 살지 않는 부부[부부이불실夫婦而不室]'라고 묘사했다. 그리고 "사람이 하루라도 벗이 없으면 좌우의 손을 잃은 듯하리"라고 하여 벗에 대한 절절한 우정을 노래하였다.[33]

---

31) 吳壽京, 1990, 「18세기 서울 文人知識層의 성향」, 성균관대학교 박사학위논문, 9쪽.
32) 朴齊家, 『貞蕤集』 「文集」 권1, 白塔淸綠集序.
33) 朴齊家, 『貞蕤集』 「詩集」 初集, 夜宿薑山.

　박제가가 벗을 '기질 다른 형제요, 한방에 살지 않는 부부'로 비유한 것은 연암 박지원이 「예덕선생전(穢德先生傳)」에서 '한방에 살지 않는 마누라요, 기질이 다른 동생이라, 벗이란 이와 같이 소중한 것'[불실이처不室而妻 비기지제匪氣之弟 우여차기중야友如此其重也)이라고 한 구절을 패러디한 것이 아닐까 생각될 정도로 유사하다. 박지원의 작품 속에 우정이라는 테마가 소재로 종종 등장하고, 박제가의 문집에 붕우의 낙을 즐겨 다룬 「회인시(懷人詩)」가 많은 분량을 차지한 이유도 이들의 벗에 대한 애틋한 의식을 잘 보여주고 있다.[34]

　박지원을 중심으로 하는 이들 동인들은 조선의 현실을 개선하기 위해서 절차탁마하였다. 그들의 생각은 한 사람의 머릿속에서 나온 것처럼 서로 일치했다. 그만큼 서로 같은 문제의식을 갖고 있었던 것이다. 박지원이 1781년(정조 5)에 지은 『북학의』 「서문」에서

　　내가 이 책(『북학의』)을 한번 살펴보았더니, 내가 지은 『일록』(『열하일기』)과 조금도 어긋나지 않아 마치 한 솜씨에서 나온 것 같았다. 나는 몹시 기뻐서 사흘 동안이나 읽었으나 조금도 염증이 나지 않았다.[35]

라고 한 것은 북학론이 그들의 치열한 연토(研討) 과정 속에서 양성된 것임을 보여준다. 그들은 밤을 지새우며 경국지책(經國之策)을 논의하였다. 그리고 연행은 그들이 토론했던 경국지책에 대한 확신을 더해주는 계기가 되었을 뿐이었다. 『북학의』 「서문」에서 박지원이 기술한 다음과 같은 말이 그것을 증명한다.

　　아아! 어떻게 이것이 우리 두 사람이 중국에 가서 눈으로 직접 본 후에서야 알게 된 것이겠는가? 일찍이 우리는 비새는 집, 눈 뿌

---

34) 吳壽京, 1990, 「18세기 서울 文人知識層의 성향」, 성균관대학교 박사학위논문, 10쪽.
35) 朴齊家, 『北學議』, 序文.

리는 처마 밑에서 연구했고, 또 술 데우고 등잔 불똥을 따면서 손바
닥을 치며 이야기했던 것이다. 여기에 다시 눈으로 직접 경험했을
뿐이다.[36]

결국 북학파들이 주목했던 이용후생은 어느 나라를 막론하고 국가
경영에 필수 요소라는 점을 그들은 연행 이전에 이미 간파하고 갈구
했다는 이야기이다. 이는 역설적으로 민생을 도외시하고 철지난 존명
사대주의를 앞세워 국정을 호도하고 있던 당시의 기막힌 현실을 반증
하고 있는 고백이었다고 하겠다.

Ⅲ. 새로운 역사를 위한 도전과 좌절

1. 새로운 역사적 지향점

북학론은 이용후생을 강조한 점에서 그 특징을 드러낸다. 그것은
바로 당시 조선 백성들이 굴레처럼 뒤집어쓰고 있었던 가난을 극복하
기 위해서 고안된 학문적 지향이었다. "지금 백성들의 삶은 날마다 곤
궁해지고 있고, 재물은 날마다 궁핍해지고 있다."는 박제가의 현실인
식은 『북학의』의 저술 목적이 무엇인지를 분명하게 보여준다. 박제가
와 백탑파 동인들은 가난이 나라의 큰 적이라는 것과 그것을 극복하
기 위한 방편으로 생산기술과 도구의 필요성을 절실하게 강조하였다.
1778년(정조 2) 이덕무와 함께 연행사의 일원이 된 박제가는 청나
라에 몇 달 동안 머물면서 평소에 보지 못했던 새로운 문물들을 직접
목도하였다. 그리고 조선에서도 시행할 만한 편리한 일상용품과 제도

---

36) 朴齊家, 『北學議』, 序文.

등을 보고 그때그때 종이에 기록하였다. 그리고 조선에 돌아와 그 기록들을 『북학의』(1778년)라는 이름으로 집성하였다. 『북학의』의 내용 중에서 조선사회의 가난을 물리치기 위한 방법 중 하나로 박제가가 상업의 활성화를 주장한 것은 크게 주목해야 할 부분이다. 이는 궁핍한 당시의 조선 현실에서 민생을 안정시킬 핵심적 사안이 무엇인지를 정확히 지적한 것이었기 때문이다.

박제가는 "중국 사람들은 가난하면 상인이 되는데 참으로 현명한 생각이며, 우리는 겉치레만 알고 고개를 저으며 꺼려하는 일이 너무 많다."며 상업 경시풍조를 지적했다. 그리고 나아가 "사대부는 놀고먹을 뿐, 하는 일이라곤 없다."면서 지배층을 향해 직격탄을 날렸다. 아울러 "아무리 가난해도 사대부가 들에서 농사를 지으면 알아주는 자가 없다. 따라서 비록 집에 돈 한 푼 없어도 높다란 갓에 소매가 달린 옷으로 치장하고 어슬렁거리며 큰소리만 치는 것이다."라고 하여, 지배층들이 솔선수범하여 생업에 종사할 수 없는 사회적 분위기를 지적했다. 이는 조선사회를 지배하던 체면과 분수의 논리, 즉 타고난 신분질서를 중시하는 성리학 이론을 정면에서 지적한 것이어서 사상사적인 관점에서도 중요하다. 그래서 "겉치레만 아는 우리보다 장삿길에 나서는 중국 사람이 훨씬 낫다."고 말한 박제가의 생각은 당시 사회에서 파격 그 자체였다고 해도 과언이 아니다.[37]

이와 같이 박제가의 상업유통론은 조선시대 사회경제 체제의 근본적 변화를 요구하고 있었다는 점에서 역사적 의미가 자못 크다. 조선 후기 민중들의 삶이 곤궁해진 이유는 수차례의 전란과 이를 제대로 치유하지 못한 지배층의 무능도 이유였지만, 조선정부가 개국 당시부터 내걸었던 경제정책도 문제였다. 소위 '절용(節用)'의 재정이념이라는 것이다.

---

37) 朴齊家, 『北學議』, 「內篇」, 商人.

'절용'은 관용의 덕치(德治)를 이상으로 하는 고대 중국의 통치이념에 연원을 두었다. 태조 1년 10월에 공부상정도감(貢賦詳定都監)에서 올린 절목에서는 "나라를 지키는 데에 '애민(愛民)'이 가장 중요하며, '애민'에는 '절용'이 가장 중요하다. 검소함을 숭상하고 사치를 버리는 것이 '절용'의 골자이며, 부세를 가볍게 하고 폐법(弊法)을 고치는 것이 '애민'의 골자이다. (…) 옛날에 나라를 잘 다스리는 자는 땅의 산물을 헤아려 공납(貢納)을 정하고 재화의 수입을 헤아려 그 지출을 절약하니 이것이 경상(經常)의 법도"라고 규정하였다.[38]

이에 따라 조선정부는 건국 초부터 '검소함을 숭상하고 사치를 버리는 것'을 핵심으로 하였기 때문에 활발한 상업을 통해서 백성들이 부를 축적하고, 국가가 그에 상응하는 세원을 마련하는 일은 처음부터 고려의 대상이 되지를 못하였다. 조선정부의 주요 세원은 한 해에 생산되는 농업 소출이 주였기 때문에 최소한도의 예산을 편성하고 지출을 줄이는 쪽을 택했다. 이것이 수취 대상을 파악하여 수입 재원의 양을 미리 정한 상태에서 수취하고 그에 맞추어 지출을 행하는 '양입위출(量入爲出)'의 재정운영이었다.

한편 중앙정부는 지방으로부터 국가운영에 필요한 모든 세금을 일괄적으로 징수한 다음에 이를 다시 각 지방 관청으로 배분하는 형식을 피하고, 지방의 자율적인 재정권을 최대한 보장하는 정책을 유지했다. 이는 지방에서 중앙정부로 올라오는 막대한 양에 이르는 현물세의 유통에 드는 비용을 절감하기 위한 조치로서, 중앙정부에서 필요한 최소한의 세금을 제외한 지방세는 각 지방에서 스스로 해결하는 이중적 구조가 유지되었다.[39]

애민사상에 기초한 조선정부의 이중적 재정운영 제도는 부세에 드

---

38) 『태조실록』 권2, 태조 1년 10월 12일.
39) 손병규, 2003, 「조선후기 재정구조와 지방재정운영」, 『朝鮮時代史學報』 25, 조선시대사학회, 136~142쪽.

는 운송비를 비롯한 요역·잡역적 성격의 부가적 징수를 절감하는 효과를 기대한 것이어서 어떻게 보면 당시로서는 꽤 합리적인 방안이었다고도 할 수 있다. 그러나 지나친 긴축재정의 운용과 유통의 억제로 말미암아 오히려 시장경제활동이 위축되는 결과를 초래하였다. 박제가의 상업유통론은 이러한 조선정부의 재정운영 원칙에 대한 근본적인 문제제기였던 것이다.

박제가는 상업의 활성화를 위해서 수레를 사용할 것을 제안했다. 조선의 백성들이 이토록 가난한 것은 수레가 없기 때문이라고 단언했다. 삼면이 바다로 둘러싸인 조선에서 선박과 수레를 이용해서 유통을 활성화시킨다면 각 지역의 상품들이 대규모로 교환되어 상인들은 큰 이윤을 얻고 백성들은 이런 물자를 서로 풍족하게 쓸 수 있다는 것이다.[40]

박제가는 우리나라가 수레가 갖고 있는 장점을 알지 못할 뿐만 아니라 배도 제대로 이용하지 못한다고 질타하였다. 유통에 있어서 선박의 중요성도 알지 못할 뿐만 아니라 배를 만드는 기술도 엉성하기 짝이 없다고 보았다. 그래서 만약 중국 배가 표류해 오면 표류자를 잘 접대하여 그들의 배 만드는 기술을 배운 후에 돌려보내야 하고, 일본 유구의 말과 중국 복건 지방의 말이 선박에 실려 유통되고 있는 것처럼 조선도 제주도의 말을 그들과 교역할 수 있어야 한다고 제안하였다. 박제가는 이에 더하여

> 일찍이 토정(土亭) 이지함(李之菡)은 여러 척의 외국 상선과 교역해서 전라도의 가난한 백성들을 구제하고자 하였다. 멀리 내다볼 줄 아는 그의 식견은 정말 탁월한 것이었다.[41]

---

40) 朴齊家, 『北學議』, 「內篇」, 車.
41) 朴齊家, 『北學議』, 「內篇」, 船.

라고 말하였으니, 조선의 가난을 면하기 위해서 상업유통을 바라던 그의 심정이 얼마나 간절한 것이었는지를 짐작할 수 있다.

그밖에도 박제가의 『북학의』에는 이용후생을 위한 여러 가지 조목들이 기술되어 있다. 수레와 배에 이어 성·벽돌·기와·도로·교량·축목·상인·돈 등 구체적인 이용후생지물은 물론이고, 과거제도나 선비를 시험하는 정책, 관직, 봉급제도, 중국과의 무역 등 이용후생 정책을 실제로 추진할 수 있는 제도적인 측면에까지 구체적인 견해들을 『북학의』 내·외편으로 구분하여 상세히 피력하였다.

이것은 박제가의 역사관이 지닌 지향점이 백성들의 삶을 향상시키기 위한 이용후생에 있었음을 분명히 보여준다. 그리고 이 역사적 목적을 위해서는 수구가 아닌 변화와 창조를 통해서 새로운 역사를 만들어갈 수 있도록 적극적인 자세의 전환을 요구하고 있었다.

그런데 박제가의 이용후생론은 백성들의 경제적 측면만을 고려한 것이 아니었다. 그 궁극의 목적은 백성들의 정덕(正德)을 해치지 않고, 백성들로 하여금 예절을 알게 하기 위해서라는 것이었다.

> 무릇 이용후생에 하나라도 갖추지 못한 것이 있다면 위로 정덕을 해치게 된다. 그렇기 때문에 공자는 "백성이 이미 많아졌으면 부유하게 해주고 부유해졌으면 가르쳐야 한다."고 하였고, 관중은 "의식이 풍족해야 예절을 안다." 하였다. 이제 민생이 날마다 곤궁해지고 재용이 날마다 궁핍해가는데 저 사대부들은 소매 속에 손만 꽂고 앉아서 이를 구원하지 않으려는가? 아니면 옛 법에만 의존하여 편하게만 지내어서 그런 사실을 모르는 것인가?[42]

위와 같은 박제가의 정덕론(正德論)은 박지원의 그것과 거의 유사

---

42) 朴齊家, 『北學議』, 自序.

했다. 박지원 또한 이용후생으로 백성들의 생활을 풍부하게 하는 이유는 그들의 덕행을 바른 데로 이끌기 위한 것이라고 단언하였다.

> 이용후생한 뒤에야 백성들의 생활을 풍부하게 할 수 있고, 백성들의 생활을 풍부하게 한 뒤에야 그들의 덕행을 바른 데로 이끌 수 있다. 백성들이 생활에서 사용하는 도구나 환경들을 능히 이롭게 하지 못하면서 그들의 생활을 풍부하게 하기는 드문 일이다. 백성들의 생활이 이미 스스로 풍족하지 않다면 어찌 백성들의 덕행을 능히 바른 데로 돌릴 수 있겠는가?[43]

박지원·박제가의 논의에서 확인되듯이, 이용후생의 궁극적 목표가 백성들의 정덕을 유지시키기 위한 수단이었다는 점에서 실학의 성리학 배태설이 나오는 것인지도 모르겠다. 그러나 실학자들 또한 근본적으로 유학적 사유를 벗어날 수 없었던 시대적 한계를 고려하면, 실학=성리학이라는 주장은 역사의 발전적 측면을 도외시한 허무주의적 관점이라 할 것이다. 심성론 절대 위주의 성리학에서 벗어나 이용후생을 강조했던 북학파 실학의 의미는 결코 폄하되어서는 안 되겠다. 이는 마치 관념론이 인간의 모든 삶을 규정하는가? 아니면 사회경제적 환경이 인간의 도덕관념을 규정하는가를 다루는 것과 같은 매우 중대한 관점의 차이를 내포하고 있기 때문이다.

2. 박제가의 도전과 좌절

조선후기의 정조는 흔히 '개혁군주'로 일컬어진다. 정조 즉위 초의

---

43) 朴趾源, 『熱河日記』, 「渡江錄」. "利用然後 可以厚生 厚生然後 正其德矣 不能利其用 而能厚其生 鮮矣 生旣不足以自厚 則亦惡能正其德乎."

개혁원칙은 네 가지에 초점에 맞추어졌다. '백성의 생산물을 만든다.' 와 '국가재정을 풍족히 한다.'는 조항은 경제개혁이고, '인재를 키운다.'와 '군사제도를 다스린다.'는 조항은 정치개혁이었다. 이 4대 원칙은 정조 2년 6월에 발표한 교서에 잘 나타나 있다. 정조의 4대 개혁조항은 그가 실학의 군주라는 점을 잘 보여준다.[44]

정조가 즉위년의 교서에서 문무겸전(文武兼全)의 중요성을 설파한 것도 주자성리학 일변도의 태도와는 거리가 있는 것이었다. 정조는 그의 교서에서 "문무 병용의 실효를 다하여 사람을 쓰는 방책에 있어서는 반드시 문무겸전의 인재를 얻어 앞으로 널리 뻗어나갈 수 있는 도를 합한다면 나라를 장구하게 유지하는 아름다움일 것"이라고 선언하였다.[45] 이는 정조가 수용하고자 했던 인재상을 제시한 것이고, 박제가와 같은 서얼 출신들을 규장각 검서관으로 임명하여 궐내로 들이는 배경이 되었다. 1790년(정조 14) 정조가 이들 규장각 검서관 이덕무·박제가와 장용영 장교 백동수로 하여금 군사훈련용 무예서인『무예도보통지』를 편찬하게 한 것도 결코 우연이 아니었음을 알 수 있다.

국왕 정조는 1777년(정조 1) 3월 21일에 「서류소통절목(庶類疏通節目)」을 반포하여 서류의 관직 진출 길을 열어주었다. 그리고 1779년(정조 3) 3월 27일 박제가와 그 동료들을 규장각 검서관으로 임명하였다. 북학파 실학자들이 등용된 것이다.

1779년(정조 3) 6월 박제가는 외각검서에 임명되었다가 1781년(정조 5) 정월에 내각검서, 즉 규장각 사무청사인 이문원(摛文院)으로 옮겨졌다. 검서관은 각신(閣臣)을 보좌하여 내각에서 나오는 모두 문서

---

44) 朴光用, 1998,『영조와 정조의 나라』, 푸른역사, 300쪽.
45)『弘齋全書』권48, 「策問」, 文武(到記儒生再試), 228면. 1776(丙申) 3월 즉위년. "王若曰 文武竝用 長久之術也…惟我東方 亦稱小華…然而北狄南戎 煙火相警 則勸兵講武 陰雨之備 豈容少緩…不幸如壬丙之歲 則雖有智者 不知所爲計矣 思之及此 寧不寒心 何以則治國之謨 克盡竝用之實 而用人之方 必得兼全之才 合弛張之道 享長久之美歟 咨爾勿拘程式 悉著于篇 予將便覽焉."

를 수집 기록하며 편서(編書) 및 간서(刊書)의 실무를 담당하였다.[46]
검서관은 참외(參外)로부터 5품에 이르는 사람이 임용되는데 비록 관
품은 높지 않더라도 광범하고 중요한 직무를 갖고 있었고 또 왕에게
근시할 수 있는 기회가 많아 특별대우를 받았다. 박제가는 1786년(정
조 10) 8월까지 이문원에서 근무하였다.[47]

　1786년(정조 10) 정월 22일 박제가는 국왕 정조에게 「병오소회(丙
午所懷)」라는 경세서를 지어 올렸다. 놀고먹는 사족층을 모두 상업에
종사시키자는 파격적인 주장과 더불어 해외통상은 물론 서양인 선교
사를 초빙하여 과학기술 교육을 진흥시킬 것을 주장하였다.[48] 그러나
같은 날 대사헌 김이소(金履素)는 서사(西士) 초빙은커녕 연경에서
서학서적은 물론 모든 서적을 구입하는 것을 엄금 중벌할 것을 주장
하여 가납되었다.[49] 게다가 대사간 심풍지(沈豐之)는 연경에서 사신
일행이 연경의 선비들과 필담을 주고받는 것 및 귀국 후의 문서왕래
를 금할 것을 주장하여 역시 가납되었다.[50]

　이런 반동적 조치들은 1785년(정조 9)에 발생한 을사추조적발사건
(乙巳秋曹摘發事件)의 여파 때문이었다. 김범우(金範禹)의 집에서 행
해지던 천주교 비밀 종교집회가 당국에 의해 적발됨으로써 서학에 대
한 개방적 풍조가 급속하게 경직되었다. 이런 시기에 박제가가 해외
통상과 서양 선교사 초빙론을 주장함으로써 거센 반발에 부딪힌 것이
었다. 국왕 정조 또한 실질을 숭상한 개방적 군주였지만 박제가의 용
감한 주장을 가납하기에는 사회적 분위기가 심상치 않은 때였다. 이
때로부터 박제가의 북학론은 당벽(唐癖)으로 지목되어 일반의 반감

---

46) 이덕무, 『雅亭遺稿』 권3, 檢書廳記.
47) 김용덕, 「奎章閣考」 참조.
48) 朴齊家, 『北學議』 外篇, 「丙午所懷」.
49) 『승정원일기』 병오년 정월 22일조.
50) 『승정원일기』 병오년 정월 22일조.

을 사게 되었고, 보수세력들은 본격적으로 정조의 주변에 포진해 있던 혁신적 지식인들에 대한 공세를 취하기 위해 기회를 노렸다.

1790년(정조 14) 박제가는 41세의 나이에 진하사의 수행원으로 다시 청나라에 다녀왔다. 건륭제의 팔순절을 진하하기 위하여 정사 황인점, 부사 서호수 등을 수행하였다. 이때 함께한 규장각 동료 검서관은 유득공이었다. 5월에 출발하여 열하를 거쳐 연경에서 거의 40여 일을 머물다가 환국하였다. 9월 귀국과 동시에 특명으로 군기시정(軍器寺正)에 승서(陞敍)되어 다시 연경에 파견되었다. 원자(순조) 탄생에 대한 건륭제의 축하 인사에 답하고자 정조는 박제가를 특별히 발탁하여 별자(別咨)를 가지고 동지사행을 뒤쫓아가도록 하였다.[51] 유품직(流品職)인 검서관을 군기시정(정3품)으로 임명하여 별자를 가지고 다시 연경으로 가게 한 것은 특례적인 대우였다.[52]

1792년에 박제가는 외직 부여현감에 임명되었다. 정조는 박제가뿐만 아니라 그의 동료인 이덕무와 유득공, 그리고 백동수를 차례로 지방관에 임명하였다. 정조는 자신이 궐내에서 양성하던 서얼 출신 관료들을 지방관으로 파견하여 그들의 경세관을 실험할 수 있는 파격적인 기회를 제공한 것이다.

박제가는 1795년에도 영평현감으로 외직에 나갔는데, 영평현감으로 있던 1798년(정조 22)에 국내 유생들에게 농책을 지어 올리라는 정조의 명령이 하달되자 「응지진북학의소(應旨進北學議疏)」를 지어 바쳤다. 이것은 『북학의』 내·외편에서 농사 관련 몇 항목을 추리고 여기에 새로 쓴 농사 관련 몇 항목을 추가한 것이다.

「진북학의소」에서 박제가는 비참한 농민생활의 현상을 솔직하게 보고하고 이 가난을 극복할 방안으로 (1)유식(遊食) 양반을 도태시킬

---

51) 『정조실록』 권31, 정조 14년 10월 24일.
52) 김용덕, 1957, 「奎章閣考」, 『중앙대학교논문집』 2, 중앙대학교.

것 (2)수레를 사용할 것 (3)중국으로부터 농기·농구 제작법을 배우고, 농사시험장을 설치할 것 (4)삼십만 석의 양곡을 비축할 것 등을 주장하였다.

그런데 정조의 개방·개혁정치에 대한 위협이 1792년(정조 16) 11월 6일 부교리 이동직의 상소로부터 본격화되었다. 정조의 우익인 남인세력과 북학의 풍조를 공격한 것이다. 이는 1791년 신해진산사건(辛亥珍山事件)의 여파였다. 이 사건을 계기로 '좌도불경(左道不經)'한 천주교서적의 수입을 금해야 한다는 위정론자(衛正論者)들의 여론이 일어나 마침내 비변사가 금서조치를 취했다.53) 연경으로부터의 한역서학서의 도입도 금지되었고, 홍문관 소장의 서학서도 모조리 불태워졌다.54) 1796년(정조 20)에는 『존주휘편(尊周彙編)』을 간행하여 척사의리가 천명되었다. 척사론으로 경직된 분위기 속에서, 승지 정약용은 젊은 시절 한때 지적 호기심에서 서양서적을 탐닉한 적이 있음을 고백하고 이제 서학과 절연했음을 천명한 「자명소(自明疏)」(1797년)를 올려야 했다.55)

이동직은 상소에서 채제공이 군주를 저버리고 역적을 비호하고 있고, 이가환은 이단사설의 죄가 있다며 성균관 대사성의 직에서 파면시키라고 주장하였다. 이에 정조는 문체반정론으로 대응하였다. 정조는 이가환의 문체에 대한 비난은 왕으로서도 동감하여 마지않는 바라고 하고 이를 기회로 남공철·김조순을 비롯한 제 문신, 그리고 패관소품체를 구사한 박제가에게도 그 문체에 관한 자송문(自訟文)을 지어 바칠 것을 명하였다.56)

박제가는 1793년(정조 17) 정월 3일 내각 관문(關文)을 받고 자송

---

53) 『정조실록』 권33, 정조 15년 11월 8일.
54) 『정조실록』 권33, 정조 15년 11월 8·12일.
55) 『정조실록』 권46, 정조 21년 6월 21일.
56) 『정조실록』 권36, 정조 16년 11월 신축.

문을 올렸다. 그렇지만 박제가가 다시 겸검서관으로 편교(編校)의 일에 참여하였던 점은 문체반정 사건 자체가 정조의 정국 돌파용으로서성격을 지니고 있었음을 보여준다.[57] 정조는 이와 같이 북학적 문풍과 서학 신앙에 대한 공격에 문체반정과 부정학론(扶正學論)으로 대처하였다. 그런데 정조 스스로 외래문물 수용의 필요성을 절감하여그 수용에 적극성을 보이는 상황에서 이 조치들은 다분히 임시방편적인 것으로 시도되었다.[58]

그러나 을사추조적발사건과 신해진산사건은 서학 수용의 분위기를 급속도로 냉각시키고, 북학 풍조의 확산을 원천적으로 봉쇄하였다. 그리고 이를 후원하던 국왕 정조의 입장을 난처하게 만들었다. 정조는 노론과 남인 양대 정치세력 일각의 사상적 불순정성을 동일시하여, 양쪽을 모두 견책하고 반성을 하도록 조치함으로써 정치적으로이를 해결하고자 하였다. 그렇지만 결과적으로 정조는 자신의 측근에서부터 야기된 북학과 서학의 새로운 풍조에 대해 변화의 조류를 가로막는 듯하면서 그 중심인물들에 견책을 가할 수밖에 없었다. 집권이후 스스로 후원하여 키워냈던 측근 관료학자들에 대한 견책은 배후에서 저들을 후원해 온 정조 자신의 기반을 약화시키는 일이었다.[59]그런 와중에 정조는 1880년 오회연교 뒤에 급사함으로써 개혁의 꿈은수포가 되었다.

정조가 급서하였지만, 박제가는 1801년(순조 1)에도 사은사의 수행원이 되어 네 번째로 청나라에 다녀올 수 있었다. 이번에도 유득공과 동행하였다. 정조 서거 후에도 '당괴(唐魁)'로서 지목받던 박제가의 연행이 가능하였던 것은 그와 규장각에서 근무했던 윤행임(尹行恁)이 이때 이조판서로 힘을 발휘했기 때문이다. 그러나 그가 서울로

57) 김용덕, 「奎章閣考」.
58) 유봉학, 2001, 『정조대왕의 꿈』, 신구문화사, 138쪽.
59) 유봉학, 『정조대왕의 꿈』, 96쪽.

돌아올 무렵에는 그의 보호자 윤행임도 실각한 상태였다.

그해 9월 동남 성문 밖 흉서사건에 박제가의 사돈인 윤가기가 주모자로 지목되어 처형되자 박제가 역시 이에 연루되어 엄혹한 취조를 받았다. 박제가가 연루된 증거가 없었으나, 노론 벽파의 박제가 규탄은 가혹하고 집요하였다. 박제가가 북학을 열렬히 주장한 것, 서출·유품직이라는 그 사회 안에서의 위치를 넘어서 과감하게 개혁을 주장한 것이 바로 화근이었다는 분석도 있다.[60]

1803년(순조 3) 초 종성에 정배된 박제가는 1805년(순조 5) 3월 22일에야 의금부의 사단(赦單)으로 풀려날 수 있었다.[61] 그러나 박제가는 여독을 풀지 못하고 방면된 해인 1805년 55세를 일기로 파란 많은 생을 마감하였다. 개방되고 부강하며 도덕적으로 성숙한 사회를 꿈꿨던 박제가의 역사적 도전은 조선후기의 개혁 군주 정조의 서거와 함께 막을 내렸다.

IV. 맺음말

홍대용과 박지원을 스승격으로 하는 조선후기 북학파의 일원이었던 박제가는 서얼 출신으로서 일약 규장각 검서관에 임용되어 국왕 정조의 개혁정책을 보좌할 수 있었던 행운아였다. 조선후기의 개혁군주로 평가되는 정조의 개혁정치가 성공을 거두었더라면 조선의 운명이 세도정치의 파행적 국면과는 상당히 거리를 두었을 것이라는 아쉬움이 남지만, 박제가가 국왕 정조와 함께 새로운 시대를 꿈꿨다는 사실 자체만으로도 돌아볼 가치가 충분하다고 생각된다. 본고에서는 북

---

60) 김용덕, 「奎章閣考」.
61) 『순조실록』 권7, 순조 5년 3월 22일.

학론의 태동 배경에서부터 시작하여 북학파의 형성과 북학론의 내용 및 추진과정 등을 박제가의 일생과 관련하여 살펴보았다.

북학파의 성립은 홍대용으로부터 시작되었다. 1603년 이래 조선에 전래된 한역서학서와 세계지도 등에 관심을 갖고 있던 홍대용은 자기 집에 농수각(籠水閣)을 지어놓고 서양의 과학기술을 응용한 여러 가지 관측기구를 만들어 보관하는 등 모방단계를 거친 후 연행사를 따라 연경에 갈 기회를 얻게 되었다. 여기에서 서양 선교사들과 접촉한 그는 북학에 대한 확신을 갖고 돌아오게 되었으며, 귀국 후에 저술한 『의산문답(醫山問答)』(1766)에서는 지구 구체설에 근거한 '화이일야(華夷一也)'적 세계관과 이용후생론을 강조하게 되었다.

홍대용의 뒤를 이어 박지원도 연행의 경험을 통해서 비슷한 생각을 확신하기에 이르렀다. 사실 박지원은 1768년 백탑 부근으로 이사한 이후부터 뜻을 같이하는 인사들과 동인 집단을 이루어 연토(研討)하는 과정에서 이용후생의 필요성을 절감하고 있었다. 여기에 모인 인물들은 홍대용·박지원·정철조·서상수·유련·이덕무·박제도·이희경·유득공·박제가·원유진·이서구·서유본·서유구 등 나이와 신분을 초월한 당대 지식인들의 집합체였다.

1781년 박지원이 박제가가 쓴 『북학의』의 「서문」에서 밝힌 바와 같이, 『북학의』의 내용이 자신이 지은 『열하일기』와 조금도 어긋나지 않아 마치 한 솜씨에서 나온 것 같았다고 표현한 것은 백탑파 구성원들의 지향이 상호 간에 상당한 공감대를 형성하고 있었음을 보여준다. 박제가가 연경에 다녀와서 『북학의』를 쓴 것이 아니라 이미 백탑파의 연토 과정 속에서 『북학의』의 내용이 완성된 것이요, 연행은 다만 그것을 확인하는 과정에 불과했을 뿐이었다는 박지원의 자신감은 당시 백탑파 지식인들의 이용후생에 대한 갈망을 대변해준다.

그런데 박지원과 박제가의 이용후생론은 비단 경제적인 관점에만

초점이 맞춰져 있던 것만은 아니었다. 이용후생으로 민생이 안정되어
야지만 백성들의 정덕(正德)을 해치지 않고, 백성들로 하여금 예절을
알게 할 수 있다는 도덕론적 관점이 바탕에 깔려 있었다.

　그러나 이를 실학의 성리학 배태설로 등치시키는 것은 잘못된 것
이라고 생각한다. 실학자들 또한 근본적으로는 유학적 사유를 벗어날
수 없었던 한계가 있었던 것이 사실이지만, 북학파들이 주장한 이용
후생론은 심성론 절대 위주의 성리학에서 벗어나 이용후생을 강조했
다는 측면에서 차별성을 보여준다. 이는 순관념론이 인간의 행위를
규제한다고 보는 입장과 인간의 사회경제적 환경이 인간의 관념에 영
향을 미친다고 보는 입장의 대립처럼 매우 큰 관점의 차이를 내포하
고 있기 때문이다.

　박제가와 북학파 동료들은 운이 좋게도 조선후기의 개혁군주 정조
의 지우를 입어 서얼 출신임에도 불구하고 규장각 검서관으로 활동할
수 있었다. 그러나 서학 수용과 북학의 진작에 앞장섰던 국왕 정조가
노론 벽파의 공격을 받아 중심을 잃고 우왕좌왕하면서 점차 지도력을
상실해갔고, 1800년 오회연교 직후에 급서함으로써 박제가와 북학파
의 꿈도 좌절되었다.

　그러나 우리가 북학파의 논리를 오늘 다시금 되짚어보는 이유는
분명하다. 그것은 성리학 절대를 주장했던 철학독재, 사상탄압의 시
대에 도덕과 경제(이용후생)의 조화를 주장했던 그들의 혜안이 오늘
날에도 절실히 요청될 뿐만 아니라, 북학파가 꿈꿨던 개방적이고 부
강하며 도덕적으로 고양된 사회가 바로 우리가 꿈꾸는 사회와 맞닿아
있기 때문이다.

참고문헌

朴齊家, 『貞蕤閣集』

朴趾源, 『燕巖集』

丁若鏞, 『與猶堂全書』

洪大容, 『湛軒書』

『正祖實錄』

『純祖實錄』

『承政院日記』

『弘齋全書』.

박광용, 1998, 『영조와 정조의 나라』, 푸른역사.

유봉학, 1995, 『연암일파 북학사상 연구』, 일지사.

오세영·윤일현·김성준 편, 2004, 『초정 박제가의 실학사상과 해운통상론』, 신서원.

오수경, 1990, 『18세기 서울 문인지식층의 성향』, 성균관대학교 박사학위논문.

허남진, 1994, 『조선후기 기철학 연구』, 서울대학교 박사학위논문.

홍대용 저, 소재영 외 주해, 1997, 『주해 을병연행록』, 태학사.

김길환, 1975, 「박제가의 생애와 사상」, 『실학논총』, 전남대출판부.

김용덕, 1957, 「奎章閣考」, 『중앙대학교논문집』 2, 중앙대학교.

_____, 1961, 「정유 박제가 연구: 제1부 박제가의 생애」, 『중앙대학교논문집』 5, 중앙대학교.

_____, 1961, 「정유 박제가 연구: 제2부 박제가의 사상」, 『사학연구』 10, 한국사학회.

_____, 1962, 「박제가의 사상」, 『한국사상』 5.

_____, 1977, 「박제가의 경제사상: 기적의 선각자」, 『진단학보』 44, 진단학회.

_____, 1981, 「박제가의 북학의」, 『한국의 실학사상』, 삼성출판사.

나우권, 1996, 「박제가의 실학사상」, 『실학의 철학』, 예문서원.

박성래, 1995, 「홍대용 『담헌서』의 서양과학 발견」, 『진단학보』 79, 진단학회.

박성순, 2005, 「조선후기의 서양역법 수용과 도기분리론의 정립」, 『한국사상사학』 24, 한국사상사학회.

박충석, 1981, 「초정의 사상적 위치: 북학의를 중심으로」, 『진단학보』 52, 진단학회.

손병규, 2003, 「조선후기 재정구조와 지방재정운영」, 『조선시대사학보』 25, 조선시대사학회.

손승철, 1982, 「북학의의 존주론에 대한 성격분석」, 『강원대학교논문집』 17, 강원대.

송석구, 1988, 「정유의 실학사상」, 『조선후기문화: 실학부문』, 단국대학교 출판부.

신용하, 1997, 「박제가의 사회신분관과 사회신분제도 개혁사상」, 『조선후기실학파의 사회사상연구』, 지식산업사.

안대회, 2003, 「열린 사회를 위한 개혁개방론, 박제가의 북학의」, 『북학의』, 돌베개.

이상태, 1984, 「박제가의 통상개국론」, 『소헌남도영박사화갑기념사학논총』.

이석호, 1972, 「북학의 해설」, 『북학의』, 대양서적.

이성무, 1970, 「박제가의 경제사상」, 『이해남박사화갑기념사학논총』.

_____, 1973, 「박제가의 북학의」, 『실학연구입문』.

이원순, 1980, 「한국근대문화의 서구적 기초」, 『한국사학』 1, 한국정신문화연구원.

이춘령, 1981, 「진북학의를 통하여 본 박제가의 농업론」, 『진단학보』 52, 진단학회.

정옥자, 1981, 「문화사적 측면에서 본 정유집」, 『진단학보』 52, 진단학회.

조동성, 1983, 「박제가의 해외통상론」, 『한국의 종합무역역사』 하, 법문사.

한우근, 1965, 「정조 병오소회 등록의 분석적 연구」, 『서울대논문집』 11.

홍덕기, 1983, 「정유 박제가의 경제사상: 상업론을 중심으로」, 『호남문화연구』 13.

黑岩直樹, 1983, 「朴齊家思想」, 『近代朝鮮社會思想』, 未來社.

서유구의 학문세계와 학문자세,
그리고 실사구시
− 『임원경제지』「본리지」를 중심으로 −

정수환[*]

Ⅰ. 머리말
Ⅱ. '실사(實事)'와 전거, 지식 구분
Ⅲ. '구시(求是)'와 안설(按設), 경험의 지식
Ⅳ. 맺음말

* 한국학중앙연구원 책임연구원
이 글은 『한국사학사학보』 41에 게재한 원고이다.

I. 머리말

서유구(徐有榘, 1764~1845)는 19세기를 대표하는 지성 중 한 명으로 방대한 저술을 남겼다. 그는 이유원(李裕元, 1814~1888)의 저작 중 역사와 관련한 저술로 평가받는『체론류편(体論類篇)』에 대한 교정을 실시하기도 했다.1) 그리고 서유구는 정조의 지시에 따라『누판고(鏤板考)』를 편찬하였으나 이는 국가적 학술성과 집적 결과로서 그의 사관을 반영하였다고 보기에는 제한적이다.2) 따라서 역사를 바라보는 시선, 즉 사학사적 측면에서 서유구의 사관과 사론을 분석하기에는 자료에 있어 제한적인 측면이 있다. 그러나 그의 세계관을 반영한 학술적 성과를 대상으로 서유구의 19세기적 현실인식과 학문자세를 분석할 수 있다.

서유구의 방대한 저서에는 그의 현실인식에 바탕한 학문자세 및 세상을 보는 시선을 담고 있다. 그는 조부 서명응(徐命膺, 1716~1787), 생부 서호수(徐浩修, 1736~1799) 등 대대로 현달한 인물을 배출한 이른바 한양의 소론 경화사족 가문에서 태어났다. 일찍이 이유원과 더불어 한양의 장서가로 학문적 배경을 겸비하고 있었다. 그는 21세에 조부의『보만재총서(保晚齋叢書)』편집에 관여한 이후『풍석고협집(楓石鼓篋集)』,『행포지(杏蒲志)』,『종저보(種藷譜)』,『금화경독기(金華耕讀記)』등을 저술함은 물론 만년에『임원경제지』를 완성하였다. 이런 측면에서 그의 학술적 성취가 집약된『임원경제지』로 그의 세계관과

---

1) 함영대, 2001,「임하필기 연구」, 성균관대학교 석사학위논문, 26쪽.
2) 정호훈, 2020,「《鏤板考》의 지식 세계와 조선 학술」,『한국문화』89.

학문자세를 분석할 수 있다.[3] 서유구는 단기간 집중저술 방식이 아니라 1806년(순조 6) 향리에 유폐된 후 자료를 모아 30여 년간 『임원경제지』를 편찬하였으며, 79세가 되던 1842년(현종 8)에 표문을 완성하였다.[4] 따라서 『임원경제지』는 그의 학문적 입장을 최종적으로 반영하고 있다고 하겠다.

서유구의 세계관과 연계한 학문자세에 대한 추적을 시도하는 이 연구는 기존 연구 성과를 참고한다. 그의 학문 배경으로 농학전통과 박학에 주목했다. 김용섭은 서유구가 정약용의 '독립자영농'과는 차별된 '국가농장적 농업경영론'을 주장할 수 있었던 배경으로 3대에 걸친 가학 전통에 있으며 그 성과는 『임원경제지』로 완성되었다고 분석했다.[5] 그리고 『임원경제지』에 대해 농학서에 가정 관리에 대한 요소를 추가한 『산림경제』, 여기에 가훈에서 유래한 가정을 포함한 『증보산림경제』를 계승하여 가정 관리학에 맞게 한 차원 발전시켜 근대 학문적 성격을 갖고 있는 점을 주목하기도 했다.[6]

『임원경제지』와 관련한 서유구의 학문 자세에 대한 분석이 있었다. 「예규지」의 경우 가정 경제학의 측면에서 윤리성과 합리성에 입각하여 '제량의 경제관'을 도출하여 이익추구의 '윤리적 합리성'을 지향한 결과로 규정되기도 했다.[7] 이헌창은 『임원경제지』를 유서(類書)

3) 『임원경제지』 분석을 위해 규장각본을 대상으로 하면서 번역 성과를 참고했다. 保景文化社, 2005, 『林園十六志』卷1~5; 정명현·김정기 역주, 2008~2009, 『林園經濟志-本利志』, 소와당.

4) 염정섭, 2011, 「《임원경제지》의 편찬과 구성 체제 및 주요 내용」, 『풍석 서유구와 임원경제지』, 소와당, 176~177쪽. 이와 관련해서 서유구의 아들 徐宇輔가 세상을 떠난 1827년 그리고 1835년, 1842~1845년이라는 3개의 편찬설이 있다(노기춘, 2006, 「《林園十六志》引用文獻 分析考(1)」, 『한국도서관정보학회지』 37-1, 2006).

5) 金容燮, 2004, 『新訂 增補版 韓國近代農業史硏究(I)』, 지식산업사, 148~149쪽.

6) 이헌창, 2019, 「《임원경제지》와 《예규지》의 학술사적 의의」, 『2018~2019 풍석 학술대회』, 75쪽.

로 규정하면서도 서유구의 학술방법에 대해 방대한 문헌을 검토하고 분명한 출처를 밝히거나, 인용문의 실증적 논거 검토 및 농법의 시험 등을 근거로 실증적 자세를 견지하고 있었다고 규정했다.[8] 『임원경제지』 중 「본리지」를 포함한 이른바 농학 분야 6개 지(志)를 대상으로 했을 경우 문헌 오기 20종, 이서명(異書名) 53종을 포함하여 총 357종의 문헌을 인용하였으며, 이 중 본리지는 103종 문헌에 대해 743회 인용횟수를 기록하고 있음이 밝혀졌다.[9]

선행 연구성과를 토대로 서유구가 구성한 『임원경제지』 중 「본리지」를 중심으로 그의 세계관과 관련한 학술세계와 학문자세를 분석하고자 한다. 이를 위한 분석 틀은 서유구의 학문자세가 '실사구시(實事求是)'에 있다는 가설을 전제로 '실사(實事)'로서 문헌 인용의 방향, '구시(求是)'로서 관찰과 실험이라는 경험을 차례대로 분석한다. 이를 통해 서유구가 현장의 경험을 지식화하고 이를 학문세계에 포함하기 위해 방대한 문헌을 동원하여 『임원경제지』의 「본리지」 체계를 구성하였음을 논증하고자 한다.

II. '실사(實事)'와 전거, 지식 구분

서유구는 『임원경제지』의 예언(例言)에 집필의 동기와 배경을 적었다. 그는 "향거(鄕居)하면서 양지(養志)"할 책의 저술이 필요하다는 동기를 언급한 뒤, "겨우 『산림경제(山林經濟)』 한 책이 있지만 쓸데 없이 번잡"하다고 선행연구에 대한 평가를 내린 결과 '부목(部目)'의 체계로 『임원십육지(林園十六志)』를 편찬하게 되었다고 밝혔다.[10] 특

---

7) 김대중, 2013, 「《倪圭志》의 가정 경제학」, 『韓國漢文學研究』 51.
8) 이헌창, 2009, 「《林園經濟志》의 경제학」, 『震檀學報』 108, 60~61쪽.
9) 노기춘, 앞의 글, 392~393쪽.

히, "중국(中國)에서 필요한 것을 아국(我國)에 차용하는 것이 어찌 장애가 없겠는가?"는 문제제기에 이어 집필 방향을 전적으로 '아국(我國)'을 위하는 내용을 '채취(採取)' 했다고 강조했다.[11] 서유구는 농촌 가정생활에 필요한 책을 저술할 목적으로 선행연구의 한계를 분석한 뒤 중국이 아닌 조선 현실에 필요한 지식을 정리할 필요가 있다는 문제의식을 『임원경제지』에 반영했다.

선행연구에 대한 평가에 따라 『임원경제지』는 16지(志)로 구성되었으며, 집필방향은 '실사'를 통한 조선에 필요한 지식의 집적이었다. 서유구는 『임원경제지』 구성에 있어 '선실이서(先實以書)'하고 '인서이실지(引書以實之)'를 강조했다.[12] 그는 '실(實)'의 출발을 '서(書)'를 통한 '인서(引書)'에 있다고 보았으며, 이러한 자세는 『임원경제지』에 인용한 도서에 대한 전거를 밝힘으로써 지식의 출처에 대한 구분으로 연결되었다. 따라서 서유구는 인용 문헌에 대한 전거를 밝히는 '실사'를 그의 저술에 실현하고자 했다. 이를 가능하게 한 배경은 서유구가 조부 이래 고관을 역임한 경화사족으로 역대에 걸쳐 문헌을 축적한 대표적인 한양의 장서가 중 한 명이었을 뿐만 아니라[13] 경향의 관직을 역임하는 과정에서 문헌의 접근과 수집이 용이했다는 사실에 있었다.

19세기 학문세계에서 조선에 필요한 지식의 체계화에 대한 문제의식에서 출발한 서유구가 문헌인용에 대한 전거를 밝히는 '실사(實事)'

---

10) 『林園經濟志』, 「林園十六志例言」. 『임원경제지』는 홍만선의 『산림경제』 16문의 체제와 치생론의 관점을 계승하였다(김일권, 2018, 「전통시대 치생의 문화와 자연생태학적 산림 사상」, 『한국적 자연학과 치생의 문화론』, 한국학중앙연구원출판부).

11) 『林園經濟志』, 「林園十六志例言」.

12) 『林園經濟志』, 「林園十六志例言」.

13) 정조는 규장각 해제서목 작성을 비롯하여 국가적 문헌 수집과 정리·편찬에 서명응, 서호수, 서유구로 이어지는 일가를 적극 활용하였다(함영대, 2017, 「정조의 奎章閣 解題書目 작성과 서명응 일가」, 『한국문화』 79, 47쪽).

의 학문자세를 실현한 과정은 인용 문헌의 범위와 자기 지식의 자리
매김 과정을 통해 분석할 수 있다.

1. 학문세계와 문헌 인용

서유구는 『임원경제지』에 인용 문헌에 대한 전거를 밝혔다. 「본리
지」의 인용문헌에 대한 분석 결과에 따르면, 인용문헌 103종에 대한
734회 인용 중 『왕정농서(王禎農書)』가 145회, 서유구의 『행포지』가
121회, 서광계(徐光啓, 1562~1633)의 『농정전서(農政全書)』가 47회로
높은 인용빈도를 보이면서 직접인용이 637회(86%)이고 간접인용이
102회(14%)로 1차 자료의 직접 인용으로 편찬이 이루어진 것으로 규
명되었다.14) 서유구가 『임원경제지』에 전거를 밝힌 배경은 예언에서
언급한 내용과 같이 '실사'를 향하는 데 있었으며, 이 '실사'는 바로
'아국', 즉 조선과 관련한 지식 체계의 구성이었다. 이와 관련한 몇 가
지 사례를 확인할 수 있다.

분양(糞壤)에 대한 내용의 구성과 문헌에 대한 전거는 서유구의
'실사'의 자세를 보여준다. 분양은 "분전총론(糞田總論)-용분시후(用
糞時候)-분의수저(糞宜收儲)-저분잡법(儲糞雜法)-혼분(溷糞)-작분
옥법(作糞屋法)-우궁답분법(牛宮踏糞法)-묘분(苗糞)-저분(底糞)-곡
피분(穀皮糞)-초목분(草木糞)-화분(火糞)-니토분(泥土糞)-잡분(雜
糞)-금수모우분(禽獸毛羽糞)"의 15조목으로 구성되어 있다.15) '분전
총론'으로 분양 전체 내용에 대한 서술 방향을 제시하는 과정에서 『농
정전서』, 『왕정농서』, 『진부농서(陳旉農書)』, 『군방보(群芳譜)』의 내용
을 인용한 후 『행포지』를 인용하여 내용을 마무리했다. 그리고 '곡피

---

14) 노기춘, 앞의 글, 387~388쪽.
15) 『林園經濟志』, 「本利志」 권4 營治, 糞壤.

분' 내용도 『왕정농서』, 『진부농서』, 『천공개물(天工開物)』, 『화한삼재도회(和漢三才圖會)』를 비롯하여 『농가집성(農家集成)』에서 인용한 전거를 밝힌 후 『행포지』와 『금화경독기』 인용으로 내용을 마무리했다. 서유구가 그의 『행포지』와 『금화경독기』를 인용한 내용은 아래와 같다.

> ○ 깻묵은 예부터 못자리의 기름진 거름이 된다고 생각했으나 많이 얻기가 어렵다. 그래서 참깨는 씨를 거둔 뒤에 줄기·잎·씨방까지 잘게 썰어 보관한다. 봄이 되면 논에 뿌리고 밟아서 진흙에 묻히게 한 다음 모를 그 위에 심으면 깻묵을 뿌린 것과 같이 기름지다. 들깨의 줄기와 이파리도 같은 방식으로 쓴다(『행포지』).
>
> ○ 지금 호남의 풍속은 겨로 만든 거름을 밭에 뿌리는 경우가 많다. 무릇 벼·밀·보리·기장·조 등의 거친 껍질을 모아서 간혹 오줌과 섞어서 밭에 뿌린다. 그래서 속담에 "곡식에 좋은 거름은 곡식 그 자체에 있다."라고 했는데, 이것은 곡물을 다시 그 곡물에 거름으로 준다는 말이다. 북방에서는 이 같은 방식을 쓰지 않는데, 아마도 토의(土宜)에 이롭거나 불리함이 있기 때문일 것이다(『금화경독기』).[16)]

『임원경제지』에 인용한 『행포지』와 『금화경독기』의 내용은 자신의 관찰과 경험을 배경으로 하면서 조선의 지역적 특징을 강조하고 있다. 서유구는 중국의 당, 송, 원, 명대를 비롯하여 일본의 강호시대(江戶時代) 문헌을 인용하고 조선 신속(申洬, 1600~1061)의 『농가집

---

16) 『林園經濟志』, 「本利志」 권4 營治, 糞壤―穀皮糞. 이하 「본리지」 인용문은 모두 정명현·김정기의 역주 성과(2008~2009, 『林園經濟志―本利志』, 소와당)를 바탕으로 필자가 보완하였음을 밝힌다.

성』을 전거로 밝힌 후 자신의 저서들로 내용을 마무리했다. 그 과정에서 『행포지』에서 깻묵으로 거름을 만드는 과정을 상술하면서 실증 혹은 관찰의 가능성을 암시하고, 『금화경독기』에서 호남의 사례와 북방을 비교하거나 속담을 전재함으로써 조선의 실정을 고려했다.

종집(種蓺) 중 도류(稻類)의 구성과 인용문헌에 대한 전거 내용에서도 서유구의 '실사' 학문 자세를 살필 수 있다. 도류는 "종도총론(種稻總論)-치전법(治田法)-하종양묘법(下種養苗法)-종만도법(種晚稻法)-이앙법(移秧法)-논이앙위위도(論移秧爲危道)-재이앙법(再移秧法)-당파법(撞杷法)-운도전법(耘稻田法)-분묘법(焚苗法)-반종법(反種法)-건파법(乾播法)-종조도법(種早稻法)"의 13조목으로 구성되어 있다.17) 이들 중 논관리 방법에 대한 내용을 정리한 '치전법'에는 『농정전서』, 『농상집요(農桑輯要)』, 『진부농서』, 『군방보』, 『증보도주공서(增補陶朱公書)』, 『천공개물』, 『전가오행(田家五行)』을 비롯하여 『농사직설(農事直設)』에서 인용한 전거를 밝힌 다음 『행포지』와 『금화경독기』 인용으로 마무리했다.

○ 영남 사람들은 논을 관리할 때 수확이 끝날 때마다 여럿이서 삼태기와 괭이로 논의 흙을 2척 정도 판다. 파낸 흑을 다시 메우는데, 단단하게 다지지는 않고 겨울 추위를 겪도록 한다. 초봄에 쟁기질과 써레질을 법대로 하고, 파종하면 벼 뿌리가 깊이 들어가 매우 무성해진다(『행포지』).

○ 우리나라 북방의 풍속에는 초봄에 얼음이 녹을 때마다 논둑을 수축하는데, 가래와 삽을 가지런히 모아서 부역을 하여 일을 이룬다. 남방은 이러한 법이 전혀 없다. 대개 남방은 겨울 추위가 심하지 않아서, 땅이 겨울을 겪어도 이전처럼 견실하다.

---

17) 『林園經濟志』, 「本利志」 권5 種蓺, 稻類.

북방은 추운 겨울이 땅 속 깊이 들어가기 때문에 논둑이 모두 어는 것이다. 언 땅이 풀리면 흙덩어리가 푸석푸석하게 부풀어 일어나므로 물이 다 스며든다. 그러므로 반드시 흙을 다진 연후에야 비로소 물을 오래 저장할 수 있게 된다(『금화경독기』).[18]

서유구는 당나라 이전에서부터 명대까지의 문헌을 인용하고 조선 초기 간행한 『농사직설』을 전거로 밝힌 후 자신의 저서를 인용함으로써 '치전법'을 완성했다. 그는 영남 농법의 특징을 묘사한 『행포지』와 북방과 남방의 농법 차이를 비교한 『금화경독기』의 내용을 인용했다.

농업에 대한 피해 중 충해(蟲害)에 대한 내용에도 중국문헌과 조선문헌 인용에 대한 전거를 밝힌 다음 자신의 저술을 인용했다. 충해는 "남풍생충(南風生蟲)-벽충잡법(辟蟲雜法)-황남(蝗蝻)-제황법(除蝗法)-명등모적(螟螣蟊賊)-촉서충(蜀黍蟲)-교맥충(蕎麥蟲)-포두충법(捕豆蟲法)-지마충(脂麻蟲)-임충(荏蟲)-제선충법(除蟬蟲法)-비(蜚)-작폭(雀暴)-해폭(蟹暴)-벽야저법(辟野豬法)" 등 15조목으로 구성되어 있다.[19] 충해의 서술을 위해 인용한 문헌은 『전가오행』, 『천공개물』, 『본초강목(本草綱目)』과 같은 명대의 농서는 물론 서양의 농업을 소개한 청대의 저술인 『태서수법(泰西水法)』, 그리고 조선의 『사시찬요(四時纂要)』, 『과농소초(課農小抄)』, 『농정전서』, 『성호사설(星湖僿說)』 등을 인용했다. 황(蝗)의 피해에 대해 소개하면서 풍토의 차이로 조선에서는 발견할 수 없다는 내용을 '안(案)'으로 제시한 점에서 보듯이,[20] 내용의 방향은 조선 현실에 대한 적용이었다. 뿐만 아니라 '벽충잡법'에 대해 『태서수법』, 『사시찬요』, 『과농소초』를 순차적으로 인용하여 서술한 다음 조선의 관서와 관동지역에서 충해 방지

---

18) 『林園經濟志』, 「本利志」 권5 種藝, 稻類-治田法.
19) 『林園經濟志』, 「本利志」 권8 五害攷, 蟲害.
20) 『林園經濟志』, 「本利志」 권8 五害攷, 蟲害-除蝗法.

를 위해 탄(炭)을 혼합하는 방법과 세시의 풍속을 소개한 『행포지』를 인용했다.[21] 특히 '명등모적', '촉서충', '교맥충', '포두충법', '지마충', '임충', '제선충법', '작폭', '해폭' 인한 피해에 대해 『행포지』의 전거를 밝혀 조선에서만 확인되는 충해의 특징을 암시하고자 했다.

문헌 인용과 서술 방향은 그가 서두에서 강조했듯이 조선을 위한 내용을 반영하기 위해 중국과 일본의 문헌에서 관련 내용을 인용하여 전거를 밝히고 조선 문헌과 자기의 지식이 담긴 저술을 전거로 제시하는 데 있었다. 서유구는 중국 한·당에서부터 명은 물론 『수시통고(授時通考)』, 『인사통(人事通)』을 비롯한 청대의 문헌을 인용하였을 뿐만 아니라 『화한삼재도회(和漢三才圖會)』와 『태서수법(泰西水法)』 등 서양과 일본의 자료까지 참조했다.[22] 따라서 그의 세계관을 반영한 학문세계는 청나라를 포함한 중국과 일본 그리고 서양의 지식을 포괄하고 있었다고 볼 수 있다. 그리고 전거를 밝힌 인용 문헌 중 조선의 비중이 높았음을 참고할 필요가 있다. 「본리지」에서 인용빈도의 중심은 145회가 인용된 『왕정농서』와 121회 인용한 『행포지』, 47회 인용된 『농정전서』 등 14종이었다.[23] 그럼에도 불구하고 인용 문헌 중 중국이 64.4%, 조선 32.37%를 비롯하여 서양 2.13%와 일본 0.93%를 차지하고 있었으나, 글자 수로 본다면 중국 문헌이 47.68%인 데 반해 조선 문헌은 45.41%로 균형을 이루고 있었다.[24] 그리고 전거를 밝

---

21) 『林園經濟志』, 「本利志」 권8 五害攷, 蟲害–附蟲雜法.

22) 서명응이 1763년 계미사행을 계기로 조선에 유입된 『和漢三才圖會』는 조선 지식인의 일본 인식의 중요 문헌이었으며, 서유구도 『임원경제지』에 340회 인용하며 일본 학문을 구체적으로 인식했다(曺蒼錄, 2012, 「《林園經濟志》를 통해 본 徐有榘의 일본 인식–《和漢三才圖會》를 인용한 사례를 중심으로」, 『大同文化研究』 78). 한편, 이덕무가 이 책을 적극 활용한 뒤 19세기에 서유구와 이규경이 참조하여 18·19세기 조선의 실증적 학풍에 영향을 끼쳤다(安大會, 2010, 「18·19세기 조선의 百科全書派와 『和漢三才圖會』」, 『大同文化研究』 69).

23) 노기춘, 앞의 글, 387쪽.

24) 정명현·김정기 역주, 2008, 「본리지 해제」, 『임원경제지 1–본리지』, 소와당,

힌 조선 문헌도 조선 초기부터 『성호사설』, 『과농소초』, 『북학의(北學議)』 등 18~19세기 서유구 당대의 문헌과 자신의 주장이 담긴 저서를 포괄하고 있었다. 이로 본다면 서유구는 '외부세계의 지식→조선의 지식→자기의 지식'으로 이어지는 구조 속에서 「본리지」의 지식체계를 구성했다고 볼 수 있다.

2. 자기 지식의 연원과 입지

서유구가 「본리지」에서 외부세계의 지식과 연계하여 조선과 자기의 지식을 포함한 사실은 그의 세계관을 반영한 학문세계를 보여주고 있다. 그는 자기의 지식과 학문에 대한 자리매김을 의도하면서 조부 이래 가학의 배경을 암시했다. 양전법을 부록으로 수록하면서 생부 서호수의 『해동농서(海東農書)』를 전재했다.[25] 이와 같은 저술 인용 외에도 『임원경제지』를 포함하여 자신의 저술 속에 조선의 특징을 학문화한 선조의 행적을 수록하여 '자기의 지식' 기반을 드러내고자 했다.

경위도에 대한 기술을 하면서 조선 각지의 경도와 위도의 차이를 측정한 서유구의 조부와 부친의 행적을 기술했다.

> 정조 정미년 나의 조부께서 『양곡지(暘谷志)』를 편찬할 때 250리의 차이를 1도로 하는 고법(古法)을 이용했고, 정후조(鄭厚祚)의 『동국여지도(東國輿地圖)』를 근거로 여러 도의 경도와 위도의 도수를 정리했다. 신해년에 부친께서는 서운관의 제거로 있을 때 200리의 차이를 1도로 하는 현재의 방법을 이용했고, 비변사에 소장되어 있는 『여지도(輿地圖)』를 근거로 하여 여러 도의 경도와 위도의 차이를 헤아려 정하였다.[26]

19~20쪽.
25) 『林園經濟志』, 「本利志」권1 田制, 附量田法.

서유구는 조부 서명응이 백두산을 유람할 때 연지봉 아래에서 북극 고도를 측정하여 1787년(정조 11)에『양곡지』를 편찬한 사실과 이 경험을 계승하여 그의 생부 서호수가 1791년(정조 15) 경도와 위도의 차이를 살핀 내용을 강조했다. 그의 이러한 서술은 조부에서 자신으로 이어지는 가학 전통을 사례로 수록함으로써 자기의 지식 유래와 힘을 드러내려는 데 있었다.[27]

'실사'를 위한 문헌 인용과 전거의 명기를 통해 서유구는 '자기의 지식', 즉 조선의 특징을 담고 있는『행포지』등 자기저술과 주장을 학문세계와 체계 속에 포함시키려 했다. 이를 위해 그는 자기의 지식에 대한 근거 제시에서 나아가 자기의 주장을 포함했다.

서유구는 전제(田制) 중 '경무결부(頃畝結負)'를 통해「본리지」에서 조선의 제도적 기원과 한계에 대한 자신의 논증을 제시했다. 그는 먼저 '논동국결부법(論東國結負法)'에서『행포지』를 인용하면서 결부법의 문제점과 변천 과정에 대한 사적(史的) 기록을 정리했다.[28] 결부법이 고려의 제도를 따른 것으로 세금의 양을 기준으로 책정하여 규모가 가변적이라는 폐단이 있다고 보고 중국의 경무법(頃畝法)의 효율성을 고려할 필요가 있다고 주장했다. 그 근거로 결부법에 대해 1443년(세종 25) 세종이 주척에 따른 경묘법 도입을 검토했던 사실과 1445년(세종 27) '양전사목(量田事目)'에 적용한 내용을 인용했다. 그럼에도 불구하고『경국대전』에 결부법이 적용된 한계와 1653년(효종 4) 주척의 통일에 그친 점을 문제로 지적했다. 그는 경묘법과 관련하

---

26)『林園經濟志』,「本利志」권3 審時, 經緯度-論東國經緯度.

27) 정약용도『목민심서』서문에서 "나의 선친께서는 조정의 부름을 받아 두 현의 현감, 한 군의 군수, 한 부의 도호부사, 한 주의 목사를 지냈는데 모두 치적이 있었다. 부족한 나는 다소간 들은 내용이 있었고, 보아서 조금의 체득한 사실도 있었으며, 물러나 이를 시험해 봄으로써 다소간 체득한 사실이 있었다(『牧民心書』,「自序」)."고 언급하고 있다.

28)『林園經濟志』,「本利志」권1 田制, 頃畝結負-論東國結負法.

여 세종조와 효종조의 사적, 그리고 『경국대전』에 대해 인용함으로써
자기의 지식에 대한 배경과 주장의 근거를 제시했다.

양전의 비효율성에 대한 대안으로 서유구는 결부법이 아닌 경묘법
에 따라 농서에 서술된 농법을 적용해야 한다는 방향을 제시하고 주
장했다. 그는 객관화되지 못한 결부법으로 인해 조서(曰胥)에 의한
농간이 있으며 이로 인해 양안과 실제 토지가 일치하지 않는 문제가
있다고 지적했다. 조선의 전제(田制)를 "지상지전제(紙上之田制)"라고
평가하고, 서북삼도(西北三道)가 전적(田籍) 없이 정해진 세액을 조호
(租戶)에 균분하고 있는 현실의 문제를 제시했다.29) 이와 같이 조선
결부법의 문제점을 지적한 이유는 농서가 경묘법을 기준으로 기술되
어 있으므로 최소한 일관된 기준 적용을 통한 치전(治田) 실현이 필
요하다고 보았기 때문이었다. 서유구는 결부에 대해 관과 민의 이해
차이가 존재하는 현실과 더불어 두락(斗落)과 일경(日耕)도 객관화하
지 못해 농법의 일괄 적용에 한계가 있다고 강조하고 결국 주척에 따
른 일괄 면적 기준 적용을 결론으로 제시했다.

서유구는 자기 지식에 대한 배경에 이은 주장의 내용을 『임원경제
지』「본리지」를 통해 학문세계에 포함시켜 자리매김했다. 그는 전제
(田制)에 대해 '경무결부(頃畝結負)'의 서술에 있어 "논고금무법(論古
今畝法)→논동국결부법(論東國結負法)→논화동전무상준(論華東田畝
相準)→논고금보법(論古今步法)→논고금척법(論古今尺法)→논력대척
도(論歷代尺度)"로 서술하여 경묘법의 기원과 의미를 척도(尺度)에
대한 고증으로 연결시킨 후, 『행포지』를 인용하여 '논동국척법(論東
國尺法)'으로 자기 지식의 배경을 서술하고 '논동국결부법(論東國結負
法)'으로 자기주장을 수록했다.30) 즉 조선 결부법의 한계를 제시하고

---

29) 『林園經濟志』, 「本利志」권1 田制, 頃畝結負-論東國結負法.
30) 『林園經濟志』, 「本利志」권1 田制, 頃畝結負-論東國尺法.

경묘법 도입의 필요성을 주장하면서 조선과 중국의 제도를 비교하고 자신의 경험을 결부하여 결론을 도출하였다. 이러한 사례에서와 같이 서유구는 '자기의 지식'을 중국, 일본, 서양 문헌에 대한 전거 속에 포함시켜 학문세계에 자리매김함은 물론 자신과 조부 이래의 경험을 바탕으로 '조선의 지식'과도 차별성을 암시했다.

18세기 이후 조선의 농법을 서술한 '조선의 지식'에 대해서도 서유구는 분석과 비판을 실시하여 '자기의 지식'에 대한 차별성을 시도했다. 결부법의 한계를 서술하는 과정에서 『과농소초』의 내용에 대해 자신의 저술 『행포지』를 「본리지」에 인용함으로써 자기의 지식을 제시했다.

> 영조 갑자년에 결부법을 재차 결정하여 '화전 25일 갈이를 1결로 했다'. 그러나 지금의 이른바 25일 갈이의 밭은 처음부터 정해진 척도가 없어서 어쩔 수 없이 서리와 조예의 입에 의지하기가 일쑤였다. 또 화전이 궁장이나 영둔진으로 일단 편입되면 제 마음대로 넓이가 늘어나서 더욱 기준이 없다.[31]

1744년(영조 20) 결부법에 대한 개정에도 불구하고 일경(日耕)의 한계와 이서배에 의한 침탈의 현실이 항존함을 지적하면서 자기 지식의 적시성을 강조했다. 그리고 결부와 경묘에 대해 100묘가 조선의 수전(水田) 40두지(斗地)라는 『반계수록』의 서술에 대해 주장의 근거를 확인할 수 없다고 분석하는 자신감을 보였다.[32] 조선의 토품(土品)에 대한 서술에서 해서지방 연해읍(沿海邑)과 산군(山郡)에 목면 재배가 적당하지 않다는 『택지리』 언급에 대해 비

---

31) 『林園經濟志』, 「本利志」 권1 田制, 諸田-火田.
32) 『林園經濟志』, 「本利志」 권1 田制, 頃畝結負-論華東田畝相準.

판했다. 서유구는 오히려 금천, 토산지역에서 목화 재배가 성행하는 현실을 언급하며 산군(山郡)에 목화재배에 적당하지 않다는 언급이 정확하지 않다는 의견을 부기했다.[33] 그리고 『성호사설』 「만물문」에 묘사된 비(蜚)의 특징에 대한 서술을 인용 한 다음 '안(案)'으로 이익의 언급이 조선에 맞지 않으며 민간에서 선충(蟬蟲)이라고 지칭하는 것이 비(蜚)라고 확인했다.[34]

Ⅲ. '구시(求是)'와 안설(按說), 경험의 지식

서유구는 '실사'의 입장에서 문헌을 인용하며 전거를 상세히 밝히고, 전거 중에서도 해외와 조선을 구분하여 조선적 지식을 추출하려는 의도를 드러냈다. 특히 『행포지』와 『금화경독기』를 비롯한 '자기의 지식'을 실사를 위한 전거에 포함함으로써 그 가치를 암시했다. 그리고 가치의 부여는 '구시(求是)'로서 자신의 경험과 실험이 반영된 안설(按說)에 바탕하고 있었다.

서유구는 『임원경제지』의 집필 취지를 예언(例言)에서 밝혔다. 그는 중국의 지식을 조선에 직접 적용하는 데 한계가 있다는 문제제기에 따라 '아국(我國)'을 위한 내용을 '채취(採取)' 했음을 강조했다.[35] 그가 밝힌 '채취'는 문헌의 정리를 염두에 두고 있음이 분명하지만, 또한 그가 현장에서 경험하고 실험한 내용에 대해 '가안행(可按行)'하는 과정을 거쳤음도 주목할 필요가 있다. 이에 따라 『임원경제지』에 '안(案)'을 설정하고 있었다. 서유구는 인용한 책의 '실지(實之)' 중에서 '논변(論辨)'할 부분에 대해서 '안(案)'을 첨부했다.[36] 이런 부분이

---

33) 『林園經濟志』, 「本利志」 권3 辨壤, 東國土品－八域總論.
34) 『林園經濟志』, 「本利志」 권8 五害攷, 蟲害－蜚.
35) 『林園經濟志』, 「林園十六志例言」.

서유구의 학문적 세계관이 투영된 『임원경제지』에 반영됨으로써 서유구가 품고 있던 '자기의 지식'에 대한 비교우위와 당위성에 대한 인식을 보여준다. 그리고 논변은 현장 경험과 실험관찰을 통해 확보한 '구시(求是)'의 결과였다.

1. 지방관 현장 경험

서유구는 문과 급제 후 경향에서 사환하면서 조선의 현실과 관련한 현장 경험을 축적했다. 특히 지방관으로서 농촌현실에 대한 경험은 『임원경제지』 저술에 영향을 끼쳤을 개연성이 있다. 그는 1797년(정조 21) 34세에 순창군수를 비롯하여 1802년(순조 2) 여주목사, 1824년(순조 24) 회양부사, 1826년(순조 26) 양주목사 그리고 이듬해 강화유수, 1833년(순조 33) 70세의 나이로 전라도관찰사를 역임한 다음 1836년(헌종 2) 73세에 수원유수를 끝으로 치사했다. 서유구의 지방 환력과 그의 저술 관련성과 관련해서는 순창군수, 수원유수 그리고 전라도관찰사 시절의 기록으로 살펴볼 수 있다.

『임원경제지』 중 수재와 한재에 대한 내용은 서유구가 순창군수 재임 당시의 경험을 인용함으로써 전체 저술 체계에 포함되었다. 그는 가뭄에 대한 대책 중 수원의 확보와 더불어 다른 곡물을 심는 방안을 제시하였다.

> 정조 무오년에 호남에 여름 가뭄이 들어 모내기 시기를 놓치자 조정에서는 메밀을 대신 뿌리도록 했다. 내가 그때 순창군수로 있어서 직접 밭을 다니며 메밀 파종을 권장하여 벼를 심었던 땅의 70%에 모두 메밀을 심었다. (중략) 아마 대신 파종한 일은 진실로 옳았지

---

36) 『林園經濟志』, 「林園十六志例言」.

만 파종한 곡물을 잘 선택하지 못했기 때문이다.[37]

1798년(정조 22) 여름 가뭄으로 인한 이앙의 제한이 발생하자 조정의 정책에 따라 교맥(蕎麥)을 파종하고 경험한 교훈을 수록했다. 메밀을 심었으나 장마로 인해 병들었으며, 그로 인해 가뭄으로 인한 벼의 질병보다 심함에 따라 기근이 극심했다는 사실을 적었다. 그리고 이러한 시행착오를 통해 그가 지시하고자 한 대안은 전국에 대해 일괄적으로 동일 품종을 대신 파종할 것이 아니라 종자와 토질을 고려해야 한다는 사실이었다. 서유구는 순창군수 재직 당시 현장경험과 대안을 『행포지』에 반영한 후 이를 다시 『임원경제지』에 전재했다.[38]

서유구는 수원유수로서 축만제(祝萬堤) 수축에 착수했었다. 이에 앞서 그는 축만제에 가서 농형을 살폈다.[39] 1837년(헌종 3) 봄 강우로 축만제가 무너지자 서둔제동(西屯堤洞) 보축에 중군보첩(中軍報牒)을 받고 며칠 뒤 간심보축(看審補築)했다.[40] 그리고 그해 여름에도 축만제 훼손으로 인한 피해가 발생했다.

한 척(尺)에 가까운 비가 갑자기 쏟아져 축만제 서수문(西水門) 양변이 불어난 물에 부딪혀서 깎여서 무너지는 것을 막을 수 없었습니다. 수문 좌우에 무너진 부분이 두 아름 가량 되었습니다. 그러나 둑 밑 전답은 수문 아래에 물길이 본래부터 넓었으므로 둑이 무너진 뒤에도 물이 옛 물길을 따라 곧바로 내려가 둑 밑 전답의 침손(浸

---

37) 『林園經濟志』, 「本利志」 권8 五害攷, 水旱害-代播救旱.

38) 8조목으로 구성한 水旱害에 '芸麥救澇, 櫃田捍水, 炸穀医濕, 白露雨, 四月八夜雨, 揷秧忌連雨, 區田備旱'에 대해 『農政全書』, 『王氏農書』, 『天工開物』 등을 인용한 다음 '代播救旱'에 대해 조선의 상황을 언급하며 『행포지』로 마무리했다(『林園經濟志』, 「本利志」 권8 五害攷, 水旱害-代播救旱).

39) 『華營日錄』, 丙申 5월 초9일.

40) 『華營日錄』, 丁酉 4월 29일·5월 초8일.

損)과 태복(汰覆)이 그렇게 많지 않습니다.[41]

폭우로 인해 제언이 붕괴되었으나 다행히 별도의 배수로 확보로 큰 피해를 비켜갔다는 보고였다. 서유구는 다음 달 보축 역사 시작을 지시하고 직접 현장을 방문했다.[42] 공사의 방식과 진행 방향은 그해 10월 장계에 서술되어 있다.

> 인부들을 모으고 역사를 감독하되 물길의 설치는 오로지 벽돌을 사용하되 혹은 옛것과 같이 하거나 혹은 새로운 자재를 취하여 가로 세로 배열하였습니다. 이에 수갑(水閘)이 완성되어 흙을 쌓고 모래 를 덮으니 옛 제형(堤形) 그대로였습니다.[43]

축만제의 보수 과정에서 옛 원형을 유지하되 벽돌을 이용해 보강한 사실과 수갑을 설치한 내용을 강조했다. 그의 이러한 경험은 『임원경제지』의 수리에 대한 서술에 적용되었다. 그는 피당(陂塘)이 궁장(宮莊)으로 침탈당하거나 침전물로 물길이 막히는 현상에 대한 대책은 유사(有司)가 정책으로 해결해야 할 문제라고 지적하면서도, 한편으로는 제언(堤堰)을 수리하여 수문을 잘 관리하는 방안을 제시했다.[44]

서유구는 수리에 대한 총론에서 조선 수리 시설의 특징을 정리했다. 여기에는 순창군수를 비롯하여 수원유수 등 지방관으로서 농업과 농황에 대한 경험이 작동했다.[45]

---

41) 『華營日錄』, 丁酉 7월 29일. 이하 『화영일록』 인용문은 경기도박물관(2004, 『華營日錄』)의 번역문을 전재하였다.
42) 『華營日錄』, 丁酉 8월 초6일·19일.
43) 『華營日錄』, 丁酉 10월 24일.
44) 『林園經濟志』, 「本利志」권2 水利, 陂塘-修復陂塘法.
45) 1798년(정조 22) 순창군수 서유구는 정조의 윤음에 호응하여 「淳昌郡守応旨疏」를 올리면서 水田중심의 농업과 제언 수축을 강조했다(염정섭, 앞의 글, 26~27쪽).

우리나라에서 강물을 농지에 대는 일은 아주 드물다. 남쪽이든 북쪽이든 농지에 대는 물은 대개 모두 시내와 도랑의 것뿐이다. 그렇지만 모래가 퇴적되어 막히거나 물에 부딪히고 씻겨나갈 걱정은 오히려 경귤(耿橘)이 말한 강물의 피해보다 심하다. 우리나라의 수리를 논하자면 "도랑이 저수지보다 못하다"고 말해야 할 것이다.[46]

조선의 수리문제에 대한 이러한 그의 총평은 수원유수 당시 제언 수축 경험은 물론 지방관으로서 목도한 현실이 반영되어 있다고 볼 수 있다. 전국적인 현황과 제언에 대한 평가는 그의 임지에서의 경험과 문헌에 바탕한 결과였다. 이와 관련하여 관개시설 중 「가조(架槽)」의 사례를 『왕정농서』로 소개하면서 안설(按說)을 통해 조선의 영남에 이러한 형태가 사용되고 있다는 점을 주목하고 부연 설명하기도 했다.[47]

농업에 대한 관심 그리고 농학에 대한 서술은 서명응 이래의 가학 전통이 작용한 측면과 더불어 지방관으로서 현장에서의 경험도 함께 고려되어야 한다. 그는 수원유수 당시 판관의 보고 내용을 전재한 장계를 올렸으나, 부분적으로 농업에 대한 관찰을 수록했다.

영하(營下)의 측우기 수심이 1촌 2푼이며 경내 농형은 조도(早稻)는 씨를 뿌려 두 벌 김을 매고, 만도(晩稻)는 건파(乾播)하여 두 벌 김을 매기 시작하였습니다. 이앙하고 첫 제초를 바야흐로 시작하였고, 두태(豆太) 근경(根耕)을 이미 마쳤습니다.[48]

본부판관 이민영, 김한순(金漢淳) 등의 첩정을 통해 벼, 콩 등의 파종

---

46) 『林園經濟志』, 「本利志」 권2 水利, 總敍.
47) 『林園經濟志』, 「本利志」 권12 灌漑圖譜上, 架槽.
48) 『華營日錄』, 丙申年 6월 초6일·16일.

과 경작은 물론, 가뭄과 폭염 등의 피해를 파악하고 이를 그대로 보고했다. 이와 더불어 자신의 관찰 경험을 기록으로 남겨두고 있다. 여기에는 그가 안녕면(安寧面), 장주면(章州面) 등지를 '간찰농형(看察農形)'한 배경이 있었다.[49] 따라서 그가 농형에 대한 장계를 올린 내용은 현장 보고와 자신의 경험을 모두 담고 있다고 볼 수 있다. 서유구는 10일에 한 번 농형과 더불어 춘모(春麰), 추모(秋麰), 조도(早稻), 만도(晩稻), 두태(豆太) 등 작물별 성장 패턴을 보고했다. 이 과정에서 조도의 경우 '부종(付種)→입묘(立苗)→향청(向靑)→초제초(初除草)→재제초(再除草)→삼제초(三除草)→배태(胚胎)→발수(拔穗)→향황(向黃)→예취(刈取)'에 이르는 농업주기를 파악하고 있었다.[50]

곡물과 농황에 대한 현장의 경험과 더불어 전라감사로 재임할 당시에는 작물의 생육과 충해에 대한 경험을 축적했다. 1834년(순조 34) 전라감사 서유구는 환향(還餉)을 겉보리에서 벼로 바꿀 것을 비변사에 첩보했다. 그 과정에서 농황과 농업에 대한 관심을 피력했다.

> 본도는 원래 논이 많고 밭은 적습니다. 보리와 밀은 본래 세속에서 좋아하지 않는 것인데, 금년에는 밭과 논에 파종한 것을 막론하고 낮고 습기가 많은 곳은 겨울에 비가 오고 눈은 내리지 않아 거의 다 얼어 죽었습니다. 높고 건조한 들판은 봄 가뭄이 아주 심해서 스산할 정도로 쑥쑥 자라지 않아 이삭이 패기도 전에 이미 흉작으로 판가름났습니다. 요사이 두어 차례 호미질하거나 먼지를 적실 정도의 비가 내렸기 때문에 간혹 소생하는 효과가 있었지만, 또 연일 짙은 안개가 끼는 바람에 누렇게 변하고 하얗게 시들어 흉작을 되돌려 풍작을 만들기는 결코 가망이 없습니다.[51]

---

49) 『華營日錄』, 병신년, 8월 초4일.
50) 김문식, 2014, 「楓石의 水原留守 時 활동양상」, 『풍석 서유구 연구』上, 사람의 무늬, 115~118쪽.

전라도의 토지이용 현황과 작황실태를 보고했다. 이 과정에서 곡물의 생육과 관련한 온도, 습도, 강우에 대한 관찰 경험을 서술함으로써 그의 농업과 농학에 대한 관심과 식견을 드러내고 있다. 그의 이런 경험과 식견은 '오곡해(五穀害)'에 대한 서술에서 수재와 한재 등에 대한 『임원경제지』의 서술에 작동했다.52)

농황에 대한 장계에서 충해에 대해 언급했다. 강우로 인해 전라도 각 읍에서 7월 현재 올벼, 이앙올벼, 중도(中稻), 조, 콩 등의 작황에 대해 서술한 후 충해를 언급했다.

> ○ 연일 햇볕이 내리쬐어 각 곡식이 말라서 손상될 걱정이 많으며, 병충해도 그칠 가망이 없습니다. (중략) 고지대의 건조한 땅은 곳곳이 누렇게 시들었고 게다가 병충해까지 더욱 심하여 선충을 모조리 잡아 없애는 방법을 쓰지 않은 것이 없었으나 끝내 그치지 않아 곡식을 해친 것이 실로 많습니다.53)
>
> ○ 지형이 낮은 논 가운데 일찍 이앙한 벼는 싹이 트다가 도로 오그라들어 이삭을 머금은 것이 패지 못하고 역시 누렇게 시들어버린 것들이 많습니다. 선충이 끝내 그치지 않았는데, 또 한충(旱蟲)이 처음에 제(堤)와 보(洑)가 있는 마른 땅에서 생겨 그 모양은 누에와 같아 벼를 빨아 먹으니 장차 만연할 형세가 있습니다.54)

곡물의 고사는 물론 충해에 대해 선충의 퇴치 문제, 새로이 등장한

---

51) 『完營日錄』권5, 1834년 5월 7일. 이하 『완영일록』 인용문은 김순석 외 역주 (2018, 『완영일록』 3, 흐름)를 전재하였음.

52) 『林園經濟志』, 「本利志」권8 五害攷, 水旱害一代播救旱.

53) 『完營日錄』권6, 1834년(순조 34) 7월 17일.

54) 『完營日錄』권6, 1834년(순조 34) 7월 28일.

한충의 문제와 특징들을 서술했다. 이 과정에서 토지의 상태, 곡물의 생육 그리고 충해의 양상에 대해 묘사했다. 이러한 현장에서의 경험 은 『임원경제지』의 충해에 대한 서술에 반영되었다.[55]

2. 관찰과 실험

서유구가 '구시(求是)'를 통한 '자기의 지식' 기틀을 마련한 배경은 관료로서의 현장경험과 더불어 농업에 대한 관찰과 실험 지식에 있었 다. 그는 『임원경제지』에 대한 집필과 보완을 종신할 때까지 지속하 였으며, 이 과정에서 농업에 대한 관찰과 실험을 반영하여 저술했던 『금화경독기』와 『행포지』를 적극 인용했다. 그는 『금화경독기』에 조 부 이래 자신까지 관료로서의 경험을 수록했다. 『금화경독기』는 서유 구가 40대 중반이던 1809년(순조 9) 형제들과 영평현의 금화산장에서 경독한 결과물을 담은 내용으로 만년인 1827년(순조 27) 이후 최종 교정본을 탈고했다.[56] 『금화경독기』에 선대는 물론 서유구의 경험, 관찰 그리고 실험이 반영되었다.

> 경술년에 선친께서 부사로 연경에 갔을 때, 열하에서 기윤(紀昀) 을 만나셨다. (중략) 영조 갑신년에 할아버지 문정공께서 홍문관에 계실 때 명을 받들어 팔도 군현에서 찬수한 읍지를 모아서 책으로 만들어 총 50여 책을 홍문관에 보관해 두었는데, 지금 존재하는지 일실되었는지 알 수 없다. (중략) 관서 지방 사람들은 짚과 겨를 찧 어서 종이를 만드는데, 그 색이 담황색이다. 시속에는 '고정지(藁精 紙)'라고 부르니, 또한 문양을 눌러서 책을 장황할 수 있다.[57]

---

55) 『林園經濟志』, 「本利志」 권8 五害攷, 蟲害.
56) 진재교, 2019, 「《금화경독기》 해제」, 『金華耕讀記』, 자연경실, 30~32쪽.
57) 『金華耕讀記』권3, 「花潭集」; 『金華耕讀記』권5, 「儲書」·「造裝書紙法」. 이하 『금화

1790년(정조 14) 생부 서호수가 열하에서 서경덕(徐敬德, 1489~1546)에 대해 나눈 실화, 1764년(영조 40) 조부의 전국의 읍지 편집 사실 그리고 본인이 종이에 대한 지식을 『금화경독기』에 수록했다. 그리고 조부, 부친 그리고 본인의 경험을 『임원경제지』에 인용함으로써 그의 지식체계는 물론 학문세계에 자리매김하고자 했다.

서유구가 『금화경독기』에서 지신 및 선대의 관료로서의 경험을 직접 인용한 것은 이 책이 가지는 유서류의 특징이라 하더라도 『임원경제지』와 관련하여 생각해 볼 수 있다. 『금화경독기』는 독서 뒤에 남긴 독서후기나 독서 내용 중 오류를 보완한 독서차기(讀書箚記)로 조선후기 유서나 필기에서 볼 수 있는 고증적 방법을 적용했다.[58] 그럼에도 불구하고 고증에만 집중한 결과물로 제한하기보다는 『임원경제지』와의 관련성 속에서 경험과 실증 노력이 반영되었다고 볼 수 있다. 『금화경독기』에서 그의 실증자세를 확인할 수 있는 일화는 그가 해인사 대장경의 판각 시점에 대해 밝힌 내용이다. 그는 신라 애장왕 때 판각한 대장경판본이라 전하는 사실에 대해 의문을 제기하고 "병진년(1796)에 명을 받아 경외루판목록(京外鏤板目錄)을 편찬할 때 합천군에 행회(行會)하여 모인(摸印) 대장경 목록"에서 확인하고 "무신(戊申, 1248) 고려대장도감(高麗大藏都監) 봉래조조(奉勅雕造)"를 증명했다.[59]

『금화경독기』 저술은 관료 서유구의 현장과 연결되었다. 서유구는 『금화경독기』에서 소 도살 금지법이 느슨해져 도살이 성행하자 '정묘계축(正廟癸丑)', 즉 1793년(정조 18) 금법을 엄격히 함으로써 소가 번

경독기』 인용문은 진재교 외 역(자연경실, 2019, 『금화경독기』)의 성과를 전재하였음.

58) 진재교, 2019, 「《금화경독기》 해제」, 『金華耕讀記』, 자연경실, 34~35쪽.

59) 『金華耕讀記』 권5, 「藏經」. 그는 일찍이 이덕무가 「盎葉記」(『靑莊館全書』)에서 제기했던 의문을 실행에 옮겼다.

식하여 '돈경지교(敦畊之敎)'가 성취되었다고 확인했다.[60] 그리고 그는 이 내용과 동일하게 전라도관찰사로 부임하여 열읍에 「우주송삼금(牛酒松三禁)」에 대해 감결을 내렸다.[61] 73세이던 1836년(헌종 2) 수원유수로 부임하자마자 「권칙농무(勸筋農務)」와 「우주송삼금(牛酒松三禁)」을 신칙하며 '권농전령(勸農傳令)'과 '우주송삼금전령(牛酒松三禁傳令)'을 각 면에 내렸다.

> 우금이 해이하고 우축(牛畜)이 부족하여 전호(佃戶)에 소를 기르는 사람이 열에 한둘이 되지 않는다. 이로 인해 광농(曠農)이 곳곳에 생겨서 춘경(春耕), 이앙에 꼭 이웃 마을에서 서로 도와서 기일을 넘겨 농사를 망치는 한탄이 없어야 한다(勸農傳令). (중략) 우금으로 말하자면 지력을 다할 수 있는 방법은 경간(耕墾)에 벗어나지 않고 경간의 갖춤은 소를 기르는 것보다 중요한 것이 없다. 우축(牛畜)은 '이용후생(利用厚生)'의 도리에 메여 있지만 간세배(奸細輩)들은 금단을 어렵게 여기지 않아 공공연히 사도(私屠)를 하여 소를 기르는 일이 점점 줄고 개간하여 경작하는 일이 때를 잃었다(牛酒松三禁傳令).[62]

서유구는 우금의 목적이 우경과 이앙을 통한 흥농(興農)에 있음을 강조하면서 농우를 활용하여 경간(耕墾)하여 지력을 향상시킬 수 있으므로 이 또한 '이용후생'과 관련이 있다고 강조했다. 그리고 우축(牛畜)을 '농무(農務)'와 관계 지어 금지했음을 같은 해 겨울에 분명

---

60) 『金華耕讀記』 권6, 「屠牛之禁」.

61) 『完營日錄』, 계사년(1833) 4월 22일. 우금은 陳田起耕을 위한 생산도구의 확보라는 점에서 권농과 함께 논의되었으며, 이와 관련하여 서유구는 토지생산력의 유지와 증대를 위한 '盡地力'의 방안으로 인식하고 있었다(孫炳圭, 2003, 「徐有榘의 賑恤政策-《完營日錄》·《華營日錄》을 중심으로」, 『大同文化研究』 42, 10쪽).

62) 『華營日錄』, 병신년(1836) 2월 초1일.

히 밝히고 금단했다.[63] 그는 저술과 현장을 연결하여 자기의 지식에 대한 정리 및 체계화를 고려하고 있었다.

농업에 대한 관찰과 실험의 결과물을 서유구는 『행포지』와 『임원경제지』에 인용했다. 1806년(순조 6) 김달순(金達淳) 옥사(獄事)에 연루된 이후 은거하며 농업에 대한 관찰과 실험한 내용을 반영한 결과가 『행포지』이다. 『행포지』 인용으로 '구시(求是)'의 방향이 관찰과 실험에 있음을 드러낸 사례가 있다.

땅을 파서 거름을 주는 토지 구전(區田)에 대한 『임원경제지』의 서술에 대해 서유구는 『농상집요』, 『제민요술』, 『왕정농서』, 『과농소초』, 『북학의』 등을 인용하여 구전의 개념, 설치 및 관리에 대해 정리한 후 『행포지』에 서술된 자신의 관찰과 실험 결과를 마지막으로 인용했다.[64]

> 신미년 봄에서 여름으로 넘어갈 즈음 극심한 가뭄이 70일이나 지속되었다. 그러자 밭에 흩뿌린 기장·조·목화·콩·삼 등은 일절 싹이 나지 않았고 들판에는 푸른 풀이 거의 없었으나 오직 구덩이에 심은 오이류와 목화류는 이따금 싹이 돋아났다. 대개 구덩이에 씨앗을 심는 것은 구전의 제도와 가까운 것이다.[65]

1811년(순조 11) 현장에서의 가뭄에 따른 농업 관찰과 평가를 서술한 내용이다. 그는 『임원경제지』에 구전이 가뭄 극복에 도움이 되었던 경험과 오이와 목화류의 가뭄 극복 효과에 대해 위의 『행포지』 내용을 인용했다. 이를 통해 중국의 농법, 조선의 농법에 이어 자신의

---

63) 『華營日錄』, 병신년(1836) 12월 17일.
64) 『北學議』에서 박제가가 맥(麥)을 대상으로 시험하여 파종량을 줄이고 수확량을 증대했던 기록을 인용했다(朴齊家, 『北學議』, 「進北學議疏−區田」).
65) 『林園經濟志』, 「本利志」 권1 田制, 諸田−區田.

지식을 자리매김하고, 더불어 관찰과 실험을 통한 '구시(求是)'로서 '자기의 지식'에 대한 가치를 암시했다.

『임원경제지』의 내용 중 밭갈이에 대해 중국의 사례, 조선의 현실을 인용한 다음 『행포지』를 인용함으로써 자신의 관찰과 실험을 포함했다. 답리(踏犁)와 우경의 방법은 물론 이(犁)의 형태와 운영 방식에 대해 『영외대답(嶺外代答)』을 인용하여 일반론을 서술한 다음 『금양잡록(衿陽雜錄)』으로 경기도 금천에서 사람의 힘으로 소를 대신하여 경작하는 사례를 소개했다. 그리고 서유구의 관찰 기록을 담은 『행포지』로 보완하였다.

> 우리나라 호남의 연해와 도서에는 간혹 흙 속에 돌과 자갈이 많이 묻혀 있어 우리(牛犁)를 할 수 없는 곳에는 종종 사람이 직접 사람이 답리(踏犁)해서 경작한다.[66]

『영외대답』에서 제시되었던 답리와 우경, 조선의 특징으로서 『금양잡록』의 내용을 인용한 데 대한 보완의 일환으로 조선 호남 일대에서 행해지는 답리의 실태를 서술했다. 그리고 답리와 우경의 어원에 대해 정리한 『금화경독기』를 인용하여 자신의 경험과 학문을 결합하고 마무리했다.

충해 중 선충제거법에 대해서는 서유구의 경험과 관찰을 기록한 『행포지』를 인용했다.

> 무자년 여름 기호(畿湖)에 이것이 생겨 그 해에 결국 결실을 맺지 못했다. 기해년 여름이 끝나고 가을이 올 무렵에도 호서·호남에서 시작해서 기전(畿甸)에 이르렀고 결국은 영남, 영동, 호남까지 두

---

66) 『林園經濟志』, 「本利志」 권4 薆治, 耕耙勞蓋—用人犁耕法.

　루 펴졌으나 (중략) 다른 곳도 돌아가면서 이런 방법으로 선충이 재
　앙이 되지 않았다. 그런데 경기 사람만 그 방법을 알지 못해 결국 기
　근에 이르고 말았다(『행포지』).67)

　1828년(순조 28)과 1839년(헌종 5)의 선충 발생 사실과 전개과정
그리고 퇴치의 경향에 대한 경험을 『행포지』에 수록하고 이를 『임원
경제지』의 서술 구조 속에 포함하였다. 『행포지』에는 서유구가 경험
하거나 관찰한 농업과 관련한 기록들을 담고 있었으며, 『임원경제지』
서술 과정에서 그리고 문헌을 인용하면서 전거를 밝혔다. 서유구는
이를 통해 자기의 지식이 구시(求是)의 결과물로 가치를 지니면서 학
문세계에 포괄된다는 의도를 드러냈다.
　서유구는 「본지리」에 조의 파종법에 대해 영남·관동·해서·경기지
역 현황을 서술하면서 다른 전거 없이 『행포지』를 기준으로 완성했
다. 그리고 이를 '논속의견종(論粟宜畎種)'으로 정리했다.

　영남인은 맥전(麥田)에 속(粟)을 심을 때, 작은 보습을 소 한 마리
　에 지우고 두둑을 갈고 고랑을 만들어 조를 재배한다. 관동·해서에도
　두둑을 버리고 고랑에 파종하는 곳이 많은데, 두둑 파종에 견주어보
　면 수확이 반드시 곱절은 된다. (중략) 그러나 두둑에 재배하는 기전
　에는 풍년에도 겨우 6~7석을 수확하며, 흉년에는 반타작이다.68)

　전국 각 지역별 조 재배 방식의 차이와 특징을 구분하여 서술하면
서 자신의 관찰과 경험을 반영하고 있었으며, 내용은 『행포지』에 포
함되어 『임원경제지』에 인용되었다.

---

67) 『林園經濟志』, 「本利志」 권8 五害攷, 蟲害-除蟬蟲法.
68) 『林園經濟志』, 「本利志」 권6 種蓺, 粟類-論粟宜畎種.

『임원경제지』에서 서유구는 관찰과 실험의 경험을 반영한 『금화경독기』, 『행포지』를 적극 인용함과 동시에 안설(按說)을 통해서도 자신의 실증적 경험을 반영했다. 『진부농서』를 인용하며 수전(水田), 조전(旱田)에서 수확 후 밭을 갈고 두(豆)·맥(麥)·소(蔬)를 심는 방법에 대해 안설을 달았다. 내용은 아래와 같다.

> 우리나라 남쪽 지방의 주군에도 이런 방법을 시행하는 자가 많다. 이들은 매번 벼를 수확한 뒤에 즉시 논물을 빼고 경치(耕治)하고 추맥(秋麥)을 심는다. 이듬해에 보리를 벤 뒤에는 다시 갈고 물을 대어 모내기를 한다. 조전(旱田)·만전(晚田)을 막론하고 모두 시행할 수 있다.[69]

제전(諸田) 중 제전(梯田), 즉 산지에 층층이 구축한 다랭이밭에 대해 서유구는 "산향(山鄕)"에 많이 소재하면서 주로 밭농사를 하지만 수원지 인근에 도휴(稻畦)가 이루어진다고 언급했다.[70] 하천부지에 형성되는 사전(沙田)에 대해서도 관찰기록을 남겼다.

> 우리나라 강가에 드러났다 잠겼다 하는 땅 가운에 이러한 농지가 많다. 둑을 쌓아 물의 침범을 막고 그 안에 메벼와 찰벼를 심는다. 그러나 물길이 옮겨다니므로, 농지가 없어지기도 하여 이를 다시 경작하는 것이 일정하지 않다. 동쪽의 진흙이 떨어져 나가면 서쪽의 모레가 붙어나니, 이렇게 변형된 지형에 따라 농지를 만든다.[71]

토지에 대한 조선의 특징을 서술하면서 관찰한 내용을 안설로 부

---

69) 『林園經濟志』, 「本利志」권4 營治, 耕耙勞蓋−耕法.
70) 『林園經濟志』, 「本利志」권1 田制, 諸田−梯田.
71) 『林園經濟志』, 「本利志」권1 田制, 諸田−沙田.

연함으로써 관찰에 바탕 한 실증적 지식을 강조했다. 그 일환으로 농법에 대한 시험도 강조했다.

> 어떤 사람이 "항아리에 닭똥을 저장하고 사람 오줌을 부어 놓고, 맥류의 까끄라기가 나오기를 기다렸다가 물과 섞어 부어주면, 사람 오줌만 부어주는 것보다 훨씬 낫다."라고 했다. 당연히 시험해 보아야 한다.72)

『행포지』에 거름을 파종에 활용하는 새로운 방안에 대해서도 실험을 통한 검증을 강조했다. 이에 앞서 그는 『증보산림경제』에서 제시한 봄 파종 때 요탄(尿炭)을 사용하는 방안에 대해 안설을 통해 파종과 동시에 실시할 것을 제안함으로써 실험으로 검증된 결과를 제시했다.

서유구의 농업에 대한 관찰과 실험정신의 강조는 『임원경제지』에 반영되었다. 속(粟)의 성격과 재배법에 대해 『왕정농서』, 『제민요술』을 인용하여 정리하면서 파종시기에 대해 강원도 이천(伊川)의 상황을 언급했다.

> 근래 이천(伊川) 사람에게서 한 가지 방법을 얻었다. 매년 입동 전에 땅을 갈고 조를 파종하면 겨울 내 발아하지 않는다. (중략) 이 방법은 최근에 관서·해서로부터 전래되었는데, 여러 번 시험(試驗)했다고 한다.73)

강원도 이천의 상황에 대한 견문을 『행포지』에 수록하였으며, 이를 『임원경제지』에 인용하였다. 그리고 이천의 사례에 보듯이 그의

---

72) 『林園經濟志』, 「本利志」 권5 種蓺, 粟類-鋤壅法.
73) 『林園經濟志』, 「本利志」 권5 種蓺, 粟類-種粟時候.

저술에 인용한 사례는 실험을 통해 확인된 지식을 대상으로 하고 있음을 알 수 있다.

Ⅳ. 맺음말

서유구는 『임원경제지』를 16지로 구성하면서 '향거양지(鄕居養志)'를 위한 가정생활의 지식을 체계화하고자 했으며, 「본리지」는 농업에 대한 지식을 대상으로 했다. 「본리지」를 대상으로 그의 세계관이 반영된 학문세계와 지식체계에 대해 학술사적 측면에서 살펴보았다.

「본리지」에는 중국의 한·당에서부터 청대는 물론, 일본과 서양의 문헌까지 전거를 밝혀서 인용했다. 그리고 이러한 외부지식에 대해 다시 조선의 특징을 중심으로 분석하면서 조선 문헌을 통해 보완했으며, 결론에는 자신의 연구를 담고 있는 『행포지』와 『금화경독기』 등과 자기의 의견을 제시하였다. 여기에는 '실사(實事)'가 조선의 상황에 적합한 '인서(引書)', 즉 인용에 있다는 입장이 반영된 결과였다. 그에 따라 인용한 문헌에 대한 전거를 밝히고자 했다. 이러한 배경을 가지는 그의 학문세계는 '외부세계의 지식→조선의 지식→자기의 지식'으로 구조화되어 있었다.

서유구의 지식체계와 연구방법은 학술사적 의미가 있다. 조선 전기의 경우, 김안로는 한시의 상당수 인용문에 저자나 출전을 적고 있음에도 분석결과 직접 참조가 아닌 『사문유취(事文類聚)』와 『운부군옥(韻府群玉)』을 활용한 사실이 확인되었다.[74] 그리고 18세기 후반 황윤석은 전문(錢文)의 기원과 조선 이전 동전의 역사에 대해 『고려사』를 참고하고 『문헌비고(文獻備考)』 편찬에 간접적으로 참여하며 열람

---

74) 김덕수, 2015, 「《희락당고》소재 한시 주석 연구」, 『藏書閣』 33, 162쪽.

한 경험을 반영하여 간헐적으로 인용문헌을 밝혔다.[75] 이에 반해 19
세기 서유구가 『임원경제지』에 인용 문헌에 대해 면밀하게 전거를 제
시한 사실은 조선시대 학술사적 성취와 방향에서 의미를 갖고 있다.

　서유구는 자신의 저술을 적극 인용함으로써 학문 세계에 자신이
확보한 지식의 가치부여는 물론 학술적 위상을 확보하고자 했다. 이
점은 1796년(정조 20) 정조가 서유구 등으로 하여금 편찬하게 한 『누
판고』에서 보이는 학술사적 성취와는 차별된 부분이다. 『누판고』는
책판 중 85%가 고려와 조선이며, 이 중 특히 개인 저술이 77%를 점하
고 있음에 따라 국가를 중심에 두고 조선, 특히 정조대 지식과 학술,
정보를 체계화한 성과로 평가된다.[76] 그러나 『임원경제지』는 개인이
지식체계를 수립하고 학술적 성과를 반영한 성과였다.

　서유구는 중국을 비롯한 세계지식, 조선의 지식 그리고 그 속에 자
신이 확충한 지식으로 이어지는 논리 구조를 구상하고 있었다. 이와
관련해서는 동시대 학술활동을 전개한 정약용을 고려할 수 있다. 정
약용은 『목민심서』에 부친과 자신의 지방관 경험을 바탕으로 하고 있
다고 밝히는 것은 물론 조극선의 『삼관기』 등을 인용했다.[77] 뿐만 아
니라 1822년(순조 22) 편찬된 『흠흠신서』는 정약용이 서문에서도 밝히
도 있듯이 책 내용은 '경사요의→비상전초→의율차례→상형추의→전발
무사'로 구성되어 있다.[78] 이 구조는 경전에서 중국고사 그리고 조선의
전례에 이어 자신의 경험으로 이어지면서 서유구가 『임원경제지』에서
설계했던 구조와 대동소이하다.[79] 그렇다면 이러한 구조는 19세기 조

75) 정수환, 2017, 「頤齋 黃胤錫의 錢文에 대한 관심, 고증 그리고 실험분석」, 『전북
　　사학』 51, 99쪽.
76) 정호훈, 2020, 「《鏤版考》의 지식 세계와 조선 학술」, 『한국문화』 89, 141~143쪽.
77) 『牧民心書』, 奉公6條, 公納·吏典6條, 束吏 등. 공납의 경우 당을 비롯한 중국의
　　일화와 더불어 고려조 王諧를 비롯하여 조선의 안주목사 李元翼, 회양부사 丁彦
　　璜 그리고 조극선의 정사 사례를 수록했다.
78) 『欽欽新書』, 「序」

선 학술사의 성취이자 경향이라고 볼 수 있다.

서유구는 학문세계에 자기의 지식을 포괄하기 위해 '실사구시(實事求是)'의 학문 자세를 견지하고 있었다. '실사(實事)'를 통한 서유구의 자기 지식에 대한 가치 부여의 원동력은 '구시(求是)'에 있었다. '실사'는 『임원경제지』의 편찬과정에서 인용한 문헌에 대한 전거를 밝히는 데 있었으며, 이들 전거는 '외부세계의 지식→조선의 지식→자기의 지식'으로 체계화되어 있었다. 그리고 이러한 '실사'에 자기의 지식을 포함할 수 있었던 저력은 현장경험과 실험이라는 '구시'에 있었다. 지방관으로서 파종, 해충, 제언 등에 대해 직접 관찰한 내용은 『행포지』와 『금화경독기』에 반영되었으며, 이들 저술이 다시 『임원경제지』의 지식 체계와 세계에 포괄되었다. 특히 조선의 수리와 농법에 대한 지식은 서유구의 관찰을 담고 있으며, 조선 농법에 대해서는 실험을 통해 확인한 지식을 포괄하고 있었다. 그리고 안설(按說)을 통해 자신의 저술과 다른 전거에 대해 관찰과 경험을 반영한 의견을 제시했다. 이와 같이 서유구는 '실사(實事)'에 대한 지식의 보완을 현장의 관찰과 실험을 토대로 한 경험이라는 '구시(求是)'를 통해 실현하고 있었다.

서유구는 『임원경제지』를 통해 자신의 지식 세계를 청대 문헌을 포함하는 중국은 물론 일본과 서양까지 포괄하였으며, 이런 특징은 그가 명나라 중심이나 중국 중심의 세계관에 국한되었다고 보기 어려운 측면을 보여준다. 그리고 『임원경제지』의 「본리지」 지식 구조는 조선에 적용가능한 중국 등 외부 문헌, 조선의 특징을 담고 있는 조선

---

79) 한편, 서유구는 중형 서형수와 함께 13경에 대한 주해서를 계획하면서 청의 『傳說彙纂』 체제 적용을 구상했다. 체제는 '원문–주자집전–주자학자의 집설–주자학 이외 학자의 부록– 자신의 견해'로 구성되었는데(전종욱, 2019, 「서평 '풍석 서유구 연구'(상·하)(:임원에서 시작하는 조선 유학의 마지막 변주」, 『태동고전연구』 43, 300쪽), 이로 본다면 서유구가 청대 학술경향을 인식하고 있었다는 사실을 알 수 있다.

의 문헌 그리고 자신의 지식을 담고 있는 저술과 안설(按說)로 구성
되어 있었다. 서유구는 자신이 관찰과 실험이라는 실증을 통해 확보
한 경험을 학술세계에 지식으로 포함하기 위해 『임원경제지』의 학술
체계에서 자기의 저술을 전거로 포함하여 가치를 부여하였으며, 이러
한 학문자세는 바로 '실사구시(實事求是)'였다.

참고문헌

朴齊家, 『北學議』

徐有榘, 『金華耕讀記』, 『完營日錄』, 『林園經濟志』, 『華營日錄』

丁若鏞, 『欽欽新書』, 『牧民心書』

경기도박물관, 2004. 『華營日錄』

金容燮, 2004, 『新訂 增補版 韓國近代農業史研究(1)』, 지식산업사.

김순석 외 역주, 2018, 『완영일록』, 흐름.

정명현·김정기 역주, 2008~2009, 『林園經濟志 본리지』, 소와당.

진재교 외 역, 2019, 『金華耕讀記』, 자연경실.

김대중, 2013, 「《倪圭志》의 가정 경제학」, 『韓國漢文學研究』 51.

김덕수, 2015, 「《희락당고》소재 한시 주석 연구」, 『藏書閣』 33.

김문식, 2014, 「楓石의 水原留守 時 활동양상」, 『풍석 서유구 연구』上, 사람의 무늬.

김일권, 2018, 「전통시대 치생의 문화와 자연생태학적 산림 사상」, 『한국적 자연학
        과 치생의 문화론』, 한국학중앙연구원출판부.

노기춘, 2006, 「《林園十六志》引用文獻 分析考(1)」, 『한국도서관정보학회지』 37-1.

孫炳圭, 2003, 「徐有榘의 賑恤政策 -《完營日錄》·《華營日錄》을 중심으로」, 『大同文
        化研究』 42.

安大會, 2010, 「18·19세기 조선의 百科全書派와 《和漢三才圖會》」, 『大同文化研究』
        69.

염정섭, 2011, 「《임원경제지》의 편찬과 구성 체제 및 주요내용」, 『풍석 서유구와 임
        원경제지』, 소와당.

이헌창, 2009, 「《林園經濟志》의 경제학」, 『震檀學報』 108.

_____, 2019, 「《임원경제지》와 《예규지》의 학술사적 의의」, 『2018~2019 풍석 학술
        대회』.

전종옥, 2019, 「서평 '풍석 서유구 연구'(상·하):임원에서 시작하는 조선 유학의 마
        지막 변주」, 『태동고전연구』 43.

정수환, 2017, 「頤齋 黃胤錫의 錢文에 대한 관심, 고증 그리고 실험분석」, 『전북사학』 51.

정호훈, 2020, 「《鏤版考》의 지식 세계와 조선 학술」, 『한국문화』 89.

曺蒼錄, 2012, 「《林園經濟志》를 통해 본 徐有榘의 일본 인식 -《和漢三才圖會》를 인용한 사례를 중심으로」, 『大同文化研究』 78.

진재교, 2019, 「《금화경독기》 해제」, 『金華耕讀記』, 자연경실.

함영대, 2017, 「정조의 奎章閣 解題書目 작성과 서명응 일가」, 『한국문화』 79.

찾아보기

역사를 바라보는 실학자의 시선

초판 인쇄   2020년 11월 1일
초판 발행   2020년 11월 1일

지 은 이   박인호 김문식 조성을 외
기   획   경기문화재단 실학박물관
          (담당 김명우)
          12283 경기도 남양주시 조안면 다산로747번길 16
          전화 031-579-6000-1   http://www.silhakmuseum.or.kr

발 행 인   한정희
발 행 처   경인문화사
편 집 부   유지혜 김지선 박지현 한주연
마 케 팅   유인순 전병관 하재일
출판번호   제406-1973-000003호
주   소   경기도 파주시 회동길 445-1 경인빌딩 B동 4층
대표전화   031-955-9300
팩   스   031-955-9310
홈페이지   www.kyunginp.co.kr
이 메 일   kyungin@kyunginp.co.kr

ISBN 978-89-499-4913-0 93910
값 29,000원

ⓒ 박인호·김문식·조성을 외, 2020

* 저자와 출판사의 동의 없는 인용 또는 발췌를 금합니다.
* 파본 및 훼손된 책은 구입하신 서점에서 교환해 드립니다.